国学经典

韩非子

李维新 郑诚 侯燕 魏崇周 李小山 注译

中州古籍出版社

韩非子

目 录

难言第三	5
爱臣第四	9
主道第五	12
有度第六	17
二柄第七	25
扬榷第八	30
八奸第九	39
十过第十	45
孤愤第十一	67
说难第十二	75
和氏第十三	82
奸劫弑臣第十四	86
亡征第十五	100
三守第十六	106
备内第十七	109
南面第十八	114
饰邪第十九	119
解老第二十	129

喻老第二十一	158
说林上第二十二	173
观行第二十四	191
安危第二十五	194
守道第二十六	199
用人第二十七	203
功名第二十八	209
大体第二十九	212
内储说上第三十	215
内储说下第三十一	247
外储说左上第三十二	276
外储说左下第三十三	314
外储说右上第三十四	339
难二第三十七	370
难四第三十九	384
难势第四十	394
问辩第四十一	401
定法第四十三	404
说疑第四十四	409
诡使第四十五	422
六反第四十六	429
八说第四十七	440
八经第四十八	451
五蠹第四十九	464
显学第五十	485
忠孝第五十一	497
心度第五十四	504

难言第三

臣非非难言也，所以难言者：言顺比①滑泽，洋洋纚纚②然，则见以为华而不实；敦祗③恭厚，鲠固慎完，则见以为掘④而不伦；多言繁称，连类比物，则见以为虚而无用；总微说约，径省而不饰，则见以为刿⑤而不辩；激急亲近，探知人情，则见以为谮⑥而不让；闳大广博，妙远不测，则见以为夸而无用；家计小谈，以具数言，则见以为陋；言而近世，辞不悖逆，则见以为贪生而谀上；言而远俗，诡躁⑦人间，则见以为诞；捷敏辩给，繁于文采，则见以为史⑧；殊⑨释文学，以质信言，则见以为鄙；时称《诗》、《书》，道法往古，则见以为诵。此臣非之所以难言而重患也。

[注释]

①比：亲附。②纚纚：有次序，有条理。③祗：恭敬。④掘：通"拙"。⑤刿（guì）：割。⑥谮（zèn）：诬陷。⑦躁：通"噪"。⑧史：文采胜过实质内容。⑨殊：绝。

[译文]

臣韩非不是认为向君主进言困难，之所以难以进言，是因为言辞顺从流畅、洋洋洒洒，会被认为是华而不实；敦厚恭敬、坚定周到，会被认为是笨拙而不伦不类；言辞繁复、广征博引，和类似的事物比较，就会被认为是虚浮而没有作用；总结细小的道理，说得简单，直接而不加修饰，就会被认为是直露而不善于辩论；言辞激烈冒犯了君主亲近的人，又涉及别人的隐情，就会被认为是诋毁而不知谦让；说得闳大广博、玄妙深远、难以了解，就会被认为是夸大而没有实际作用；谈论家庭琐事，把具体事情一一列举，就会被认为是浅陋；言论接近世情，言辞不违背君主，就会被认为是贪生怕死而阿谀君主；言论远离世情、用奇谈怪论喧扰天下，就会被认为是荒诞；言辞敏捷善辩、富有文采，就会被认为是华丽而不质朴；一点也不引用文献典籍、用质朴真实的话来表述，就会被认为是粗俗；时常征引《诗经》和《尚书》，取法古代，就会被认为是诵说旧事。这就是臣认为难以进言并非常担心的原因。

故度量虽正，未必听也；义理虽全，未必用也。大王若以此不信，则小者以为毁訾诽谤，大者患祸灾害死亡及其身。故子胥善谋而吴戮之，仲尼善说而匡围之，管夷吾实贤而鲁囚之。故此三大夫岂不贤哉？而三君不明也。上古有汤，至圣也；伊尹，至智也。夫至智说至圣，然且七十说而不受，身执鼎俎为庖宰，昵近习亲，而汤乃仅知其贤而用之。故曰：以至智说至圣，未必至而见受，伊尹说汤是也；以智说愚必不听，文王说纣是也。故文王说纣而纣囚之；翼侯炙；鬼侯腊①；比干剖心；梅伯醢②；夷吾束缚；而曹羁奔陈；伯里子道乞；傅说转鬻③；孙子膑④脚于魏；吴起收泣于岸门，痛西河之为秦，卒枝解⑤于楚；公叔痤言国器，反为悖，公孙鞅奔秦；关龙逢斩；苌弘分胣⑥；尹子阱⑦于棘；司马子期死而浮于江；田明辜射⑧；宓子贱、西门豹不斗而死人手；董安于死而陈于市；宰予不免于田常；范雎折胁于魏。此十数人者，皆世之仁贤忠良有道术之士也，不幸而遇悖乱暗惑之主而死。然则虽贤圣不能逃死亡避戮辱者，何也？则愚者难说也，故君子难言也。且至言忤于耳而倒于心，非贤圣莫能听，愿大王熟察之也。

[注释]

①腊（xī）：干肉。②醢（hǎi）：原意为肉酱。此处指古代一种把人剁成肉酱的刑罚。③鬻：卖。④膑：削掉膝盖骨的刑罚。⑤枝解：又作"肢解"，一种分裂肢体的酷刑。⑥胣（chǐ）：剖开腹部挖出肠子。⑦阱：陷。⑧辜射：即"辜磔（zhé）"，古代一种分尸示众的刑罚。

[译文]

所以心中想的虽然正确，君主不一定会听；道理虽然完备，君主不一定使用。大王如果不相信进言，那么轻的就会被认为是逸毁、诽谤，大的就会有灾祸甚至死亡危及进言的人。所以伍子胥善于谋略而吴王杀了他，孔子善于言说而在匡地被围，管仲实在贤能而鲁国囚禁了他。这三位大夫难道不贤明吗？是三位君主不能明察啊。上古有商汤，是最圣明的君主；有伊尹，是最智慧的臣子；让最智慧的臣子向最圣明的君主进言，可还是说了七十次也没有被接受，只好亲自拿着锅和案板去学做厨师，渐渐亲近了商汤，商汤才知道了他的贤能而任用他。所以说最智慧的臣子去游说最圣明的君主，也不一定一开始就被接受，伊尹游说商汤就是这样啊。让聪明的人去游说愚昧的君主，那就一定不会听从，文王劝说商纣王就是这样啊。过去周文王劝说商纣王，而纣王囚禁了他；翼侯因劝谏纣王被烤死了；鬼侯因为劝谏纣王被做成了肉干；比干因为劝谏纣王而被剖心；梅伯因为劝谏纣王而被剁成了肉酱；管仲在鲁国受到拘禁；曹羁因为劝说曹侯而逃亡陈国；百里奚在路上讨饭；傅说做奴隶被转卖；孙膑在魏国受膑刑；吴起因被逸毁而在岸门流泪，为西河将成为秦国的土地而痛心，最终在楚国被肢解；公叔痤举荐了国家栋梁，反而被认为是叛逆，公孙鞅只好投奔了秦国；关龙逢因劝谏夏桀而被杀；苌弘因劝谏周灵王被剖开了肚肠；尹子死后尸体还被抛在荆棘丛中；司马子期死后尸体漂在江上；田明被分尸；宓子贱、西门豹不和人争斗却也死在别人手上；董安于死后尸体在市集示众；宰予不免被田常杀害；范雎在魏国被人打断了肋骨。这十几个人，都是世上仁义、贤能、忠心、优秀而又懂得治国方法的人，不幸遇到倒行逆施、昏乱愚昧的君主而死去。那么即使是贤能圣明的人也不能逃脱死亡、躲避杀戮和羞辱，这是为什么呢？是因为愚昧的君主难以劝说啊，所以贤能的人难以进言。况且至理名言都是听起来逆耳，并且和自己的心意相违背，不是贤能圣明的君主是不能听进去的，希望大王反复思考一下我的这些话。

爱臣第四

爱臣太亲，必危其身；人臣太贵，必易主位；主妾无等，必危嫡子；兄弟不服，必危社稷。臣闻千乘之君无备，必有百乘之臣在其侧，以徙其民而倾其国；万乘之君无备，必有千乘之家在其侧，以徙其威而倾其国。是以奸臣蕃息，主道衰亡。是故诸侯之博大，天子之害也；群臣之太富，君主之败也。将相之管①主而隆家，此君人者所外也。万物莫如身之至贵也，位之至尊也，主威之重，主势之隆也。此四美者，不求诸外，不请于人，议②之而得之矣。故曰：人主不能用其富，则终于外也。此君人者之所识③也。

[注释]

①管：应为"营"，迷惑。②议：通"义"，合宜。③识（zhì）：记住。

[译文]

宠爱臣下过于亲密，一定会危及自身；臣下过于尊贵，一定会改变君主的位置；妻妾没有等级之分，一定会危及正妻的儿子；君主的兄弟不服从君主，一定会危害国家。我听说拥有一千辆兵车的君主如果没有防备，一定有拥有百辆兵车的大臣在他的身边，来夺走他的人民、倾覆他的国家；拥有万辆兵车的君主要是没有防备，一定有拥有千辆兵车的大夫在他的身边，夺走他的权威、倾覆他的国家。所以奸臣繁衍生息，国君之道就衰亡了。所以诸侯的强大，是天子的危害；群臣过于富有，是君主的失败。将相迷惑君主来使私家兴盛，这是君主应该排除的。万物都不如自己的身体极其宝贵，地位极其尊崇，君主权威的重要，君主势力的兴盛。这四种美好的东西，不能向外索求，也不能向别人请求，君主做事得当就可以得到它。所以说：君主不能使用他自己的财富，就会被奸臣排斥在外。这是做君主的人应该铭记的。

昔者纣之亡，周之卑，皆从①诸侯之博大也；晋之分也，齐之夺也，皆以群臣之太富也。夫燕、宋之所以弑其君者，皆此类也。故上比之殷、周，中比之燕、宋，莫不从此术也。是故明君之蓄其臣也，尽之以法，质②之以备。故不赦死，不宥刑，赦死宥刑，是谓威淫。社稷将危，国家偏威。是故大臣之禄虽大，不得藉威城市；党与虽众，不得臣士卒。故人臣处国无私朝，居军无私交，其府库不得私贷于家，此明君之所以禁其邪。是故不得四③从，不载奇兵；非传非遽④，载奇兵革，罪死不赦。此明君之所以备不虞⑤者也。

[注释]

①从：由于。②质：正。③四：通"驷"。④非传非遽：传，驿站的车马。遽，送信的快马。⑤虞：意料。

[译文]

过去商纣的灭亡，周朝的衰败，都是由于诸侯的强大；晋国的分裂，齐国的被篡夺，都是由于群臣太过富有。燕国和宋国之所以谋杀君主，都是这一类的。所以上比商朝、周朝，中比燕国、宋国，没有不是用这个方法的。所以圣明的君主蓄养群臣，用法律来限定他们，用各种措施来纠正他们。所以不赦免犯死罪的人，不宽恕应该受刑的人，赦免死罪、减轻施刑，就叫做权威的分散。国家将要遭到危险，国家的权威就要偏移。所以大臣的俸禄虽然高，也不能借受封的城市来取得威势；党徒虽然众多，不能私人拥有军队。所以臣子在朝廷任职时不能有私人的集会，在军队任职时不能有私人的交往，他们府库里的财物不能私自借给别人，这是圣明的君主用来禁止他们邪恶的方法。所以大臣不能坐四匹马拉的车，不能带奇特的兵器出行；如果不是驿站或送紧急公文的车马，带着奇特的兵器铠甲的，就判处死罪不加赦免。这是圣明的君主用来防备意外的方法。

主道第五

道者,万物之始,是非之纪也。是以明君守始以知万物之源,治纪以知善败之端。故虚静以待令,令名自命也,令事自定也。虚则知实之情,静则知动者正①。有言者自为名,有事者自为形。形名②参同,君乃无事焉,归之其情。故曰:君无见其所欲,君见其所欲,臣自将雕琢;君无见其意,君见其意,臣将自表异。故曰:去好去恶,臣乃见素③;去旧④去智,臣乃自备。故有智而不以虑,使万物知其处;有行而不以贤⑤,观臣下之所因;有勇而不以怒,使群臣尽其武。是故去智而有明,去贤而有功,去勇而有强。群臣守职,百官有常,因能而使之,是谓习⑥常。故曰:寂乎其无位而处,漻⑦乎莫得其所。明君无为于上,群臣竦惧乎下。明君之道,使智者尽其虑,而君因以断事,故君不穷于智;贤者敕其材,君因而任之,故君不穷于能;有功则君有其贤,有过则臣任其罪,故君不穷于名。是故不贤而为贤者师,不智而为智者正⑧。臣有其劳,君有其成功,此之谓贤主之经⑨也。

[注释]

①正:道理,规律。②形名:形,指事物的形态。名,指事物的名称。③素:本色。④旧:即"故",机巧。⑤有行而不以贤:应为"有贤而不以

行"。⑥习：通"袭"。⑦潺：通"寥"。⑧正：长者，师长。⑨经：法则。

[译文]

　　道是万物的开始，是非的原则。因此圣明的君主守着道来了解万物的开始，研究规则来了解事情成败的原因。所以要清虚平静，让事物自己给自己定名，自己来规定自己的实际内容。清虚就可以了解事情的真实，平静就可以了解变化的规律。把形与名参验比对，看是否一致，君主就可以不去做具体的事，而得到真实的情况了。所以说：君主不要表现出自己的欲望，君主表现了自己的欲望，臣下就会修改掩饰自己的想法；君主不要表达自己的意见，君主表达了自己的意见，臣下就表现自己的异常之处来迎合。所以说：去掉喜好和厌恶，臣下就表现出自己的本质；去掉机巧和智慧，臣下就谨慎自己的行为。所以即使有智慧也不用来思考，让万物来明白自己的处所；即使有才能也不用来行动，用来观察臣下行事的依据；即使有勇气也不用来发怒，而是让臣下来竭尽自己的力量。所以不滥用智慧而可以明察，不滥用才能而可以有功绩，不滥用勇力而可以强大。群臣坚守职责，百官遵守规则，依据能力来任用他们，这就是遵循规则办事。所以说：君主寂静无声，似乎不在其位却至高无上；广大无边，臣子没有人知道他心中所想。圣明的君主在上面不去刻意而为，群臣在下面就觉得惊悚恐惧。圣明君主的统治方法，是让聪明人殚精竭虑，君主借此来决断，所以君主不会觉得智力不够；贤能的人使用自己的才干，君主依此来任用他，所以君主不会觉得能力不足；做事有功劳，君主就担当贤能的名声；做事有过失，臣下就担当罪名，所以君主不会名声不好。所以不贤能的人也可以做贤能人的老师，不聪明的人也可以做聪明人的师长。臣下担当劳苦，君主享受成功。这就是贤能的君主所遵守的法则。

道在不可见，用在不可知。虚静无事，以暗见疵。见而不见，闻而不闻，知而不知。知其言以往，勿变勿更，以参合阅焉。官有一人，勿令通言，则万物皆尽。函掩其迹，匿其端，下不能原；去其智，绝其能，下不能意。保吾所以往而稽①同之，谨执其柄而固握之。绝其能望②，破其意，毋使人欲之。不谨其闭③，不固其门，虎乃将存。不慎其事，不掩其情，贼乃将生。弑其主，代其所，人莫不与④，故谓之虎。处其主之侧，为奸臣，闻⑤其主之忒⑥，故谓之贼。散其党，收其余，闭其门，夺其辅，国乃无虎。大不可量，深不可测，同合刑名⑦，审验法式，擅为者诛，国乃无贼。是故人主有五壅：臣闭其主曰壅，臣制财利曰壅，臣擅行令曰壅，臣得行义曰壅，臣得树人曰壅。臣闭其主则主失位，臣制财利则主失德，臣擅行令则主失制，臣得行义则主失明⑧，臣得树人则主失党。此人主之所以独擅也，非人臣之所以得操也。

[注释]

①稽：参合。②能望："望"字应为衍文。③闭：守。④与：追随。⑤闻：应为"间（jiàn）"，窥伺。⑥忒：差错。⑦刑名：即"形名"。⑧明：应为"萌"，即氓，指人民。

[译文]

为君之道在于不能让群臣见到，运用在于不能被人明白。清虚平静好像无所事事，在暗中观察臣下的过失。看见了好像没看见，听到了好像没听到，知道了好像不知道。了解臣下的言论以后，不要改变它，而是用来对比检验。每个官职上只用一人，不让他们互相沟通，那么一切事情就会完全暴露。掩饰自己的行迹，隐匿自己的想法，臣下就无法猜测；去除智慧，不使用能力，臣下就不能去推理。应该把自己的意向深藏而参验臣下的主张，谨慎地把握权力而牢牢地掌握它。断绝臣下窃位的能力，击破臣下窃位的想法，不要使臣下有非分之想。不谨慎地把守,不加固门户,就会有老虎一样凶狠的臣子存在。不谨慎地处理事务,不掩盖自己的情感,就会有叛逆的贼子产生。杀死君主,取代君主的位置,人们没有不追随他的,所以称他们为老虎。处在君主的身边,做奸臣,侦测君主的过失,所以说他们是逆贼。拆散他们的党羽,收拾他们的残余,封闭他们的家门,夺取他们的辅佐,国家就没有了老虎。大的不可度量,深的不可以探测,把形和名对照检验,审查法律的实施,任意妄为的就要被惩罚,国家就没有逆贼。所以君主有"五壅":臣下封闭君主叫"壅",臣下控制财富叫"壅",臣下擅自发号施令叫"壅",臣下可以施行仁义叫"壅",臣下可以私下培养人才叫"壅"。臣下封闭君主,君主就失去权位;臣下控制财富,君主就失去了奖赏的恩德;臣下擅自发号施令,君主就失去了对臣下的控制;臣下能施行仁义,君主就失去了民众;臣下能培植私人,君主就失去了自己的党羽。这些都是君主应该独自掌握的,不是做臣子所能控制的。

人主之道,静退以为宝。不自操事而知拙与巧,不自计虑而知福与咎。是以不言而善应,不约而善增。言已应则执其契①,事已增则操其符。符契之所合,赏罚之所生也。故群臣陈其言,君以其言授其事,事以责其功。功当其事,事当其言则赏;功不当其事,事不当其言则诛。明君之道,臣不陈言而不当。是故明君之行赏也,暧②乎如时雨,百姓利其泽;其行罚也,畏乎如雷霆,神圣不能解也。故明君无偷③赏,无赦罚。赏偷则功臣堕④其业,赦罚则奸臣易为非。是故诚有功则虽疏贱必赏,诚有过则虽近爱必诛。近爱必诛,则疏贱者不怠,而近爱者不骄也。

[注释]

①契:和下句的"符"都是古代的一种凭证。②暧:浓云遮盖的样子。

③偷：不合于规则的。④堕：通"惰"，懈怠。

[译文]

　　君主的统治方法，以平静谦退为法宝。不自己主事却知道事情办得好还是不好，不自己谋划却知道是福还是祸。因此君主虽不说，臣下却有好的建议；君主虽不约束，臣下却用好的行为增加事情的效果。言论已经提出了就把它当做契约，事情已经增加了就把它当成信符。用信符和契约核对事实来验证，就是奖赏和处罚的依据。所以臣下陈述意见，君主依据他们的意见让他们去做事，用所做的事情来考察他们的功效。结果和所做的事相当，事情和陈述的言论相当，就奖赏他们。结果和所做的事不相当，事情和陈述的言论不相当，就处罚他们。圣明君主的统治方法是，臣子不提出建议就不会有奖赏。所以圣明的君主实行奖赏，就像充沛的及时雨，百姓蒙受滋润而获得利益；他实行惩罚，令人畏惧，就像雷霆一样猛烈，就是神圣也不能解除。所以圣明君主没有不合规则的奖赏，也不赦免惩罚。奖赏不合规则，功臣就对事业懈怠了；赦免了惩罚，奸臣就轻易地为非作歹。因此真的有功劳，即使是疏远低贱的人也一定要奖赏；真的有过失，即使是亲近喜爱的人也一定要惩罚。亲近喜爱的人一定被惩罚，那么疏远低贱的人就不会懈怠，亲近喜爱的人也不会骄纵了。

有度第六

国无常强，无常弱。奉法者强则国强，奉法者弱则国弱。荆庄王并国二十六，开地三千里，庄王之氓^①社稷也，而荆以亡。齐桓公并国三十，启地三千里，桓公之氓社稷也，而齐以亡。燕襄王以河为境，以蓟为国，袭^②涿、方城，残齐，平中山，有燕者重，无燕者轻，襄王之氓社稷也，而燕以亡。魏安釐王攻赵救燕，取地河东；攻尽陶、魏^③之地；加兵于齐，私平陆之都；攻韩拔管，胜于淇下；睢阳之事，荆军老^④而走；蔡、召陵之事，荆军破；兵四布于天下，威行于冠带之国；安釐死而魏以亡。故有荆庄、齐桓则荆、齐可以霸，有燕襄、魏安釐则燕、魏可以强。今皆亡国者，其群臣官吏皆务所以乱，而不务所以治也。其国乱弱矣，又皆释国法而私其外，则是负薪而救火也，乱弱甚矣。

[注释]

①氓：有学者认为当作"泯"，灭亡。②袭：可引申为"围绕"，指以涿、方城为屏障。③魏：当作"卫"，此书中"魏"与"卫"多处混淆。④老：历时长久的。

[译文]

国家没有永恒的强盛，没有永恒的弱小。奉法的君主强大，国家也就强大；奉法的君主弱小，国家也就弱小。楚庄王吞并二十六国，开拓疆域三千里，灭掉了其他的国家，而最终楚国却走向衰微。齐桓公吞并三十国，开辟疆域三千里，灭掉了其他的国家，而最终齐国却走向衰微。燕襄王以黄河为国境，以蓟州为国都，以涿、方城为屏障，攻破齐国，平灭中山，得到燕国支持的就被重视，得不到燕国支持的就被轻视，灭掉了其他的国家，而最终燕国却走向衰微。魏安釐王攻打赵国来救援燕国，取得了黄河以东的土地；全部攻占了定陶和卫地；又对齐国用兵，占有了平陆这样的都城；攻打韩国占有了管城，在淇水边取得胜利；在睢阳的战事中，楚军因不能持久而败逃；在上蔡和昭陵的战事中，楚国军队被打败；兵力遍布天下，威力施加于讲究礼仪之邦的大国；安釐王死去，魏国就衰微了。所以有楚庄王、齐桓公这样的君主，楚国和齐国就可以称霸，有燕襄王、魏安釐王，燕国和魏国就可以强大。现在他们的国家都衰落了，是因为他们的大臣和官吏都致力于使国家混乱，而不致力于使国家安定。国家混乱弱小了，却又都放弃了法而谋求私利，那就是背着柴草去救火，混乱和衰弱就会更加严重了。

故当今之时，能去私曲就公法者，民安而国治；能去私行行公法者，则兵强而敌弱。故审得失有法度之制者加以群臣之上，则主不可欺以诈伪；审得失有权衡①之称者以听远事，则主不可欺以天下之轻重。今若以誉进能，则臣离上而下比周；若以党举官，则民务交而不求用于法。故官之失能者其国乱。以誉为赏，以毁为罚也，则好赏恶罚之人，释公行、行私术、比周以相为也。忘主外交，以进其与，则其下所以为上者薄矣。交众与多，外内朋党，虽有大过，其蔽多矣。故忠臣危死于非罪，奸邪之臣安利于无功。忠臣危死而不以其罪，则良臣伏矣；奸邪之臣安利不以功，则奸臣进矣。此亡之本也。若是，则群臣废法而行私重②，轻公法矣。数至能人③之门，不一至主之廷；百虑私家之便，不一图主之国。属数虽多，非所以尊君也；百官虽具，非所以任国也。然则主有人主之名，而实托于群臣之家也。故臣曰：亡国之廷无人焉。廷无人者，非朝廷之衰也。家务相益，不务厚国；大臣务相尊，而不务尊君；小臣奉禄养交，不以官为事。此其所以然者，由主之不上断于法，而信下为之也。故明主使法择人，不自举也；使法量功，不自度也。能者不可弊④，败者不可饰，誉者不能进，非⑤者弗能退，则君臣之间明辨而易治，故主雠⑥法则可也。

[注释]

①权衡：权，秤锤。衡，秤杆。②重：权力。③能人：此处指掌管权力的人。④弊：通"蔽"。⑤非：通"诽"。⑥雠：使用。

[译文]

所以当今的时代，能除去追求私利而实行公法，人民安定而国家得到治理；能除去求取私利而实行公法，兵力强大而敌人削弱。所以能够审查得失又有了法律的规定凌驾在群臣之上，那么君主就不会被欺诈和虚伪蒙骗；审查得失又有了权衡利弊的标准来听取远方的事情，君主就不会被臣子所谓天下事的轻重得失而欺骗。现在如果依据声誉进用贤能，那么臣下就会远离君主而在下面相互勾结；如果依据朋党同类来任用官员，那么人民就会从事于结交而不追求依法被任用。所以任用官吏不依据才能的，国家就混乱。如果依称誉来奖赏、依诋毁来处罚，那么喜欢奖赏厌恶处罚的人，放弃了公行，一味追求私利，相互勾结，互相为对方做事。忘记君主而和外人结交，引进自己的同党，那么臣下为君上所做的事就非常微薄了。这些人结交广泛、党羽众多，朝内和朝外相互勾结，即使有大的过失，掩护他们的人也很多。所以忠臣没有罪过也会危险死去，奸臣没有功劳也会安稳得利。忠臣没有罪过就危险死去，那么好的臣子就潜伏了；奸臣没有功劳也会安稳得利，那么奸臣就会被进用，这是亡国的根本。像这样，群臣就会废弃法度而施行私利，轻视公众的法度了。多次到掌权人的家里，一次也不到君主的门庭；多次考虑私人的利益，一次也不为国家谋划。即使下属数量多，也不能使君主尊贵；即使各种官员都具备，也不能用来托付国家大事。那么君主即使有君主的名义，实际上却依托于大臣的家族。所以我说：灭亡国家的朝廷里没有人。朝廷没有人，并不是说朝廷里人少。而是指私家致力于互相求取利益，不致力于使国力丰厚；大臣致力于互相推尊，而不致力于推尊君主；小臣拿俸禄供养私交，而不把公事放在心上。造成这种状况的原因，是因为君主在上不依法来决断，而任由臣下去做事。所以圣明的君主用法度来选择人才，而不是自己推举；用法度来衡量功绩，而不是自己衡量。贤能的人不会被埋没，失败的人也无所掩饰，被朋党赞誉的人不能进用，被朋党非议的人也不会被罢黜，那么君臣之间能够明辨是非，就容易治理，所以君主使用法律就可以了。

贤者之为人臣，北面委质①，无有二心。朝廷不敢辞贱，军旅不敢辞难，顺上之为，从主之法，虚心以待令而无是非也。故有口不以私言，有目不以私视，而上尽制之。为人臣者，譬之若手，上以修头，下以修足；清暖寒热，不得不救入，莫邪傅体②，不敢弗搏。无私贤哲之臣，无私事能之士。故民不越乡而交，无百里之戚。贵贱不相逾，愚智提衡而立，治之至也。今夫轻爵禄，易去亡，以择其主，臣不谓廉。诈说逆法，倍③主强谏，臣不谓忠。行惠施利，收下为名，臣不谓仁。离俗隐居，而以作④非上，臣不谓义。外使诸侯，内耗其国，伺其危险之陂⑤，以恐其主曰："交非我不亲，怨非我不解"，而主乃信之，以国听之，卑主之名以显其身，毁国之厚以利其家，臣不谓智。此数物者，险世之说也，而先王之法所简⑥也。先王之法曰："臣毋或⑦作威，毋或作利，从王之指⑧；无或作恶，从王之路⑨。"古者世治之民，奉公法，废私术，专意一行，具以待任。

[注释]

①委质：质，即"贽"，见面礼物。②莫邪傅体：莫邪，宝剑名。傅，通"附"，靠近。③倍：通"背"。④作：通"诈"。⑤陂：山边，引申为"边际"之意。⑥简：简慢，轻视。⑦或：有。⑧指：通"旨"。⑨路：道路。此处指法度。

[译文]

贤能的人做臣子，面北向君主献贽为礼，表示臣服，绝无二心。在朝廷不敢推辞低贱的职位，在军中不敢推辞艰巨的任务，顺从君主的行为，遵从君主的法度，虚心等待君主的命令，而没有自己的是非。所以有嘴却不私下评论，有眼却不关注私情，完全由君主来控制。做臣子的，就好像君主的手，上用来保护头，下用来保护脚；身体遭到冷热的侵袭，不能不加以援救，即使是莫邪危及身体，也不敢不去搏斗。不结交贤能的大臣，不结交有才能的人士。所以人民不越过乡界来结交，没有百里以外的亲戚。尊贵的人和低贱的人都不超越自己的地位，愚昧的人和聪明的人都能在法律准绳之下各尽所能，平等相对而立足，这是治国的极致。现在，大臣轻视爵禄，随便逃亡，自己选择君主，我不认为这是廉洁。用欺诈的言论违背法律，和君主相背强行进谏，我不认为这是忠诚。实行惠爱施加利益，收买民心成就名声，我不认为这是仁爱。离开俗世隐居，而用欺诈的话来非议君主，我不认为这是道义。对外出使诸侯，对内耗费国家财物，等到危险的时候，以此来恐吓君主说："外交没有我就不能和他们亲近，仇怨没有我就不能化解。"君主就相信他，把整个国家任他指挥，使君主名望降低来显耀自身，毁坏国家的丰厚实力来为私家谋利，我不认为这是智慧。这几件事，是乱世所喜好的，却是先王的法度所丢弃的。先王的法度说："臣下不要建立自己的威势，也不要施行赏赐收买人心，要遵从君主的旨意；不要做坏事，要遵从君主的法度。"古时治世的民众，奉行公法，废弃私人权术，把思想和行为都统一起来，准备好接受君主的任用。

夫为人主而身察百官，则日不足，力不给。且上用目则下饰观，上用耳则下饰声，上用虑则下繁辞。先王以三者为不足，故舍己能，而因法数，审赏罚。先王之所守要①，故法省而不侵。独制四海之内，聪智不得用其诈，险躁②不得关③其佞，奸邪无所依。远在千里外，不敢易其辞；势在郎中④，不敢蔽善饰非。朝廷群下，直凑单微，不敢相逾越。故治不足而日有余，上之任势使然也。

[注释]

①要：重要的。②险躁：险，邪恶。躁，狡猾。③关：措置。④郎中：君主身边的官员。

[译文]

作为君主亲自考察官吏，那么时间就不够，力量也不足。况且君主用眼睛看，臣下就修饰外观；君主用耳朵听，臣下就粉饰言辞；君主用头脑考虑，臣下就用花言巧语来迷惑。先王认为这三种方法都不够，所以舍弃了自己的才能，依靠法律，判定赏罚。先王所把握的是最重要的，所以法律即使简洁也没有被侵犯的危害。独自控制四海，聪明机智的人不能使用欺诈，邪恶狡猾的人也不能使用口才，奸邪的人没有可依靠的东西。出使千里之外，也不敢乱说话；处在郎中的位置，也不敢隐瞒好事、掩饰坏事。朝廷的群臣，把自己单薄微小的力量聚集在君主周围，不敢越过自己的职权范围。所以要治理国家的事情少，而时间充裕，是君主任用权势才能这样啊。

夫人臣之侵其主也，如地形焉，即渐以往，使人主失端，东西易面而不自知。故先王立司南以端朝夕①。故明主使其群臣不游意于法之外，不为惠于法之内，动无非法。法所以凌过游②外私也，严刑所以遂令惩下也。威不贷错③，制不共门。威制共则众邪彰矣，法不信则君行④危矣，刑不断则邪不胜矣。故曰：巧匠目意中⑤绳，然必先以规矩为度；上智捷举中事，必以先王之法为比。故绳直而枉木斫，准⑥夷而高科削，权衡县⑦而重益轻，斗石设而多益少。故以法治国，举措而已矣。法不阿贵，绳不挠曲。法之所加，智者弗能辞，勇者弗敢争。刑过不避大臣，赏善不遗匹夫。故矫上之失，诘下之邪，治乱决缪，绌羡⑧齐非，一民之轨，莫如法。属⑨官威民，退淫殆⑩，止诈伪，莫如刑。刑重则不敢以贵易贱，法审则上尊而不侵。上尊而不侵则主强，而守要，故先王贵之而传之。人主释法用私，则上下不别矣。

[注释]

①司南：古时的指南针。朝夕，即东西，因早上日出东方，傍晚日落西方。②游：有学者认为"游"字为衍字。③贷错：贷，应为"贰"，贰错即"两错"。④行：有学者认为，"行"是"位"的坏误。⑤中：合。⑥准：用来确定平面的仪器。⑦县：通"悬"。⑧绌羡：绌，通"黜"。羡，有余。⑨属：应为"厉"字之误，通"励"，勉励。⑩殆：通"怠"。

[译文]

臣下侵犯君主的权力，就像地形的改变一样，人向前走而逐渐变化，使君主失去方向，东西方向改变了也不知道。所以先王设立司南来确定东西。所以圣明的君主让他的臣下不敢在法律之外放纵，不敢在法律之内施惠，行为没有违反法律的。法律是用来抑制过失拒绝私奸的，严厉的刑罚是用来使法令通达惩治臣下的。威势不能被君臣双方共有，权力不能出自君臣两个门户。威权被君臣双方共有，奸臣们就会明目张胆了；法律没有信用，君主就将危险；刑罚不能决断，奸邪就多到不能承受。所以说：灵巧的工匠用眼度量就能合于绳墨，可是一定要用规矩来作标准；聪明人靠敏捷办事就合于事理，可是一定要用先王的成法作参照。所以墨绳直了，弯曲的木头就被砍去；水平仪放稳了，高出的木头就被削平；秤杆和秤锤已经悬挂起来，就能用重的补益轻的；斗和石之类的量器设立了，就能用多的补益少的。所以用法律来治国，只是依法办事而已。法律不阿附权贵，就像墨绳不曲从弯的木头。法律施加，即使是聪明人也不能推辞，勇敢的人也不能争斗。惩罚过失不避大臣，奖赏善行不遗漏百姓。所以矫正君主的过失，追究臣下的奸邪，治理混乱，消除错误，去除贪欲，消灭恶行，统一民众的行为，莫过于法律。勉励官员，威慑民众，摒除淫乱懈怠，制止虚伪欺诈，莫过于刑罚。刑罚严厉，就不敢倚仗尊贵来欺凌低贱；法律严明，就能使君主尊贵而不被侵犯。君主尊贵而不被侵犯，那么君主强大而把握重要的东西，所以先王珍视它并把它传下来。君主放弃法律而任用私意，那么君臣之间就没有什么分别了。

二柄第七

明主之所导制其臣者，二柄而已矣。二柄者，刑、德也。何谓刑、德？曰：杀戮之谓刑，庆赏之谓德。为人臣者畏诛罚而利庆赏，故人主自用其刑、德，则群臣畏其威而归其利矣。故世之奸臣则不然，所恶则能得之其主而罪之，所爱则能得之其主而赏之。今人主非使赏罚之威利出于己也，听其臣而行其赏罚，则一国之人皆畏其臣而易其君，归其臣而去其君矣，此人主失刑、德之患也。夫虎之所以能服狗者，爪牙也，使虎释其爪牙而使狗用之，则虎反服于狗矣。人主者，以刑、德制臣者也，今君人者，释其刑、德而使臣用之，则君反制于臣矣。故田常上请爵禄而行之群臣，下大斗斛而施于百姓，此简公失德而田常用之也，故简公见弑。子罕谓宋君曰："夫庆赏赐予者，民之所喜也，君自行之；杀戮刑罚者，民之所恶也，臣请当之。"于是宋君失刑而子罕用之，故宋君见劫。田常徒用德而简公弑，子罕徒用刑而宋君劫。故今世为人臣者兼刑、德而用之，则是世主之危甚于简公、宋君也。故劫杀拥蔽之主，非①失刑、德而使臣用之而，不危亡者，则未尝有也。

[注释]

①非：应为"兼"的坏字，兼有。

[译文]

圣明的君主用来控制群臣的，不过是两个权柄罢了。这两个权柄，是指刑罚和恩德。什么是刑罚和恩德呢？我认为：杀戮就是刑罚，奖赏就是恩德。做臣子的害怕刑罚而喜爱奖赏，所以君主使用他的刑罚和恩德，那么群臣就畏惧他的权威，将利益归于君主了。但是世上的奸臣却不是这样，对他们厌恶的人就可以通过君主去惩罚他，对他们喜爱的就可以通过君主去奖赏他。现在，君主不让奖赏和惩罚的威严和利益出于自己，听任臣子实行赏罚，那么全国的人都畏惧臣子而轻视君主，投靠臣子而离开君主了，这就是君主失去了刑罚和恩德的危害。老虎之所以能制伏狗，是因为有爪牙，如果让老虎放弃它的爪牙，而让狗来使用，那么老虎反而要臣服于狗了。君主，就是要用刑罚和恩德来制伏群臣，现在的君主，放弃了刑罚和恩德，而让臣子来使用它们，那么君主反而受制于臣子了。所以，田常在朝中向君主请求爵禄来赐给其他大臣，在朝外用加大斗斛的方法来施恩于百姓，这就使齐简公失去了恩德，而田常却在使用它，所以齐简公被杀死。子罕对宋桓侯说："奖赏和赐予是人民所喜欢的，您自己实行它；杀戮和刑罚是人民所厌恶的，请让我来承担。"于是宋桓侯失去了刑罚的权力，而子罕来使用它，所以被夺去权力。田常只使用恩德，齐简公就被杀；子罕只使用刑罚，宋桓侯就被劫。所以现在做臣子的兼用刑罚和恩德，那么君主的危险比齐简公和宋桓侯更严重了。所以被劫杀被蒙蔽的君主，失去了刑罚和恩德而由臣子使用它们，这样不危险灭亡的，还没有过。

人主将欲禁奸，则审合刑名①。刑名者，言异②事也。为人臣者陈而③言，君以其言授之事，专以其事责其功。功当其事，事当其言，则赏；功不当其事，事不当其言，则罚。故群臣其言大而功小者则罚，非罚小功也，罚功不当名也。群臣其言小而功大者亦罚，非不说④于大功也，以为不当名也，害甚于有大功，故罚。昔者韩昭侯醉而寝，典冠者⑤见君之寒也，故加衣于君之上，觉寝而说，问左右曰："谁加衣者？"左右对曰："典冠。"君因兼罪典衣与典冠。其罪典衣，以为失其事也；其罪典冠，以为越其职也。非不恶寒也，以为侵官之害甚于寒。故明主之畜臣，臣不得越官而有功，不得陈言而不当。越官则死，不当则罪，守业其官，所言者贞也，则群臣不得朋党相为矣。

[注释]

①刑名：有学者认为，"审合"后缺"刑名"二字。又，"刑"当为"形"的借字。②异：应为"与"的误字。③而：其。④说：通"悦"。⑤典冠者："者"为衍字。"典冠"与下文"典衣"都是官职名。

[译文]

君主想要禁绝奸邪，就要考察形和名是否相合。所谓"形名"，就是言辞和事实。臣下陈述他的意见，君主依据他的建议让他去做事，然后专门就所交代的事来考察他的功绩。功绩和做事相当、做事和他的建议相当的就奖赏他；功绩和做事不相当的，做事和他的建议不相当就处罚他。所以群臣的言论大而功绩小就处罚他们，不是因为功绩小才处罚，是处罚他们的功绩和说的不相当。群臣的言论小而功绩大也要处罚，不是不喜欢大的功劳，是因为它和说的不相当，这样的危害比有大功绩还大，所以处罚他们。过去韩昭侯醉酒后睡觉，典冠看到君主寒冷，就为君主盖上衣服，昭侯醒来后很高兴，问左右侍从说："谁为我盖上了衣服？"侍从说："是典冠。"君主就同时责罚了典衣和典冠。责罚典衣，因为他没有尽到职责；责罚典冠，因为他超越了自己的职责。不是不怕寒冷，是认为侵犯职权的危害比寒冷更严重。所以圣明的君主蓄养臣子，臣下不能超越职权来邀取功绩，不能陈述言论却和事实不相当。超越职权就被处死，言行不一致就治罪，遵守官职所要求的功绩，所说的言论和事实相当，那么群臣就不能互相结党营私、互相勾结了。

人主有二患：任贤，则臣将乘于贤以劫其君；妄举，则事沮①不胜②。故人主好贤，则群臣饰行以要君欲，则是群臣之情不效③；群臣之情不效，则人主无以异其臣矣。故越王好勇，而民多轻死；楚灵王好细腰，而国中多饿人；齐桓公妒外而好内④，故竖刁自宫以治内；桓公好味⑤，易牙蒸其子首而进之；燕子哙好贤，故子之明不受国。故君见恶，则群臣匿端；君见好，则群臣诬能。人主欲见，则群臣之情态得其资矣。故子之托于贤以夺其君者也，竖刁、易牙因君之欲以侵其君者也。其卒子哙以乱死，桓公虫流出户而不葬。此其故何也？人君以情借臣之患也。人臣之情非必能爱其君也，为重利之故也。今人主不掩其情，不匿其端⑥，而使人臣有缘以侵其主，则群臣为子之、田常不难矣。故曰："去好去恶，群臣见素⑦。"群臣见素，则大君不蔽矣。

[注释]

①沮（jǔ）：失败。②胜：任用，施行。③效：显露。④外：指男性。内：指女性。⑤味：美味的食物。⑥端：思绪，心绪。⑦素，通"愫"，真情。

[译文]

君主有两大忧患：凭贤能任用臣下，那么臣下就会凭借贤能来取代君主；依照喜好随意提拔，事情就会失败而无法承受后果。所以君主喜爱贤能，群臣就会掩饰自己的行为来迎合君主，这样群臣的真情就不会暴露；群臣的真情不会暴露，君主就没办法分辨臣子的好坏了。所以越王喜好勇力，人民很多不怕死的；楚灵王喜好细腰美女，国内就有很多为了使腰变细而饿肚子的女性；齐桓公喜好内宫女色而不愿让男性来管理，所以竖刁自己实行宫刑以求管理内官；齐桓公喜好美味，易牙就蒸了自己儿子的头做成美食来献给他；燕王子哙喜好贤能的人，所以子之表面上不肯接受王位。所以君主表现出厌恶，群臣就把君主厌恶的隐藏起来；君主显示爱好，群臣就诬陷贤能。君主的欲望显现出来，那么群臣表现自己的情态就有了凭据。所以子之是依靠子哙爱好贤名来夺取君主之位的，竖刁和易牙是凭借君主的欲望来侵害君主的。最后，子哙因为战乱而死，齐桓公死后腐烂，尸体上的蛆虫都爬出了门外还没有下葬。这是什么缘故呢？这是君主把自己的感情显示给臣子带来的祸患。臣子的感情，不是一定能爱他的君主，而是因为重视利益的缘故。现在君主不掩饰自己的感情，不藏匿自己的思绪，而使臣子有所凭借来侵害自己，那么群臣要想成为子之、田常这样的人也就不难了。所以说："不表现出自己的爱好，也不表现出自己的厌恶，群臣就会显露出真情。"群臣显露出真情，君主就不会被蒙蔽了。

扬榷第八

天有大命①，人有大命。夫香美脆味②，厚酒肥肉，甘口而疾形；曼理皓齿③，说④情而捐精。故去甚去泰⑤，身乃无害。权不欲见⑥，素无为也。事在四方，要在中央。圣人执要，四方来效。虚而待之，彼自以⑦之。四海既藏，道⑧阴见阳。左右既立，开门而当⑨。勿变勿易，与二⑩俱行，行之不已，是谓履理也。

[注释]

①大命：自然的定数。②味：美味的食物。③曼理皓齿：曼，细腻。理，皮肤的纹理。曼理皓齿，即指美女。④说：通"悦"。⑤泰：过分。⑥见：通"现"。⑦以：用。⑧道：经由。⑨当：接受。此处指听取臣下意见。⑩二：指参伍。

[译文]

上天有它的定数，人也有自己的定数。那些香脆美食、醇酒肥肉，虽然可口却会危害身体；皮肤细腻、明眸皓齿的美女，虽然使人心情愉快，却会损耗精力。所以去掉过度的东西，身体才会没有危害。权力不要显现出来，应该任其自然，无所作为。事务分散在四方，大权却集中在中央。圣明的君主执掌大权，四方的臣民就会来效劳。虚心地对待他们，他们就会自己显示才能。四方之臣各归其位，于是君主以虚静观察臣下的阳动。左右大臣建立事功之后，君主敞开大门接受，不改变不更替，参伍检验，推行它不要停止，这就是遵循事理了。

夫物者有所宜，材者有所施，各处其宜，故上下无为。使鸡司夜，令狸执鼠，皆用其能，上乃无事。上有所长，事乃不方①。矜而好能，下之所欺。辩惠②好生，下因其材。上下易用，国故不治。

[注释]

①方：《解志》："所谓方者，内外相应也，言行相称也。"②惠：通"慧"。

[译文]

万物都有它适宜的地方，才能都有它施展的地方，各自处在各自适合的位置上，所以君臣都依法行事，无法外之为。让鸡去报晓，让狸猫捕鼠，都是使用它们的才能，像这样使用臣下，君主就没什么事了。君主有特长，办事就不得其法。君主自夸而炫耀才能，臣下就会迎合君主欺骗他。君主喜欢使用机辩和智慧，臣下就借助他的才能让君主发表言论。君臣的效用互相交换了，国家就不能得到治理。

用一①之道，以名为首。名正物定，名倚物徙。故圣人执一以静，使名自命，令事自定。不见其采②，下故素正。因而任之，使自事之。因而予之，彼将自举之。正与③处之，使皆自定之。上以名举之，不知其名，复修其形。形名参同，用④其所生。二者⑤诚信，下乃贡情。谨修所事，待命⑥于天。毋失其要，乃为圣人。圣人之道，去智与巧，智巧不去，难以为常。民人用之，其身多殃；主上用之，其国危亡。因天之道，反形之理⑦，督参鞠⑧之，终则有⑨始。虚以⑩静后，未尝用己。凡上之患，必同其端。信而勿同，万民一从。

[注释]

①一：道。②采：文采。③与：以。④用：使用赏罚。⑤二者：指赏罚。⑥待命：依靠自然规律。⑦理：人道。⑧鞠：通"鞫"，追究根底。⑨有：通"又"。⑩以：而。

[译文]

运用道的方法，是把名称摆在首位。名称端正了，事物的内容也就确定了；名称不正，事物的内容也就改变了。所以圣明的君主用虚静来掌握道，让名称自己来给自己命名，让事物自己决定自己的内容。君主不表现出自己的文采，臣下就会纯洁端正了。根据才能任用他们，让他们自己致力于自己的职务。根据职务分配给他们事情，他们会自己去做事。端正名称来处理事物，让他们自己决定自己的状况。君主根据言论来提拔臣下，不知道他们的言论是否正确，就再考察他们做的事。用事物的外形和名义互相参验考察，看他们是否相同，然后依此施行赏罚。赏罚能守信，臣下就会献出真情。谨慎地处理好自己的事，遵循自然的规律。不要失去大权，才能做圣明的君主。圣明君主的治国方法，要去除智慧和机巧，智慧和机巧不去除，就难以持久。人民使用智慧和机巧，自身就会有灾殃；君主使用智慧和机巧，国家就会危难灭亡。遵循自然界的规律，然后再返回来寻求治理之道，督责参验反复追究，周而复始。虚无安静之后，不再使用自己的智慧和才能。大凡君主的祸患，在于赞同臣下的观点。听任臣下发表言论，却不加赞同，民众就会统一地服从君主了。

夫道者，弘大而无形。德者，核理而普至。至于群生，斟酌用之，万物皆盛，而不与其宁①。道者，下周于事，因稽②而命，与时生死；参名异事，通一同情。故曰：道不同于万物，德不同于阴阳，衡不同于轻重，绳不同于出入，和③不同于燥湿，君不同于群臣。凡此六者，道之出也。道无双，故曰一。是故明君贵独道之容④。君臣不同道，下以名祷，君操其名，臣效其形，形名参同，上下和调也。

[注释]

①宁：安宁，止息。②稽：考察。③和：用以调声音的乐器。④容：容貌，样貌。

[译文]

道是广大而没有形状的。德是合于事理而普遍存在的。至于天下万物，都从道与德中斟酌汲取，万物都依靠道与德生成，道与德却不因为万物的止息而止息。道普遍存在于各种事物中，根据对事物的考察予以命名，随时间的改变而产生、死亡。参验事物的名称，它们都是不同的；用道来贯通，它们的情理是相同的。所以说：道和具体的事物是不同的，德和它包含的阴阳是不同的，秤和它测量的轻重是不同的，墨线和它所衡量的凸出、凹陷是不同的，调音器和影响声音的潮湿和干燥是不同的，君主和所任用的大臣是不同的。这六种情况，是由道中产生出来的。道是独一无二的，所以叫"一"。所以圣明的君主崇尚道那种独一无二的样子。君臣做事的原则不同，臣下用建议向君主祈求，君主掌握臣下的建议，臣下贡献出自己的实际功绩，实际功效和名称经过参验相同了，君臣之间就调和了。

凡听之道，以其所出，反以为之入。①故审名以定位，明分以辩②类。听言之道，溶③若甚醉。唇乎齿乎，吾不为始乎；齿乎唇乎，愈惛惛④乎。彼自离之，吾因以知之。是非辐辏，上不与构⑤。虚静无为，道之情也；参伍比物，事之形也。参之以比物，伍之以合虚。根干不革，则动泄⑥不失矣。动之溶之，无为而改之。喜之则多事，恶之则生怨。故去喜去恶，虚心以为道舍。上不与共之，民乃宠⁷之。上不与乂⁸之，使独为之。上固闭内扃⁹，从室视庭，咫尺已具，皆之其处。以赏者赏，以刑者刑。因其所为，各以自成。善恶必及，孰敢不信！规矩既设，三隅⁰乃列。

[注释]

①出、入：出，即臣下发出的言论。入，进入，即检验臣下的标准。②辩：通"辨"。③溶：闲漫的样子。④惛（hūn）惛：昏昧。⑤构：纠结。⑥动泄：即"动静"。⑦宠：通"尊"。⑧乂：通"议"。⑨扃（jiōng）：门。⑩三隅：隅，方面。三隅，指其他的方面。

[译文]

大凡听取意见的方法，根据臣下发出的言论，反过来作为检验实际效果的标准。所以审查臣下的言论来确定他们的职位，明确他们的职责来分辨他们要做的事。听取意见的方法，就是悠闲得像喝醉了酒一样。臣下说个不停，我却不开始说；臣下说个不停，我就装成更加糊涂的样子。他们自己分析自己的言论，我于是了解了他们。对错都像车辐条聚集在车轮中心那样聚集在一起，君主却不和他们纠结在一起。虚静无为，是道的本质，多方面的事实对比参验，是事情的实际情况。多方面事物并列来考察，多种概念会合来考察。树根与树干不发生变化，无论怎样摇动也不会出问题。不管是行动还是悠闲，都在无为的原则下去处理。君主表示喜欢，臣下就会多事；君主表示厌恶，臣下就会怨恨。所以要抛弃喜欢和厌恶，让自己的心空虚以作为道所停留的地方。君主不和臣下共用权力，人民就会尊重君主。君主不和臣下商议事情，而让他们自己去处理。君主紧紧关闭内室的门，从内室观察厅堂，许多事情都近在咫尺，一切都在君主的视线之中。该奖赏的就奖赏，该处罚的就处罚。根据他们的行为来进行赏罚，都是由他们自己造成的。做好事和做坏事都要受到相应的奖惩，谁敢不忠诚呢？只要法度设立好了，其他许多方面也就都设置好了。

主上不神，下将有因。其事不当，下考其常。若天若地，是谓累解①。若地若天，孰疏孰亲？能象天地，是谓圣人。欲治其内，置而勿亲；欲治其外，官置一人；不使自恣，安得移并。大臣之门，唯恐多人。凡治之极，下不能得。周合刑名，民乃守职。去此更求，是谓大惑。猾民愈众，奸邪满侧。故曰：毋富人而贷焉，毋贵人而逼焉，毋专信一人而失其都国焉。腓大于股，难以趣②走。主失其神，虎随其后。主上不知，虎将为狗。主不蚤③止，狗益无已。虎成其群，以弑其母④。为主而无臣，奚国之有？主施其法，大虎将怯；主施其刑，大虎自宁。法刑苟信，虎化为人，复反⑤其真。

[注释]

①累解：解脱私累。②趣：通"趋"，小步急走。③蚤：通"早"。④母：指君主。⑤反：通"返"。

[译文]

君主不能神秘莫测，臣下就有所凭借。君主处事不当，臣下就把它当做常规。像天地一样公正无私，就是解脱了私累。像天地一样公正无私，还会有什么亲疏的分别呢？能像天地一样公正无私，就是所谓的圣明君主。想要治理官廷内的事，设置了近臣却不要亲近他们；想要治理好朝廷外的事，就在每个官职只设置一个人；不让他们自己恣意妄为，怎么能转移、兼并他人的权力呢？大臣的门下，只怕投靠的人会很多。大凡治理的最高境界，是臣下不能得到私利。把事物的实际和名义合在一起加以验证，人民就会信守职分。丢弃这种方法去寻求别的，就是最大的迷惑了。狡猾的人会越来越多，奸邪的人会布满君主身边。所以说：不要让人太富裕，而自己最终却要向他借贷；不要让人太尊贵，而自己最终却被他威逼；不要专门宠信一个人，而自己最终却失去了都市和国家。小腿比大腿还粗大，就难以快步走。君主失去了神秘莫测的效果，就会有老虎一样凶狠的臣子跟在后面。君主如果还不知道，老虎就会伪装成狗。君主如果不早早制止，狗就更加增多。等到老虎成群，就会杀害君主。做了君主，却没有忠臣，哪里会有国家呢？君主实行法治，大老虎就会害怕；君主施加刑罚，大老虎自己就老实了。法律和刑罚如果真的守信，虎就会变成人，再恢复做臣子的本色。

欲为其国，必伐其聚①；不伐其聚，彼将聚众。欲为其地，必适其赐；不适其赐，乱人求益。彼求我予，假仇人斧；假之不可，彼将用之以伐我。黄帝有言曰："上下一日百战。"下匿其私，用试其上；上操度量，以割②其下。故度量之立，主之宝也；党与之具，臣之宝也。臣之所不弑其君者，党与不具也。故上失扶寸③，下得寻常④。有国之君，不大其都；有道之臣，不贵其家；有道之君，不贵其臣。贵之富之，备将代之。备危恐殆，急置太子，祸乃无从起。内索出圉，必身自执其度量。厚者亏之，薄者靡⑤之。亏靡有量，毋使民比周，同欺其上。亏之若月，靡之若热。简令谨诛，必尽其罚。毋弛而弓，一栖两雄。一栖两雄，其斗䎡䎡⑥。豺狼在牢，其羊不繁。一家二贵，事乃无功。夫妻持政，子无适从。为人君者，数披其木，毋使木枝扶疏；木枝扶疏，将塞公闾，私门将实，公庭将虚，主将壅围。数披其木，无使木枝外拒；木枝外拒，将逼主处。数披其木，毋使枝大本小；枝大本小，将不胜春风；不胜春风，枝将害心。公子既众，宗室⑦忧吟。止之之道，数披其木，毋使枝茂。木数披，党与乃离。掘其根本，木乃不神。填其汹渊，毋使水清⑧。探其怀，夺之威。主上用之，若电若雷。

[注释]

①聚：朋党交结。②割：制裁。③扶寸：长度单位，四指宽为一扶，一指宽为一寸。④寻常：长度单位，八尺为一寻，十六尺为一常。⑤靡：多。⑥顿顿：争斗的样子。⑦宗室：此处指太子。⑧清：激荡，奔腾。

[译文]

想要治理好自己的国家，必须除掉臣子的朋党；不除掉朋党，他们就会聚集更多的人。想要管理好自己的国土，一定要让赏赐恰当；赏赐得不恰当，乱臣就会要求增加封赏。他要求我就给他们，这是把斧头借给仇人；借给仇人斧头是不行的，他将用这斧头来砍我。黄帝说过："君臣之间一天要发生冲突一百次。"臣下藏匿私心，用来试探君主；君主掌握了法度，用来制裁臣下。所以树立法度，是君主的法宝；党羽的完备，是臣下的法宝。臣下还没有杀害君主的原因，是因为党羽还没有完备。所以君主有少许的失误，臣下就会有很大的收获。掌握国家的君主，不增大分封的都邑；掌握了治道的臣子，不让自己的家臣显贵；懂得治道的君主，不让自己的大臣显贵。让他们尊贵、富有，他们就将取代君主。为了防备危难畏惧失败，需要尽快设立太子，祸患就没有兴起的机会了。对内索求奸党，对外捕捉犯人，一定要亲自掌握标准。过于丰厚的就减少它，过于微薄的就增加它。减少和增加都有一定的限度，不要让人民相互勾结，共同欺骗君主。减少它就像月亮的盈亏变化，增加它就像火烧东西那样慢慢加热。使用简明的法令和严谨的惩罚，但一定要彻底。不要放松你的弓箭，一个鸟窝里可能会有两只雄鸟。一个鸟窝里有两只雄鸟，它们就争斗个不停。有豺狼在羊圈里，羊就不能繁殖。一家有两个贵人，事情就没有功效了。夫妻两个人一起执掌家事，儿子就不知听谁的了。做君主的，要多次修剪树木，不要让枝叶茂盛；树木枝叶茂盛，就会堵塞公家的门户，私人的门户就会很充实，而公家的门户就会变得空虚，君主将要被壅塞监禁。多次修剪树木，不要让枝干向外延伸；树木枝干向外延伸，就会逼迫到君主的位置。多次修剪树木，不要让树枝大，主干小；枝大干小，就不能抵抗春风；不能抵抗春风，枝叶就会妨害树心。如果公子众多，太子就会忧虑叹息了。避免这种现象的方法是：多次整理树木，不要让枝叶繁茂。树木多次被修剪，党羽就离散了。挖掘出它的根本，树木就不会再有生机。填塞汹涌的深潭，不要让水激荡奔腾。摸清臣下的心思，夺取臣下的权威。君主使用权势，应该是像电闪雷鸣一样猛烈果断。

八奸第九

凡人臣之所道①成奸者有八术：一曰在"同床"。何谓"同床"？曰：贵夫人，爱孺子，便僻②好色，此人主之所惑也。托于燕处③之虞④，乘醉饱之时，而求其所欲，此必听之术也。为人臣者内事之以金玉，使惑其主，此之谓"同床"。二曰"在旁"。何谓"在旁"？曰：优笑侏儒，左右近习，此人主未命而唯唯，未使而诺诺，先意承旨，观貌察色以先主心者也。此皆俱进俱退，皆应皆对，一辞同轨以移主心者也。为人臣者内事之以金玉玩好，外为之行不法，使之化其主，此之谓"在旁"。三曰"父兄"。何谓"父兄"？曰：侧室⑤公子，人主之所亲爱也；大臣廷吏，人主之所与度计也。此皆尽力毕议，人主之所必听也。为人臣者事公子侧室以音声子女，收大臣廷吏以辞言，处约⑥言事，事成则进爵益禄，以劝其心，使犯其主，此之谓"父兄"。四曰"养殃"。何谓"养殃"？曰：人主乐美宫室台池、好饰子女狗马以娱其心，此人主之殃也。为人臣者尽民力以美宫室台池，重赋敛以饰子女狗马，以娱其主而乱其心、从⑦其所欲，而树私利其间，此谓"养殃"。五曰"民萌"。何谓"民萌"？曰：为人臣者散公财以说⑧民人，行小惠以取百姓，使朝廷市井皆劝誉己，以塞其主而成其所欲，此之谓"民萌"。六曰"流行"。

何谓"流行"？曰：人主者，固壅其言谈，希⑨于听论议，易移以辩说。为人臣者求诸侯之辩士、养国中之能说者，使之以语其私，为巧文之言、流行之辞，示之以利势，惧之以患害，施属虚辞以坏其主，此之谓"流行"。七曰"威强"。何谓"威强"？曰：君人者，以群臣百姓为威强者也。群臣百姓之所善则君善之，非群臣百姓之所善则君不善之。为人臣者，聚带剑之客、养必死之士以彰其威，明为己者必利，不为己者必死，以恐其群臣百姓而行其私，此之谓"威强"。八曰"四方"。何谓"四方"？曰：君人者，国小则事大国，兵弱则畏强兵。大国之所索，小国必听；强兵之所加，弱兵必服。为人臣者，重赋敛，尽府库，虚其国以事大国，而用其威求诱其君；甚者举兵以聚边境而制敛于内，薄者数内⑩大使以震其君，使之恐惧，此之谓"四方"。凡此八者，人臣之所以道成奸，世主所以壅劫，失其所有也，不可不察焉。

[注释]

①道：经由。②便僻：善于阿谀谄媚。③燕处：燕，通"宴"。燕处，即闲居。④虞：通"娱"。⑤侧室：君主的父辈和兄弟。⑥约：约定。⑦从：通"纵"。⑧说：通"悦"。⑨希：通"稀"。⑩内：通"纳"。

[译文]

大凡臣下借以成就奸谋的方法有八种：一是"同床"。什么叫"同床"呢？那就是：珍贵宠爱夫人、姬妾，善于阿谀逢迎而又有美色，这是君主所迷恋的。依托着闲居时的欢乐，趁着酒足饭饱的时机，要求她们想要的东西，这是一定能让君主听从的方法。做臣子的用金玉财物侍奉内宫，让她们来迷惑君主，这就叫"同床"。二是"在旁"。什么叫"在旁"呢？那就是：优伶侏儒之类能调笑的人，左右侍从和亲近的人，君主还没有命令就先唯唯诺诺地答应，在君主意见没有表现出来的时候就先迎合君主的心意，察颜观色来预测君主的心意。这些人都是同进同退、一同应对、统一了言辞来改变君主的心意的人。做臣子的对内用金银财物和精美的玩物侍奉他们，在外面替他们做违法的事，让他们来改变君主，这就叫"在旁"。三是"父兄"。什么叫"父兄"呢？那就是：君主的宗室和兄弟，是君主所亲近宠爱的人；大臣和朝廷的官吏，是君主和他们商量大事的人。这都是尽力发表议论而君主一定听从的人。做臣子的用音乐和美女来侍奉宗室公子，用花言巧语笼络大臣，在关键时刻向君主进言，事情成功就加官进禄，用来勉励他们，让他们来左右君主，这就叫"父兄"。四是"养殃"。什么叫"养殃"呢？那就是：君主喜爱美好的宫殿和高台深池，喜欢装饰美女和犬马来娱乐自己的心情，这就是君主的灾殃。做臣子的竭尽人民的力量来美化宫殿和高台深池，加重赋税聚敛来修饰美女和犬马，用来娱乐君主而扰乱他的内心，放纵君主的欲望，从而在其间成就自己的私利，这就叫"养殃"。五是"民萌"。什么叫"民萌"呢？那就是：做臣子的散发公家的财物来取悦人民，实行小恩小惠来取得民心，使朝廷和市井都赞誉自己，用来蒙蔽君主而成就自己的私欲，这就叫"民萌"。六是"流行"。什么叫"流行"呢？那就是：做君主的，本来就见闻闭塞，很少听到官外的言谈议论，容易被善辩的言论改变。做臣子的寻求诸侯国中能言善辩的人，豢养国内善于游说的人，让他来向君主进说自己的私人意见，使用巧妙修饰的语言，流行的言辞，向君主展示有利的形势，用祸患危害来恐吓君主，编造虚假的言辞来损害君主，这就叫"流行"。七是"威强"，什么叫"威强"呢？那就是：做君主的，靠群臣和百姓成就强大的威势。群臣和百姓喜欢的，君主就喜欢；不是群臣和百姓喜欢的，君主就不喜欢。做臣子的聚集了佩剑的刺客，豢养为自己卖命的人，以彰显自己的威势，宣扬为自己做事的人一定会有利，不为自己做事的一定要死，用来恐吓群臣和百姓来施行私欲，这就叫"威强"。

八是"四方"。什么叫"四方"呢？那就是：做君主的，国家小就侍奉大国，兵力弱就畏惧强大的军队。大国的索取，小国一定要听从；强兵所施加的地方，弱兵一定屈服。做臣子的，加重赋税聚敛，竭尽国库财力，使国家空虚来侍奉大国，却用大国的威势来诱迫君主；严重的就让大国的军队聚集在边境，来制约君主，轻一点的多次招来大国的使者来震慑君主，让君主感到恐慌，这就叫"四方"。大凡这八种方法，是臣下借以成就奸谋，君主之所以被蒙蔽劫杀，失去国家的原因，做君主的不能不明察啊！

明君之于内也，娱其色而不行其谒，不使私请。其于左右也，使其身必责其言，不使益辞。其于父兄大臣也，听其言也必使以罚任于后，不令妄举。其于观乐玩好也，必令之有所出，不使擅进，不使①擅退，群臣虞②其意。其于德施也，纵禁财，发坟仓，利于民者，必出于君，不使人臣私其德。其于说议也，称誉者所善，毁疵者所恶，必实其能，察其过，不使群臣相为语。其于勇力之士也，军旅之功无逾赏，邑斗之勇无赦罪，不使群臣行私财。其于诸侯之求索也，法则听之，不法则距③之。

[注释]

①不使：应在"群臣虞其意"之前。②虞：揣度。③距：通"拒"。

[译文]

圣明的君主对于宫廷内部，愉悦于她们的美色却不听从她们的告禀，不准为私人有所请求。对于左右侍从，任用他们但一定要考察他们的言论，不要让他们夸大其词。对于父兄和大臣，听取言论的时候一定要用赏罚使他们承担后果，不让他们随便建议。对于观赏娱乐的东西，一定要在法令上有所规定，不让大臣擅自增加或减少，不让群臣揣度君主的意愿。对于恩德的实行，散发国库财物，动用大粮仓，利于民众的事，一定要出自君主，不让臣下私人拥有恩德。对于臣下的言论，称赞的人所赞赏的，诋毁的人所诋毁的，都要核实他们的才能，考察他们的罪过，不让群臣互相赞誉或诋毁。对于有勇力的人，作战立功不要破格奖赏，私下争斗犯法的不要赦免罪过，不让群臣使用私人财物来收买勇士。对于诸侯的要求和索取，合理的就听从，不合理的就拒绝。

所谓亡君者，非莫有其国也，而有之者，皆非己有也。令臣以外为制于内，则是君人者亡也。听大国为救亡也，而亡亟于不听，故不听。群臣知不听，则不外诸侯。诸侯之①不听，则不受之臣诬其君矣②。

[注释]

①之：应为"知"。②则不受之臣诬其君矣：应为"则不受之。诸侯不受之，则臣不诬其君矣"。

[译文]

所谓的亡国之君，不是失去了自己的国家，而是他所拥有的，实际上不是他自己控制的。让臣下凭借外国势力来挟制国内，那么这个君主就是亡国之君了。听从大国来挽救自己的危亡，可是亡国却比不听从大国更快，那就不听从大国。群臣知道不听从大国，就不会向外结交诸侯。诸侯知道不被听从，就不会接受臣下的外交。诸侯不接受臣下的外交，臣下就不能欺骗君主了。

明主之为官职爵禄也，所以进贤材劝有功也。故曰：贤材者，处厚禄任大官；功大者，有尊爵受重赏。官贤者量其能，赋禄者称其功。是以贤者不诬能以事其主，有功者乐进其业，故事成功立。今则不然，不课贤不肖，论有功劳，用诸侯之重，听左右之谒，父兄大臣上请爵禄于上，而下卖之以收财利及以树私党。故财利多者买官以为贵，有左右之交者请谒以成重①。功劳之臣不论，官职之迁失谬。是以吏偷②官而外交，弃事而财亲。是以贤者懈怠而不劝，有功者隳③而简其业，此亡国之风也。

[注释]

①重：权势。②偷：苟且。③隳（huī）：毁坏。

[译文]

圣明的君主设置官职和爵禄，是用来提拔贤能的人、勉励有功劳的人。所以说：贤能的人，有丰厚的俸禄，担任大官；功劳大的人，有尊贵的爵位，受到重赏。任命贤能的人当官时，一定要衡量他的才能；赐予俸禄的人，一定要和他的功劳相称。所以贤能的人不虚夸自己的才能来为君主办事，有功劳的人乐于进献自己的功业，所以事情能成功，功业可以建立。现在则不是这样，不考察贤能的人和不贤能的人，不用是否有功劳来判断，任用诸侯重视的人，听从左右侍从的请求，父兄、大臣对上向君主请求爵位和俸禄，对下出卖官职来收取财物利益并树立私人党羽。所以财物多的人买官来求得显贵，和君主的侍从交好的人，就通过他们请求来成为有权力的人。有功劳的臣子得不到好的评论，官职的升迁又失误错乱。所以官吏对官职苟且敷衍，却致力于和外国结交，放弃职务而贪图财物。所以贤能的人懈怠而不努力，有功劳的人堕落而不认真对待自己的事业，这就是亡国的风气了。

十过第十

十过：一曰，行小忠则大忠之贼也。二曰，顾小利则大利之残也。三曰，行僻①自用，无礼诸侯，则亡身之至②也。四曰，不务听治而好五音，则穷身之事也。五曰，贪愎喜利则灭国杀身之本也。六曰，耽于女乐，不顾国政，则亡国之祸也。七曰，离内远游而忽于谏士，则危身之道也。八曰，过而不听于忠臣，而独行其意，则灭高名为人笑之始也。九曰，内不量力，外恃诸侯，则削国之患也。十曰，国小无礼，不用谏臣，则绝世③之势也。

[注释]

①僻：邪恶。②至：成就。③世：后继。

[译文]

十种过失：一是：施行小的忠心是对大的忠心的戕害。二是：只顾小的利益是对大的利益的残害。三是：行为怪僻、刚愎自用，对诸侯无礼，是使自身灭亡的最大危险。四是：不致力于治理国家却喜欢音乐，那就是使自己困窘的事。五是：贪婪固执、喜好利益，那就是使国家灭亡、自身被杀的根本。六是：沉迷于女色歌舞，不顾国家政事，那就是亡国的祸患。七是：离开内宫到外面远游，轻视进谏的人，那就是危害自身的方法。八是：有过失而不听从忠臣的意见,却要一意孤行,那就是丢掉了崇高的名声被人取笑的开始。九是:对内不衡量自己的力量,对外依赖于诸侯,那就是国家削弱的祸患。十是:国家小而不讲礼节,又不任用进谏的大臣,那就是断绝后代的形势。

奚谓小忠?昔者楚共王与晋厉公战于鄢陵,楚师败,而共王伤其目。酣战之时,司马子反渴而求饮,竖谷阳操觞酒而进之。子反曰:"嘻,退!酒也。"谷阳曰:"非酒也。"子反受而饮之。子反之为人也,嗜酒而甘之,弗能绝于口,而醉。战既罢,共王欲复战,令人召司马子反,司马子反辞以心疾。共王驾而自往,入其幄中,闻酒臭①而还,曰:"今日之战,不谷②亲伤,所恃者司马也。而司马又醉如此,是亡楚国之社稷而不恤吾众也,不谷无复战矣。"于是还师而去,斩司马子反以为大戮③。故竖谷阳之进酒,不以仇子反也,其心忠爱之而适足以杀之。故曰:行小忠则大忠之贼也。

[注释]

①臭:气味。②不谷:不善,古时天子,诸侯自称的谦词。③大戮:斩首陈尸,古代的一种刑罚。

[译文]

什么叫小的忠心?过去楚共王和晋厉公在鄢陵作战,楚国军队战败,而楚共王的眼睛受了伤。战斗激烈的时候,楚国的司马子反口渴,想要喝酒,竖谷阳拿着一杯酒进献给他。子反说:"咦!拿下去!这是酒!"竖谷阳说:"这不是酒。"子反就接受了酒,把它喝了。子反这个人,很喜欢酒,认为酒很美味,喝起来就不能停口,于是就喝醉了。战争结束之后,楚共王想要再战,命令人召唤司马子反,司马子反推辞说心病犯了。楚共王亲自驾车去看他,进入帐篷里,闻到酒味就回去了,说:"今天的战斗,我自己也受了伤，所依赖的就是司马。可是司马又醉成这样，这是忘记了楚国，而不体恤士兵啊。我不能再打仗了。"于是就退兵回国，把司马子反斩首示众。竖谷阳进献美酒，不是和子反有仇，他的内心是忠爱子反的，却恰恰害了子反。所以说：施行小的忠心是对大的忠心的戕害。

奚谓顾小利？昔者晋献公欲假道于虞以伐虢。荀息曰："君其以垂棘之璧与屈产之乘赂虞公，求假道焉，必假我道。"君曰："垂棘之璧，吾先君之宝也；屈产之乘，寡人之骏马也。若受吾币不假之道将奈何？"荀息曰："彼不假我道，必不敢受我币。若受我币而假我道，则是宝犹取之内府而藏之外府也，马犹取之内厩而著之外厩也。君勿忧。"君曰："诺。"乃使荀息以垂棘之璧与屈产之乘赂虞公而求假道焉。虞公贪利其璧与马而欲许之。宫之奇谏曰："不可许。夫虞之有虢也，如车之有辅[1]，辅依车，车亦依辅，虞、虢之势正是也。若假之道，则虢朝亡而虞夕从之矣。不可，愿勿许。"虞公弗听，遂假之道。荀息伐虢克之，还反处三年，兴兵伐虞，又克之。荀息牵马操璧而报献公，献公说曰："璧则犹是也。虽然，马齿亦益长矣。"故虞公之兵殆而地削者何也？爱小利而不虑其害。故曰：顾小利则大利之残也。

[注释]

① 辅：车旁的夹木。

[译文]

什么叫只顾小的利益？过去晋献公想向虞国借路攻打虢国。晋国大夫荀息说："您如果用垂棘出产的玉璧和屈产出产的良马贿赂虞公，求他借路，他一定会答应。"献公说："垂棘出产的玉璧，是先王留下的宝物；屈产出产的良马，是我的骏马。如果他收了财物却不借路，那怎么办？"荀息说："他如果不借给我们道路，一定不敢接受我们的财物。如果接受了我们的财物而把道路借给我们，那么这些宝物就好像从宫内的仓库里取出来，又放到宫外的仓库里；那良马就好像从宫内的马厩取出来，又放到了宫外的马厩里。您不必担忧。"晋献公说："好！"于是让荀息用垂棘出产的玉璧和屈产出产的良马贿赂虞公，求他借路。虞公贪图玉璧和良马，想要答应。虞国大夫宫之奇进谏说："不能答应。虞国有了虢国，就像车子有两边的夹木，夹木依附车子，车子也依附夹木，虞国和虢国的形势也是这样。如果借给他们道路，那么虢国早上灭亡，虞国晚上也会跟着灭亡。这不行，希望您不要答应。"虞公不听，就借道给晋国。荀息讨伐虢国，攻克了它，回来过了三年，又兴兵讨伐虞国，又攻克了它。荀息牵着马拿着玉璧回报晋献公，献公高兴地说："玉璧还是原样。尽管如此，马的年龄却也增加了。"虞公兵败而亡国，是为什么呢？是因为爱惜小的利益，而不考虑危害。所以说：只顾小的利益是对大的利益的残害。

奚谓行僻？昔者楚灵王为申之会，宋太子后至，执而囚之；狎徐君；拘齐庆封。中射士①谏曰："合诸侯不可无礼，此存亡之机也。昔者桀为有戎之会，而有缗叛之；纣为黎丘之蒐②，而戎、狄叛之；由无礼也。君其图之。"君不听，遂行其意。居未期年③，灵王南游，群臣从而劫之，灵王饿而死乾溪之上。故曰：行僻自用，无礼诸侯，则亡身之至也。

[注释]

①中射士：在宫内做官，掌管射猎的官员。②蒐（sǒu）：春天围猎。③期（jī）年：一周年。

[译文]

什么叫行为怪僻？过去楚灵王在申国举行集会，宋国太子迟到了，楚王就把他抓起来囚禁；又欺侮徐国国君；拘禁了齐国的庆封。中射士劝谏说："会合诸侯不能不讲礼节，这是存亡的关键。过去桀在有戎集会，而有缗背叛了他；纣在黎丘围猎，而戎、狄背叛了他；这都是由于他们不讲礼节。您何不考虑一下。"楚灵王不听，还是照自己的意思做。过了不到一年，楚灵王南游，群臣随从劫持了他，楚灵王饿死在乾溪边上。所以说：行为怪僻、刚愎自用，对诸侯无礼，那就是使自身灭亡的原因。

奚谓好音？昔者卫灵公将之晋，至濮水之上，税车①而放马，设舍以宿。夜分，而闻鼓新声者而说之，使人问左右，尽报弗闻。乃召师涓而告之，曰："有鼓新声者，使人问左右，尽报弗闻，其状似鬼神，子为我听而写之。"师涓曰："诺。"因静坐抚琴而写之。师涓明日报曰："臣得之矣，而未习也，请复一宿习之。"灵公曰："诺。"因复留宿。明日而习之，遂去之晋。晋平公觞之于施夷之台。酒酣，灵公起，公曰："有新声，愿请以示。"平公曰："善。"乃召师涓，令坐师旷之旁，援琴鼓之。未终，师旷抚止之，曰："此亡国之声，不可遂②也。"平公曰："此道③奚出？"师旷曰："此师延之所作，与纣为靡靡之乐也，及武王伐纣，师延东走，至于濮水而自投，故闻此声者，必于濮水之上。先闻此声者，其国必削，不可遂。"平公曰："寡人所好者音也，子其使遂之。"师涓鼓究之。平公问师旷："此所谓何声？"师旷曰："此所谓清商也。"公曰："清商固最悲乎？"师旷曰："不如清徵。"公曰："清徵可得而闻乎？"师旷曰："不可。古之听清徵者，皆有德义之君也。今吾君德薄，不足以听。"平公曰："寡人之所好者音也，愿试听之。"师旷不得已，援琴而鼓。一奏之，有玄鹤二八，道南方来，集于郎门之埒④；再奏之而列；三奏之，延颈而鸣，舒翼而舞，音中宫商之声，声闻于天。平公大说⑤，坐者皆喜。平公提觞而起为师旷寿，反坐而问曰："音莫悲于清徵乎？"师旷曰："不如清角。"平公曰："清角可得而闻乎？"师旷曰："不可。昔者黄帝合鬼神于泰山之上，驾象车⑥而六蛟龙，毕方⑦并辖，蚩尤居前，风伯进扫，雨师洒道，虎狼在前，鬼神在后，腾蛇伏地，凤皇覆上，大合鬼神，作为清角。今主君德薄，不足听之，听之将恐有败。"平公曰："寡人老矣，所好者音也，愿遂听之。"师旷不得已而鼓之。一奏之，有玄云从西北方起；再奏之，大风至，大雨随之，裂帷幕，破俎豆⑧，隳⑨廊瓦，坐者散走。平公恐惧，伏于廊室之间。晋国大旱，赤地三年。平公之身遂癃⑩病。故曰：不务听治，而好五音不已，则穷身之事也。

[注释]

①税车：解开车驾。②遂：终了。③道：经由。④郎门之埒：郎门，即廊门，官员出入、侍卫守卫的地方。埒，高险的地方。⑤说：通"悦"。⑥象车：用象牙装饰的车。⑦毕方：木神。⑧俎豆：祭祀时用来盛放食物的器具。⑨隳：毁坏。⑩癃：瘫痪的病。

[译文]

什么叫喜欢音乐？过去卫灵公将要到晋国去，走到濮水边上，解开车驾、放开马匹，布置住处夜宿。半夜时分，听见有人弹奏新的乐曲，就喜欢上了它。让人问左右侍从，都说没有听到。于是召乐师师涓，告诉他说："有人弹奏新的乐曲，我让人问左右侍从，都说没有听到。听起来像出自鬼神，你为我听一听，把乐谱记下来。"师涓说："好的。"于是静坐抚琴并记谱。第二天师涓回报说："我已经记下来了，但是还不熟练，请再停一晚让我熟悉它。"灵公说："好。"于是又留住一晚。第二天就熟练了，于是离开这里到晋国。晋平公在施夷台设宴。酒喝得畅快的时候，灵公站起来说：

"我有新的乐曲,希望您允许我展示一下。"平公说:"很好。"于是召师涓,让他坐在晋国乐师师旷旁边,拿来琴弹奏。还没有弹完,师旷按住琴弦阻止说:"这是亡国的音乐,不能弹完它。"平公说:"这乐曲是从哪里来的?"师旷说:"这是商时乐师师延创作的乐曲,是他给纣王制作的淫靡的音乐。周武王伐纣的时候,师延向东逃跑,到了濮水就投河自杀了。所以听到这个乐曲,一定是在濮水边上。先听到这个乐曲的,他的国家一定会削弱。不能再弹下去了。"平公说:"我所喜好的就是音乐。你还是让他弹完吧。"师涓继续弹奏完毕。平公问师旷说:"这是什么曲调呢?"师旷说:"这是所说的清商曲调。"平公说:"清商是最悲伤的吗?"师旷说:"不如清徵的曲调。"平公说:"清徵的曲调可以让我们听听吗?"师旷说:"不行。古代听清徵的人,都是有道德仁义的君主。现在您的德行浅薄,不能听。"平公说:"我所喜好的,就是音乐。希望能试听一下。"师旷不得已,就拿琴弹奏。第一次弹奏,有十六只黑色的鹤,从南方飞来,聚集在廊门最高的地方;再次弹奏,它们就排成了队列;第三次弹奏,它们都伸长脖子鸣叫,舒展翅膀跳舞,声音都合于宫、商的声调,响彻云霄。平公非常高兴,在座的人也都很高兴。平公拿起酒杯站起来为师旷祝贺,返回座位询问说:"声调没有比清徵更悲伤的了吗?"师旷说:"不如清角悲伤。"平公说:"清角的曲调可以听听吗?"师旷说:"不行。过去黄帝在泰山顶上聚集鬼神,驾着象牙装饰的车,驾驭六条蛟龙,木神毕方护卫车辖的两边,蚩尤做前导,风神扫除尘土,雨神在道路上洒水,虎狼在前面开路,鬼神在后面随从,腾蛇伏在地上,凤凰飞翔在天上,鬼神聚集,制作了清角的乐曲。现在君主德行浅薄,不能听,听了恐怕会有不好的事情。"平公说:"我已经老了,最喜好的就是音乐,希望能听到。"师旷不得已而弹奏。第一次弹奏,有黑色的云朵从西北方兴起;再次弹奏,有大风吹来,大雨也随之而来，吹裂了帐篷，摔破了盛食物的器皿，毁坏了房上的瓦，坐着的人都四散逃走。平公非常恐惧，趴在走廊和内室之间。晋国遭遇大旱，三年内田地都没有收成。平公自身就得了瘫痪病。所以说：不致力于治理国家，却喜欢音乐，那就是使自己困窘的事。

奚谓贪愎？昔者智伯瑶率赵、韩、魏而伐范、中行，灭之。反归，休兵数年，因令人请地于韩。韩康子欲勿与，段规谏曰："不可不与也。夫知①伯之为人也，好利而鸷愎。彼来请地而弗与，则移兵于韩必矣。君其与之。与之彼狃②，又将请地他国，他国且有不听，不听，则知伯必加之兵。如是韩可以免于患而待其事之变。"康子曰："诺。"因令使者致万家之县一于知伯。知伯说，又令人请地于魏。宣子欲勿与，赵葭谏曰："彼请地于韩，韩与之。今请地于魏，魏弗与，则是魏内自强，而外怒知伯也。如弗予，其措兵于魏必矣，不如予之。"宣子诺。因令人致万家之县一于知伯。知伯又令人之赵请蔡、皋狼之地，赵襄子弗与，知伯因阴约韩、魏将以伐赵。襄子召张孟谈而告之曰："夫知伯之为人也，阳亲而阴疏。三使韩、魏而寡人不与焉，其措兵于寡人必矣。今吾安居而可？"张孟谈曰："夫董阏于，简主之才臣也，其治晋阳，而尹铎循之，其余教犹存，君其定居晋阳而已矣。"君曰："诺。"乃召延陵生，令将军车骑先至晋阳，君因从之。君至，而行其城郭及五官之藏。城郭不治，仓无积粟，府无储钱，库无甲兵，邑无守具。襄子惧，乃召张孟谈曰："寡人行城郭及五官之藏，皆不备具，吾将何以应敌？"张孟谈曰："臣闻圣人之治，藏于臣不藏于府库，务修其教不治城郭。君其出令，令民自遗三年之食，有余粟者入之仓；遗三年之用，有余钱者入之府；遗有奇人③者使治城郭之缮。"君夕出令，明日，仓不容粟，府无积钱，库不受甲兵。居五日而城郭已治，守备已具。君召张孟谈而问之曰："吾城郭已治，守备已具，钱粟已足，甲兵有余，吾奈无箭何？"张孟谈曰："臣闻董子之治晋阳也，公宫之垣皆以荻蒿楛楚④墙之，有楛高至于丈，君发而用之。"于是发而试之，其坚则虽菌簬⑤之劲弗能过也。君曰："吾箭已足矣，奈无金何？"张孟谈曰："臣闻董子之治晋阳也，公宫令舍之堂，皆以炼铜为柱、质⑥，君发而用之。"于是发而用之，有余金矣。号令已定，守备已具，三国之兵果至。至则乘晋阳之城，遂战，三月弗能拔。因舒军而围之，决晋阳之水以灌之，围晋阳三年。城中巢居而处，悬釜而炊，财食将尽，士大夫羸病。襄子谓张孟谈曰："粮食匮，财力尽，士大夫羸病，吾恐不能守矣，欲以城下，何国之可下？"张孟谈曰："臣闻之：'亡弗能存，危弗能安，则无为贵智矣。'君释此计者。臣请试潜行而出，见韩、魏之君。"张孟谈见韩、魏之君曰："臣闻：'唇亡齿寒'。今知伯率二君而伐赵，赵将亡矣。赵亡，则二君为之次。"二君曰："我知其然也。虽然，知伯之为人也，粗中而少亲，我谋而觉，则其祸必至矣，为之奈何？"张孟谈曰："谋出二君之口而入臣之耳，人莫之知也。"二君因与张孟谈约三军之反，与之期日。夜遣孟谈入晋阳以报二君之反于襄子。襄子迎孟谈而再拜之，且恐且喜。二君以⑦约遣张孟谈，因朝知伯，而出遇智过于辕门之外。智过怪其色，因入见知伯曰："二君貌将有变。"君曰："何如？"曰："其行矜而意高，非他时之节也，君不如先之。"君曰："吾与二主约谨矣，破赵而三分其地，寡人所以亲之，必不侵欺。兵之著于晋阳三年，今旦暮将拔之而向⑧其利，何乃将有他心？必不然。子释勿忧，勿出于口。"明旦，二主又朝而出，复见智过于辕门，智过入见曰："君以臣之言告二主乎?"君曰:"何以知之?"曰:"今日二主朝而出,见臣而其色动,而视属臣,此必有变,君不如杀之。"君曰:"子置勿复言。"智过曰:"不可,必杀之。若不能杀,遂亲之。"君曰:"亲之奈何?"智过曰:"魏宣子之谋臣曰赵葭,韩康子之谋臣曰段规,此皆能移其君之计。君与其二君约,破赵国因封二子者,各万家之县一。如是则二主之心可以无变矣。"知伯曰:"破赵而三分其地,又封二子者各万家之县一,则吾所得者少,不可。"智过见其言之不听也,出,因更其族为辅氏。至于期日之夜,赵氏杀其守堤之吏而决其水灌知伯军。知伯军救水而乱,韩、魏翼而击之。襄子将卒犯其前,大败知伯之军而擒知伯。知伯身死军破,国分为三,为天下笑。故曰:贪愎好利,则灭国杀身之本也。

[注释]

①知:通"智"。②狃(niǔ):习惯。③奇(jī)人:多余的人,指没有一定职业的。④荻蒿楛(hù)楚:荻,像芦苇的植物,杆可以编席。蒿,稻子的杆。楛,荆棘类植物,杆可以做箭。楚,灌木,杆可以做鞭子和手杖。⑤箘簬(lù):美好的竹子。⑥质:柱子的基座。⑦以:已经。⑧向:通"享"。

[译文]

什么叫贪婪固执?过去智伯瑶率领赵、韩、魏三国讨伐范氏和中行氏,消灭了他们。返回之后,修整兵力几年,于是让人向韩国索要土地。韩康子打算不给,段规劝谏说:"不能不给他们。智伯的为人,喜好利益而桀骜固执。他来索要土地而我们不给,一定会起兵攻打韩国。您不如给他土地。给他,他就会习惯了,又会向别的国家索要土地。别的国家将会不听从,不听从,智伯就会起兵攻打他们。这样一来,韩国可以免于祸患,而等待形势的变化。"韩康子说:"好。"于是让使者送给智伯一个有一万户人家的县。智伯很高兴，又让人向魏国索要土地。魏宣子打算不给，赵葭劝谏说："他向韩国索要土地，韩国给了他。现在又向魏国索要土地，魏国不给，那魏国就是自恃实力强大，而对外激怒了智伯。如果不给，他一定会加兵于魏国，不如给他。"魏宣子答应了，于是让人送给智伯一个有一万户人家的县。智伯又让人到赵国索要蔡和皋狼的土地，赵襄子不给他，智伯就私下约韩国和魏国，将要讨伐赵国。赵襄子召见张孟谈，告诉他说："智伯的为人，表面和人亲近，暗地却疏远。三次派人出使韩国和魏国，而我却没有参与，他一定会对我用兵。现在我应该怎样应对呢？"张孟谈说："董阏于是您的父亲赵简子手下有才干的臣子，他曾经治理晋阳，而尹铎依照他的方法，使他的教化还存在着，您还是定居晋阳算了。"赵襄子说："好。"于是召唤延陵生，让他带着车马先到晋阳，赵襄子随后就跟着去了。襄子到了晋阳，就巡视城池和官府的储藏。发现城池修整得不完备，仓库里没有储存的粮食，国库里没有储备的资金，仓库里没有铠甲和兵器，城中没有防守用具。赵襄子感到害怕，于是召见张孟谈说："我巡视城池和官府的储藏，发现什么都不完备，我拿什么来对付敌人呢？"张孟谈说："我听说：圣人治理国家，财物收藏在百姓那里，不收藏在国库；致力于修整教化，不修整城池。您何不发出命令，令百姓自己留下三年的粮食，多余的就送到国库里；留下够三年使用的钱财，有多余的就送到国库里；留下够用的劳力，剩余的劳力就让他们去从事城池的修缮。"赵襄子晚上发出命令，第二天，粮仓里就容不下粮食，钱库里没有地方堆钱，兵库里放不下铠甲和兵器。过了五天，城池就已经修整好了，守备的设施也具备了。赵襄子召见张孟谈，问他说："我的城池已经修整好了，守卫的设施也已经具备了，钱和粮食也充足了，铠甲和兵器也有富余了。可是我没有箭，该怎么办呢？"张孟谈说："我听说董阏于治理晋阳，公家宫殿的墙都是用荻、蒿、楛、楚这几种木头的杆制作的，有的楛木竟至有一丈高，您可以开发出来使用。"于是就开发出来尝试，它的坚硬，即使是良好的竹子的劲道也不能超过。赵襄子说："我的箭已经足够了，可是没有金属怎么办呢？"张孟谈说："我听说董阏于治理晋阳，宫殿和长官的厅堂，都是用精炼过的铜做柱子和基座，您可以开发出来使用。"于是就开发使用，就有了多余的金属。号令已经确定，守备的设施也具备了，三个国家的军队果然到了，于是就攻打晋阳城，开始作战，三个月也不能攻克。于是就疏散兵力包围晋阳，挖开晋阳的河道来淹没晋阳。围困晋阳三年，城里的人都在高处搭巢居住，吊着锅做饭，财物粮食将要用完，士大夫都羸弱多病。赵襄子对张孟谈说："粮食匮乏，财力将要用完，士大夫羸弱多病，我恐怕不能再坚守了！我打算举城投降，投降哪个国家好呢？"张孟谈说："我听说：'不能保存将要灭亡的国家，不能拯救危险的形势，那就不用尊重智慧了。'您还是放弃这个计策吧。我请求偷偷出城，见见韩国和魏国的君主。"张孟谈见到了韩国和魏国的君主，对他们说："我听说'唇亡齿寒'。现在智伯率领二位讨伐赵国，赵国将要灭亡了。赵国灭亡，那么二位君主就要接下来灭亡了。"二位君主说："我们知道是这样。即便如此，智伯的为人，心地粗暴而缺少仁爱，我们的密谋被他发觉，那么祸患一定就来了。那该怎么办？"张孟谈说："这密谋出于二位君主的口，进入我的耳朵，别人不会知道的。"二位君主于是和张孟谈约会了军队倒戈的计划，和他约定了日期。晚上派遣张孟谈进入晋阳，来报告二位君主倒戈的事情。赵襄子迎接张孟谈，再次向他下拜，又惊又喜。二位君主和张孟谈约定，并派遣他回晋阳之后，就去朝见智伯，出来时在辕门外遇到了智过。智过对他们的脸色感到奇怪，于是进去见智伯，说："二位君主貌似要有改变。"智伯说："为什么？"智过说："他们行为傲慢，意气高扬，不像往日的样子。您不如先发制人。"智伯说："我和二位君主的约定很周密，攻破赵国就把土地分为三份，我用这个来向他们表示友好，一定不会侵犯欺骗我的。军队驻扎在晋阳已经有三年了，现在早晚间就要攻下晋阳而享有利益，他们怎么会有二心呢？一定不会的。你别这么想了，不要担忧，也不要再说这样的话了。"第二天，二位君主朝见智伯，出来的时候，又在辕门遇到智过，智过进营见智伯说："您把我的话告诉二位君主了吗？"智伯说："你怎么知道的呢？"智过说："今天二位君主朝见之后出去，见到我就脸色改变，看着下属臣子。这一定会有事变，您不如杀了他们。"智伯说："你把这事放在一边，别再说了。"智过说："不行！一定要杀了他们。如果不能杀，就要亲近他们。"智伯说："怎么亲近他们呢？"智过说："魏宣子的谋臣叫赵葭，韩康子的谋臣叫段规，这两个人都能改变君主的计划。您和二位君主约定：攻破赵国之后，就分封二位臣子每人一个有一万户人家的县。这样一来，两位君主的心就可以不改变了。"智伯说："攻破赵国后三家平分他们的土地，又要分封两个臣子各一万户人家的县，那么我所得到的就少了。这可不行！"智过见自己的话不被听信，就出走了，并使自己的族人改姓辅氏，以免跟着智伯受害。到了约定日期的夜里，赵军杀死守卫河堤的官吏，挖开河水淹没智伯的军队。智军忙着救人而陷入混乱，韩国和魏国从两侧攻击。赵襄子带着兵卒从正面进攻，大败智伯的军队，并擒获了智伯。智伯身死，军队被消灭，国家一分为三，被天下人耻笑。所以说：贪婪固执、喜好利益，那就是使国家灭亡、自身被杀的根本。

奚谓耽于女乐？昔者戎王使由余聘于秦，穆公问之曰："寡人尝闻道而未得目见之也，愿闻古之明主得国失国何常以？"由余对曰："臣尝得闻之矣，常以俭得之，以奢失之。"穆公曰："寡人不辱而问道于子，子以俭对寡人何也？"由余对曰："臣闻昔者尧有天下，饭于土簋①，饮于土铏②。其地南至交趾，北至幽都，东西至日月之所出入者，莫不宾服。尧禅天下，虞舜受之。作为食器，斩山木而财③之，削锯修之迹，流漆墨其上，输之于宫，以为食器。诸侯以为益侈，国之不服者十三。舜禅天下而传之于禹，禹作为祭器，墨染其外，而朱画其内，缦帛④为茵，蒋席颇缘⑤，觞酌有采，而樽俎有饰。此弥侈矣，而国之不服者三十三。夏后氏没，殷人受之，作为大路⑥，而建九旒，食器雕琢，觞酌刻镂，四壁垩墀，茵席雕文。此弥侈矣，而国之不服者五十三。君子皆知文章矣，而欲服者弥少，臣故曰俭其道也。"

由余出，公乃召内史廖而告之，曰："寡人闻：'邻国有圣人，敌国之忧也。'今由余，圣人也，寡人患之，吾将奈何？"内史廖曰："臣闻戎王之居，僻陋而道远，未闻中国之声。君其遗之女乐，以乱其政，而后为由余请期，以疏其谏，彼君臣有间而后可图也。"君曰："诺。"乃使史廖以女乐二八遗戎王，因为由余请期，戎王许诺。见其女乐而说⑦之，设酒张饮，日以听乐，终岁不迁，牛马半死。由余归，因谏戎王，戎王弗听，由余遂去之秦。秦穆公迎而拜之上卿，问其兵势与其地形。既以得之，举兵而伐之，兼国十二，开地千里。故曰：耽于女乐，不顾国政，亡国之祸也。

[注释]

①簋（guǐ）：盛饭食的器具。②铏（xíng）：盛汤的器具。③财：通"裁"。④缦帛：没有花纹的布帛。⑤蒋席颇缘：蒋席，蒋草做的席子。颇缘，有斜纹的边缘。⑥路：通"辂"。⑦说：通"悦"。

[译文]

什么叫沉迷于歌女？过去戎王让由余出使秦国，秦穆公问他："我曾听说过治国的大道，但是没有亲眼见过，想听听古代圣明的君主常常因为什么得到国家和丢失国家。"由余回答说："我曾经听说过，常常因为节俭得到国家，因为奢侈失去国家。"秦穆公说：

"我不以此为耻辱而向您请教治国方法,您却用节俭来回答我,这是为什么?"由余回答说:"我听说昔日尧拥有天下,用陶土烧制的簋吃饭,用陶土烧制的铏饮水。他的国土南到交趾,北到幽都,东西到日月升起和落下的地方,没有不臣服他的。尧禅让天下,虞舜接受。所做的食器,都是砍山上的树木来制作,修饰砍削锯过的印记,在上面涂上漆和墨,送到宫里做为食器。诸侯认为太奢侈,不肯臣服的国家有十三个。舜禅让天下传给了禹,禹制作祭器,用墨染它的外表,用红色画它的内部,用没有花纹的布帛做坐垫,用蒋草制作的席子,边缘还有斜的纹路,酒具都有文彩,食器上都有修饰。这更奢侈了,而不肯臣服的国家有三十三个。夏朝灭亡,殷商接受天下,制作高级车子大辂,建立九旒这样的大旗,饮食器具精雕细琢,酒具雕刻镂空,四周墙壁和台阶都用白色垩土涂刷,坐垫和席子都修饰花纹。这更加奢侈了,而不肯臣服的国家有五十三个。君主都知道文采华美,可是愿意臣服的人却越来越少了,所以我说:节俭就是治国大道。"由余出去后,秦穆公召见内史廖并对他说:"我听说:'邻国有圣人,是敌国的忧虑。'现在由余就是圣人,我很担忧,应该怎么办呢?"内史廖说:"我听说戎王所居住的地方,偏僻而路远,没听过中原地区的音乐。您可以送给他歌女乐舞,来扰乱他的朝政,然后为由余请求延长出使时间,来疏远他的进谏。君臣之间有了隔阂然后就可以图谋了。"秦穆公说:"好。"于是让内史廖把十六个歌女送给戎王,借机为由余请求延长出使时间,戎王答应了。戎王见到歌女就很喜欢,摆设酒宴饮酒作乐,每天听音乐,一年也不迁居,牛马死去了一半。由余回国之后,就劝谏戎王,戎王不肯听从,由余就离开去了秦国。秦穆公迎接他并拜为上卿,问他戎王的兵力和地势。得到了戎王的情况之后,就起兵攻伐,兼并十二个国家,开辟疆土千里。所以说:沉迷于歌女,不顾国家政事,那就是亡国的祸患。

奚谓离内远游？昔者齐景公游于海而乐之，号令诸大夫曰："言归者死。"颜涿聚曰："君游海而乐之，奈臣有图国者何？君虽乐之，将安得？"齐景公曰："寡人布令曰：'言归者死'，今子犯寡人之令。"援戈将击之。颜涿聚曰："昔桀杀关龙逢而纣杀王子比干，今君虽杀臣之身，以三之可也。臣言为国，非为身也。"延颈而前曰："君击之矣！"君乃释戈趣①驾而归，至三日，而闻国人有谋不内②齐景公者矣。齐景公所以遂有齐国者，颜涿聚之力也。故曰：离内远游，则危身之道也。

[注释]

①趣：通"促"。②内：通"纳"。

[译文]

什么叫离开内宫到外面远游？过去齐景公到海边游玩，非常快乐，命令诸位大夫说："说要回去的就处死。"颜涿聚说："您在海边游玩得很快乐，可是大臣里有图谋国家的怎么办？您即使想要快乐，又怎能得到呢？"齐景公说："我已经下达命令说：'说要回去的就处死'，现在你违反了我的命令。"拿着戈要击打他。颜涿聚说："过去桀杀死关龙逢，而纣杀死王子比干，现在您即使杀死我，让我成为第三个也可以。我说的话是为了国家，不是为了我自己。"然后伸着脖子向前说："您杀了我吧。"齐景公就扔下戈，急忙驾车回国，回去后的第三天，就听说国内有密谋不接纳齐景公回国的事。齐景公之所以最终拥有齐国，是颜涿聚的功劳。所以说：离开内宫到外面远游，那就是危害自身的方法。

奚谓过而不听于忠臣？昔者齐桓公九合诸侯，一匡天下，为五伯①长，管仲佐之。管仲老，不能用事，休居于家，桓公从而问之曰："仲父家居有病，即不幸而不起此病，政安迁之？"管仲曰："臣老矣，不可问也。虽然，臣闻之：'知臣莫若君，知子莫若父。'君其试以心决之。"君曰："鲍叔牙何如？"管仲曰："不可。鲍叔牙为人，刚愎而上②悍。刚则犯民以暴，愎则不得民心，悍则下不为用。其心不惧，非霸者之佐也。"公曰："然则竖刁何如？"管仲曰："不可。夫人之情莫不爱其身，公妒而好内，竖刁自獖③以为治内。其身不爱，又安能爱君？"公曰："然则卫公子开方何如？"管仲曰："不可。齐、卫之间不过十日之行，开方为事君，欲适君之故，十五年不归见其父母，此非人情也。其父母之不亲也，又能亲君乎？"公曰："然则易牙何如？"管仲曰："不可。夫易牙为君主味，君之所未尝食唯人肉耳，易牙蒸其子首而进之，君所知也。人之情莫不爱其子，今蒸其子以为膳于君，其子弗爱，又安能爱君乎？"公曰："然则孰可？"管仲曰："隰朋可。其为人也，坚中而廉外，少欲而多信。夫坚中则足以为表，廉外则可以大任，少欲则能临其众，多信则能亲邻国。此霸者之佐也，君其用之。"君曰："诺。"居一年余，管仲死，君遂不用隰朋而与竖刁。刁莅事三年，桓公南游堂阜，竖刁率易牙、卫公子开方及大臣为乱，桓公渴馁而死南门之寝、公守之室，身死三月不收，虫出于户。故桓公之兵横行天下，为五伯长，卒见弑于其臣，而灭高名，为天下笑者，何也？不用管仲之过也。故曰：过而不听于忠臣，独行其意，则灭其高名为人笑之始也。

[注释]

①五伯：即五霸，春秋时候的五位霸主：齐桓公、晋文公、楚庄王、吴王阖闾、越王勾践。②上：通"尚"。③獖（fén）：阉割。

[译文]

什么叫有过失而不听从忠臣的意见？过去齐桓公九次会合诸侯，使天下归一于正道，成为五霸中的第一个，管仲辅佐他。管仲

十过第十　61

老了,不能再执政,在家里休养。齐桓公去问他说:"仲父有病在家闲居,如果不幸一病不起,政事该移交给谁呢?"管仲说:"我已经老了,不能再问我了。即便如此,我听说:'没人比君主更了解臣下,没人比父亲更了解儿子。'您试着用自己的想法来决定一下。"桓公说:"鲍叔牙怎么样?"管仲说:"不行。鲍叔牙这个人,刚硬固执又崇尚强悍。刚硬就会用暴力侵犯人民,固执就会不得民心,强悍就会使得下级不为他所用。他心里不知畏惧,不是霸主的辅佐之臣。"桓公说:"那么竖刁怎么样?"管仲说:"不行。人的本性没有不爱惜自己身体的。您嫉妒而喜好女色,竖刁阉割自己,为您治理后宫。他连自己的身体都不爱惜,又怎么能爱惜君主呢?"桓公又说:"那么公子开方怎么样?"管仲说:"不行。齐国和卫国之间不过十天的行程,开方为了侍奉大王,想要迎合大王的缘故,十五年都不回家看望父母,这不是人的本性。他连父母都不肯亲近,又怎么能亲近君主呢?"桓公说:"那么易牙怎么样?"管仲说:"不行。易牙为大王掌管膳食,大王没有吃过的只有人肉,易牙就蒸了自己儿子的头来进献给大王,这是大王所知道的。人的本性没有不爱自己儿子的,易牙蒸了自己儿子的头来给大王做食物,连他的儿子也不爱,怎么能爱君主呢?"桓公说:"那么谁可以呢?"管仲说:"隰朋可以。他的为人,内心坚定、行为廉洁,欲望少而守信。内心坚定,就足以做表率;行为廉洁,就可以担当大任;欲望少,就能驾驭民众;守信,就可以亲近邻国。这是霸主的辅佐之臣,您可以任用他。"桓公说:"好。"过了一年多,管仲死了,桓公终于没有任用隰朋,而任用了竖刁。竖刁执政三年,桓公到南方的堂阜游玩,竖刁率易牙、卫公子开方和一些大臣作乱。桓公饥渴地死在南门的卧室里,那是桓公的家族守卫的房子,死后三个月也没有收敛,尸体里的蛆虫都爬出了门外。齐桓公的军队横行天下,身为五霸的首位,最终却被臣下所杀,丢掉了崇高的名声而被天下取笑,这是为什么呢?是因为他不听用管仲的建议。所以说:有过失而不听从忠臣的意见,却要一意孤行,那就是丢掉了崇高的名声被人取笑的开始。

奚谓内不量力?昔者秦之攻宜阳,韩氏急,公仲朋谓韩君曰:"与国不可恃也,岂如因张仪为和于秦哉?因赂以名都而南与伐楚,是患解于秦而害交于楚也。"公曰:"善。"乃警①公仲之行,将西和秦。楚王闻之,惧,召陈轸而告之曰:"韩朋将西和秦,今将奈何?"陈轸曰:"秦得韩之都一,驱其练甲,秦、韩为一以南乡②楚,此秦王之所以庙祠而求也,其为楚害必矣。王其趣③发信臣,多其车,重其币,以奉韩曰:'不谷④之国虽小,卒已悉起,愿大国之信意⑤于秦也。因愿大国令使者入境视楚之起卒也。'"韩使人之楚,楚王因发车骑陈之下路,谓韩使者曰:"报韩君,言弊邑之兵今将入境矣。"使者还报韩君,韩君大悦,止公仲。公仲曰:"不可。夫以实告我者秦也,以名救我者楚也,听楚之虚言而轻诬⑥强秦之实祸,则危国之本也。"韩君弗听,公仲怒而归,十日不朝。宜阳益急,韩君令使者趣卒于楚,冠盖相望而卒无至者,宜阳果拔,为诸侯笑。故曰:内不量力,外恃诸侯者,则国削之患也。

[注释]

①警:整饬。②乡:通"向"。③趣:通"促",迅速。④不谷:古代君主的自称。⑤信意:信,即申;信意,即表明意愿。⑥轻诬:诬,把没有当作有,或者把有当作没有。轻诬,即把情况看轻。

[译文]

什么叫对内不衡量自己的力量?过去秦国攻打宜阳,韩国危急,公仲朋对韩王说:"盟国不可以依靠,不如通过张仪和秦国和解!用一个知名的大城贿赂秦国,和他们一起向南进攻楚国,那么祸患就会解决而把危害转加给楚国。"韩王说："好。"于是准备了公仲朋的出行，要到西方去和秦国和解。楚王听说这件事，感到恐惧，召唤陈轸，告诉他说："韩国的公仲朋将要到西边和秦国讲和，现在该怎么办？"陈轸说："秦国得到韩国的一座城池，驱使他们的精锐部队，秦、韩合在一起向南进攻楚国，这是秦王在宗庙中祭祀祈求的事，它一定会为楚国带来危害。您可以迅速派出使者，多带车马以及丰厚的钱财，奉承韩国说：'我的国家虽然小，但士兵已经全部调动起来了，希望贵国表明对秦国的不臣服。为此请贵国派遣使者到我们国家来看楚国起兵。'"韩国派人到了楚国，楚王派出了车骑，陈列在楚国通向北方的大路边，对韩国的使者说："回报韩王，就说我们国家的兵马就要进入韩国边境了。"使者回报韩王，韩王非常高兴，制止了公仲朋的出使。公仲朋说："不行。用实力来危害我们的，是秦国；用虚名来挽救我们的，是楚国；听信了楚国虚妄的话，而轻视强秦的实际危害，那就是危害国家的根本。"韩王不听他的，公仲朋生气地回到家里，十天不去上朝。宜阳更加危急了，韩王命令使者到楚国催促援兵，出使的车马一拨又一拨，可是救兵却没有来。宜阳最终被秦国攻克，韩国也被诸侯取笑。所以说：对内不衡量自己的力量，对外依赖于诸侯，那就是国家削弱的祸患。

奚谓国小无礼？昔者晋公子重耳出亡，过于曹，曹君袒裼[①]而观之。釐负羁与叔瞻侍于前。叔瞻谓曹君曰："臣观晋公子，非常人也。君遇之无礼，彼若有时反国而起兵，即恐为曹伤，君不如杀之。"曹君弗听。釐负羁归而不乐，其妻问之曰："公从外来而有不乐之色，何也？"负羁曰："吾闻之：'有福不及，祸来连我。'今日吾君召晋公子，其遇之无礼。我与[②]在前，吾是以不乐。"其妻曰："吾观晋公子，万乘之主也；其左右从者，万乘之相也。今穷而出亡过于曹，曹遇之无礼。此若反国，必诛无礼，则曹其首也。子奚不先自贰焉？"负羁曰："诺。"盛黄金于壶，充之以餐，加璧其上，夜令人遗公子。公子见使者，再拜，受其餐而辞其璧。公子自曹入楚，自楚入秦。入秦三年，秦穆公召群臣而谋曰："昔者晋献公与寡人交，诸侯莫弗闻。献公不幸离群臣，出入十年矣。嗣子不善，吾恐此将令其宗庙不被除③而社稷不血食也。如是弗定，则非与人交之道。吾欲辅重耳而入之晋，何如？"群臣皆曰："善。"公因起卒，革车五百乘，畴骑④二千，步卒五万，辅重耳入之于晋，立为晋君。重耳即位三年，举兵而伐曹矣。因令人告曹君曰："悬叔瞻而出之，我且杀而以为大戮⑤。"又令人告釐负羁曰："军旅薄城，吾知子不违也。其表子之闾，寡人将以为令，令军勿敢犯。"曹人闻之，率其亲戚而保釐负羁之闾者七百余家。此礼之所用也。故曹，小国也，而迫于晋、楚之间，其君之危犹累卵也，而以无礼莅⑥之，此所以绝世也。故曰：国小无礼，不用谏臣，则绝世之势也。

[注释]

①袒（tǎn）裼（xī）：脱掉衣服露出肩背。②与（yù）：参与。③被（fú）除：扫除。④畴骑：畴，相等；畴骑，同一规格的马。是说马匹经过挑选，都很精妙。⑤大戮：斩首陈尸，古代的一种刑罚。⑥莅：对待。

[译文]

什么叫国家小而不讲礼节？过去晋国的公子重耳出国逃亡，经过曹国，曹国国君趁他脱掉衣服袒露肩背的时候去偷看他。釐负羁和叔瞻在曹君身边侍从。叔瞻对曹君说："我看晋国的公子，不是个普通人。您对待他没有礼貌，如果有一天他返回国家而发兵，恐怕会成为曹国的危害，您不如杀了他。"曹君不听。釐负羁回家后很不高兴，妻子问他："您从外面回来却有不高兴的脸色，这是为什么？"负羁说："我听说：'福泽享受不到，祸患就会牵连我。'

今天国君召唤晋国的公子,对他没有礼貌。我随侍君主,所以不高兴。"他的妻子说:"我看晋国的公子,会是拥有万辆兵车的大国的君主;他左右的随从,会是大国的相国。现在困窘而出逃,经过曹国,曹国对他没有礼貌。他若是返回国家,一定会惩罚对他没有礼貌的国家,曹国就是第一个了。你为什么不先把自己和国君区分开呢?"负羁说:"好。"就在壶里装上黄金,表面盖上饭食,又在上面放了一块玉璧,晚上让人送给了公子重耳。公子见到使者,再次下拜,接受了饭食而退还了玉璧。公子从曹国到楚国,又从楚国到了秦国。到了秦国三年,秦穆公召集群臣谋划说:"过去晋献公和我交好,诸侯没有不知道的。献公不幸离开了他的群臣,差不多已经有十年了。继位的儿子不成器,我怕他会让他的宗庙都得不到扫除,而土地神和谷神得不到祭祀。这样的情况不去平定,不是和人交往的道理。我打算帮助重耳返回晋国,怎么样?"群臣都说:"好。"秦穆公就起兵,用坚固的兵车五百辆,统一规格的精选马匹两千匹,步兵五万人,辅助重耳进入晋国,立他为晋国的君主。重耳即位三年,起兵讨伐曹国。派人告诉曹国君主说:"把叔瞻吊出城来,我要杀死他陈尸示众。"又派人告诉釐负羁说:"军队迫近城池,我知道你不会反对我。请在你居住的地方做上标志,我会下达命令,让军队不敢侵犯您。"曹国人听说了,率领亲戚来釐负羁住的地方寻求保护的有七百多家。这就是礼的作用啊。所以曹国是个小国,夹在晋国和楚国中间,君主的危险,就好像把鸡蛋垒起来一样,却用无礼的态度对待诸侯,这就是他们断绝了后代的原因。所以说:国家小而不讲礼节,又不任用进谏的大臣,那就是断绝后代的形势。

孤愤第十一

智术之士，必远见而明察，不明察不能烛①私；能法之士，必强毅而劲直，不劲直不能矫奸②。人臣循令而从事，案③法而治官，非谓重人④也。重人也者，无令而擅为，亏法以利私，耗国以便家，力能得其君，此所为重人也。智术之士明察，听用，且烛重人之阴情；能法之士劲直，听用，且矫重人之奸行。故智术能法之士用，则贵重之臣必在绳⑤之外矣。是智法之士与当涂之人，不可两存之仇也。

[注释]

①烛：照明，此处指明察。②矫奸：纠正违法的行为。③案，通"按"。④重人：权威重的人。⑤绳：木工用的墨线，此处喻指法令。

[译文]

通晓治国方略的人，必然有远见且明察秋毫；不明察秋毫，就不能发现阴谋。能够执行法治的人，必须坚强果断且刚劲正直；不刚劲正直，就不能纠正违法的行为。臣子遵循法令处理公事，按照法律履行官吏的职责，这不能算作权臣。所谓权臣，就是无视法令而擅自行动，破坏法律来为私人谋利，损耗国家利益来便利自己，势力能够控制君主，这才叫做权臣。通晓治国方略的人明察秋毫，他们若被君主信任而重用，将会洞察权臣的阴谋；能够推行法治的人刚劲正直，他们若被君主信任而重用，将会矫正权臣的奸诈行为。因此，懂得治国方略和善用法治的人若被任用，那么权臣必定为法律准绳所不容。所以懂得治国、推行法制的人与当权的人，是不可并存的仇敌。

当涂之人擅事要，则外内为之用矣。是以诸侯不因则事不应，故敌国为之讼①；百官不因则业不进，故群臣为之用；郎中②不因则不得近主，故左右为之匿；学士不因则养禄薄礼卑，故学士为之谈也。此四助者，邪臣之所以自饰也。重人不能忠主而进其仇，人主不能越四助③而烛察其臣，故人主愈弊④，而大臣愈重。

[注释]

①讼，通"颂"，颂扬。②郎中：君主近侍之官。③四助：上所指诸侯、百官、郎中、学士四种人。④弊，通"蔽"。

[译文]

当权的重臣独揽大权，那么外势和内政就都要被他利用了。因此诸侯不依靠他，事情就办不成，所以实力相当的诸侯国会颂扬他；各级官吏不依靠他，职务就得不到提升，所以大臣们会为他做事；君主的侍从官员不依靠他，就不能接近君主，所以为他隐瞒罪行；学士不依靠他，就会俸禄微薄而礼遇低下，所以学士为他吹捧。这四种帮凶是奸邪之臣用来掩饰自己的。权臣不会为了忠于君主而推荐自己的政敌，君主不能越过四种帮凶来明察他的臣子，所以君主越来越受蒙蔽，而权臣的势力越来越大。

凡当涂者之于人主也，希①不信爱也，又且习故②。若夫即主心同乎好恶，固其所自进也。官爵贵重，朋党又众，而一国为之讼。则法术之士欲干上者，非有所信爱之亲、习故之泽也；又将以法术之言矫人主阿辟③之心，是与人主相反也。处势卑贱，无党孤特。夫以疏远与近爱信争，其数不胜也；以新旅④与习故争，其数不胜也；以反主意与同好争，其数不胜也；以轻贱与贵重争，其数不胜也；以一口与一国争，其数不胜也。法术之士，操五不胜之势，以岁数而又不得见；当涂之人，乘五胜之资，而旦暮独说于前。故法术之士，奚道得进，而人主奚时得悟乎？故资⑤必不胜而势不两存，法术之士焉得不危？其可以罪过诬者，以公法而诛之；其不可被以罪过者，以私剑而穷⑥之。是明法术而逆主上者，不僇⑦于吏诛，必死于私剑矣。朋党比周以弊⑧主，言曲以便私者，必信于重人矣。故其可以功伐⑨借者，以官爵贵之；其不可借以美名者，以外权重之。是以弊主上而趋于私门者，不显于官爵，必重于外权矣。今人主不合⑩参验而行诛，不待见功而爵禄，故法术之士安能蒙死亡而进其说，奸邪之臣安肯乘利而退其身？故主上愈卑，私门益尊。

[注释]

①希，通"稀"，少。②习故：亲昵的故旧。③阿（ē）辟：阿，迎合。辟，通"僻"，邪恶。④新旅：新来的客人。⑤资：凭借。⑥穷：尽，了结。此处指结束生命。⑦僇：通"戮"。⑧弊：通"蔽"，蒙蔽。⑨伐：功劳。⑩合：比较。

[译文]

当道掌权的人对于君主来说，很少不被信任和宠爱的，而且彼此又是亲昵的故旧关系。至于迎合君主的心理，投合君主的好恶，本来就是重臣得以进取的途径。他们官职大，爵位高，党羽又多，全国都颂扬他们。而想要求得君主重用的法术之士，既没有被信任和宠爱的亲近关系，和君主也没有亲昵的故旧关系，还要用法术言论纠正君主的偏邪之心，这是与君主心意相反的。法术之士所处地位低下，没有同党，孤立无援。和君主关系疏远的人与和君主关系亲近、受到宠信的人相争，按理说是不能取胜的；新来的客人和故旧相争，按理说是不能取胜的；违背君主心意的人和投合君主好恶的人相争，按理说是不能取胜的；地位低贱的人和位尊权重的人相争，按理说是不能取胜的；拿一个人和一国人相争，按理说是不能取胜的。法术之士处在这五种不能取胜的形势下，而且长年也不能见到君主；当权重臣凭借五种可以取胜的条件，又随时可以单独游说君主。那么法术之士怎么能得到任用，而君主什么时候才能醒悟呢？因此，凭借必定不能取胜的条件，又与重臣势不两立，法术之士怎会不危险？那些可用罪名诬陷的，就用国家法律来诛杀；那些不能强加罪名的，就用刺客来暗杀。所以精通法术而违背君主意志的人，即使不被官吏诛杀，也必定死在刺客手里。而结党拉派来蒙蔽君主，花言巧语来谋取私利的人，一定会受到权臣的信任。所以对那些可以用功劳做借口的，就封官赐爵使他们显贵；对那些没有好名声做借口的，就利用诸侯的势力来重用他们。因此，蒙蔽君主而投奔权臣门下的，不是官爵显赫，就是被外权所推重。现在君主不以事实来核对就实行诛戮，不等建立功劳就授予爵禄，法术之士怎能冒死去陈述自己的主张，奸邪之臣又怎能在这有利时机而主动引退？所以君主地位就越来越低，权臣势力就越来越大。

　　夫越虽国富兵强，中国之主皆知无益于己也，曰："非吾所得制也。"今有国者虽地广人众，然而人主壅蔽，大臣专权，是国为越也。智不类越，而不智不类其国，不察其类者也。人主所以谓齐亡者，非地与城亡也，吕氏弗制，而田氏用之。所以谓晋亡者，亦非地与城亡也，姬氏不制，而六卿①专之也。今大臣执柄独断，而上弗知收，是人主不明也。与死人同病者，不可生也；与亡国同事者，不可存也。今袭迹于齐、晋，欲国安存，不可得也。

[注释]

①六卿：晋国的六大家族，即魏、赵、范、中行、韩、智。

[译文]

越国虽然国富兵强，中原各国的君主都知道对自己没有什么好处。都说："不是我们所能控制的。"现在统治国家的君主虽然地广人多，然而君主被蒙蔽，大臣专权，国家也就变得和越国一样。知道自己的国家跟越国不一样，却不知道自己的国家也已经不像个国家了，这是不能明察事情的类似。人们之所以说齐国亡了，并不是指土地和城市丧失了，而是指吕氏不能控制它而为田氏所占有。之所以说晋国亡了，也不是指土地和城市丧失了，而是指姬氏不能控制它而为国内的六大家族所把持。现在大臣执掌权柄独断专行，而君主不知收回权力，这是君主不明智。和死人症状相同的人，就不能再活下去了；和灭亡的国家形势相同的，就无法继续存在了。现在沿袭齐、晋的老路，还想要国家安然存在，是办不到的。

凡法术之难行也，不独万乘，千乘亦然。人主之左右不必智也，人主于人有所智而听之，因与左右论其言，是与愚人论智也。人主之左右不必贤也，人主于人有所贤而礼之，因与左右论其行，是与不肖论贤也。智者决策于愚人，贤士程行①于不肖，则贤智之士羞而人主之论悖矣。人臣之欲得官者，其修士且以精洁固身，其智士且以治辩②进业。其修士不能以货赂事人，恃其精洁，而更不能以枉法为治，则修智之士，不事左右，不听请谒矣。人主之左右，行非伯夷也，求索不得，货赂不至，则精辩之功息，而毁诬之言起矣。治辩之功制于近习，精洁之行决于毁誉，则修智之吏废，则人主之明塞矣。不以功伐决智行，不以参伍审罪过，而听左右近习之言，则无能之士在廷，而愚污之吏处官矣。

[注释]

①程行：评论他的行事。②治辨：辨，通"辩"，分明，分辨。治辨，即办事分明。

[译文]

法术难以推行的，不单是万乘的大国，就是千乘的小国也是这样。君主的近臣不一定有才智，君主认为某人有才智而听取他的意见，于是和近臣评论他的言论，这是和愚蠢的人评论有才智的人。君主的近臣不一定贤能，君主认为某人贤能而礼遇他，于是和近臣评论他的品行，这是和品行不好的人评论贤能的人。智者的计谋由愚蠢的人来评判，贤者的品行由不贤的人来衡量，那么品德好、有才智的人就会感到羞耻，而君主的论断也必然荒谬了。想谋得官职的臣子中，品德好的人将用精纯廉洁的美德来约束自己，才智高的人将用办好政事来求得事业进步。那些品德好的人不可能用财物贿赂去侍奉别人，凭借精纯廉洁更不可能违法办事，那么品德好、才智高的人也就不会奉承君主的近侍，不会接受私下的请托了。君主的近臣，品行不像伯夷那么好，索求的东西得不到，没有收到财物贿赂，那么精明强干者的功业就要被抹杀，而诽谤诬陷的话也就兴起了。办好政事的功业受制于君主所亲昵的故旧，精纯廉洁的品行取决于近臣的毁誉，那么品德好、才智高的官吏就要被罢黜，君主的明察也就被蔽塞了。不按功劳判断臣子的才智和品德，不通过事实的多方验证审查臣子的罪过，却听从左右亲信的话，那么没有才能的人就会在朝廷中掌权，愚蠢腐败的官吏就会占据官职。

万乘之患，大臣太重；千乘之患，左右太信；此人主之所公患也。且人臣有大罪，人主有大失，臣主之利与相异者也。何以明之哉？曰：主利在有能而任官，臣利在无能而得事；主利在有劳而爵禄，臣利在无功而富贵；主利在豪杰使能，臣利在朋党用私。是以国地削而私家富，主上卑而大臣重。故主失势而臣得国，主更称蕃臣而相室剖符①，此人臣之所以谲②主便私也。故当世之重臣，主变势③而得固宠者，十无二三。是其故何也？人臣之罪大也。臣有大罪者，其行欺主也，其罪当死亡也。智士者远见，而畏于死亡，必不从重人矣；贤士者修廉，而羞与奸臣欺其主，必不从重人矣。是当涂者之徒属，非愚而不知患者，必污而不避奸者也。大臣挟愚污之人，上与之欺主，下与之收利侵渔④，朋党比周，相与一口，惑主败法，以乱士民，使国家危削，主上劳辱，此大罪也。臣有大罪而主弗禁，此大失也。使其主有大失于上，臣有大罪于下，索国之不亡者，不可得也。

[注释]

①相室剖符：相室，即相国。剖符，剖分信符来任命官吏、分封领地、调度兵力等，这些是该由君主来掌握的重要权力。②谲（jué）：欺骗。③变势：此处指国君的更替。④收利侵渔：搜刮侵占财物。

[译文]

大国的祸害在于大臣权势太重，小国家的祸害在于近臣太受宠信：这是君主共有的祸患。而臣子犯了大罪，君主有了大过失，臣子和君主的利益是相互不同的。用什么来说明这一点呢？那就是：君主的利益在于选出有才能的人而任以官职，臣下的利益在于没有才能而得到任用；君主的利益在于选出有功劳的人而授以爵禄，臣下的利益在于没有功劳而得到富贵；君主的利益在于选择豪杰任用有才能的人，臣下的利益在于结为党羽任用自己的人。因此国土减少而臣子土地增加，君主地位卑下而大臣权势加重。所以君主失去权势而大臣控制国家，君主改称藩臣，大臣行使君权，这就是大臣欺骗君主谋取私利的目的。所以当世的重臣，在君主更替之后仍能保持宠信的，十个中还不到两三个。这是什么原因呢？是这些臣子的罪行太大了。臣子有大罪，是他的行为欺骗了君主，他的罪行是应该被处死的。聪明的人有远见，怕犯死罪，必定不会追随重臣；品德好的人洁身自爱，耻于和奸臣共同欺骗君主，必定不会跟从重臣。所以当权者的党羽下属，不是愚蠢而不知祸患的人，必是卑鄙而不回避作恶的人。大臣带领着愚蠢卑鄙的人，对上一起欺骗君主，对下一起掠夺财物，结帮拉派，串通一气，惑乱君主，败坏法制，以此扰乱百姓，使国家危险削弱，君主忧劳屈辱，这是大罪行。臣子有了大罪而君主却不禁止，这是大过失。假如君主在上面有大过失，臣子在下面有大罪行，想要求得国家不灭亡，是不可能的。

说难① 第十二

凡说之难：非吾知之有以说之之难也；又非吾辩之能明吾意之难也；又非吾敢横失②而能尽之难也。凡说之难，在知所说之心，可以吾说当③之。所说出于为名高者也，而说之以厚利，则见下节而遇卑贱，必弃远矣。所说出于厚利者也，而说之以名高，则见无心而远事情，必不收矣。所说阴为厚利而显为名高者也，而说之以名高，则阳收其身而实疏之；说之以厚利，则阴用其言显弃其身矣。此不可不察也。

[注释]

①说（shuì）难：进说的困难。②失：同"佚"。横佚，毫无顾忌地畅所欲言。③当：迎合。

[译文]

大凡进说的困难：不是难在了解事理，并能够用来向君主进说；也不是难在巧言善辩，能够阐明个人的意见；也不是难在能毫无顾忌地畅所欲言，把看法全部表达出来。大凡进说的困难，在于了解进说对象的心理，可以用自己的进说去迎合他。进说对象属于想要追求美名的，却用丰厚的利益去游说他，就会被看作节操低下而得到卑贱的待遇，必然遭到抛弃和疏远。进说对象想要追求丰厚利益的，却用美名去游说他，就会被看作没有心计而又脱离实际，必定不会被接受。进说对象暗地追求丰厚的利益而表面追求美名的，用美名向他游说，他就会表面上录用而实际上疏远进说者；用丰厚的利益向他游说，他就会暗地采纳进说者的主张而表面上疏远进说者。这是不能不明察的。

夫事以密成，语以泄败。未必其身泄之也，而语及所匿之事，如此者身危。彼显有所出事，而乃以成他故，说者不徒知所出而已矣，又知其所以为，如此者身危。规异事而当，知者揣之外而得之，事泄于外，必以为己也，如此者身危。周泽①未渥也，而语极知，说行而有功则德忘，说不行而有败则见疑，如此者身危。贵人有过端，而说者明言礼义以挑其恶，如此者身危。贵人或得计而欲自以为功，说者与知焉，如此者身危。强以其所不能为，止以其所不能已，如此者身危。故与之论大人则以为间己矣，与之论细人则以为卖重②，论其所爱则以为藉资，论其所憎则以为尝己也。径省其说则以为不智而拙之，米盐博辩则以为多而交③之。略事陈意则曰怯懦而不尽，虑事广肆则曰草野而倨侮。此说之难，不可不知也。

[注释]

①周泽：恩宠。②重：权势。③交：杂乱。

[译文]

事情因保密而成功，谈话因泄密而失败。不一定是进说者本人泄露了机密，而是谈话中涉及到君主心中隐匿的事，这样就会身遭危险。君主表面上做一件事，心里却想借此办成别的事，进说者不但知道君主所做的事，而且知道他要这样做的意图，这样就会身遭危险。进说者筹划一件不寻常的事情并且符合君主心意，聪明人从外在的表现上把这事猜测出来了，事情泄露出来，君主一定认为是进说者泄露的，这样就会身遭危险。君主恩泽未厚，进说者谈论却尽其所知，如果主张得以实行并获得成功，功德就会被君主忘记；主张行不通而遭到失败，就会被君主怀疑，这样就会身遭危险。君主有过错，进说者倡导礼义来彰显他的过失，这样就会身遭危险。君主有时计谋得当而想自己居功，游说者也参与了这个计谋，这样就会身遭危险。勉强君主去做他不能做的事，强迫君主停止做他不能停止的事，这样就会身遭危险。进说者如果和君主议论大臣，就被认为是想离间君臣关系；和君主谈论近侍小臣，就被认为是想卖弄权势；谈论君主喜爱的人，就被认为是借重他们拉关系；谈论君主憎恶的人，就被认为是在试探君主。说话直截了当，就被认为是不聪明而笨拙；谈话琐碎详尽，就被认为是啰唆而杂乱。简略陈述意见，就被认为是怯懦而不敢尽言；广泛放肆地陈述意见，就被认为是粗野而傲慢。这些进说的困难，是不能不知道的。

凡说之务，在知饰所说之所矜①而灭其所耻。彼有私急也，必以公义示而强之。其意有下也，然而不能已，说者因为之饰其美而少其不为也。其心有高也，而实不能及，说者为之举其过而见其恶，而多其不行也。有欲矜以智能，则为之举异事之同类者，多为之地，使之资②说于我，而佯不知也，以资其智。欲内相存之言，则必以美名明之，而微见其合于私利也。欲陈危害之事，则显其毁诽而微见其合于私患也。誉异人与同行者，规异事与同计者。有与同污者，则必以大饰其无伤也；有与同败者，则必以明饰其无失也。彼自多其力，则毋以其难概③之也；自勇其断，则无以其谪④怒之；自智其计，则毋以其败穷之。大意无所拂悟⑤，辞言无所系縻⑥，然后极骋智辩焉。此道所得亲近不疑而得尽辞也。

[注释]

①矜：夸耀。②资：借取。③概：阻碍。④谪：过失。⑤悟：通"忤"，

违逆。⑥系縻：束缚。

[译文]

　　大凡进说的要领，在于懂得美化进说对象自夸之事而掩盖他所羞耻之事。君主有私人的急事，进说者一定要指明这合乎公义而勉励他去做。君主有卑下的念头，但是不能自制，游说者就应把它粉饰成美好的而批评他没有去做。君主有高远的想法，而实际不能达到，进说者就为他举出这种想法的缺点并揭示它的坏处，而称赞他不去做。君主想自夸智慧和能力，进说者就替他举出别的事情中的同类情况，多给他提供根据，使他从我这里借用说法，而我却假装不知道，这样来帮助他自夸才智。进说者想向君主进献与人相安的话，就必须用美名阐明它，并暗示它合乎君主私利。进说者想要陈述有危害的事，就明言此事会遭到的诋毁和非议，并暗示它对君主也有害处。进说者称赞另一个与君主行为相同的人，规划另一件与君主考虑相同的事。有和君主的污行相同的人，就必须对他大加掩饰，说他没有害处；有和君主的失败相同的人，就必须对他明白地掩饰，说他没有过失。君主自夸力量强大时，就不要用他难以做到的事去阻碍他；君主自以为决断勇敢时，就不要用他的过失去激怒他；君主自以为计谋高明时，就不要用他的失败去困窘他。进说的主旨没有什么违逆，言辞没有什么束缚，然后就可以充分施展自己的智计和辩才了。通过这种方法能达到的效果，使君主亲近不疑而能畅所欲言。

　　伊尹为宰，百里奚为虏，皆所以干其上也。此二人者，皆圣人也，然犹不能无役①身以进，如此其污也！今以吾言为宰虏，而可以听用而振世，此非能仕②之所耻也。夫旷③日离④久，而周泽既渥，深计而不疑，引争而不罪，则明割利害以致其功，直指是非以饰其身，以此相持，此说之成也。

[注释]

①役：仆役，此处指充当仆役。②仕：通"士"。③旷：耗费。④离：经。

[译文]

伊尹做过厨师，百里奚做过奴隶，都是为了求取君主重用。这两个人都是圣人，但还是不能不充作仆役来求得进用，他们的卑下竟至如此！假如把我的话看成像厨师和奴隶所讲的一样，而可以听信并采纳，来挽救时世，有才智的人是不会为这种事感到羞耻的。经过很长的时间，君主的恩泽已经深厚，游说者深入的策划不再被怀疑，据理力争也不再会获罪，就可以明确剖析利害来成就君主的功业，直接指明是非来端正君主的人品，能这样相互对待，就是进说的成功。

昔者郑武公欲伐胡，故先以其女妻胡君以娱其意。因问于群臣："吾欲用兵，谁可伐者？"大夫关其思对曰："胡可伐。"武公怒而戮之，曰："胡，兄弟之国也，子言伐之，何也？"胡君闻之，以郑为亲己，遂不备郑。郑人袭胡，取之。宋有富人，天雨墙坏，其子曰："不筑，必将有盗。"其邻人之父①亦云。暮而果大亡其财。其家甚智其子，而疑邻人之父。此二人说者皆当矣，厚者为戮，薄者见疑，则非知之难也，处知则难也。故绕朝②之言当矣，其为圣人于晋，而为戮于秦也。此不可不察。

[注释]

①父（fǔ）：老者。②绕朝：春秋时秦国大夫。曾劝诫秦康公不要接受魏寿余的诈降。

[译文]

从前郑武公想讨伐胡国，故意先把自己的女儿嫁给胡国君主来使他高兴。然后又问群臣："我想用兵，哪个国家可以讨伐？"大夫关其思回答说:"胡国可以讨伐。"武公愤怒地杀了他,说:"胡国是兄弟国家,你说讨伐它,是何道理?"胡国君主听说了,认为郑国和自己友好,于是不再防备郑国。郑国偷袭胡国,并攻占了它。宋国有个富人,下雨的时候墙被冲坏了,他儿子说:"再不修的话,必将有盗贼来偷。"邻居的老人也这么说。到了晚上,果然有大量财物被窃。这家富人认为儿子很聪明,却对邻居老人起了疑心。关其思和这位老人的话都很正确,但重者被杀,轻者被怀疑。由此可知,不是认识事理有困难,而是处理所认识的事理有困难。因此,绕朝劝诫秦康公的话虽然是正确的,他在晋国被看成圣人,但在秦国却遭杀害,这是不能不明察的。

昔者弥子瑕有宠于卫君。卫国之法,窃驾君车者罪刖①。弥子瑕母病,人间②往夜告弥子,弥子矫③驾君车以出。君闻而贤之曰:"孝哉,为母之故,忘其刖罪。"异日,与君游于果园,食桃而甘,不尽,以其半啖④君。君曰:"爱我哉,忘其口味,以啖寡人。"及弥子色衰爱弛,得罪于君,君曰:"是固尝矫驾吾车,又尝啖我以余桃。"故弥子之行未变于初也,而以前之所以见贤,而后获罪者,爱憎之变也。故有爱于主,则智当而加亲;有憎于主,则智不当见罪而加疏。故谏说谈论之士,不可不察爱憎之主而后说焉。

[注释]

①刖(yuè):砍断脚的刑罚。②间(jiàn):隐秘。③矫:擅自假托君主的命令。④啖:吃。

[译文]

从前弥子瑕曾受到卫国国君的宠爱。卫国法令规定,私自驾驭国君车子的,论罪要处以砍掉脚的刑罚。弥子瑕的母亲病了,有人私下连夜通知弥子瑕,弥子瑕假托国君的命令驾国君的车探望母病。卫君听说后，却认为他有德行，说："真孝顺啊！为了母亲的缘故，忘了自己要被处以砍脚的罪。"又一天，他和卫君在果园游览，吃桃子觉得甜，没有吃完，就把剩下的半个给卫君吃。卫君说："真是爱我啊！留下自己喜欢吃的东西来给我吃。"等到弥子瑕容色衰老宠爱减退时，得罪了卫君，卫君说："这人本来就曾假借我的命令私自使用我的车子，又曾经把自己吃剩的桃子给我吃。"所以，虽然弥子瑕的行为和当初相比没什么变化，但先前被认为贤德，后来却获罪的原因，是卫君的爱憎有了变化。所以被君主宠爱时，才智就显得适当而更加亲近；被君主憎恶时，才智就显得不恰当，被认为有罪而更加疏远。所以向君主进谏游说和评论是非的人，不能不审察君主的爱憎，然后进说。

夫龙之为虫①也，柔可狎而骑也；然其喉下有逆鳞径尺，若人有婴②之者，则必杀人。人主亦有逆鳞，说者能无婴人主之逆鳞则几③矣。

[注释]

①虫：古代对动物统称为虫。②婴：通"撄"，迫近，触犯。③几（jī）：庶几，差不多。

[译文]

龙作为一种动物，驯服时可以戏弄而骑着它；但它喉咙下面有尺把长的逆鳞，假使有人触动逆鳞的话，龙就一定会把这个人杀死。君主也有逆鳞，进说者能不触动君主的逆鳞，想要进说就差不多了。

和氏第十三

楚人和氏得玉璞①楚山中,奉②而献之厉王,厉王使玉人相之,玉人曰:"石也。"王以和为诳,而刖③其左足。及厉王薨④,武王即位,和又奉其璞而献之武王,武王使玉人相之,又曰:"石也。"王又以和为诳,而刖其右足。武王薨,文王即位。和乃抱其璞而哭于楚山之下,三日三夜,泣尽而继之以血。王闻之,使人问其故,曰:"天下之刖者多矣,子奚哭之悲也?"和曰:"吾非悲刖也,悲夫宝玉而题⑤之以石,贞士而名之以诳,此吾所以悲也。"王乃使玉人理其璞而得宝焉,遂命曰:"和氏之璧。"

[注释]

①璞:没有经过整治的玉。②奉:通"捧"。③刖:古代一种砍断脚的刑法。④薨(hōng):诸侯死去叫做薨。⑤题:标题,引申为命名。

[译文]

楚国有个姓和的人在楚山里得到一块璞玉,捧着献给楚厉王,厉王让治玉的工匠鉴定它,玉工说:"这是石头。"厉王认为和氏是骗子,于是砍断了他的左脚。等到楚厉王死后,楚武王即位,和氏又捧着璞玉献给了武王,武王让玉工鉴定它,又说:"这是石头。"武王认为和氏是骗子,于是砍断了他的右脚。楚武王死后,楚文王即位。和氏抱着璞玉在楚山脚下哭泣，三天三夜，眼泪流干了，接着又流血。楚文王听说了，让人去问他其中的缘故，说："天下被砍断脚的人很多，你为什么哭得这么悲伤？"和氏说："我不是为砍断了脚而悲伤，我悲伤的是宝玉被称为石头，忠贞的人被称为骗子。这才是我所悲伤的啊！"楚王于是让玉工处理这块璞玉，得到宝物，于是命名为"和氏之璧"。

夫珠玉，人主之所急也，和虽献璞而未美，未为主之害也，然犹两足斩而宝乃论，论宝若此其难也。今人主之于法术也，未必和璧之急也，而禁群臣士民之私邪；然则有道者之不僇①也，特帝王之璞未献耳。主用术，则大臣不得擅断，近习不敢卖重②；官行法，则浮萌③趋于耕农，而游士危于战陈④。则法术者乃群臣士民之所祸也。人主非能倍⑤大臣之议，越民萌之诽，独周⑥乎道言也。则法术之士虽至死亡，道必不论矣。

[注释]

①僇：通"戮"。②重：权势。③浮萌：浮，即"游"；萌，通"氓"。浮萌，即游民。④陈：通"阵"。⑤倍：通"背"。⑥周：合。

[译文]

那珠宝玉石，是君主所急切追求的，和氏即使献出的璞玉不够美好，对君主也没有危害，可是还是被斩断了两脚，然后宝玉才被定论，鉴定珍宝竟然这样困难。现在君主对于统治国家的方法的追求，不一定像对和氏璧一样急迫，而法律还要用来禁止群臣百姓的私欲和奸邪行为；那么懂得治国方法的人还没有被杀害，只是因为治国方法这个帝王的璞玉还没有进献上去罢了。君主运用统治术，那么大臣不能专权独断，亲近的人不敢卖弄权势；官府推行法律，那么无业游民就趋向耕种，游侠之类的人也要奔赴危险的战场。那么掌握了治国方法的人就是群臣百姓的祸害。君主不能违背大臣的议论，摆脱民众的诽谤，单单和治国的方法相合。那么掌握了治国方法的人即使到死，他们的学说也一定不会被认可。

昔者吴起教楚悼王以楚国之俗曰："大臣太重，封君太众，若此，则上逼主而下虐民，此贫国弱兵之道也。不如使封君之子孙三世而收爵禄，绝灭①百吏之禄秩，损不急之枝官，以奉选练之士。"悼王行之期年而薨矣，吴起枝解②于楚。商君教秦孝公以连什伍③，设告坐④之过，燔诗书而明法令，塞私门之请而遂公家之劳，禁游宦之民而显耕战之士。孝公行之，主以尊安，国以富强，八年而薨，商君车裂⑤于秦。楚不用吴起而削乱，秦行商君法而富强，二子之言也已当矣，然而枝解吴起而车裂商君者，何也？大臣苦法而细民恶治也。当今之世，大臣贪重，细民安乱，甚于秦、楚之俗，而人主无悼王、孝公之听，则法术之士，安能蒙二子之危也而明己之法术哉！此世所以乱无霸王也。

[注释]

①绝灭：应为"裁减"。②枝解：分裂肢体的刑法。③什伍：秦国的基层组织，以十家为一什，五家为一伍。④告坐：举报和连坐。一什或一伍中，有一家犯罪，其他人如不告发，就一同受处罚。⑤车裂：五马分尸的刑法。

[译文]

过去吴起用楚国的风俗来开导楚王，说："大臣权势太重，有封地的贵族太多，就会对上逼迫君主而对下虐待人民，这是导致国家贫困、兵力弱小的方法。不如让有封地的贵族三代以后就收回爵位和俸禄，裁减百官的俸禄，减少无关紧要的多余官职，来供养经过选拔和训练的人。"楚悼王奉行这个方法，才过了一年他就死去了，吴起在楚国受到肢解的酷刑。商君教导秦孝公设置十家连成一什、五家连成一伍的组织，设立举报和连坐的制度，烧掉儒家的诗书，申明了法令，杜绝了私人的请托而成就为国家效劳的门路，禁止了游说求官的人而使从事耕种和战争的人尊显。秦孝公实行了这种方法，君主因此尊贵安逸，国家因此富有强大，过了八年秦孝公死去，商君就被秦国五马分尸。楚国不任用吴起而削弱混乱，秦国实行商君的治国方法而富有强大，两位先生的言论已经被证明是正确的了，可是吴起被肢解，商鞅被车裂，这是为什么呢？是因为大臣苦于法治而小民厌恶法治啊。当今的社会，大臣贪图权势，小民安于混乱，比秦国和楚国的风俗更严重，而君主不如楚悼王和秦孝公那样能够听从建议，那么掌握了治国方法的人，怎么能蒙受着两位先生那样的危难来申明自己的治国方法呢？这就是社会混乱却没有霸王出现的原因啊！

奸劫弑臣第十四

凡奸臣皆欲顺人主之心，以取信幸之势者也。是以主有所善，臣从而誉之；主有所憎，臣因而毁之。凡人之大体①，取舍同者则相是也，取舍异者则相非也。今人臣之所誉者，人主之所是也，此之谓同取。人臣之所毁者，人主之所非也，此之谓同舍。夫取舍合而相与逆者，未尝闻也，此人臣之所以取信幸之道也。夫奸臣得乘信幸之势以毁誉进退群臣者，人主非有术数以御之也，非参验以审之也，必将以曩②之合己信今之言，此幸臣之所以得欺主成私者也。故主必蔽于上，而臣必重于下矣，此之谓擅主之臣。国有擅主之臣，则群下不得尽其智力以陈其忠，百官之吏不得奉法以致其功矣。何以明之？夫安利者就之，危害者去之，此人之情也。今为臣尽力以致功，竭智以陈忠者，其身困而家贫，父子罹其害；为奸利以弊人主，行财货以事贵重之臣者，身尊家富，父子被其泽。人焉能去安利之道而就危害之处哉？治国若此其过也，而上欲下之无奸，吏之奉法，其不可得亦明矣。故左右知贞信之不可以得安利也，必曰："我以忠信事上，积功劳而求安，是犹盲而欲知黑白之情，必不几③矣。若以道化行正理，不趋富贵事上而求安，是犹聋而欲审清浊之声也，愈不几矣。二者不可以得安，我安能无相比周、蔽主上、为奸私以适重人哉?"此必不顾人主之义矣。其百官之吏,亦知方正之不可以得安也,必曰:"我以清廉事上而求安,若无规矩而欲为方圆也,必不几矣;若以守法不朋党治官而求安,是犹以足搔顶也,愈不几也。二者不可以得安,能无废法行私以适重人哉?"此必不顾君上之法矣。故以私为重人者众,而以法事君者少矣。是以主孤于上而臣成党于下,此田成之所以弑简公者也。

[注释]

①大体:大致的情形。这里是指人的共性。②曩(nǎng):过去。③几:靠近,接近。此处指达到目的。

[译文]

凡是奸臣都想顺从君主的心思,来获得被亲近宠幸的地位。所以君主喜欢的,臣子就要跟着赞美;君主憎恶的,臣子就借势诋毁。大凡人的共性,和自己取舍相同的就肯定他,和自己取舍不同的就否定他。现在臣子所赞誉的,就是君主所肯定的,这就叫做有共同的取向;臣子所诋毁的,就是君主所否定的,这就叫做有共同的舍弃。取舍相同的人却要发生冲突,还没有听说过。这就是臣子取得君主信任和宠幸的方法。奸臣得以借助被信任宠幸的地位,来诋毁或赞誉、提拔或罢免群臣,君主如果没有统治术来驾驭群臣,也没有仔细的多方比对来考察,必然要因为以往奸臣对自己的迎合,来信任他现在的言辞,这就是奸臣能够欺瞒君主成就私欲的原因。所以君主在上面必定受到欺骗,而臣子在下面必定掌握重权,这就是所谓的控制君主的臣子。国家有了控制君主的臣子,那么群臣就不能完全发挥智慧和力量来表现自己的忠诚,官吏就不能尊奉法律来实现自己的功业。用什么来证明呢?安全有利的,就靠近它;有危害的,就远离它,这是人之常情。现在做臣子的,竭尽全力来实现自己的功业,竭尽智慧来表现忠诚,个人处境困难,家庭也贫困,父亲和子女都遭到他的危害;做邪恶的事谋求私利来蒙蔽君主，赠送财物来侍奉手握重权的臣子的人，个人地位尊贵，家庭富有，父亲和儿子都接受他的恩泽。人怎么能远离安全有利益的道路而去靠近危险的地方呢？治理国家的失误竟然到了这样的地步，而君主想要臣子中没有奸臣、官吏尊奉法律，是办不到的，这一点已经很明白了。所以君主左右的臣子知道依靠忠贞和诚信是不能得到安全和利益的，必然会说："我依靠忠诚和诚信来侍奉君主、积累功劳以求平安，这就像瞎子还想知道黑白的情况，一定不能达到目的。如果想用道德教化世人、按照正确的方法办事、不投靠富贵者、侍奉君主来求得平安，这就好像聋子还想分辨清浊的声音，更不能达到目的了。这两种方法都不能得到平安，我怎么能不和别人互相勾结、蒙蔽君主、做邪恶的事谋求私利来迎合权臣呢？"这就一定不会顾及侍奉君主的道义了。各种官吏也知道端方正直的行为是不能求得平安的，一定会说："我依靠清正廉洁来侍奉君主以求平安，就好像没有圆规和角尺还想画圆形和方形，这是一定不能达到目的的；如果依靠遵守法律、不结朋党、管理政务来求得平安，这就好像用脚来挠头顶，更不能达到目的了。这两种方法都不能求得平安，难道还能够不破坏法律、做谋求私利的事来迎合权臣吗？"这就一定不会顾及君主的法律了。所以因为私利而迎合权臣的人多，而依靠法律侍奉君主的人就少了。因此君主在上而孤独，权臣在下却结为朋党，这就是田成子杀死齐简公的原因。

夫有术者之为人臣也，得效度数之言，上明主法，下困奸臣，以尊主安国者也。是以度数之言得效于前，则赏罚必用于后矣。人主诚明于圣人之术，而不苟①于世俗之言，循名实而定是非，因参验而审言辞。是以左右近习之臣，知伪诈之不可以得安也，必曰："我不去奸私之行尽力竭智以事主，而乃以相与比周妄毁誉以求安，是犹负千钧②之重，陷于不测之渊而求生也，必不几矣。"百官之吏,亦知为奸利之不可以得安也,必曰:"我不以清廉方正奉法,乃以贪污之心枉法以取私利,是犹上高陵之颠③,堕峻溪之下而求生,必不几矣。"安危之道若此其明也,左右安能以虚言惑主,而百官安敢以贪渔下?是以臣得陈其忠而不弊,下得守其职而不怨。此管仲之所以治齐,而商君之所以强秦也。从是观之,则圣人之治国也,固有使人不得不爱我之道,而不恃人之以爱为我也。恃人之以爱为我者危矣,恃吾不可不为者安矣。夫君臣非有骨肉之亲,正直之道可以得利,则臣尽力以事主;正直之道不可以得安,则臣行私以干上。明主知之,故设利害之道以示天下而已矣。夫是以人主虽不口教百官,不目索奸邪,而国已治矣。人主者,非目若离娄④乃为明也,非耳若师旷⑤乃为聪也。目必不任其数,而待目以为明,所见者少矣,非不弊之术也。耳必不因其势,而待耳以为聪,所闻者寡矣,非不欺之道也。明主者,使天下不得不为己视,天下不得不为己听。故身在深宫之中而明照四海之内,而天下弗能蔽、弗能欺者,何也?暗乱⑥之道废,而聪明之势兴也。故善任势者国安,不知因其势者国危。古秦之俗,君臣废法而服私,是以国乱兵弱而主卑。商君说秦孝公以变法易俗而明公道,赏告奸,困末作而利本事。当此之时,秦民习故俗之有罪可以得免,无功可以得尊显也,故轻犯新法。于是犯之者其诛重而必,告之者其赏厚而信。故奸莫不得而被刑者众,民疾怨而众过日闻。孝公不听,遂行商君之法。民后知有罪之必诛,而私⑦奸者众也,故民莫犯,其刑无所加。是以国治而兵强,地广而主尊。此其所以然者,匿罪之罚重,而告奸之赏厚也。此亦使天下必为己视听之道也。至治之法术⑧已明矣,而世学者弗知也。

奸劫弑臣第十四　89

[注释]

①苟：应为"拘"，拘限。②钧：重量单位，古代以三十斤为一钧。③颠：通"巅"。④离娄：人名，古代传说的视力极好的人。⑤师旷：春秋时晋国的音乐大师。⑥暗乱：愚昧混乱。⑦私：应为"利"，以……为利。⑧法术：方法。

[译文]

掌握了统治术的人做了臣子，能献上关于法术的言论，对上宣明君主的法律，对下限制奸臣，以此尊重君主、安定国家。所以法律言论能先呈现于君主，那么赏罚必将能随后得到实行。君主真的明白了圣人的统治方法，而不迁就于世俗的言论，依据事物的名实是否切合而判定是非，根据对事实的检验来审察言论。所以君主左右的近侍之臣，知道虚伪和欺诈不能得到平安，必然会说："我不能去除邪恶、求私利的行为，尽心竭力来侍奉君主，却依靠互相勾结、随意诋毁或赞誉来求得平安，这就好像背负着千钧重担，陷入深不见底的水潭还想求得生存，一定不能做到。"各类官吏都也知道做邪恶的事求私利是不能得到平安的，必然会说："我不依靠清正廉明、端方正直来奉行法律，却用贪婪卑污的心思歪曲法律来求取私利，这就好像登上高山之巅、坠落险峻的山谷还要求生存，一定不能做到。"安全和危险的道理这样明显，君主左右的近臣怎么能用虚诞的言辞迷惑君主呢？百官又怎么敢因为贪婪而侵害人民呢？因此臣子能够表现自己的忠诚而不蒙蔽君主，官吏能够恪尽职守而不怨恨君主。这就是管仲用来治理齐国、商鞅用来使秦国强大的方法。由此来看，圣人治理国家，固然有使人不得不敬爱自己的方法，却不靠别人因敬爱来为我效力。依靠别人因敬爱来为我效力很危险，依靠使别人不得不帮助自己的方法才可以求得平安。君臣之间并没有骨肉之亲，正直的方法可以得到利益，臣子就尽力侍奉君主；正直的方法不能求得平安，臣子就谋私利危害君主。圣明的君主知道这一点，所以设立了使人明白利害的方法，公布天下就可以了。因此君主即使不亲口教导群臣，不亲眼搜索奸臣，国家仍然能太平。君主并不是眼睛像离娄那样视力好才叫明察，不是耳朵像师旷那样善于听才叫听力好。观察事物不依事理，而要依靠眼睛看才能明察，所观察到的就少了，这不是不受蒙蔽的方法。听东西不凭借权势，而要依靠耳朵听才能听明白，所听到的就少了，这也不是不受欺骗的方法。圣明的君主让天下不得不为我看，天下不得不为我听。所以身处深宫之中却能明白地观察到四海，而天下人不能蒙蔽、不能欺骗他，这是为什么呢？是因为愚昧混乱的方法被废弃了，能明辨明察的权势建立了。所以善于使用权势的君主，他的国家就安定；不懂得借助这种权势的君主，国家就危险。古代秦国的习俗，君臣废弃法律而任用私人，所以国家混乱、兵力衰弱，君主地位低下。商鞅游说秦孝公，让他变法易俗、申明为公的道理，奖赏告发奸邪，抑制商业以农业为本。这个时候，秦国人习惯于旧风俗，认为有罪可以被豁免，没有功劳也可以得到尊贵和显要，所以对新法轻视并触犯。商鞅对犯法的人，惩罚严重而且坚定，对于告发奸邪的人，奖赏丰厚而诚信。所以奸侫没有不被揭发的，受到处罚的人很多，人民觉得怨恨，众多批评之声每天都可以听到。秦孝公不听，坚决地推行商鞅的法律。人民后来就知道有罪必然要被惩罚，所以告发奸徒的人增多了，人民也就没有犯法的，也就没有人被判罪。所以国家治理而兵力强大，国土扩大而君主尊崇。之所以这样，是因为藏匿罪犯的惩罚很重，而告发奸徒的奖赏很丰厚。这也是让天下人一定能为自己观察事物、打听情况的方法。实现天下太平的方法已经很明白了，可是现在世上的所谓学者还不知道。

且夫世之愚学，皆不知治乱之情，谍詉①多诵先古之书，以乱当世之治；智虑不足以避阱井之陷，又妄非有术之士。听其言者危,用其计者乱,此亦愚之至大,而患之至甚者也。俱与②有术之士,有谈说之名,而实相去千万也,此夫名同而实有异者也。夫世愚学之人比有术之士也,犹蚁垤③之比大陵也,其相去远矣。而圣人者,审于是非之实,察于治乱之情也。故其治国也,正明法,陈严刑,将以救群生之乱,去天下之祸,使强不陵弱,众不暴寡,耆老得遂,幼孤得长,边境不侵,君臣相亲,父子相保,而无死亡系虏之患,此亦功之至厚者也。愚人不知,顾以为暴。愚者固欲治而恶其所以治,皆恶危而喜其所以危者。何以知之?夫严刑重罚者,民之所恶也,而国之所以治也;哀怜百姓、轻刑罚者,民之所喜,而国之所以危也。圣人为法国者,必逆于世,而顺于道德。知之者,同于义而异于俗;弗知之者,异于义而同于俗。天下知之者少,则义非矣。

[注释]

①讘(niè)唊(jiá):讘,多言。唊,妄语。②与:为。③垤(dié):蚁穴上的小土堆。

[译文]

世上那些愚蠢的学者,都不了解安定还是混乱的具体情况,只是不停地乱引古书,扰乱了当世的治理;他们的智谋不足以避开陷阱的危险,却又随意非议懂得治国方法的人。听信他们言论就有危险,使用他们的计谋就会造成混乱,这是最大的愚蠢,也是最严重的祸患了。他们与懂得治国方法的人,都有善于言谈游说的名声,可实际上却相差千万里,这就是名声相同而实际有差别的人啊!世上那些愚蠢的学者和懂得治国方法的人相比,好像蚁穴上的小土堆和大山相比,相差很远!而圣人能够辨别是非的真实情况,能够明察安定和混乱的形势。所以他们治理国家,端正严明的法律,设置严厉的刑罚,用来拯救民众于混乱之中,去除天下的灾祸,使强大的不敢欺凌弱小,人多的不敢危害人数少的,老人能够安度晚年,幼儿和孤儿能成长，边境不受侵略，君臣间能亲密相处，父子间能相互保护，而没有死亡或被俘虏的危险，这就是最大的功劳了。愚蠢的学者不知道这些，反而认为这是残暴。愚蠢的学者本来想得到安定却厌恶能得到安定的方法，都厌恶危险却喜欢会招致危险的方法。怎么知道这一点呢？严酷的刑罚是民众所厌恶的，却是使国家安定的方法；哀怜百姓减轻刑罚，是百姓所喜爱的，却是使国家陷入危险的原因。圣人推行法律治理国家，必然要和世情相反而顺从于道德。知道这个道理的人，就和法治的道理相同，而和世俗相反；不知道这个道理的人，就和法治的道理相反，而和世俗相同。天下知道这个道理的人少，法治的道理就被人所非议了。

处非道之位，被众口之谮①，溺于当世之言，而欲当严天子而求安，几②不亦难哉！此夫智士所以至死而不显于世者也。楚庄王之弟春申君有爱妾曰余，春申君之正妻子曰甲，余欲君之弃其妻也，因自伤其身以视君而泣，曰："得为君之妾，甚幸。虽然，适夫人非所以事君也，适君非所以事夫人也。身故不肖，力不足以适二主。其势不俱适，与其死夫人所者，不若赐死君前。妾以赐死，若复幸于左右，愿君必察之，无为人笑。"君因信妾余之诈，为弃正妻。余又欲杀甲而以其子为后，因自裂其亲身衣③之里，以示君而泣，曰："余之得幸君之日久矣，甲非弗知也，今乃欲强戏余，余与争之，至裂余之衣，而此子之不孝，莫大于此矣。"君怒，而杀甲也。故妻以妾余之诈弃，而子以之死。从是观之，父之爱子也，犹可以毁而害也。君臣之相与也，非有父子之亲也，而群臣之毁言，非特④一妾之口也，何怪夫贤圣之戮死哉！此商君之所以车裂于秦，而吴起之所以枝⑤解于楚者也。凡人臣者，有罪固不欲诛，无功者皆欲尊显。而圣人之治国也，赏不加于无功，而诛必行于有罪者也。然则有术数者之为人也，固左右奸臣之所害，非明主弗能听也。

[注释]

①谮（zèn）：谗毁，诽谤。②几：通"岂"。③亲身衣：贴身的内衣。④特：单独。⑤枝：同"支"。

[译文]

　　法术之士处于不合于道的位置，遭受众人的谗毁，淹没于世人的流言，还想面对严厉的君主求得自身的安全，难道不是很困难的吗！这就是有智谋的人到死也不能在世上获得显耀的原因。楚庄王的弟弟春申君有个爱妾叫余，春申君正妻的儿子叫甲。余想要春申君抛弃他的正妻，所以伤害自己的身体给春申君看，哭着说："我能成为您的妾，很幸运。即使是这样，迎合夫人就不合于侍奉您的道理，迎合您就不合于侍奉夫人的道理。我本来就没什么才能，不足以侍奉两个主人。现在的形势不能同时迎合两个人，与其死在夫人的手里，不如您赐我一死，让我死在您的面前。我被赐死以后，如果您再宠幸别人，希望您一定要明察，不要被别人耻笑。"春申君于是相信了余的奸诈，抛弃了自己的正妻。余又想杀死甲，让自己的儿子做继承人，于是自己撕裂了内衣的里层给春申君看，哭着说："我得到您的宠幸很久了，甲不是不知道，现在却想强行调戏我，我和他争斗，竟然撕烂了我的衣服，这个儿子的不孝，没有比这个更大的了。"春申君很愤怒，杀死了甲。所以春申君的正妻因为余的奸诈而被抛弃，他的儿子因为余的奸诈而死去。由此看来，父亲疼爱自己的儿子，仍然可以诽谤而陷害他。君臣相处，并没有父子的亲密关系，而群臣诽谤的言辞，也不仅是妾一个人的话，圣贤被杀戮又有什么好奇怪的呢！这就是商鞅被秦国车裂、吴起被楚国肢解的原因。大凡做臣子的，有罪本来就不想受到处罚，没功劳的都想求得尊贵显要。而圣人治理国家，奖赏不赐给没有功劳的人，而处罚必定施行在有罪的人身上。这样看来，有治国方略的人，本来就是君主左右奸臣所陷害的，不是圣明的君主是不能听信他们的。

世之学术者说人主，不曰"乘威严之势以困奸邪之臣"，而皆曰"仁义惠爱而已矣"。世主美仁义之名而不察其实，是以大者国亡身死，小者地削主卑。何以明之？夫施与贫困者，此世之所谓仁义；哀怜百姓不忍诛罚者，此世之所谓惠爱也。夫有施与贫困，则无功者得赏；不忍诛罚，则暴乱者不止。国有无功得赏者，则民不外务当敌斩首，内不急力田疾作，皆欲行货财、事富贵、为私善、立名誉以取尊官厚俸。故奸私之臣愈众，而暴乱之徒愈胜，不亡何待？夫严刑者，民之所畏也；重罚者，民之所恶也。故圣人陈其所畏以禁其邪，设其所恶以防其奸，是以国安而暴乱不起。吾以是明仁义爱惠之不足用，而严刑重罚之可以治国也。无捶策①之威，衔橛②之备，虽造父不能以服马，无规矩之法，绳墨之端，虽王尔不能以成方圆，无威严之势，赏罚之法，虽尧、舜不能以为治。今世主皆轻释重罚严诛，行爱惠，而欲霸王之功，亦不可几也。故善为主者，明赏设利以劝之，使民以功赏，而不以仁义赐；严刑重罚以禁之，使民以罪诛而不以爱惠免。是以无功者不望，而有罪者不幸矣。托于犀车③良马之上，则可以陆犯④阪阻之患；乘舟之安，持楫之利，则可以水绝江河之难；操法术之数，行重罚严诛，则可以致霸王之功。治国之有法术赏罚，犹若陆行之有犀车良马也、水行之有轻舟便楫也，乘之者遂得其成。伊尹得之汤以王，管仲得之齐以霸，商君得之秦以强。此三人者，皆明于霸王之术，察于治强之数，而不以牵于世俗之言；适当世明主之意，则有直任布衣之士，立为卿相之处；处位治国，则有尊主广地之实：此之谓足贵之臣。汤得伊尹，以百里之地立为天子；桓公得管仲，立为五霸主，九合诸侯，一匡天下；孝公得商君，地以广，兵以强。故有忠臣者，外无敌国之患，内无乱臣之忧，长安于天下，而名垂后世，所谓忠臣也。若夫豫让为智伯臣也，上不能说人主使之明法术度数之理，以避祸难之患，下不能领御其众，以安其国。及襄子之杀智伯也，豫让乃自黔劓⑤，败其形容，以为智伯报襄子之仇。是虽有残刑杀身以为人主之名，而实无益于智伯若秋毫之末。此吾之所下也，而世主以为忠而高之。古有伯夷、叔齐者，武王让以天下而弗受，二人饿死首阳之陵。若此臣者，不畏重诛，不利重赏，不可以罚禁也，不可以赏使也，此之谓无益之臣也。吾所少而去也，而世主之所多而求也。

[注释]

①捶策：捶，通"箠"，鞭子。策，马鞭。②衔橛：衔，勒在马口中的铁。橛，马口衔的横木。③犀车：古代用犀牛皮作铠甲，所以称坚车为犀车。④犯：战胜。⑤黔劓（yì）：黔，黑色。劓，割鼻子的惩罚。

[译文]

世上的学者游说君主，不说"乘着威严的权势来抑制奸邪的臣子"，却都说"仁义惠爱就足够了"。当代君主欣赏仁义的名声却不考察事实，所以严重的国家灭亡、君主身死，轻微的国土削减、君主地位低下。如何来说明这一点呢？向贫困者施舍，这就是世人所说的仁义；怜悯百姓不忍心加以刑罚，这就是世人所说的惠爱。向贫困者施舍，没有功劳的人就会得到赏赐；不忍心加以刑罚，暴乱的人就不会停止。国家有不立功就得到赏赐的人，那么人民对外不致力于抗敌、杀敌，对内不尽力耕田、急切劳作，都想用行贿的方法来结交权贵，做私人的善事树立自己的名誉，来求取尊官和厚禄。所以奸邪谋私的臣子越来越多，而暴乱的人实力更强大，国家不灭亡还等什么呢？严厉的刑法，是人民所畏惧的；严重的惩罚，是人民所厌恶的。所以圣人宣布让人畏惧的刑法，禁绝奸邪，设立人民所厌恶的惩罚，来防止奸行，所以国家安定、暴乱不能兴起。我由此明白仁义惠爱不足以采用，而严刑重罚可以治国。没有马鞭子的威慑，马嚼子之类的器具，即使是造父这样的驾车能手也不能驯服马；没有圆规角尺的法度、绳墨的正直，即使是王尔这样的巧匠也不能画成方圆；没有威严的权势、赏罚的法则，即使是尧舜也不能使天下太平。现在当世之主都轻易地放弃了严刑重罚，实行慈爱恩惠，还想成就王图霸业，也是不可能达到的。所以善于做君主的人，申明奖赏、设置利益来勉励百姓，使人民因功劳受到赏赐，而不依靠仁义受到赏赐；设立严刑重罚来约束百姓，使人民因为犯罪而被惩罚，而不因为慈爱恩惠而被赦免。所以没有功劳的人不奢望，而有罪的人不图侥幸了。依托于坚车良马，可以在陆地上克服山坡和险阻的困难；凭借船的安稳、依靠船桨的便利，就可以在水中越过江河的困难；掌握法治之道，施行严酷的惩罚，就可以成就王图霸业。治国有法术赏罚，就好像在陆地上有坚车良马，在水中有轻舟和便利的桨，能合理利用就能成就功业。伊尹得到了它，辅佐汤成就王业；管仲得到了它，辅佐齐王成就霸业；商鞅得到了它，辅佐秦国成为强国。这三个人，都明白王霸的法术，明白治国强兵的方法，而不被世俗的言论左右；他们契合了当世圣明君主的意愿，就直接从布衣百姓被立为卿相；处在这样的位置上治理国家，就有使君主尊贵、国土扩大的实际效果：这就是所谓的值得尊重的大臣。汤得到伊尹，依靠方圆百里的土地被立为天子；齐桓公得到了管仲，成为五霸的首位，九次会合诸侯，使天下恢复正道；秦孝公得到商鞅，国土因之增大、兵力因之增强。所以忠臣的含义，是指对外没有敌国入侵的忧患，对内没有奸臣作乱的忧患，使天下长治久安，名垂后世，这才是所谓的忠臣。像豫让那样做智伯的臣子，上不能游说君主，使他明白法术等治国之道，以避免灾祸的忧患，下不能带领百姓来安定国家；等到襄子杀死智伯，豫让才自己涂黑皮肤、割掉鼻子，毁掉了自己的容貌，来为智伯报仇。这样虽然有摧残身体来为主人报仇的名声，却实在无益于智伯一丝一毫。这是我所鄙视的，而当世的君主却认为是忠心而推崇他。古代有伯夷和叔齐，周武王把天下让给他们，他们却不肯接受，两个人饿死在首阳山。像这样的臣子，不害怕严酷的惩罚，不贪慕重赏，不能用刑罚来限制他们，不能用奖赏来使用他们，这就是所说的没有用处的臣子。这是我所否定而抛弃的，而当世的君主却肯定他们而访求他们。

谚曰："厉①怜王。"此不恭之言也。虽然，古无虚谚，不可不察也。此谓劫杀死亡之主言也。人主无法术以御其臣，虽长年而美材，大臣犹将得势，擅事主断，而各为其私急。而恐父兄豪杰之士，借人主之力，以禁诛于己也，故弑贤长而立幼弱，废正的②而立不义。故《春秋》记之曰："楚王子围将聘③于郑，未出境，闻王病而反。因入问病，以其冠缨绞王而杀之，遂自立也。齐崔杼，其妻美，而庄公通之，数如④崔氏之室。及公往，崔子之徒贾举率崔子之徒而攻公。公入室，请与之分国，崔子不许；公请自刃于庙，崔子又不听；公乃走，逾于北墙。贾举射公，中其股，公坠。崔子之徒以戈斫公而死之，而立其弟景公。"近之所见：李兑之用赵也，饿主父百日而死；卓齿之用齐也，擢⑤湣王之筋，悬之庙梁，宿昔⑥而死。故厉虽痈肿疕疡⑦，上比于春秋，未至于绞颈射股也；下比于近世，未至饿死擢筋也。故劫杀死亡之君，此其心之忧惧、形之苦痛也，必甚于厉矣。由此观之，虽"厉怜王"可也。

[注释]

①厉：通"癞"，生癞疮。谓生癞疮的人虽然很可怜，但看到被劫杀君主

的下场，感到比自己还可怜，因此哀怜他。②的：通"嫡"，正妻所生的儿子。③聘：出使。④如：到。⑤擢：拔取，抽出。⑥宿昔：宿，夜。昔，通"夕"，晚上。⑦痈肿疕（bǐ）痒（yáng）：痈肿，毒疮。疕，头疮。痒，皮肤溃烂的疾病。

[译文]

谚语说："生了癞疮的人哀怜君主。"这是很不恭敬的言辞。即使如此，古代没有虚诞的谚语，不能不加以明察。这是对被劫杀的君主而说的。君主没有法术来驾驭臣子，即使是年长而又有好的才能，大臣仍能取得权势专擅独断，各人谋求自己的私利。他们害怕君主的父亲兄长和掌握法治之术的豪杰，借助君主的力量来限制处罚自己，所以杀死贤能和年长的君主，立幼小软弱的君主，废黜嫡子，立不该继位的人为君主。所以《春秋》上有记载："楚国王子围即将出使郑国，还没有走出国境，听说楚王得病就赶回去。借入宫问病之机，用帽带勒死楚王，自立为王。齐国的崔杼，妻子很漂亮，齐庄公和她私通，多次到崔氏的房间去。等庄公去的时候，崔杼的党羽贾举率领崔杼的部下攻打庄公。庄公躲进屋里，请求和崔杼分享齐国，崔杼不同意；请求在宗庙里自杀，又不同意；就翻越北墙逃跑。贾举用箭射庄公，正中他的大腿，庄公掉了下来。崔杼的部下用戈杀死了庄公，立他的弟弟齐景公为君主。"近世所见到的：李兑在赵国掌权，把主父饿了一百天而死；卓齿在齐国掌权，抽出了齐湣王的筋，把他吊悬在庙梁上，经过一夜才死。所以生癞疮虽然是痈肿溃烂，上和《春秋》中的记载相比，还不至于像勒脖力、射大腿那样被绞；下和近世所见的相比，也不至于像被饿死、被抽筋那样。所以被劫杀死亡的君主，他们心里的忧患恐惧，身体的痛苦，一定比生癞疮更厉害。由此来看，即使说"生了癞疮的人哀怜君主"，也是可以的。

亡征第十五

凡人主之国小而家大，权轻而臣重者，可亡也。简法禁而务谋虑，荒封内而恃交援者，可亡也。群臣为学，门子①好辩，商贾外积，小民右仗②者，可亡也。好宫室台榭陂池，事车服器玩好，罢露③百姓，煎靡货财者，可亡也。用时日，事鬼神，信卜筮，而好祭祀者，可亡也。听以爵不待参验，用一人为门户者，可亡也。官职可以重④求，爵禄可以货得者，可亡也。缓心而无成，柔茹而寡断，好恶无决，而无所定立者，可亡也。饕贪而无餍，近利而好得者，可亡也。喜淫而不周于法，好辩说而不求其用，滥于文丽而不顾其功者，可亡也。浅薄而易见，漏泄而无藏，不能周密，而通群臣之语者，可亡也。很⑤刚而不和，愎谏而好胜，不顾社稷而轻为自信者，可亡也。恃交援而简近邻，怙强大之救，而侮所迫之国者，可亡也。羁旅侨士，重帑在外，上间谋计，下与民事者，可亡也。民信其相，下不能其上，主爱信之而弗能废者，可亡也。境内之杰不事，而求封外之士，不以功伐课试，而好以名问举错⑥，羁旅起贵以陵故常者，可亡也。轻其适⑦正，庶子称衡，太子未定而主即世者，可亡也。大心而无悔，国乱而自多，不料境内之资而易其邻敌者，可亡也。国小而不处卑，力少而不畏强，无礼而侮大邻，贪愎而拙交者，可亡也。太子已置，而娶于强敌以为后妻，则太子危，如是，则群臣易虑，群臣易虑者，可亡也。怯慑而弱守，蚤⑧见而心柔懦，知有⑨谓可，断而弗敢行者，可亡也。出君在外而国更置，质太子未反⑩而君易子，如是则国携⑪，国携者，可亡也。挫辱大臣而狎其身，刑戮小民而逆其使，怀怒思耻而专习则贼生，贼生者，可亡也。大臣两重，父兄众强，内党外援以争事势者，可亡也。婢妾之言听，爱玩之智用，外内悲惋而数行不法者，可亡也。简侮大臣，无礼父兄，劳苦百姓，杀戮不辜者，可亡也。好以智矫法，时以行杂公，法禁变易，号令数下者，可亡也。无地固，城郭恶，无畜⑫积，财物寡，无守战之备而轻攻伐者，可亡也。种类不寿，主数即世，婴儿为君，大臣专制，树羁旅以为党，数割地以待交者，可亡也。太子尊显，徒属众强，多大国之交，而威势蚤具者，可亡也。变褊而心急，轻疾而易动发，心悁⑬忿而不訾⑭前后者，可亡也。主多怒而好用兵，简本教而轻战攻者，可亡也。贵臣相妒，大臣隆盛，外藉敌国，内困百姓，以攻怨仇，而人主弗诛者，可亡也。君不肖而侧室⑮贤，太子轻而庶子伉⑯，官吏弱而人民桀，如此则国躁，国躁者，可亡也。藏怒而弗发，悬罪而弗诛，使群臣阴憎而愈忧惧，而久未可知者，可亡也。出军命将太重，边地任守太尊，专制擅命，径为而无所请者，可亡也。后妻淫乱，主母畜秽，外内混通，男女无别，是谓两主，两主者，可亡也。后妻贱而婢妾贵，太子卑而庶子尊，相室轻而典谒重，如此则内外乖，内外乖者，可亡也。大臣甚贵，偏党众强，壅塞主断而重擅国者，可亡也。私门之官用，马府⑰之世绌⑱，乡曲之善举，官职之劳废，贵私行而贱公功者，可亡也。公家虚而大臣实，正户贫而寄寓富，耕战之士困，末作之民利者，可亡也。见大利而不趋，闻祸端而不备，浅薄于争守之事，而务以仁义自饰者,可亡也。不为人主之孝,而慕匹夫之孝,不顾社稷之利,而听主母之令,女子用国,刑余用事者,可亡也。辞辩而不法,心智而无术,主多能而不以法度从事者,可亡也。亲臣进而故人退,不肖用事而贤良伏,无功贵而劳苦贱,如是则下怨,下怨者,可亡也。父兄大臣禄秩过功,章⑲服侵等,宫室供养太侈,而人主弗禁,则臣心无穷,臣心无穷者,可亡也。公婿公孙与民同门,暴傲其邻者,可亡也。亡征者,非曰必亡,言其可亡也。夫两尧不能相王,两桀不能相亡。亡、王之机,必其治乱、其强弱相踦者也。木之折也必通蠹,墙之坏也必通隙。然木虽蠹,无疾风不折;墙虽隙,无大雨不坏。万乘之主,有能服术行法以为亡征之君风雨者,其兼天下不难矣。

[注释]

①门子:代替父亲支撑门户的嫡子。②右仗:右,崇尚。仗,兵器。③罢露:罢,通"疲"。罢露,疲惫羸弱。④重:权势。⑤很:通"狠"。⑥错:通"措"。⑦适:通"嫡"。⑧蚤:通"早"。⑨有:通"又"。⑩反:通"返"。⑪携:有二心。⑫畜:通"蓄"。⑬悁:愤怒。⑭訾:思考。⑮侧室:君主的父辈兄弟。⑯伉:强大。⑰马府:即"幕府"。⑱绌:通"黜"。⑲章:旌旗。

[译文]

大凡君主的国家小而大臣的封地大,君主权势轻而大臣权势重的,可能会灭亡。怠慢了法律禁令而致力于谋略算计,荒疏了国内的政务而倚仗外交的援助,可能会灭亡。大臣致力于学问,卿大夫的嫡子喜好辩论,商贾在国库外聚集财物,普通百姓崇尚武力,可能会灭亡。喜好宫殿台阁水榭池塘,追求车马服饰、器皿玩物,使百姓疲劳羸弱、耗费财物的,可能会灭亡。办事选择吉时吉日,侍奉鬼神,信奉卜筮,喜好祭祀的,可能会灭亡。听取意见只依靠爵位高低却不用事实来检验,只通过一个人来听取意见的,可能会灭亡。官职可以靠权势求得，爵禄可以靠贿赂得到，可能会灭亡。心思和缓无所成就，内心优柔寡断，好坏不分又没有确定意见的，可能会灭亡。贪得无厌，亲近利益，喜好获取的，可能会灭亡。喜欢华美的言辞而不合于法度，喜好善辩的言辞而不责求它的实用，泛滥于文辞华丽而不顾及实际功效的，可能会灭亡。君主浅薄而轻易表现自己，泄露机密而不能藏匿，不能保密却将群臣的言论互相透露的，可能会灭亡。凶狠刚强而不随和，固执地拒谏而争强好胜，不考虑国家而轻率地自以为是，可能会灭亡。倚仗外交援助而怠慢近邻，倚仗强大的援助就欺侮邻近的国家的，可能会灭亡。外国来寄寓的游士，大量钱财留在国外，对上刺探君主的机密，对下参与民众的事务，可能会灭亡。人民相信相国，臣下认为君主无能，君主宠爱信任却不能废黜他的，可能会灭亡。国内的豪杰不被任用，却去寻求国外的士人，不根据功劳进行考核，却喜欢根据名声来提拔安置官员，外来的游士被提拔到尊贵的位置并超越常规的，可能会灭亡。轻视嫡子，让庶子和他抗衡，太子的位置还没有确定君主就去世的，可能会灭亡。自大而不知悔悟，国家混乱还自以为很好，不考虑国内的实力就轻视邻国的，可能会灭亡。国家小而不愿处在卑下的位置，力量弱却不畏惧强敌，傲慢无礼而怠慢强大的邻国，贪婪固执而不善外交的，可能会灭亡。太子已经设立，却娶了强敌的女儿做王后的，太子就危险了，像这样的情况，群臣就会变心，群臣会变心的，可能会灭亡。胆小怯懦不能坚持己见，早已看到了问题却心软不能解决，知道了事情的情况，也作出了肯定的判断，却又不敢实行的，可能会灭亡。出国的君主还在国外，国内就另立了君主，在外国做人质的太子还没有返回，君主就改立了太子，像这样的情况，国人就有二心，国人有了二心，可能会灭亡。折辱了大臣却又亲近戏弄他们，处罚了百姓却又违反常理使用他们，这些人心怀愤怒、不忘耻辱而又和君主亲近，这样就会发生杀害君主的事；杀害君主的事发生了，国家可能会灭亡。大臣中有两个被重用，君主的父辈兄弟都很强大，对内结党、对外求援来争夺权势的，国家可能会灭亡。奴婢、姬妾的话被听信，被宠爱、被亲近的人的智慧得以使用，朝堂内外都觉得悲伤惋惜而君主却多次违反法律行事的，国家可能会灭亡。怠慢侮辱大臣，对父辈兄弟无礼，让百姓劳苦，杀戮没有犯错的人，国家可能会灭亡。喜好用小聪明来歪曲法律，常常用私人行为夹杂在公事中，法律禁令多次改变，命令多次下达的，国家可能会灭亡。没有地形可固守，内城外城都不完好，没有钱粮的积蓄，财物很少，没有守战的设备就轻易进攻讨伐的，国家可能会灭亡。国君的家族寿命不长，君主连续去世，小孩子做了君主，大臣专权，网络国外的游士作为党羽，多次割让土地来供养盟国的，国家可能会灭亡。太子尊贵显要，属下人多力大，多和大国交往，早早形成了自己的威势的，国家可能会灭亡。君主心急而气量狭窄，轻率急躁而容易轻举妄动，心里怨愤就不顾前后的，国家可能会灭亡。君主易怒而喜好战争，不重视国家的根本而轻易发动战争的，国家可能会灭亡。贵臣们相互妒忌，大臣权势过大，对外借助敌国，对内困扰百姓，攻击仇敌，而君主却不加以惩罚的，国家可能会灭亡。君主不贤能而他的父辈和兄弟贤能，太子地位轻而庶子强大，官吏软弱而人民强悍，如此国家就动荡不安，国民动荡不安的，可能会灭亡。君主心怀怨恨却不发泄，对罪行暴露的人不加以惩罚，使群臣暗地里憎恨君主而更加担心害怕，过了很久也不知道会怎么样的，国家可能会灭亡。出动军队任命的将领权势太重，边疆委任的太守地位过高，他们专权独断擅自下达命令，直接做事却不向君主请示的，国家可能会灭亡。王后淫乱，太后蓄养淫乱的奸夫，宫廷内外混乱私通，男女没有分别，这就叫两个权势并立，两个权势并立，国家可能会灭亡。王后正妻低贱而奴婢姬妾尊贵，太子地位卑微而庶子尊贵，相国地位轻微而主管通报传达的官员地位高，像这样的情况，宫廷内外就相背离了，内外背离的，国家可能会灭亡。大臣很尊贵，结为党羽，人数众多而强大，蒙蔽了君主的决断而专权独断的，国家可能会灭亡。大臣的家臣被任用，幕府中的世族被罢黜，偏僻乡村的善人被提拔，官职上有功劳的人被罢免，重视私人行为而轻贱国家的功业的，国家可能会灭亡。国家空虚而大臣家充实，正式的住户贫困而寄居的人却富有，从事耕种和征战的人困窘，从事于工商业的人却得到利益，国家可能会灭亡。见到大的利益却不去追求，听到了祸患的苗头却不加以戒备，对于战争和守御一知半解，却致力于用仁义来自我修饰的，国家可能会灭亡。不实行君主的孝，却去羡慕普通百姓的孝，不顾国家的利益，却去听从太后的命令，女人把持国政，宦官执掌权柄的，国家可能会灭亡。言辞善辩却不守法度，内心聪明却不懂得治国方法，君主能力强却不遵循法律来做事的，国家可能会灭亡。亲近的人被提拔，故旧的大臣被摒退，不贤能的人掌权而贤良的人潜伏，没有功劳的人尊贵而劳苦的人低贱，像这样的，臣下就会怨恨，臣下怨恨的，国家可能会灭亡。父兄大臣的俸禄官阶超过了他们的功劳，旗章服饰超越等级，宫殿供养太过奢侈，而君主却不加以禁止，那么臣下的贪心就没有止境，臣下的贪心没有止境的，国家可能会灭亡。王亲国戚和百姓住在同一地区，对邻居粗暴傲慢的，国家可能会灭亡。呈现亡国的征兆，不是说一定会灭亡，是说它可能会灭亡。两个尧不可能互相统治，两个桀不可能互相灭亡，灭亡和称王的关键，必然是两个国家治乱、强弱的不平衡。树木折断的原因一定是被虫蛀，墙壁毁坏的原因一定是有裂缝。然而树木即使被虫蛀，没有疾风也不会折断；墙壁即使有裂缝，没有大雨也不会毁坏。拥有万辆兵车的大国君主，有能运用统治之术、实行法治，使自己成为亡国之君的暴风骤雨的，兼并天下就不难了。

三守第十六

人主有三守。三守完,则国安身荣;三守不完,则国危身殆。何谓三守?人臣有议当途之失、用事之过、举臣之情,人主不心藏而漏之近习能人①,使人臣之欲有言者,不敢不下适近习能人之心,而乃上以闻人主;然则端言直道之人不得见,而忠直日疏。爱人不独利也,待誉而后利之;憎人不独害也,待非而后害之。然则人主无威而重在左右矣。恶自治之劳惮,使群臣辐辏之变,因传柄移藉,使杀生之机、夺予之要在大臣,如是者侵。此谓三守不完。三守不完则劫杀之征也。

[注释]

①能人:当权的红人。

[译文]

君主有三点应该防备的。这三点防备完善了,就能使国家安定、自身荣耀;这三点防备得不完善,就会使国家危难、自身危险。什么是三点应该防备的?臣子中有人议论当道掌权的人的失误、处理政事的过错、提拔臣子的情况,君主不把它藏在心里,却泄漏给亲近的人和身边的红人,让臣下有想要进言的,不能不先屈从迎合君主身边亲近的人的心思,然后再说给君主听;这样就使得直言无忌、公正处事的人不能觐见君主,而忠心正直的大臣日渐疏远。对喜爱的人，不能自己作主给他好处，而要等赞誉之后才给他好处；对厌恶的人，不能自己作主处罚他，而要等非议以后才处罚他。这样就使得君主没有权威，而权力集中在左右侍从身上了。厌恶自己治理国家的劳苦，使群臣靠拢的中心发生了变化，于是权势发生变化转移，使生杀赏罚的权力都集中在大臣手里，这样的君主就要被侵犯了。这就叫三点应该防备的却不完善。这三点防备得不完善，就是君主被劫持杀害的征兆啊。

凡劫有三：有明劫，有事劫，有刑劫。人臣有大臣之尊，外操国要以资群臣，使外内之事非己不得行。虽有贤良，逆者必有祸，而顺者必有福。然则群臣莫敢忠主忧国以争社稷之利害。人主虽贤，不能独计，而人臣有①不敢忠主，则国为亡②国矣，此谓国无臣。国无臣者，岂郎中虚而朝臣少哉？群臣持禄养交，行私道而不效公忠。此谓明劫。鬻宠擅权，矫外以胜内，险言祸福得失之形，以阿主之好恶。人主听之，卑身轻国以资之，事败与主分其祸，而功成则臣独专之。诸用事之人，壹心同辞以语其美，则主③言恶者必不信矣。此谓事劫。至于守司囹圄，禁制刑罚，人臣擅之，此谓刑劫。三守不完则三劫者起，三守完则三劫者止，三劫止塞则王矣。

[注释]

①有：通"又"。②亡：指不能控制国家而役使臣下。③主：指为首的人。

[译文]

大凡劫持君主的情况有三种：有明目张胆地劫持，有借用政事来劫持，有通过刑罚来劫持。臣子有大臣的尊贵，对外掌握国家大权来收买群臣，使朝廷内外的事没有自己就办不成。即使有贤良的人，违背他们的一定有祸患，顺从他们的一定有福。那么群臣就没有人敢忠于君主、忧虑国事来为国家的利害安危而争论了。君主即使贤能，也不能独自决策，而臣下又不敢忠于君主，那么国家就是要灭亡的国家。这就叫国家没有大臣。所谓的国家没有大臣，难道是说宫廷里缺乏郎中而朝廷上缺乏臣子吗？群臣拿着俸禄去供养私交，做私人的事而不向君主效忠。这就是明目张胆地劫持君主。卖弄君主的宠爱，独揽大权，假托国外的势力来控制国内，危言耸听地宣传祸福得失的形势，用来迎合君主的好恶。君主听从他，就降低自己的身份、轻视国家利益来资助他，事情失败就和君主分担祸患，成功了就由臣下独自占有功劳。那些掌权的人，众口一词地赞美他，那么带头说他不好的人就不被君主所信任了。这就叫借用政事劫持君主。至于那些掌管监狱、禁令刑罚的，臣子独揽了这些权力，就叫做通过刑罚来劫持君主。三点应该防备的不完善，三种劫持君主的事就会发生；三点应该防备的完善了，三种劫持君主的事就被制止；三种劫持君主的事被制止阻塞，就能称王于天下了。

备内第十七

人主之患在于信人，信人则制于人。人臣之于其君，非有骨肉之亲也，缚于势而不得不事也。故为人臣者，窥觇其君心也无须臾之休，而人主怠傲处其上，此世所以有劫君弑主也。为人主而大信其子，则奸臣得乘于子以成其私，故李兑傅①赵王而饿主父。为人主而大信其妻，则奸臣得乘于妻以成其私，故优施傅丽姬，杀申生而立奚齐。夫以妻之近与子之亲而犹不可信，则其余无可信者矣。

[注释]

①傅：通"附"。

[译文]

君主的忧患在于信任别人，信任别人就会被别人控制。臣下对于君主，并没有骨肉之亲，只是迫于权势不得不侍奉他罢了。所以做臣子的，窥视君主的内心，没有一刻的停止，而君主懈怠傲慢地高高在上，这就是世上有劫持谋杀君主的事的原因。做君主的如果非常信任自己的儿子，那么奸臣就得以凭借君主的儿子来成就自己的私利，所以李兑依附于赵惠文王而饿死了赵武灵王。做君主的如果非常信任自己的妻子，那么奸臣就得以凭借君主的妻子来成就自己的私利，所以优施依附于丽姬，杀死了申生而立奚齐为太子。以妻子的亲近和儿子的亲密，尚且不可信任，那么其他的就没有可以信任的了。

且万乘之主，千乘之君，后妃、夫人、适①子为太子者，或有欲其君之蚤②死者。何以知其然？夫妻者，非有骨肉之恩也，爱则亲，不爱则疏。语曰："其母好者其子抱。"然则其为之反也，其母恶者其子释。丈夫年五十而好色未解③也，妇人年三十而美色衰矣。以衰美之妇人事好色之丈夫，则身死见疏贱，而子疑不为后，此后妃、夫人之所以冀其君之死者也。唯母为后而子为主，则令无不行，禁无不止，男女之乐不减于先君，而擅万乘不疑，此鸩毒扼昧④之所以用也。故《桃左春秋》曰："人主之疾死者不能处半。"人主弗知则乱多资。故曰：利君死者众，则人主危。故王良爱马，越王勾践爱人，为战与驰。医善吮人之伤，含人之血，非骨肉之亲也，利所加也。故舆人成舆，则欲人之富贵；匠人成棺，则欲人之夭死也。非舆人仁而匠人贼也，人不贵则舆不售，人不死则棺不买。情非憎人也，利在人之死也。故后妃、夫人、太子之党成而欲君之死也，君不死则势不重。情非憎君也，利在君之死也。故人主不可以不加心于利己死者。故日月晕围于外，其贼在内；备其所憎，祸在所爱。是故明王不举不参之事，不食非常之食；远听而近视以审内外之失，省同异之言以知朋党之分，偶⑤参伍之验以责陈言之实；执后以应前，按法以治众，众端以参观。士无幸赏，无逾行，杀必当，罪不赦，则奸邪无所容其私。徭役多则民苦，民苦则权势起，权势起则复除重⑥，复除重则贵人富。苦民以富，贵人起势，以藉人臣，非天下长利也。故曰徭役少则民安，民安则下无重权，下无重权则权势灭，权势灭则德在上矣。今夫水之胜火亦明矣，然而釜䥶⑦

间之，水煎沸竭尽其上，而火得炽盛焚其下，水失其所以胜者矣。今夫治之禁奸又明于此，然守法之臣为釜鬵之行，则法独明于胸中，而已失其所以禁奸者矣。上古之传言，《春秋》所记，犯法为逆以成大奸者，未尝不从尊贵之臣也。然而法令之所以备，刑罚之所以诛，常于卑贱，是以其民绝望，无所告愬⑧。大臣比周，蔽上为一，阴相善而阳相恶，以示无私，相为耳目，以候主隙。人主掩蔽，无道⑨得闻，有主名而无实，臣专法而行之，周天子是也。偏借其权势则上下易位矣，此言人臣之不可借权势也。

[注释]

①适：通"嫡"。②蚤：通"早"。③解：通"懈"。④鸩毒扼昧：鸩毒，只用鸩鸟的羽毛泡制的毒酒。昧，通"刎"。⑤偶：对照。⑥复除重：复，去除赋税。重，权势重。⑦鬵（xín）：大锅。⑧愬：通"诉"。⑨道：方法。

[译文]

况且拥有万辆兵车的大国的君主、拥有千辆兵车的中等国家的君主，他们的王后、妃子、夫人、以及正妻生的嫡子做了太子的，可能会有想要君主早早死去的。怎么知道会是这样呢？丈夫和妻子并没有骨肉的恩情，爱她就亲近，不爱她就疏远。俗话说："母亲受宠爱的，孩子就常被抱着。"那么把它反过来说，母亲被憎恶的，孩子就被抛在一边。丈夫五十岁，对美色的喜好还没有衰减，妇人三十岁，美色就衰减了。让美色衰减的妇人服侍好色的丈夫，那么自身就疏远低贱，儿子也怀疑自己不能作为继承人，这就是王后妃子和夫人希望君主死去的原因。只有等母亲做了王后而儿子做了君主，命令就没有不能推行的，禁令没有不能禁止的，男女之间的欢乐不比先王差，而执掌国家大权是毫无疑问的，这就是毒酒、扼杀、斩杀等手段被使用的原因。所以《桃左春秋》说："君主得病死的还不到一半。"君主不知道这些，作乱的人就有了更多的凭借。

所以说：从君主的死亡中得利的人多，君主就危险。所以王良喜欢马，越王勾践喜欢战士，这是为了驰骋和战争。医生善于吮吸病人的伤口，含着病人的血，不是因为有骨肉的亲情，而是利益的缘故。所以造车的人造车，就希望人富贵；工匠做成了棺材，就希望人夭折死亡。不是因为造车的人仁慈而工匠狠毒，人不富贵，车就卖不出去；人不死亡，棺材就没有人买。本心不是憎恨人，而是能从人的死亡获得利益。所以后妃、夫人、太子的党羽形成就想让君主死去，君主不死，他们的权势就不重。本心不是憎恨君主，是能从君主的死亡获得利益。所以君主不能不留意那些能从自己的死亡中得利的人。所以太阳月亮出现光晕，它的毛病出在内部；防备所憎恶的人，祸患却在所宠爱的人。所以圣明的君主不做没有检验过的事，不吃异常的食物；既打听远方的情况，又观察近处的情况，来审查朝廷内外的失误，反省相同的和不同的言论来考察朋党的区分，对比各个方面的事实来检验，以责求臣下陈述的言辞的实情；拿事后的结果来检验前面的言论，依据法律来治理民众，从多方面来参验观察；士人没有侥幸受到奖赏的，也没有违犯法令的行为，处死的人一定要切合他的罪责，犯罪的一定不会被赦免，那么奸邪的人就没有地方容纳他的私欲了。徭役多了，人民就劳苦；人民劳苦，权势就兴起了；权势兴起了，能免除劳役的权力就加重了；能免除劳役的权力加重了，那些掌权的贵人就富有了。使人民劳苦来使臣子富贵，兴起权势来资助臣子，这不是天下长久的利益。所以说：徭役少了，人民就安乐；人民安乐，臣下就没有重权；臣下没有重权，他们的权势就失去了；臣下的权势失去了，恩德就归于君主了。现在水能战胜火是很明白的了，可是用锅来隔绝它们，水在上面尽力地沸腾，火能在下面炽热地燃烧，是因为水失去了能胜过火的条件。现在法制能禁止奸邪，又比这个更明显，可是执法的大臣做着像锅隔绝水火一样的行为，那么法律只是明了于心中，却已经失去了它用来禁止奸邪的作用了。上古的传言,《春秋》的记载,违反法律做叛逆的事来成就自己大的奸谋的,没有不出于尊贵的大臣的。可是法律禁令所用来防备的,刑法所用来惩罚的,常常是卑贱的人,所以人民感到绝望,没有地方倾诉。大臣相互勾结,蒙蔽君主而结为一体,私下相互友好而表面装作相互憎恶,以显示没有私交,互为耳目,来等待君主的漏洞。君主被遮蔽,没办法听到真实情况,有君主的名义而没有实权,臣下专擅法令而独断专行,就像周朝的天子一样。臣子借用了君主的权势,君臣就交换了位置,这是说不能把权势借给臣下。

南面第十八

人主之过，在己任在臣①矣，又必反与其所不任者备之，此其说必与其所任者为仇，而主反制于其所不任者。今所与备人者，且曩之所备也。人主不能明法而以制大臣之威，无道得小人之信矣。人主释法而以臣备臣，则相爱者比周而相誉，相憎者朋党而相非。非誉交争，则主惑乱矣。人臣者，非名誉请谒无以进取，非背法专制无以为威，非假于忠信无以不禁，三者，惛主坏法之资也。人主使人臣虽有智能，不得背法而专制；虽有贤行，不得逾功而先劳②；虽有忠信，不得释法而不禁。此之谓明法。

[注释]

①任在臣：应为"任臣"。②劳：赏赐。

[译文]

君主的过失，在于自己任用了臣子，又一定要反过来和没有被任用的人来防备他们，这些没有被任用人的说法一定和所任用的人相对，而君主反而被那些没有任用的人控制。现在和君主一起去防备人的人，正是过去被防备的人。君主不能申明法律来制止大臣的威势，就没有办法得到小民的信任了。君主放弃了法律来以臣子防备臣子，那么互相喜爱的人就勾结起来互相赞誉，互相憎恶的人就利用自己的党羽互相非议。非议和赞誉互交相争斗，君主就会迷惑混乱了。对于臣下，不靠名声和请托就不能被提拔，不违背法律专权就不能树立威信，不假借忠实诚信的名声就不能不受禁令约束，这三个方面，是迷惑君主败坏法令所凭借的。君主让臣下即使有智慧才能，也不能背弃法律独断专行；即使有贤德的品行，也不能超越功劳先得到赏赐；即使有忠实和诚信，也不能抛弃法律而不加以约束。这就是所谓的申明法律。

人主有诱于事者，有壅于言者，二者不可不察也。人臣易言事者，少索资，以事诬主。主诱而不察，因而多之，则是臣反以事制主也。如是者谓之诱，诱于事者困于患。其进言少，其退费多，虽有功，其进言不信。不信者有罪，事有功者必赏，则群臣莫敢饰言以惛主。主道者，使人臣前言不复于后，后言不复于前，事虽有功，必伏其罪，谓之任下。人臣为主设事而恐其非也，则先出说设言曰："议是事者，妒事者也。"人主藏是言，不更听群臣；群臣畏是言，不敢议事。二势者用，则忠臣不听而誉臣独任。如是者谓之壅于言，壅于言者制于臣矣。主道者，使人臣必有言之责，又有不言之责。言无端末、辩无所验者，此言之责也；以不言避责、持重位者，此不言之责也。人主使人臣言者必知其端以责其实，不言者必问其取舍以为之责，则人臣莫敢妄言矣，又不敢默然矣，言默则皆有责也。人主欲为事，不通其端末，而以明其欲，有为之者，其为不得利，必以害反。知此者，任理去欲。举事有道，计其入多，其出少者，可为也。惑主不然，计其入不计其出，出虽倍其入，不知其害，则是名得而实亡，如是者功小而害大矣。凡功者，其入多，其出少乃可谓功。今大费无罪而少得为功，则人臣出大费而成小功，小功成而主亦有害。

[译文]

　　君主有被事情诱惑的,有被语言蒙蔽的,这两方面不能不明察。臣下把事情说得很容易,要求很少的代价,用事情来欺骗君主。君主被诱惑而不明察,于是就赞扬他,那么这个臣子就反过来用事情控制君主。这样就叫做被事情诱惑,被事情诱惑的就会被祸患困扰。臣下进言时说得费用很少,可是退下办事时费用很多,即使有功劳,他们进言也不诚信。不诚信的人就有罪,办事有功劳一定要奖赏,那么群臣没有人敢修饰言辞来迷惑君主。君主的统治方法,假如臣下前面的言辞和后面不合,后面的言辞和前面不合,即使办事有功劳,也一定要让他们服罪,这就是任用臣下的方法。臣下为君主计议事情,却恐怕被人非议,就先出外放风说:"非议这件事的人,是妒嫉这件事。"君主相信这种说法,就不再听信群臣了;群臣害怕这种言论,不敢再批评这件事。这两种情况起了作用,那么忠臣不被听信,而被赞誉的人就能专权了。像这样就叫做被语言蒙蔽,被语言蒙蔽的君主就会被臣下控制。君主的统治方法,对臣子一定既有负进言不当的责任,又有负该讲不讲的责任。言论没有头尾,辩辞无法验证的,这是进言的责任;靠沉默不言躲避责任,以保持重要官位的,这是不进言的责任。君主让臣下进言的,一定要知道它的起始来责求实际功效;不进言的人,一定要问他的取舍态度来作为他的责任,那么臣下就没有人敢乱说话了,又不敢保持沉默,说话和沉默就都有责任了。君主想要做事,不明白事情的起始,就先表明了自己的想法,有这样做的,他的行为得不到利益,一定会反而有害。知道这个道理的人,依据事理而去掉主观欲望。办事情依据规律,计算出收效多、耗费少的,就可以去做。糊涂的君主不是这样,计算收效却不计算耗费,即使耗费的比收效多几倍,也不了解它的危害,那就是名义上得利而实际上损失了,像这样的事就是功劳小而危害大。大凡功劳,收效多、耗费少的才算是功劳。现在有大的耗费没有罪责，而有少的收获就有功劳，那么臣下使用大的耗费而成就小的功劳，即使小的功劳成就了，君主也有损害。

不知治者，必曰："无变古，毋易常。"变与不变，圣人不听，正治而已。然则古之无变，常之毋易，在常古之可与不可。伊尹毋变殷，太公毋变周，则汤、武不王矣。管仲毋易齐，郭偃毋更晋，则桓、文不霸矣。凡人难变古者，惮易民之安也。夫不变古者，袭乱之迹；适民心者，恣奸之行也。民愚而不知乱，上懦而不能更，是治之失也。人主者，明能知治，严必行之，故虽拂①于民心立其治。说在商君之内外而铁殳②，重盾而豫戒也。故郭偃之始治也，文公有官卒；管仲始治也，桓公有武车。戒民之备也。是以愚赣窳惰③之民，苦小费而忘大利也，故夤虎受阿④谤。而辗小变而失长便，故邹贾非载旅⑤。狎习于乱而容于治，故郑人不能归。

[注释]

①拂：违逆。②殳：古代一种兵器。③愚赣窳惰：赣，通"戆（zhuàng）"，刚直鲁莽。窳（yǔ），懒惰。惰，通"惰"。④阿：通"诃"，责备。⑤载旅：征兵制度。

[译文]

不懂得治理国家的人，一定会说："不要改变古代的制度，不要变更常例。"改变和不改变，圣人不会听的，只是正确治理方法而已。那么古制不能改、常例不能变，在于古制、常例可行不可行。伊尹不改变殷商的制度，太公望不改变周朝的制度，那么商汤和周武王就不能称王了。管仲不改变齐国的制度，郭偃不改变晋国的制度，那么齐桓公、晋文公就不能称霸了。大凡难以改变古制的，是害怕改变人民安于旧习的环境。那些不改变古制的，是沿袭乱国的复辙；适应民心的，是放纵了奸邪的行为。人民愚昧不懂得混乱，君主懦弱而不能变更，这是治理国家的失误。做君主的，他的明智能知道治理方法，他的严厉能坚决推行措施，所以即使违逆民心也可以确立治国方略。具体的证明在于商君在进出时用铁殳和重重盾牌预先戒备。所以郭偃刚开始治理晋国时，晋文公有卫队；管仲开始治理齐国时，齐桓公有驾战车的武士；这都是用来戒备民众的设施。所以愚昧鲁莽懒惰的人民，计较小的耗费，而忘记了大的利益，所以黂虎受到了斥责。害怕小的变化而失去了长久的便利，所以邹贾非议征兵制度。习惯于混乱而不急于治理，所以郑国人无家可归。

饰邪第十九

凿龟数筴①，兆②曰大吉，而以攻燕者，赵也。凿龟数筴，兆曰大吉，而以攻赵者，燕也。剧辛之事，燕无功而社稷危。邹衍之事，燕无功而国道绝。赵代③先得意于燕，后得意于齐，国乱节高，自以为与秦提衡④，非赵龟神而燕龟欺也。赵又尝凿龟数筴而北伐燕，将劫燕以逆秦，兆曰大吉。始攻大梁而秦出上党矣，兵至釐⑤而六城拔矣；至阳城，秦拔邺矣；庞援揄兵而南则鄗尽矣。臣故曰：赵龟虽无远见于燕，且宜近见于秦。秦以其大吉，辟地有实，救燕有⑥有名。赵以其大吉，地削兵辱，主不得意而死。又非秦龟神而赵龟欺也。初时者，魏数年东乡⑦攻尽陶、卫，数年西乡以失其国，此非丰隆、五行、太一、王相、摄提、六神、五括、天河、殷抢、岁星非数年在西也⑧，又非天缺、弧逆、刑星、荧惑、奎台非数年在东也。故曰：龟筴鬼神不足举胜，左右背乡不足以专战。然而恃之，愚莫大焉。

[注释]

①凿龟数筴：凿，钻。龟，龟壳。筴，蓍草。钻烧龟壳，数蓍草，是古代常用的占卜方法。②兆：龟甲被灼烧后产生的裂纹，用来判断吉凶。③代：赵国的郡名。此处"赵代"即指赵国。④提衡：衡，秤。提衡，即保持平衡。⑤釐：通"狸"，地名。⑥有：通"又"。⑦乡：通"向"，方向。⑧此处所举

丰隆、五行、太一、王相、摄提、六神、五括、天河、殷抢、岁星，以及下文天缺、弧逆、刑星、荧惑、奎台，都是星名。

[译文]

钻龟甲、数蓍草来占卜，显示的结果非常吉祥，于是去攻打燕国的，是赵国。钻龟甲、数蓍草来占卜，显示的结果非常吉祥，于是去攻打赵国的，是燕国。剧辛为燕效力，兵败无功使国家陷入危险；邹衍为燕效力，兵败无功而使治国之道断绝。赵国先是对燕国作战得到满足，后来又在对齐国的战争中得到满足，国家混乱却以气势逼人，自认为可以和秦国抗衡，这并不是赵国的龟甲神明而燕国的龟甲骗人。赵国又曾钻龟甲、数蓍草而北伐燕国，想要裹胁燕国与秦国抗衡，得到的结果是大吉。刚开始进攻大梁，秦国的兵马就从上党进攻赵国了；赵军打到狸城，自己的六座城已被秦军攻破了；赵军到了阳城，秦国已攻下了邺城；庞援引兵向南救援时，鄡郡已经整个被占领了。所以臣认为：赵国的龟甲占卜即使对燕国的事没有远见，对秦国的眼前事也应该有所显示。秦国因为他们占卜得到大吉，开辟疆土有实际好处，援救燕国又有好的名声。赵国因为他们占卜得到大吉，却丢失土地、兵败受辱，君主不能如愿而死去。这又不是秦国的龟甲神明而赵国的龟甲骗人。起初，魏国几年间向东打下陶、卫，几年间在西方失去自己的国土，这不是因为丰隆、五行、太一、王相、摄提、六神、五括、天河、殷抢、岁星这些吉星那几年出现在西边，也不是因为天缺、弧逆、刑星、荧惑、奎台这些凶星那几年出现在东边。所以说：龟甲蓍草和鬼神不能预测出胜败，星象的方位和运行也不能决定战争的结果。可是却要依靠它们，这是最愚蠢的事啊！

古者先王尽力于亲民，加事于明法。彼法明，则忠臣劝；罚必，则邪臣止。忠劝邪止而地广主尊者，秦是也；群臣朋党比周以隐正道、行私曲而地削主卑者，山东①是也。乱弱者亡，人之性也；治强者王，古之道也。越王勾践恃大朋之龟②与吴战而不胜，身臣入宦于吴；反国弃龟，明法亲民以报吴，则夫差为擒。故恃鬼神者慢于法，恃诸侯者危其国。曹恃齐而不听宋，齐攻荆而宋灭曹。荆恃吴而不听齐，越伐吴而齐灭荆。许恃荆而不听魏，荆攻宋而魏灭许。郑恃魏而不听韩，魏攻荆而韩灭郑。今者韩国小而恃大国，主慢而听秦、魏，恃齐、荆为用，而小国愈亡。故恃人不足以广壤，而韩不见也。荆为攻魏而加兵许、鄢，齐攻任、扈而削魏。不足以存郑，而韩弗知也。此皆不明其法禁以治其国，恃外以灭其社稷者也。

[注释]

①山东：崤山以东，指秦国以外其他各国。②大朋之龟：朋，货币单位。大朋之龟，即很珍贵的大乌龟。

[译文]

古代先王致力于亲近民众，尽力于彰明法度。他们的法律彰明了，忠臣就努力；惩罚坚决了，奸臣就被禁绝。忠臣努力、奸臣禁绝而土地扩大、君主尊贵的是秦国；群臣结党使正道难行而谋取私利，土地削减、君主地位低下的是崤山以东的那些国家。混乱弱小的就灭亡，是人事的常态。安定强盛的就称王，这是从古至今的道理。越王勾践倚仗珍贵的大龟甲来占卜，和吴国作战却没有取胜，自己到吴国做了奴仆；回国之后丢弃龟甲，彰明法律亲近民众，后来夫差就被擒获。所以倚仗鬼神的人忽视法律，依靠诸侯的人导致国家危险。曹国依靠齐国而不听从宋国，齐国攻打楚国的时候宋国灭掉了曹国。楚国依靠吴国而不听从齐国，越国讨伐吴国的时候齐国灭掉了楚国。许国依靠楚国而不听从魏国，楚国攻打宋国的时候魏国灭掉了许国。郑国依靠魏国而不听从韩国，魏国攻打楚国的时候韩国灭掉了郑国。现在韩国弱小就依靠大国，君主荒疏政务，听从秦国和魏国,依靠齐国和楚国,那么小的国家更要灭亡。所以依靠别人不能增大土地,而韩国却看不到这些。楚国为攻打魏国而出兵许、鄢,齐国攻打任、扈而削弱了魏国。依靠别人也不足以保存韩国国都新郑,而韩国却不知道这些。这都是不彰明法禁来治理国家,而依靠外国最终导致灭亡的例子啊!

臣故曰:明于治之数,则国虽小,富;赏罚敬信,民虽寡,强。赏罚无度,国虽大兵弱者,地非其地,民非其民也。无地无民,尧、舜不能以王,三代不能以强。人主又以过予,人臣又以徒取。舍法律而言先王明君之功者,上任之以国。臣故曰:是愿古之功,以古之赏赏今之人也;主以是过予,而臣以此徒取矣。主过予则臣偷幸,臣徒取则功不尊。无功者受赏则财匮而民望,财匮而民望则民不尽力矣。故用赏过者失民,用刑过者民不畏。有赏不足以劝,有刑不足以禁,则国虽大,必危。故曰:小知[①]不可使谋事,小忠不可使主法。荆恭王与晋厉公战于鄢陵,荆师败,恭王伤。酣战,而司马子反渴而求饮,其友竖谷阳奉卮酒而进之。子反曰:"去之,此酒也。"竖谷阳曰:"非也。"子反受而饮之。子反为人嗜酒,甘之,不能绝之于口,醉而卧。恭王欲复战而谋事,使人召子反,子反辞以心疾。恭王驾而往视之,入幄中,闻酒臭而还,曰:"今日之战,寡人目亲伤。所恃者司马,司马又如此,是亡荆国之社稷而不恤吾众也。寡人无与复战矣。"罢师而去之,斩子反以为大戮。故曰:竖谷阳之进酒也,非以端[②]恶子反也,实心以忠爱之,而适足以杀之而已矣。此行小忠而贼[③]大忠者也。故曰:小忠,大忠之贼也。若使小忠主法,则必将赦罪以相爱,是与下安矣,然而妨害于治民者也。

[注释]

①知:通"智"。②端:故意。③贼:伤害。

[译文]

所以臣才说：明白治理国家的道理，那么即使国家小，也能富有；赏罚谨慎诚信，即使人民少，也会强大。赏罚没有准则，即使国家大，兵力也会弱，是因为土地已不是自己能控制的土地，人民也不是自己能驱使的人民。没有土地也没有人民，即使是尧、舜也不能称王，即使是夏、商、周三代也不能强盛。君主过度地赏赐，臣下又白白地取得。舍弃法律却宣扬先王明君功业的人，君主却把国家委托给他们。臣所以说：这是想要得到古代先王的功业，就用古代先王给大臣的奖赏来奖赏现在的人。君主因为这个才过度地赏赐，臣下因为这个才白白地取得。君主过度赏赐，那么臣下就心怀侥幸；臣下白白取得，那么功劳就不被重视。没有功劳的人受到奖赏，那就会财物匮乏、人民怨恨；财物匮乏、人民怨恨，人民就不会尽力了。所以奖赏过度的就失去人民，用刑过度的人民就不会害怕。有奖赏却不足以鼓励人民，有刑法却不足以禁止人作恶，那么国家即使强大，也一定会危险。所以说：小的智慧不能用来谋划事情，小的忠诚不能用来掌管法制。楚恭王和晋厉公在鄢陵作战，楚军战败，楚恭王受伤。战斗激烈的时候，司马子反口渴想喝水，他的朋友竖谷阳捧着一杯酒献给他。子反说："拿走！这是酒。"竖谷阳说："不是的。"子反就接过酒杯喝了。子反很喜欢喝酒，觉得酒很甜美，一喝起来就停不了嘴，喝醉了就去睡觉。楚恭王想要再打一仗，要谋划战事，让人去召见子反，子反推辞说自己患有心病。恭王乘车去看他，进入大帐，闻到酒味就返回了，说："今天的战斗，我的眼睛都受伤了。我所依靠的就是司马，现在司马却这样做，这种做法是想让楚国亡国而不爱惜我们的士兵啊。我不能再作战了。"于是罢兵退师，杀了子反陈尸示众。所以说：竖谷阳献酒，本意不是憎恶子反，而是真心地忠爱他，可是却恰恰害死了子反。这就是奉行小的忠心，却损害了大的忠心。所以说：小的忠心是对大的忠心的损害。要是让奉行小忠的人来掌管法律，那么必然会赦免罪犯来表示爱护，这样和下面是相安了，可是却妨害了治理民众。

当魏之方明《立辟》、从宪令行之时，有功者必赏，有罪者必诛，强匡天下，威行四邻；及法慢，妄予，而国日削矣。当赵之方明《国律》、从大军之时，人众兵强，辟地齐、燕；及《国律》慢，用者弱，而国日削矣。当燕之方明《奉法》、审官断之时，东县齐国，南尽中山之地；及《奉法》已亡，官断不用，左右交争，论从其下，则兵弱而地削，国制于邻敌矣。故曰：明法者强，慢法者弱。强弱如是其明矣，而世主弗为，国亡宜矣。语曰："家有常业，虽饥不饿；国有常法，虽危不亡。"夫舍常法而从私意，则臣下饰于智能，臣下饰于智能则法禁不立矣。是妄意之道行，治国之道废也。治国之道，去害法者，则不惑于智能，不矫于名誉矣。

[译文]

魏国刚刚宣明《立辟》、从事于推行法令的时候，有功的一定赏赐，有罪的必然惩罚，强大得可以匡正天下，威力可以施加在邻国；等到后来法治懈怠，随意赏赐，国力就日益削减了。赵国刚刚宣明《国律》、从事于扩大军队的时候，人民众多、兵力强盛，在齐国、燕国的领土开辟疆域；等到后来《国律》实行懈怠，执政者软弱无能，国力就日益削减了。燕国刚宣明《奉法》、重视官方决策的时候，在东边把齐国都当做自己的一个郡县，在南边完全占有了中山国的土地；等到后来《奉法》衰微，不采用官方的决策，左右群臣互相争执，决定都出自臣下，于是就兵力减弱、土地削减，被邻近的敌国控制。所以说：宣明法律的，国家就强大；轻慢法律的，国家就弱小。强弱的形势这样的明白，而当世的君主却不去做，国家危亡不也是应该的吗。俗话说："家里有固定的产业，即使灾荒年也不会饿；国家有固定的法律，即使危险也不至于灭亡。"舍弃固定的法律来迎合私人的意见，那么臣下就会努力修饰自己的智慧和才能；臣下尽力修饰智慧和才能，法律禁令就不能树立了。这就是随心所欲的做法实行了，治理国家的方法就被废弛了。治国的方法，要去除妨碍法律的人，就不会被智慧和才能所迷惑，不会被名誉所欺骗了。

昔者舜使吏决鸿①水，先令有功而舜杀之；禹朝诸侯之君会稽之上，防风之君后至而禹斩之。以此观之，先令者杀，后令者斩，则古者先贵如令矣。故镜执清而无事②，美恶从而比③焉；衡执正而无事，轻重从而载焉。夫摇镜则不得为明，摇衡则不得为正，法之谓也。故先王以道为常，以法为本。本治者名尊，本乱者名绝。凡智能明通，有以④则行，无以则止。故智能单道，不可传于人。而道法万全，智能多失。夫悬衡而知平，设规而知圆，万全之道也。明主使民饰⑤于道之故，故佚而有功。释规而任巧，释法而任智，惑乱之道也。乱主使民饰于智，不知道之故，故劳而无功。

[注释]

①鸿：通"洪"。②无事：无所从事，即无为，不强行有所作为。③比：比拟，反映。④以：用，依靠。⑤饰：同"饬"，修治，整治。

[译文]

过去舜让官吏排除洪水，有人在命令之前行动而获得功劳，舜就杀了他们；禹让诸侯君主在会稽朝见，防风氏的君主来得晚，禹就杀了他。由此看来，先于命令的人被杀，后于命令的人也被杀，那么古代的人首先看重的就是遵守命令了。所以镜子保持明亮而不受干扰，美丑就能从中反映出来；秤保持公正而不受干扰，轻重就能从中衡量出来。那摇摆不定的镜子不算是明镜，摇摆不定的秤也不能算是公平，这是在说法治的情况啊！所以先王以事物的规律为常规，以法律为根本。根本能治理好的，名声就被重视；根本混乱的，名声就丧失了。凡是智慧和才能明白通达的人，依靠它就能成功，不依靠它就不能成功。所以智慧是条偏斜的小路，不能传给别人。道和法都是万能的，利用智慧才能却会有很多失误。悬起秤杆就知道什么是公平，设置圆规就知道什么是圆，这是万全的方法。圣明的君主让人民遵循于事物的规律，所以即使安逸也有功劳。放下圆规而使用技巧，放弃法律而任用智慧，这是导致迷惑和混乱的方法。昏乱的君主让人民遵循智慧，不明白事物的规律，所以劳而无功。

释法禁而听请谒，群臣卖官于上，取赏①于下，是以利在私家而威在群臣。故民无尽力事主之心，而务为交于上。民好上交则货财上流，而巧说者用。若是，则有功者愈少。奸臣愈进而材②臣退，则主惑而不知所行，民聚而不知所道，此废法禁、后功劳、举名誉、听请谒之失也。凡败法之人，必设诈托物以来亲，又好言天下之所希有，此暴君乱主之所以惑也，人臣贤佐之所以侵也。故人臣称伊尹、管仲之功，则背法饰智有资；称比干、子胥之忠而见杀，则疾强谏有辞。夫上称贤明，下称暴乱，不可以取类③，若是者禁。君之立法，以为是也。今人臣多立其私智、以法为非者，是邪以智，过法立智。如是者禁，主之道也。

[注释]

①赏：通"偿"。②材：通"才"。③取类：作为类比。

[译文]

放弃法律而听任请托，群臣在朝廷上卖官，对下面取得报酬，所以利益归于私家，而权威也在臣子手里。所以人民没有尽力侍奉君主的心意，却致力于和上面交往。人民喜好和上面结交，那么财物就会向上流动，巧于言辞的人就被任用。这样一来，有功的人越来越少。奸臣越来越得到任用，有才能的臣子被罢黜，那么君主就会被迷惑而不知怎么做，人民聚在一起却不知到什么地方，这就是废除法律禁令、把功劳放在次要地位、根据虚名假誉任官、听从私人请求嘱托的过失。凡是毁坏了法律的人，一定会设骗局、假托事情以亲近君主，又喜欢说天下罕见的东西，这就是暴君和昏君被迷惑，大臣和贤佐被侵害的原因。所以大臣称赞伊尹、管仲的功劳，那么背弃法律玩弄心智的说法就有了依据；称颂比干、伍子胥忠心却被杀，那么激烈强硬的进谏就有了说辞。上称颂贤能的君主，下陈说暴乱的昏君，这些都不可以用来作为类比，这样的行为是要禁止的。君主立法，是因为它正确。现在臣子多树立自己私人的智慧、以法律为错误，这是用智慧来做邪恶的事，指责法律来树立自己的智慧。禁止这样的事，是君主的原则。

明主之道，必明于公私之分，明法制，去私恩。夫令必行，禁必止，人主之公义也；必行其私，信于朋友，不可为赏劝，不可为罚沮，人臣之私义也。私义行则乱，公义行则治，故公私有分。人臣有私心，有公义。修身洁白而行公行正，居官无私，人臣之公义也；污行从①欲，安身利家，人臣之私心也。明主在上，则人臣去私心行公义；乱主在上，则人臣去公义行私心。故君臣异心，君以计畜臣，臣以计事君，君臣之交，计也。害身而利国，臣弗为也；富国而利臣，君不行也。臣之情，害身无利；君之情，害国无亲。君臣也者，以计合者也。至夫临难必死，尽智竭力，为法为之。故先王明赏以劝之，严刑以威之。赏刑明则民尽死，民尽死则兵强主尊。刑赏不察，则民无功而求得，有罪而幸免，则兵弱主卑。故先王贤佐尽力竭智。故曰：公私不可不明，法禁不可不审，先王知之矣。

[注释]

①从：通"纵"。

[译文]

明主的大道，必定要明白公私的分别，彰明法制，去除私人恩惠。命令一定能执行，禁令一定能制止，这是君主对公众的原则；一定要按照私人意愿做事，对朋友诚信，不能被奖赏勉励，不能被处罚阻止，这是臣子私人的原则。私人的原则盛行，就会引起混乱，公众的原则盛行，就能安定，所以公私是有分别的。臣子有私心，也有公众的原则。修身廉洁、行为公正，做官无私，这是臣子的公众原则；污秽的行为，放纵欲望，保护自身，使家庭得利，这是臣子的私心。上面有圣明的君主，臣子就会去除私心，奉行公众的原则；上面有混乱的君主，臣子就去除公众原则，顺从私心。所以君臣是不同心的，君主靠计谋蓄养臣子，臣子靠计谋侍奉君主，君臣之间的交往靠的是计谋。危害自身而使国家有利，臣子是不会做的；使国家富有而使臣子得利，君主是不会做的。臣子的想法，认为危害自身就没有利益；君主的想法，认为危害国家就没有亲近的人。君臣之间是依靠计谋结合的。至于臣子遇到危难可以坚定地去死，竭尽智慧和力气，那是因为法律才这样做的。所以先王宣明赏赐来勉励群臣，用严刑来威胁他们。奖赏和刑罚都彰明了，人民就会拼命；人民拼命就能兵力强大，君主尊贵。刑罚和奖赏不明白，人民没有功劳就能求得赏赐，有罪也能幸免，那么就会兵力衰弱、君主卑下。所以先王和贤佐竭尽力量和智慧。所以说：公和私不能不分清楚，法律和禁令不能不明白，先王早就知道了。

解老第二十

德者，内也；得者，外也。"上德不德"，言其神不淫①于外也。神不淫于外则身全，身全之谓德。德者，得身也。凡德者，以无为集，以无欲成，以不思安，以不用固。为之欲之，则德无舍②，德无舍则不全。用之思之则不固，不固则无功，无功则生于德。德则无德，不德则在有德。故曰："上德不德，是以有德。"

[注释]

①淫：游荡。②舍：归宿。

[译文]

德是存在于内的，而得是外在的。所谓"上德不德"，是说具有上德的人的精神不游荡于身体之外。精神不游荡于身体之外，身体就可以保全，身体能保全就是有德。德，是得于自身的。大凡德，因无所作为而聚集，因没有欲望而实现，因为不思虑而安定，因为不运用而稳固。如果勉强有所作为、欲望太多，德就没有归宿；德没有归宿就不会完整。运用、思虑过多，德就不稳固；不稳固，就不会有功效；没有功效，是产生于对德的有意的追求。有意追求，德就不是真的德，不有意追求，德就是有德。所以说："上德不德，是以有德。"

所以贵无为无思为虚者，谓其意无所制也。夫无术者，故以无为无思为虚也。夫故以无为无思为虚者，其意常不忘虚，是制于为虚也。虚者，谓其意无所制也。今制于为虚，是不虚也。虚者之无为也，不以无为为有常。不以无为为有常则虚，虚则德盛，德盛之谓上德，故曰："上德无为而无不为也。"

[译文]

之所以推崇无所作为、不加思虑而达到虚无的人，是因为他们的意识已不受任何限制。那些不懂道术的人，是要有意地通过无所作为和不加思虑达到虚无。有意通过无所作为和不加思虑达到虚无的人，他们的意识常常不能忘记虚无，反而被虚无限制。所谓的虚无，是指意识不受限制。现在他们的意识受到了虚无的限制，就是不虚无了。虚无的人无所作为，却不把无所作为看作是应当常常注意的事。不把无所作为看作应当常常注意的事就可以达到虚无，达到虚无，德就深厚，德深厚，就是具有最高的德，所以说："上德无为而无不为也。"

仁者，谓其中心欣然爱人也。其喜人之有福，而恶人之有祸也。生心之所不能已也，非求其报也。故曰："上仁为之而无以为也。"

[译文]

仁，是从心里喜爱别人。仁者喜欢别人有福，而不喜欢别人遭祸。这是发于内心不能遏制的，并不要求什么回报。所以说："上仁为之而无以为也。"

义者，君臣上下之事，父子贵贱之差也，知交朋友之接也，亲疏内外之分也。臣事君宜，下怀上宜，子事父宜，贱敬贵宜，知交友朋之相助也宜，亲者内而疏者外宜。义者，谓其宜也，宜而为之，故曰："上义为之而有以为也。"

[译文]

义，是君臣上下级之间的交往原则，是父子贵贱者之间的等级差别，是知心朋友之间的交往，是亲近的人和疏远的人的区分。臣子侍奉君主适宜，下级归附上级适宜，儿子侍奉父亲适宜，地位低下的人尊敬地位高的人适宜，知己朋友互相帮助适宜，接纳亲近的人和排斥疏远的人适宜。义，就是所说的适宜，适宜就应该去做，所以说："上义为之而有以为也。"

礼者，所以貌情也，群义之文章也①，君臣父子之交也，贵贱贤不肖之所以别也。中心怀而不谕，故疾趋卑拜而明之。实心爱而不知，故好言繁辞以信之。礼者，外节之所以谕内也。故曰："礼以貌情也。"凡人之为外物动也，不知其为身之礼也。众人之为礼也，以尊他人也，故时劝②时衰。君子之为礼，以为其身；以为其身，故神③之为上礼；上礼神而众人贰，故不能相应；不能相应，故曰："上礼为之而莫之应。"众人虽贰，圣人之复恭敬尽手足之礼也不衰，故曰："攘臂而仍之。"道有积而德④有功，德者道之功。功有实而实有光，仁者德之光。光有泽而泽有事，义者仁之事也。事有礼而礼有文，礼者义之文也。故曰："失道而后失德，失德而后失仁，失仁而后失义，失义而后失礼。"

[注释]

①文章：本指错杂的花纹和色彩，此处引申为装饰。②劝：努力。③神：谨慎。④德：应为"积"。

[译文]

礼，是用来表现感情的，是各种义的合理表现，是规定君臣、父子之间关系的，是表明贵贱、贤能和不肖之间区分的。心里想归附而不能用语言表白，就用快步走和下拜表示出来。心里喜爱，可是别人不知道，就用美好动听的言辞来表明。礼，是用外在的美好言行来表明内心。所以说："礼以貌情也。"大凡人被外在事物所打动，不知道此时的言行就是自身的礼节。大家遵守礼节，是用来表示尊敬他人，所以有时认真有时懈怠。君子遵守礼节，是为了加强自身修养；加强了自身修养，所以谨慎小心地达到了最高的礼节；具有最高礼节的人很遵守礼，可是众人却不专心于礼，所以两者不相应；因为不能相应，所以说"上礼为之而莫之应。"众人即使不专心于礼，圣人还是恭恭敬敬遵守礼节而不懈怠，所以说："攘臂而仍之。"道有积累，积累就会有功效；德就是道的功效。功效有实际表现，而实际表现是有光彩的，仁就是德的光彩。有光彩的东西有一定色泽，色泽可以表现一定事情，义就是仁的表现。事情有礼的规定，而礼的规定有文采，礼就是义的文采。所以说："失道而后失德，失德而后失仁，失仁而后失义，失义而后失礼。"

礼为情貌者也，文为质饰者也。夫君子取情而去貌，好质而恶饰。夫恃貌而论情者，其情恶也；须饰而论质者，其质衰也。何以论之？和氏之璧，不饰以五采；隋侯之珠，不饰以银黄。其质至美，物不足以饰之。夫物之待饰而后行者，其质不美也。是以父子之间，其礼朴而不明，故曰："礼薄也。"凡物不并盛，阴阳是也。理相夺予，威德是也。实厚者貌薄，父子之礼是也。由是观之，礼繁者实心衰也。然则为礼者，事通人之朴心者也。众人之为礼也，人应则轻欢，不应则责怨。今为礼者事通人之朴心，而资之以相责之分①，能毋争乎？有争则乱，故曰："礼者，忠信之薄也，而乱之首乎！"

[注释]

① 分：名分。

[译文]

礼是感情的外在表现，文采是本质的装饰。君子应当注重感情而抛弃外在表现，喜欢本质而不是喜欢外在的修饰。那些依靠外在表现来判断感情的，是因为感情不好；需要借助外在修饰来判断本质的，是因为本质不够好。用什么来说明它呢？和氏璧是不需要用五彩修饰的；隋侯珠也不需要金银来装扮。因为本质非常美好，那些东西反而不足以修饰它。需要修饰以后才能被人接受的东西，它的本质不美好。因此父子之间，礼节朴实而不讲形式，所以说："礼薄也。"大凡事物不能同时兴盛，就像阴和阳的消长一样。事理总是正反排斥，威德就是样。实质深厚的东西外表就淡薄，就像父子间的礼节一样。由此看来，礼节繁缛的实际是内心感情的衰减。那么讲求礼节，就是沟通了人们纯朴的内心。大家讲究礼节，别人还礼就轻易地欢喜，不还礼就责备怨恨。现在用礼节沟通了人们的淳朴之心，又给人们提供了相互责备的尺度，还能够没有纷争吗？有纷争就会产生混乱，所以说："夫礼者，忠信之薄也，而乱之首乎！"

先物行先理动之谓前识。前识者，无缘而忘①意度也。何以论之？詹何坐，弟子侍，有牛鸣于门外，弟子曰："是黑牛也而白题②。"詹何曰："然，是黑牛也，而白在其角。"使人视之，果黑牛而以布裹其角。以詹子之术，婴③众人之心，华焉殆矣，故曰"道之华也"。尝试释詹子之察，而使五尺之愚童子视之，亦知其黑牛而以布裹其角也。故以詹子之察，苦心伤神，而后与五尺之愚童子同功，是以曰"愚之首也"。故曰："前识者，道之华也，而愚之首也。"

[注释]

①忘：通"妄"。②题：额头。③婴：通"撄"，扰动。

[译文]

在事物变动前、事理显现前先行动，就叫做前识。前识就是没有任何依据而凭意念揣度。用什么来说明呢？詹何坐着，他的弟子侍立一旁，有牛在门外叫，弟子说："这是头黑牛，但额头是白色的。"詹何说："是的，是黑牛，但白的地方是它的角。"让人去看，果然是头黑牛，却用布包着角。以詹何的道术扰乱了众人的心，浮华而劳心伤神，所以说"道之华也"。如果试着放弃詹子的所谓的明察，而让一个傻孩子去看一看，也可以知道是黑牛用布裹着角。所以詹子的明察耗费了心神，却和一个傻孩子收到了同样的功效，所以说是"愚之首也"。所以说："前识者，道之华也，而愚之道也。"

所谓大丈夫者，谓其智之大也。所谓处其厚不处其薄者，行情实而去礼貌也。所谓处其实不处其华者，必缘理不径绝①也。所谓去彼取此者，去貌、径绝而取缘理、好情实也。故曰："去彼取此。"

[注释]

①径绝：陆地上不沿路走叫"径"，水中不沿水流方向叫"绝"，此处指不由事理而行。

[译文]

所谓的大丈夫，是说他的智慧博大。所谓的立身于淳厚而不立身于轻薄，是说要表现实际的感情而不是注重礼节的表现。所谓的立身于朴实而不立身于虚华，是说要依事理办事，不要超越事理乱来。所谓"去彼取此"，是说要去掉外在的修饰和不经由事理的行为，而按照事理行事、注重实际的情况。所以说："去彼取此。"

人有祸则心畏恐,心畏恐则行端直,行端直则思虑熟,思虑熟则得事理。行端直则无祸害,无祸害则尽天年。得事理则必成功,尽天年则全而寿。必成功则富与贵,全寿富贵之谓福。而福本于有祸,故曰:"祸兮福之所倚!"以成其功也。

[译文]

人遇到灾祸心里就畏惧惶恐;心里畏惧惶恐,行为就能端方正直;行为端方正直就能深思熟虑;深思熟虑就能明白事理。行为端方正直就没有祸害,没有祸害就能得享天年。明白事理就必定会成功,得享天年就是保全了自身而长寿。必定成功就能富贵,保全了自身、得到了长寿和富贵就是幸福。而幸福来源于灾祸,所以说:"祸兮福之所倚!"这是说灾祸成就了幸福的效果。

人有福则富贵至,富贵至则衣食美,衣食美则骄心生,骄心生则行邪僻而动弃理。行邪僻则身死夭,动弃理则无成功。夫内有死夭之难,而外无成功之名者,大祸也。而祸本生于有福,故曰:"福兮祸之所伏!"

[译文]

人有了福兮富贵就会到来,富贵来了就有好的衣食,衣食好了就会产生骄奢之心,产生了骄奢之心就会导致行为邪恶怪僻、举动违背事理。行为邪恶怪僻就可能招致死亡,举动违背事理就不会成功。内有死亡的危难,而外又没有可以成功的名声,这就是大祸。而灾祸来源于有福,所以说:"福兮祸之所伏!"

夫缘道理以从事者,无不能成。无不能成者,大能成天子之势尊,而小易得卿相将军之赏禄。夫弃道理而忘[1]举动者,虽上有天子诸侯之势尊,而下有猗顿、陶朱、卜祝[2]之富,犹失其民人而亡其财资也。众人之轻弃道理而易忘举动者,不知其祸福之深大而道阔远若是也,故谕人曰:"熟③知其极?"人莫不欲富贵全寿,而未有能免于贫贱死夭之祸也。心欲富贵全寿,而今贫贱死夭,是不能至于其所欲至也。凡失其所欲之路而妄行者之谓迷,迷则不能至于其所欲至矣。今众人之不能至于其所欲至,故曰"迷"。众人之所不能至于其所欲至也,自天地之剖判以至于今,故曰:"人之迷也,其日故以久矣。"

[注释]

①忘:通"忘"。②猗顿、陶朱、卜祝:猗顿、陶朱,古代著名的富翁。卜祝,占卜吉凶的人和代人求神祝福的人,此处指从事占卜和求神致富的人。一说,为人名。③熟:通"孰"。

[译文]

遵循道理做事的人,没有不能成功的。没有不能成功的,大的可以成就天子的威势和尊贵,小的也可以成就卿相、将军的封赏和爵禄。那些抛弃了道理随意行动的人,即使是在上有天子、诸侯的威势和尊贵,在下有猗顿、陶朱、卜祝这样的财富,仍然会失去人民丢掉财产。众人中那些轻易地丢弃了道理而妄自行动的,不知道祸福相依的深邃博大和道的开阔深远竟至如此,所以告谕人说:"熟知其极?"人没有不想得到富贵并长寿的,但是却未能免于贫贱和死亡的灾祸。心里追求富贵和长寿,现在却贫贱死亡,是不能达到他所想达到的。凡是失去了所想走的道路而胡乱行走的人就叫做"迷",迷了就不能到他所想达到的地方。现在这些人不能达到他们想达到的地方,所以说"迷"。大家不能达到他们想达到的地方,自从天地开辟一直到现在都存在,所以说:"人之迷也,其日故以久也。"

所谓方者,内外相应也,言行相称也。所谓廉者,必生死之命也,轻恬资财也。所谓直者,义①必公正,公心不偏党也。所谓光者，官爵尊贵，衣裳壮丽也。今有道之士，虽中外信顺，不以诽谤穷堕；虽死节轻财，不以侮罢②羞贪；虽义端不党，不以去邪罪私；虽势尊衣美，不以夸贱欺贫。其故何也？使失路者而肯听习③问知，即不成迷也。今众人之所以欲成功而反为败者，生于不知道理而不肯问知而听能。众人不肯问知听能，而圣人强以其祸败适④之，则怨。众人多而圣人寡，寡之不胜众，数也。今举动而与天下之为仇，非全身长生之道也，是以行轨节而举⑤之也。故曰："方而不割，廉而不刿⑥，直而不肆，光而不耀。"

[注释]

①义：通"议"。②罢：通"疲"，软弱。③习：熟习。④适：通"谪"，怪罪。⑤举：应为"与"，亲近的意思。⑥刿（guì）：刺伤，割伤。

[译文]

所谓的人品端方，是指内心和外表相应，言行一致。所谓的廉洁，是指一定能舍生忘死，轻淡地看待财产。所谓的正直，是指议论一定公正，内心公正不偏颇结党。所谓的光荣，是指官爵尊贵，衣服华丽。现在有道的人，即使内心和外表真诚一致，也不因此批评那些困苦堕落的人；即使能为节义而死、能轻视财产，也不因此侮辱软弱的人、羞辱贪财的人；即使是议论端正、不结党羽，也不因此排斥奸邪、加罪于有私心的人；即使是势力尊贵、衣物华美，也不因此夸耀于低贱的人、欺负穷人。这是什么缘故呢？如果迷路的人可以听从熟悉情况人的意见，向了解的人请教，就不会迷路了。现在大家之所以想成功反而失败的原因，是因为不明白道理还不肯请教知道的人，不肯听从有能力的人。大家都不肯听从懂道理的人，也不向有能力的人请教，而圣人一定要因为他们的失败怪罪他们，他们就会抱怨。普通人多而圣人少，少的比不过多的，这是常理。如果行动和天下人为仇敌，就不是保全自身、求得长生的道理了，所以要奉行有节制的行为，去引导他们。所以说："方而不割，廉而不刿，直而不肆，光而不耀。"

聪明睿智，天也；动静思虑，人也。人也者，乘于天明以视，寄于天聪以听，托于天智以思虑。故视强则目不明，听甚则耳不聪，思虑过度则智识乱。目不明则不能决黑白之分，耳不聪则不能别清浊之声，智识乱则不能审得失之地。目不能决黑白之色则谓之盲，耳不能别清浊之声则谓之聋，心不能审得失之地则谓之狂。盲则不能避昼日之险，聋则不能知雷霆之害，狂则不能免人间法令之祸。书之所谓"治人"者，适动静之节，省思虑之费也。所谓"事天"者，不极聪明之力，不尽智识之任。苟极尽则费神多，费神多则盲聋悖狂之祸至，是以啬之。啬之者，爱其精神，啬其智识也。故曰："治人事天莫如啬。"

[译文]

聪明睿智是天生的，动静思虑是人为的。作为人，凭借着天生的视力来看，凭借着天生的听力来听，依靠着天生的智力来思虑。所以看得太多会让眼睛不明，听得太过分会让耳朵不灵敏，思虑过度会让智力混乱。眼睛不明亮就不能分辨黑白，耳朵不灵敏就不能分别清浊的声音，智力混乱就不能审查得失的依据。眼睛不能分辨黑白就叫盲，耳朵不能分别清浊之声就叫聋，智力不能审查得失的依据就叫狂。盲就不能够避开白天的危险，聋就不能知道雷霆的危害，狂就不能免去违反法令的灾祸。书上所说的"治人"，是要适应动静变化的节奏，省去思虑的耗费。所谓的"事天"，就是不用尽听和看的能力，不用尽智慧的能力。如果用到极致，那么就要多花费精神；如果多花费精神，那么盲、聋、狂悖的灾祸就要到来了，所以要吝啬地使用它们。吝啬的意思，就是要爱惜精神，节省智力。所以说："治人事天莫如啬。"

众人之用神也躁，躁则多费，多费之谓侈。圣人之用神也静，静则少费，少费之谓啬。啬之谓术也，生于道理。夫能啬也，是从于道而服于理者也。众人离①于患，陷于祸，犹未知退，而不服从道理。圣人虽未见祸患之形，虚无，服从于道理，以称蚤②服。故曰："夫谓啬，是以蚤服。"

[注释]

①离：通"罹"，遭遇。②蚤：同"早"。

[译文]

一般的人浮躁地使用自己的精神，浮躁就会过多地浪费，过多地浪费就是奢侈。圣人安静地使用自己的精神，安静就会较少耗费，较少耗费就是吝啬。吝啬作为一种方法，产生于事物的道理。能吝啬的人，是服从于大道依理行事的人。一般的人遭遇了忧患，陷入了灾祸，还不知后退，不服从于道理。圣人虽然没有见到祸患的前兆，但是清虚无为，服从于道理，因此叫做"蚤服"。所以说："夫谓啬，是以蚤服。"

知治人者，其思虑静；知事天者，其孔窍虚。思虑静，故德不去；孔窍虚，则和气日入。故曰："重积德。"夫能令故德不去，新和气日至者，蚤服者也。故曰："蚤服，是谓重积德。"积德而后神静，神静而后和多，和多而后计得，计得而后能御万物，能御万物则战易胜敌，战易胜敌而论必盖世，论必盖世，故曰"无不克"。无不克本于重积德，故曰"重积德，则无不克"。战易胜敌则兼有天下，论必盖世则民人从。进兼天下而退从民人，其术远，则众人莫见其端末。莫见其端末，是以莫知其极。故曰："无不克，则莫知其极。"

[译文]

懂得治人的人，他的思虑是安静的；懂得事天的人，他的七窍就空虚。思虑安静,原有的德就不会失去;七窍空虚,祥和的精气就会天天进入。所以说:"重积德。"能令原有的德不失去,祥和的精气天天进入,是因为能够"蚤服"。所以说:"蚤服,是谓重积德。"积累道德然后精神虚静,精神虚静然后祥和之气增多,祥和之气增多然后就能谋划得当,谋划得当就能统治万物,能统治万物就容易战胜敌人,容易战胜敌人,那么他的言论就一定能压倒世人;言论能压倒世人,所以说:"无不克。"战无不胜来源于不断积德,所以说:"重积德,则无不克。"容易战胜敌人,就能兼并天下;言论压倒世人,人民就会服从。进可以兼并天下,退可以使人民服从,他的道术深远,普通人不能看出门道。看不到门道,所以不知道它的究竟,所以说:"无不克,则莫知其极。"

凡有国而后亡之,有身而后殃之,不可谓能有其国能保其身。夫能有其国,必能安其社稷;能保其身,必能终其天年;而后可谓能有其国、能保其身矣。夫能有其国、保其身者,必且体道。体道,则其智深;其智深,则其会①远;其会远,众人莫能见其所极。唯夫能令人不见其事极,不见事极者为保其身、有其国,故曰:"莫知其极。""莫知其极则可以有国"。

[注释]

①会:领悟,理解。

[译文]

凡是有了国家却使它灭亡,有了身体却让它遭到灾难的,不可以说他是能拥有国家、能保全自身的。能拥有国家的人,一定能使祭坛神庙完好;能保全自身的人,一定能安享天年。这样才能说他能拥有自己的国家,能保全自身。能拥有国家、保全自身的人,一定会实践大道。实践大道,智慧就深远;智慧深远,对事物的领悟就会深远;领悟深远,普通人就不能看出它的究竟。正因为它能让人看不出究竟，看不出是为了保全自身、拥有国家，所以说："莫知其极。""莫知其极则可以有国。"

所谓"有国之母①"，母者，道也。道也者生于所以有国之术。所以有国之术，故谓之有国之母。夫道以与世周旋者，其建②生也长，持禄也久，故曰："有国之母，可以长久。"树木有曼③根，有直根。根者，书之所谓柢也。柢也者，木之所以建生也。曼根者，木之所以持生也。德也者，人之所以建生也；禄也者，人之所以持生也。今建于理者，其持禄也久，故曰："深其根。"体其道者，其生日长，故曰："固其柢。"柢固则生长，根深则视④久，故曰："深其根，固其柢，长生久视之道也。"

[注释]

①母：根本，本源。②建：树立，建立。③曼：延长，蔓延。④视：存活。

[译文]

所谓的"有国之母"，母，就是道。道产生于治国的方法。因为产生于治国的方法，所以说"有国之母"。利用道和世人周旋的人，他的生命存在的时间长，保持禄位久，所以说："有国之母，可以长久。"树木有蔓延的根，也有主要的根。主要的根就是书上说的"柢"。柢是树木生命的根本。蔓延的根是树木生命得以维持的部分。德，是人生命的根本；禄位，是人的生命得以维持的东西。现在把生命建立在道理上的人，他保持禄位就会长久，所以说："深其根。"实践大道的，他生存的时间就长久，所以说："固其柢。"主要的根本加固了，生命就长久，延伸的根本加深了，就能活得更长久，所以说："深其根，固其柢，长生久视之道也。"

工人数变业则失其功，作①者数摇徙则亡其功。一人之作，日亡半日，十日则亡五人之功矣。万人之作，日亡半日，十日则亡五万人之功矣。然则数变业者，其人弥众，其亏弥大矣。凡法令更则利害易，利害易则民务变，务变之谓变业。故以理观之，事大众而数摇之则少成功，藏大器②而数徙之则多败伤，烹小鲜而数挠之则贼③其泽，治大国而数变法则民苦之。是以有道之君贵静，不重变法，故曰："治大国者若烹小鲜。"

[注释]

①作：耕种。②大器：重要的东西。③贼：伤害。

[译文]

做工的人多次改变职业就会丧失工作的功效，耕作的人多次变动就会失去耕作的效果。一个人耕作，每天损失半天的功效，十天就损失了五个人的工作量。一万人工作，每天损失半天的功效，十天就损失了五万人的工作量。多次改变职业，这样的人越多，损失就越大。大凡法令变更，利、害的情况就变了；利、害的情况变了，人民所做的事就跟着改变了；所做的事情变了就叫改变职业。所以从道理上来看，役使民众却变动，就少有成功；收藏着重要的器物却多次移动它，就多有损伤；烹调小鱼却多次搅动它，就会损伤它的光泽；治理大国却多次改变法令，就会使民众觉得受苦。所以懂得治国方法的君主崇尚安静，不主张改变法令，所以说："治大国者若烹小鲜。"

人处疾则贵医，有祸则畏鬼。圣人在上则民少欲，民少欲则血气治，而举动理，则少祸害。夫内无痤疽瘅痔①之害，而外无刑罚法诛之祸者，其轻恬鬼也甚，故曰："以道莅天下，其鬼不神。"治世之民不与鬼神相害也，故曰："非其鬼不神也，其神不伤人也。"鬼祟也疾人之谓鬼伤人，人逐除之之谓人伤鬼也。民犯法令之谓民伤上，上刑戮民之谓上伤民；民不犯法则上亦不行刑，上不行刑之谓上不伤人。故曰："圣人亦不伤民。"上不与民相害，而人不与鬼相伤，故曰："两不相伤。"民不敢犯法，则上内不用刑罚，而外不事利其产业。上内不用刑罚，而外不事利其产业，则民蕃息；民蕃息而畜积盛。民蕃息而畜积盛之谓有德。凡所谓祟者，魂魄去而精神乱，精神乱则无德。鬼不祟人则魂魄不去，魂魄不去而精神不乱，精神不乱之谓有德。上盛畜积，而鬼不乱其精神，则德尽在于民矣。故曰："两不相伤，则德交②归焉。"言其德上下交盛而俱归于民也。

[注释]

①痤（cuó）疽（jū）瘅（dàn）痔（zhì）：痤，疖子。疽，皮肤上块状的毒疮。瘅，黄疸病。痔，肛门疾病。②交：俱、都。

[译文]

人得了病就尊重医生，有了祸患就怕鬼。圣人在上面统治，人民的欲望就少；人民的欲望少，他们的血气就安定，举动也合于道理，就减少了灾祸。于是体内没有各种病痛的伤害，身外也没有遭到刑罚的祸患，他们对鬼就漠视得很，所以说："依道莅天下，其鬼不神。"太平盛世的人民和鬼神没什么互相伤害的，所以说："非其鬼不神也，其神不伤人也。"鬼作祟使人生病，就是人伤害鬼。人驱逐鬼，就是鬼伤害人；人民违反法令，就是人民伤害君主；君主用刑罚诛杀人民，就是君主伤害人民；人民不犯法，君主也就不实行刑罚，君主不实行刑罚就是君主不伤害人民。所以说："圣人亦不伤民。"君主和人民不互相伤害，人和鬼也不互相伤害，所以说："两不相伤。"人民不敢犯法，那么君主对内不用施加刑罚，对外不从人民的产业中求取利益。如果君主对内不施加刑罚，对外也不从他们的产业中求取利益，人民就能繁衍生息；人民繁衍生息了，积蓄就会增加；人民繁衍生息，积蓄增加，就是有德。凡是所谓的作怪，是丢失了魂魄而精神混乱，精神混乱就没有德。鬼不作崇，人的魂魄就不会丢失；魂魄不丢失，精神就不会混乱；精神不混乱就是有德。君主使他的积蓄增加，而鬼不扰乱他的精神，那么道德就全部归于人民了。所以说："两不相伤，则德交归焉。"这是指道德上下各方面都很盛大，而且都归于了人民。

有道之君，外无怨仇于邻敌，而内有德泽于人民。夫外无怨仇于邻敌者，其遇诸侯也外有礼义。内有德泽于人民者，其治人事也务本。遇诸侯有礼义则役希起，治民事务本则淫奢止。凡马之所以大用者，外供甲兵，而内给淫奢也。今有道之君，外希用甲兵，而内禁淫奢。上不事马于战斗逐北，而民不以马远淫①通物，所积力唯田畴。积力于田畴，必且粪灌。故曰："天下有道，却②走马以粪也。"

[注释]

①淫：游荡。②却：停止。

[译文]

有道的君主，外和邻国没有仇怨，内对人民有恩德。外和邻国没有仇怨，是因为款待诸侯讲究礼义。内对人民有恩德，是因为管理人事致力于根本。款待诸侯讲究礼义，战争就很少发生；管理民众致力于根本，骄奢淫逸就禁绝。大凡马被广泛地使用，是因为外要供军队使用，内要用来满足人们的骄奢淫逸。现在有道的君主，对外很少用兵，在国内禁止骄奢淫逸。君主不将马用于战争和追歼敌人，人民也不用马来远游、运输货物，所积蓄的力量都用在农田上。积蓄的力量用于农田，必将用来施肥灌溉。所以说："天下有道，却走马以粪也。"

人君者无道，则内暴虐其民，而外侵欺其邻国。内暴虐则民产绝，外侵欺则兵数起。民产绝则畜生少，兵数起则士卒尽。畜生少则戎马乏，士卒尽则军危殆。戎马乏则将马出，军危殆则近臣役。马者，军之大用；郊者，言其近也。今所以给军之具于将马近臣，故曰："天下无道，戎马生于郊矣。"

[译文]

君主如果无道，对内就要残暴地虐待人民，对外就要侵略欺侮邻国。对内残暴，人民的财产就没有了；对外侵略，战争就会多次发生。人民财产没有了，畜养的牲口就少；战争多次发生，士兵就死光了。畜养的牲口少了，战马就缺乏；士兵死光了，军队就危险了。战马缺乏，将帅的马也要被拉去打仗；军队危险，即使是亲近之臣也要去打仗。马是军队的重要用品；郊，是说离国都很近。现在用于军队的器具都是将帅的马和君主身边的近侍，所以说："天下无道，戎马生于郊矣。"

人有欲则计会乱，计会乱而有欲甚，有欲甚则邪心胜，邪心胜则事经①绝，事经绝则祸难生。由是观之，祸难生于邪心，邪心诱于可欲。可欲之类，进则教良民为奸，退则令善人有祸。奸起则上侵弱君，祸至则民人多伤。然则可欲之类，上侵弱君而下伤人民。夫上侵弱君而下伤人民者，大罪也。故曰："祸莫大于可欲。"是以圣人不引五色，不淫于声乐；明君贱玩好而去淫丽。人无毛羽，不衣则不犯寒。上不属天，而下不着地，以肠胃为根本，不食则不能活。是以不免于欲利之心。欲利之心不除，其身之忧也。故圣人衣足以犯寒，食足以充虚，则不忧矣。众人则不然，大为诸侯，小余千金之资，其欲得之忧不除也。胥靡②有免，死罪时活，今不知足者之忧，终身不解。故曰："祸莫大于不知足。"故欲利甚于③忧，忧则疾生；疾生而智慧衰，智慧衰则失度量；失度量则妄举动，妄举动则祸害至；祸害至而疾婴④内，疾婴内则痛祸薄⑤外；痛祸薄外则苦痛杂于肠胃之间，苦痛杂于肠胃之间则伤人也憯⑥；憯则退而自咎，退而自咎也生于欲利；故曰："咎莫憯于欲利。"

[注释]

①经：理。②骨靡：囚徒罪犯。③于：则。④婴：通"撄"，扰乱。⑤薄：迫近。⑥憯（cǎn）：惨痛。

[译文]

人有欲望，计算就会错乱；计算错乱，欲望就更强烈；欲望更强烈，邪恶之心就要占上风；邪恶之心占了上风，就不按照事理来做事了；不按照事理做事，祸患和灾难就要产生了。由此看来，祸患和灾难产生于邪恶之心，邪恶之心是被欲望诱发的。能引起欲望的东西，进一步说会让好人做坏事，退一步说会让善人遭遇灾祸。坏事发生了，向上会侵害、削弱君主；灾祸发生了，人民就会受到伤害。那么能引起欲望的东西，上可以侵害君主，下可以伤害人民。上侵害君主、下伤害人民，是大罪过。所以说："祸莫大于可欲。"所以圣人不被五彩引诱，不沉迷于音乐，圣明的君主轻视玩物而排斥淫靡华丽。人没有羽毛，不穿衣服就不能抵御寒冷。人既不属于天也不附着于地，以肠胃为生存的根本，不吃东西就不能生存。因此就避免不了获得利益的想法。获取利益的想法不去除，就成了他的忧虑。所以圣人的衣服足以抵抗寒冷，食物足以充饥，就没有别的忧虑了。普通人则不是这样，大的做了诸侯，小的也有千金的资财，但是他们想要获得利益的忧虑却没有除掉。囚徒的罪过总有豁免的一天，判了死罪有时也可以活下来，现在这些不知满足的人的忧虑，却是终身不能解除的。所以说："祸莫大于不知足。"所以获得利益的欲望太强烈就会有忧虑，忧虑就会产生疾病；产生了疾病智慧就衰微，智慧衰微就失去了衡量的准则；失去了衡量的准则就轻举妄动，轻举妄动就会招致祸害；祸害到来了，疾病就扰乱了人的内心，疾病扰乱内心，痛苦和祸患就迫近了身体的表面；

痛苦和祸患迫近身体表面，痛苦就交杂于肠胃之间；痛苦交杂于肠胃之间，对人的伤害就非常的惨痛了；惨痛，就反思而自责，反思而自责是产生于想要追求利益的思想；所以说："咎莫憯于欲利。"

道者，万物之所然①也，万理之所稽②也。理者，成物之文③也；道者，万物之所以成也。故曰："道，理之者也。"物有理不可以相薄；物有理不可以相薄，故理之为物之制。万物各异理，万物各异理而道尽稽万物之理，故不得不化。不得不化，故无常操。无常操，是以死生气禀④焉，万智斟酌焉，万事废兴焉。天得之以高，地得之以藏，维斗⑤得之以成其威，日月得之以恒其光，五常⑥得之以常其位，列星得之以端其行，四时得之以御其变气，轩辕得之以擅四方，赤松得之与天地统，圣人得之以成文章⑦。道与尧、舜俱智，与接舆俱狂，与桀、纣俱灭，与汤、武俱昌。以为近乎，游于四极⑧；以为远乎，常在吾侧；以为暗乎，其光昭昭；以为明乎，其物冥冥。而功成天地，和化雷霆，宇内之物，恃之以成。凡道之情，不制不形，柔弱随时，与理相应。万物得之以死，得之以生；万事得之以败，得之以成。道譬诸若水，溺者多饮之即死，渴者适饮之即生；譬之若剑戟，愚人以行忿则祸生，圣人以诛暴则福成。故得之以死，得之以生；得之以败，得之以成。

[注释]

①然：如此，这样。②稽：合。③文：纹理，此处指道理、法则。④禀：受。⑤维斗：北斗。⑥五常：金、木、水、火、土五星，有固定的位置，所以叫五常。⑦文章：原指花纹，此处指礼乐制度。⑧极：边际。

[译文]

道，是万物之所以成为万物的东西，是万理的综合。理，是形成事物的法则；道，是万物之所以成为万物的东西的法则。所以说：“道，理之者也。”事物各有自己的规律，不能互相侵扰；事物有自己的规律而不能互相侵扰，所以规律是万物的制约。万物各有自己的规律，而道却综合了万物的所有规律，所以不得不变化。不得不变化，所以没有固定不变的规则。没有固定不变的规则，所以生死这样的自然现象都禀受于它，各种智慧都吸取于它，万事都因它而兴盛或衰败。天得到了它而高远，地得到了它而博大，北斗得到了它才成就了自己的威势，日月得到了它才有永恒的光辉，金、木、水、火、土五颗星得到了它才使自己的位置永恒不变，众星得到了它才端正了自己的运行，四时得到了它才能驾驭变化的气节，轩辕得到了它才统治四方，赤松子得到了它才与天地一样长寿，圣人得到了它才成就了礼乐制度。道，在尧、舜就是智慧，在接舆就是狂放，在桀、纣就是灭亡，在汤、武就是昌盛。以为很近，却遨游于四方的边际；以为很远，却常在我们的身边；以为昏暗，光明却闪闪发亮；以为光明，又昏暗不可见。功效成就了天地，生成了雷霆，宇宙万物都依赖它而生成。大凡道的情形：不造作也不表露，柔弱地随着时节变化，和理相适应。万物得到它而死亡，得到它而生存；万事得到它而失败，得到它而成功。道，把它比作水，沉没在水中的人喝多了就会死去，口渴的人适量地饮水就会存活；把它比作剑戟，愚昧的人用它来发泄愤怒就招致灾祸，圣人用它来诛杀暴虐就可以成就福祉。所以得到它可以死，也可以活；得到它可以失败，也可以成功。

  人希见生象也，而得死象之骨，案其图以想其生也，故诸人之所以意想者皆谓之象也。今道虽不可得闻见，圣人执其见功以处见其形，故曰："无状之状，无物之象。"

[译文]

  人很少能见到活着的大象，得到了死象的骨头，就按照骨骼来想象它活着的样子,所以大家意念里想的东西就叫做"象"。现在道虽然不可能听见或看见,圣人按照它显露出来的功效来推测它的形状,所以说:"无状之状,无物之象。"

凡理者,方圆、短长、粗靡、坚脆之分也。故理定而后可得道也。故定理有存亡,有死生,有盛衰。夫物之一存一亡,乍死乍生,初盛而后衰者,不可谓常。唯夫与天地之剖判也具生,至天地之消散也不死不衰者谓常。而常者,无攸①易,无定理。无定理非在于常所,是以不可道也。圣人观其玄虚,用其周②行,强字之曰道,然而可论。故曰:"道之可道,非常道也。"

[注释]

①攸:所。②周:遍。

[译文]

理,是方和圆、短和长、粗和细、坚固和脆弱的区分。所以理确定了就可以得道。所以确定的理有存亡、有生死、有盛衰。事物有存在有消亡,忽然死去又忽然复活,开始兴盛后来衰败,这些都不能算是"常"。只有那些与天地的开辟一起诞生的,到了天地的消散也不死去、不衰败的,才能算是"常"。而所谓的"常",无所变化,没有固定的理。没有固定的理就不处在一个永恒的地方,所以不可以说明。圣人观察到其中的玄妙空虚,根据它普遍的运行,勉强给它起个名字叫"道",然后才可以谈论它,所以说:"道之可道,非常道也。"

人始于生而卒于死。始之谓出,卒之谓入,故曰:"出生入死。"人之身三百六十节,四肢、九窍,其大具也。四肢与九窍十有三者,十有三者之动静尽属于生焉。属之谓徒①也,故曰:"生之徒也,十有三者。"至死也,十有三具者皆还②而属之于死,死之徒亦有十三,故曰:"生之徒十有三,死之徒十有三。"凡民之生生而生者固动,动尽则损也;而动不止,是损而不止也;损而不止则生尽,生尽之谓死,则十有三具者皆为死死地也。故曰:"民之生,生而动,动皆之死地,之十有三。"是以圣人爱精神而贵处静。此甚大于兕③虎之害。夫兕虎有域,动静有时。避其域,省其时,则免其兕虎之害矣。民独知兕虎之有爪角也,而莫知万物之尽有爪角也,不免于万物之害。何以论之?时雨降集,旷野闲静,而以昏晨犯山川,则风露之爪角害之。事上不忠,轻犯禁令,则刑法之爪角害之。处乡不节,憎爱无度,则争斗之爪角害之。嗜欲无限,动静不节,则痤疽之爪角害之。好用其私智而弃道理,则网罗之爪角害之。兕虎有域,而万害有原,避其域,塞其原,则免于诸害矣。凡兵革者,所以备害也。重生者虽入军无忿争之心,无忿争之心则无所用救害之备。此非独谓野处之军也。圣人之游世也无害人之心,无害人之心则必无人害,无人害则不备人。故曰:"陆行不遇兕虎。"入山不恃备以救害,故曰:"入军不备甲兵。"远诸害,故曰:"兕无所投其角,虎无所错其爪,兵无所容其刃。"不设备而必无害,天地之道理也。体天地之道,故口:"无死地焉。"动无死地,而谓之"善摄生"矣。

[注释]

①徒:类。②还:返。③兕(sì):雌性的犀牛。

[译文]

人起始于出生而终于死亡。起始叫做"出",终结叫做"入",所以说"出生入死"。人的身体有三百六十节,有四肢、九窍,这是重要的器官。四肢和九窍有十三个部分,这十三个部分的动和静都属于生存。属也就是类,所以说:"生之徒也,十有三者。"到了人死的时候,这十三器官都反而归属于死亡,死亡的类别也有十三个,所以说:"生之徒十有三,死之徒十有三。"大凡民众生生不息,而生存一定要活动,活动过了头就要有伤损;可是还要活动个不停,那么伤损就不会停止。损伤不停止,生命就被耗尽;生命耗尽就是死亡,那么这十三种器官成为不断走向死亡的条件了。所以说:"民之生,生而动,动皆之死也,之十有三。"因此圣人珍视精神而推崇置身于虚静。不明白这一道理而引起的祸害,比凶猛的野兽还大。野兽有自己的活动空间,动和静也有固定的时间。避开它们的活动空间,注意它们活动的时间,就可以免去野兽的侵害。百姓只知道野兽有爪牙,却不知道世间万物都有"爪牙",所以不能避免万物的伤害。用什么来论证呢?雨水降下汇集,旷野安闲寂静,在黄昏和清晨跋山涉水,那么风和露水的"爪牙"就会伤害他。侍奉上级不忠心,轻易地违犯禁令,那么刑罚的"爪牙"就伤害他。住在乡里不约束自己,憎爱没有标准,那么争斗的"爪牙"就会伤害他。对欲望不加限制,动静不加以节制,那么病症的"爪牙"就会伤害他。喜欢利用个人的机智而不遵循道理,那么法网的"爪牙"就会伤害他。野兽有它们的活动区域,各种祸害都有它们的根源,如果避开野兽活动的区域,堵塞祸害的根源,就可以避免各种祸害。凡是兵器和盔甲,都是用来防备祸害的。重视生命的人,即使从军也没有忿怒争斗的想法,没有忿怒争斗的想法,就不需用防备祸害的设备。这不单是说在野外驻扎的军队,圣人游行于世,没有害人的心,就一定没有人来害他;没有人来害他,就不用防备别人。所以说:"陆行不遇兕虎。"进山不依靠装备来避免伤害,所以说:"入军不备甲兵。"远离各种祸害,所以说:"兕无所投其角,虎无所错其爪,兵无所容其刃。"不须防备就必然无害,这是天地间自然的道理。履行自然的道理,所以说:"无死地焉。"行动而不会陷于死亡的环境,就叫做"善摄生。"

爱子者慈于子，重生者慈于身，贵功者慈于事。慈母之于弱子也，务致其福；务致其福，则事除其祸；事除其祸，则思虑熟；思虑熟，则得事理；得事理，则必成功；必成功，则其行之也不疑；不疑之谓勇。圣人之于万事也，尽如慈母之为弱子虑也，故见必行之道。见必行之道则明，其从事亦不疑，不疑之谓勇。不疑生于慈，故曰："慈故能勇。"

［译文］

喜爱儿子的人对子女慈爱，重视生命的人对自身偏爱，崇尚功业的人喜爱事业。慈母对于弱小的孩子，致力于为他们造福；致力于为他们造福，就要为他们排除祸害；为他们排除祸害，就要考虑成熟；考虑成熟，就能求得事物的道理；懂得了道理，就必然会成功；必然成功，行动就毫不犹豫；不犹豫就是勇敢。圣人对待万事万物，都像慈母为弱小的孩子考虑一样，所以可以看出一定要实行的道理。看到了一定要实行的道理就是明察，做事情也不犹豫，不犹豫就是勇敢。不犹豫产生于慈爱，所以说："慈故能勇。"

周公曰："冬日之闭冻也不固，则春夏之长草木也不茂。"天地不能常侈常费，而况于人乎！故万物必有盛衰，万事必有弛张，国家必有文武，官治必有赏罚。是以智士俭用其财则家富，圣人爱宝其神则精盛，人君重战其卒则民众。民众则国广，是以举之曰："俭故能广。"

［译文］

周公说："如果冬天的冰雪封冻不坚固，那么来年春夏草木的生长也不会茂盛。"天地不能常常浪费消耗，更何况人呢！所以万物必然有兴盛也有衰亡，万事必然有松弛也有紧张，国家必然有文官也有武将，官治必然有奖赏也有惩罚。因此聪明的人节俭地使用财产，家里就富有；圣人珍惜自己的精神，精力就旺盛；君主重视战争、珍惜士卒，人民就会增多。人民众多，国家就强大，所以称道它说："俭故能广。"

凡物之有形者易裁也，易割也。何以论之？有形则有短长，有短长则有小大，有小大则有方圆，有方圆则有坚脆，有坚脆则有轻重，有轻重则有白黑。短长、大小、方圆、坚脆、轻重、白黑之谓理。理定而物易割也。故议于大庭而后言则立，权议之士知之矣。故欲成方圆而随其规矩，则万事之功形矣。而万物莫不有规矩，议言之士，计会规矩也。圣人尽随于万物之规矩，故曰："不敢为天下先。"不敢为天下先，则事无不事，功无不功，而议必盖世，欲无处大官，其可得乎？处大官之谓"为成事长"，是以故曰："不敢为天下先，故能为成事长。"

[译文]
大凡物体有形的就容易裁处、容易分割。用什么来论证它呢？物体有了形状就有了长短，有了长短就有了大小，有了大小就有了方圆，有了方圆就有了坚硬和脆弱，有了坚硬和脆弱就有了轻重，有了轻重就有了黑白。长短、大小、方圆、坚脆、轻重、黑白就叫做理。理确定了，物体就容易裁割了。所以在大庭广众下议论，后发言的就可以站得住，那些善于权衡利害的议论者早就知道这一点了。所以想要画成方圆就要依照圆规和角尺，那么各种事情的功效就可以成形了。万物都有所依赖的规矩，那些议论者就是在谋算着使合于规矩。圣人依随着万物的规矩，所以说："不敢为天下先。"不敢为天下先行，事情就没有办不成的，功业没有建立不了的，而他的言论必然能压倒世人，这时候想要他不居于重要的官职，那可能么？居于重要的官职就是"为成事长"，所以说："不敢为天下先，故能为成事长。"

慈于子者不敢绝衣食，慈于身者不敢离法度，慈于方圆者不敢舍规矩。故临兵而慈于士吏则战胜敌，慈于器械则城坚固。故曰："慈，于战则胜，以守则固。"夫能自全也，而尽随于万物之理者，必且有天生。天生也者，生心也，故天下之道尽之生也。若以慈卫之也，事必万全，而举无不当，则谓之宝矣。故曰："吾有三宝，持而宝之。"

[译文]

　　慈爱儿子的人不敢断绝孩子的衣服和食物，珍爱自身的人不敢背离法律，喜爱画方圆的人不敢舍弃圆规和尺子。所以面对战争而能爱护士卒的人就能战胜敌人，爱护守城器械的城池就坚固。所以说："慈，于战则胜，以守则固。"那种能保全自己而又能依随万物道理的人，必定有天生的东西。这天生的东西，就是遵循物理的心，所以天下的大道都由此产生。如果用慈爱来护卫，事情必然万无一失，举动没有不妥当的，就可以称为"宝"了。所以说："吾有三宝，持而宝之。"

　　书之所谓大道也者，端道也。所谓貌施①也者，邪道也。所谓径大②也者，佳丽也。佳丽也者，邪道之分也。朝甚除③也者，狱讼繁也。狱讼繁则田荒，田荒则府仓虚，府仓虚则国贫，国贫而民俗淫侈，民俗淫侈则衣食之业绝，衣食之业绝则民不得无饰巧诈，饰巧诈则知采文，知采文之谓服文采。狱讼繁、仓廪虚，而有以淫侈为俗，则国之伤也若以利剑刺之，故曰："带利剑。"诸夫饰智故④以至于伤国者，其私家必富，私家必富，故曰："资货有余。"国有若是者，则愚民不得无术而效之，效之则小盗生。由是观之，大奸作则小盗随，大奸唱则小盗和。竽也者，五声之长者也，故竽先则钟瑟皆随，竽唱则诸乐皆和。今大奸作则俗之民唱，俗之民唱则小盗必和。故服文采、带利剑、厌饮食、而货资有余者,是之谓盗竽⑤矣。

[注释]

①扡(yí):邪,斜行。②径大:径,小路,此指不经由正道。大,重。③除:废弛。④智故:机巧奸诈。⑤竽:此处比喻倡导者。

[译文]

书上所谓的大道,是指正直的道路,所谓的外表歪斜,是指邪路。所谓的重视邪路,是因为邪路看起来华丽。华丽也是邪路的一部分。朝政衰败废弛,是因为狱讼繁多。狱讼繁多田地就会荒芜,田地荒芜府库就会空虚,府库空虚国家就贫穷,国家贫穷民风骄奢淫逸,民风骄奢淫逸有关衣食的产业就消亡,有关衣食的产业消亡,人民就不得不行机巧奸诈之事,机巧奸诈就知道用色彩纹饰来打扮,用色彩纹饰来打扮就是穿着华丽。狱讼繁多、仓库空虚,而又以骄奢淫逸为风俗,那么国家受到的伤害就好像人被利剑刺伤一样,所以说"带利剑"。凡是修饰机巧奸诈以至于伤害到国家的,个人家里一定很富有,个人家里富有,所以说:"资货有余。"国家有这样的人,愚昧的百姓不能不想方设法来效仿他,于是小的盗贼就产生了。由此来看,大的奸徒出现了,小的盗贼就随之出现;大的奸徒倡导了,小的盗贼就应和。竽,是五音的首领,所以竽开始演奏的时候,钟、瑟都要跟随;竽先开始演奏了,各种乐器都要和它应和。现在大的奸徒出现,俗民就跟着他一起倡导;俗民倡导,小盗一定会应和。所以穿着华丽、佩戴利剑、有充足的食物、资产有剩余的人,这就是所谓的"盗贼的首领"。

人无愚智,莫不有趋舍。恬淡平安,莫不知祸福之所由来。得于好恶,怵①于淫物,而后变乱。所以然者,引于外物,乱于玩好也。恬淡有趋舍之义,平安知祸福之计。而今也玩好变之,外物引之;引之而往,故曰:"拔。"至圣人不然:一建其趋舍,虽见所好之物不能引，不能引之谓不拔。一于其情，虽有可欲之类，神不为动；神不为动之，谓"不脱"。为人子孙者体②此道，以守宗庙不灭之谓祭祀不绝。身以积精为德，家以资财为德，乡国天下皆以民为德。今治身而外物不能乱其精神，故曰："修之身，其德乃真。"真者，慎之固也。治家，无用之物不能动其计则资有余，故曰："修之家，其德有余。"治乡者行此节，则家之有余者益众，故曰："修之乡，其德乃长。"治邦者行此节，则乡之有德者益众，故曰："修之邦，其德乃丰。"莅天下者行此节，则民之生莫不受其泽，故曰："修之天下，其德乃普。"修身者以此别君子小人，治乡治邦莅天下者各以此科③适④观息耗⑤则万不失一。故曰："以身观身，以家观家，以乡观乡，以邦观邦，以天下观天下。吾奚以知天下之然也以此。"

［注释］

①怵：通"诩（xù）"，引诱。②体：履行。③科：条目。④适：通"谛"，审查。⑤息耗：生长和消耗。

［译文］

人不论是愚蠢还是聪明，无不有所取舍。恬淡平安的时候，没人不知道祸福是从何而来。一旦为好恶的欲望所控制，为奢侈的东西所引诱，而后思想就混乱了。所以这样，是被外在事物引诱，被玩物、喜好扰乱。内心恬淡就能知道取舍的准则，平和安居就能知道计算祸福。而现在玩物、喜好扰乱他，外事引诱他，引诱他就跟着走，所以说"拔"。至于圣人却不是这样：他坚定地确立取舍标准，即使看到喜欢的东西也不会被引诱，不会被引诱，就叫做不被拔除。圣人专一于性情，即使有引起欲望的东西，精神也不为所动；精神不为所动，就叫"不脱"。做子孙的履行这个道理，来守护宗庙使香火不灭，这就叫做"祭祀不断绝"。修身以积累精气为德，治家以积蓄财产为德，乡里、国家和天下都以爱民为德。现在修养自身而外界事物不能扰乱他的精神，所以说："修之身，其德乃真。"所谓真，就是谨慎的思想很牢固。治理家庭，没有用的东西不能改变他的计划，就会资产有余，所以说："修之家，其德有余。"治理乡里的人实行这一原则，那财物有剩余的家庭就更多了，所以说："修之乡，其德乃长。"治理国家的人实行了这一原则，乡里有德的人会越来越多，所以说："修之邦，其德乃丰。"君临天下的人实行了这一原则，人民的生活没有不受到他的恩泽的，所以说："修之天下，其德乃普。"修身的人以此区别君子小人，治理乡里、国家以至统治天下的人各自用这些条目来对照观察事物的生长和消耗，那就万无一失了。所以说："以身观身，以家观家，以乡观乡，以邦观邦，以天下观天下。吾奚以知天下之然也以此。"

喻老第二十一

天下有道，无急患，则曰静，遽传①不用。故曰："却②走马以粪。"天下无道，攻击不休，相守数年不已，甲胄生虮虱，燕雀处帷幄，而兵不归，故曰："戎马生于郊。"

[注释]

①遽传：遽，送信的快车快马。传，驿站的车马。②却：停止。

[译文]

天下有道，没有紧急的祸患，就叫做安静，用来传递紧急公文的车马也不使用了。所以说："却走马以粪。"天下无道，互相攻击不停，防守多年不停止，铠甲里都长了虱子，燕雀都在帐篷里做了窝，而军队却不能回家，所以说："戎马生于郊。"

翟人有献丰①狐、玄豹之皮于晋文公。文公受客皮而叹曰："此以皮之美自为罪。"夫治国者以名号为罪，徐偃王是也；以城与地为罪，虞、虢是也。故曰："罪莫大于可欲。"

[注释]

①丰：大。

[译文]

翟族人有向晋文公进献大狐和黑豹的毛皮。晋文公接受了客人进献的毛皮叹息说："这是因为毛皮的美丽而让自己受害。"治理国家的人，因为名义和称号招致祸患的，是徐偃王；因为城池和土地招致祸患的，是虞国和虢国。所以说："罪莫大于可欲。"

智伯兼范、中行而攻赵不已，韩、魏反之，军败晋阳，身死高梁之东，遂卒被分，漆其首以为溲器①。故曰："祸莫大于不知足。"

[注释]

①溲器：饮酒用的器具。

[译文]

智伯兼并了范氏和中行氏，又不停地攻打赵地，韩和魏背叛了他，军队在晋阳打了败仗，自己死在高梁的东边，他的土地终于被瓜分，他的头也被涂上油漆做成了酒器。所以说："祸莫大于不知足。"

虞君欲屈产之乘与垂棘之璧①，不听宫之奇，故邦亡身死。故曰："咎莫憯②于欲得。"

[注释]

①屈产之乘与垂棘之璧：屈产，地名，盛产良马。垂棘，地名，出产美玉。②憯：通"惨"。

[译文]

虞国国君贪图屈产出产的良马和垂棘出产的玉璧，不听宫之奇的意见，所以国家灭亡，自身被杀。所以说："咎莫憯于欲得。"

邦以存为常，霸王其可也。身以生为常，富贵其可也。不欲自害，则邦不亡、身不死。故曰："知足之为足矣。"

[译文]

国家以生存为永久的原则，成霸成王就有可能了。身体以生存为永久的原则，富贵也就有可能了。不用贪欲来害自己，那么国家就不会灭亡、自己也不会死。所以说："知足之为足矣。"

楚庄王既胜，狩于河雍①，归而赏孙叔敖。孙叔敖请汉间之地，沙石之处。楚邦之法，禄臣再世而收地，唯孙叔敖独在。此不以其邦为收者，瘠也，故九世而祀不绝。故曰："善建不拔，善抱不脱，子孙以其祭祀世世不辍。"孙叔敖之谓也。

[注释]

①河雍：地名，即衡雍，在今河南原阳县。

[译文]

楚庄王在战争中取胜，就到衡雍去狩猎，回来后奖赏孙叔敖。孙叔敖请求汉水一带的土地为封地，那是多沙石的地方。楚国的法律规定，享受俸禄的大臣第二代就要收回封地，只有孙叔敖封地独存。它不被收回的原因，是因为土地贫瘠，所以过了九代，祭祀也不断绝。所以说："善建不拔，善抱不脱，子孙以其祭祀世世不辍。"这就是说孙叔敖啊！

制在己曰重，不离位曰静。重则能使轻，静则能使躁。故曰："重为轻根，静为躁君。"故曰："君子终日行，不离辎重①也。"邦者，人君之辎重也。主父生传其邦，此离其辎重者也。故虽有代、云中之乐，超然已无赵矣。主父，万乘之主，而以身轻于天下。无势之谓轻，离位之谓躁，是以生幽而死。故曰："轻则失臣，躁则失君。"主父之谓也。

[注释]

①辎重：辎，装衣服的车。重，装载重物的车。辎重泛指物资。

[译文]

控制权掌握在自己手里叫"重"，不离开君主的位置叫"静"。

权势重的就能驱使权势轻的,虚静的就能驱使浮躁的,所以说:"重为轻根,静为躁君。"所以说:"君子终日行,不离辎重。"国家,就是君主的辎重。主父活着的时候就把国家传给儿子,这就是离开了自己辎重。所以即使有代郡和云中郡的安乐,却已经高高在上而失去了赵国。主父,是拥有万辆兵车的大国的君主,却使自己被天下人轻视。没有权势就叫做"轻",离开君主之位叫做"躁",因此活着的时候被幽禁饿死。所以说:"轻则失臣,躁则失君。"这就是说主父啊!

势重者,人君之渊也。君人者势重于人臣之间,失则不可复得也。简公失之于田成,晋公失之于六卿,而邦亡身死。故曰:"鱼不可脱于深渊。"赏罚者,邦之利器也,在君则制臣,在臣则胜君。君见①赏,臣则损之以为德;君见罚,臣则益之以为威。人君见赏,而人臣用其势;人君见罚,而人臣乘其威。故曰:"邦之利器不可以示人。"

[注释]

①见:通"现"。

[译文]

权势,是君主这条鱼的深渊。做君主的,把权势交付臣下,丢失了就不能再得到了。齐简公把权势失落给了田成,晋国君主把权势失落给了六卿,于是就国破身死。所以说:"鱼不可脱于深渊。"奖赏和惩罚,是统治国家的有力手段,掌握在君主手里就能制伏臣子,掌握在臣子手里就能战胜君主。君主要发出奖赏,臣下就减少一些赏给别人,来显示自己的恩德;君主要施加处罚,臣下就增加刑罚来显示自己的威严。君主表示赏赐,臣子就利用其威德;君子表示惩罚,臣子就利用其权势。所以说:"邦之利器不可以示人。"

越王入宦①于吴，而观②之伐齐以弊吴。吴兵既胜齐人于艾陵，张之于江、济，强之于黄池，故可制于五湖。故曰："将欲翕③之，必固张之；将欲弱之，必固强之。"晋献公将欲袭虞，遗之以璧马；知伯将袭仇由，遗之以广车。故曰："将欲取之，必固与之。"起事于无形，而要大功于天下，是谓"微明"。处小弱而重自卑，谓损"弱胜强"也。

[注释]

①宦：君主的奴仆。②观：暗示。③翕（xī）：收敛。

[译文]

越王到吴国做奴仆，而示意吴国攻打齐国，来使吴国疲弊。吴军在艾陵战胜了齐国，把军力扩张在长江和济水之间，在黄池与诸侯会盟，所以才会在五湖被越国制伏。所以说："将欲翕之，必固张之；将欲弱之，必固强之。"晋献公将要袭击虞国，就先送给他们玉璧和良马；智伯想要袭击仇由国，就先送给他们宽阔的大车。所以说："想要夺取他，一定要先给予他。"在不露形迹时发起事情，而在天下取得大的功劳，这就叫"微明"。处于弱小的地位又谦卑克制，就叫做克制自己而以"弱胜强"。

有形之类，大必起于小；行久之物，族①必起于少。故曰："天下之难事必作于易，天下之大事必作于细。"是以欲制物者于其细也。故曰："图难于其易也，为大于其细也。"千丈之堤以蝼蚁之穴溃，百尺之室以突②隙之烟焚。故曰：白圭之行堤也塞其穴，丈人之慎火也涂其隙；是以白圭无水难，丈人无火患。此皆慎易以避难，敬③细以远大者也。扁鹊见蔡桓公，立有间，扁鹊曰："君有疾在腠理④，不治将恐深。"桓侯曰："寡人无。"扁鹊出，桓侯曰："医之好治不病以为功。"居十日，扁鹊复见曰："君之病在肌肤，不治将益深。"桓侯不应。扁鹊出，桓侯又不悦。居十日，扁鹊复见曰："君之病在肠胃，不治将益深。"桓侯又不应。扁鹊出，桓侯又不悦。居十日，扁鹊望桓侯而还走。桓侯故使人问之，扁鹊曰："疾在腠理，汤熨⑤之所及也；在肌肤，针石⑥之所及也；在肠胃，火齐⑦之所及也；在骨髓，司命之所属，无奈何也。今在骨髓，臣是以无请也。"居五日，桓公体痛，使人索扁鹊，已逃秦矣。桓侯遂死。故良医之治病也，攻之于腠理。此皆争之于小者也。夫事之祸福亦有腠理之地，故曰："圣人蚤⑧从事焉。"

[注释]

①族：多。②突：烟囱。③敬：谨慎。④腠理：皮肤的毛孔。⑤汤熨（wèi）：汤，热水，用热水浸泡。熨，用药物热敷。⑥针石：针灸。⑦火齐：齐，通"剂"。即用火煎汤药。⑧蚤：通"早"。

[译文]

有形状的东西，大的一定是从小的发展起来的；经历久的东西，多的一定是从少的发展起来的。所以说："天下之难事必作于易，天下之大事必作于细。"所以想要控制事物，就要从它小的时候开始。所以说："图难于其易也，为大于其细也。"一千丈长的河堤会因为蝼蛄和蚂蚁的洞穴而崩溃，高达百尺的房子会因为烟囱缝隙里的烟火被焚毁。所以说：白圭巡视河堤的时候堵抹了蝼蛄和蚂蚁的洞穴，老年人谨慎防火就涂抹了烟囱的缝隙。所以白圭没有水灾，老年人家里没有火患。这都是谨慎处理简单的事情来躲避灾难，谨慎处理小事来远离大的祸患。扁鹊见到蔡桓公，站了一会儿说："您有疾病在皮肤的毛孔，如果不治疗恐怕会加重。"桓侯说："我没有病。"扁鹊出去了，桓侯说："医生喜欢治疗没有病的人，以此作为自己的功劳。"过了十天，扁鹊又见到蔡桓公说："您的病在肌肉和皮肤里了，如果不治疗将会更严重。"桓侯不说话。扁鹊出去后，桓侯又不高兴。过了十天扁鹊再见到蔡桓公说："您的疾病在肠胃，如果不治疗，将会更加严重。"桓侯又不说话。扁鹊出去后，桓公很不高兴。过了十天，扁鹊看见蔡桓公，转身就跑。桓侯特意派人去问他，扁鹊说："疾病在毛孔，用汤药浸泡和药物热敷就能治好；在肌肉和皮肤里，用针灸就能治好；在肠胃里，用火煎汤药就能治好；在骨髓里，就是生命之神所管的地方了，没什么办法能救治。现在他的病在骨髓，所以我不再请求医治了。"过了五天，桓侯身体疼痛，让人去找扁鹊，他已经逃到了秦国。于是桓侯就病死。所以良好的医生治病，在病还在毛孔的时候就开始治疗。这都是在事物细小的时候争取努力解决的例子。事情的祸福也有像病在毛孔一样的初始形态，所以说："圣人蚤从事焉。"

昔晋公子重耳出亡过郑，郑君不礼。叔瞻谏曰："此贤公子也，君厚待之，可以积德。"郑君不听。叔瞻又谏曰："不厚待之，不若杀之，无令有后患。"郑君又不听。及公子返晋邦，举兵伐郑，大破之，取八城焉。晋献公以垂棘之璧假道于虞而伐虢，大夫宫之奇谏曰："不可。唇亡而齿寒。虞、虢相救，非相德也。今日晋灭虢，明日虞必随之亡。"虞君不听，受其璧而假之道。晋已取虢，还，反灭虞。此二臣者皆争丁腠理者也，而二君不用也。然则叔瞻、宫之奇亦虞、郑之扁鹊也，而二君不听，故郑以破，虞以亡。故曰："其安易持也，其未兆易谋也。"

[译文]

过去晋国的公子重耳流亡经过郑国，郑国君主不加礼遇。叔瞻劝谏说："这是个贤能的公子，您应该厚待他，可以积累恩德。"郑国国君不听。叔瞻又劝谏说："如果不厚待他，不如杀死他，不要让他有后患。"郑国国君又不听。等到公子返回晋国，起兵伐郑，大败郑国，攻下了八座城池。晋献公用垂棘出产的玉璧向虞国借道讨伐虢国，大夫宫之奇劝谏说："不行。没有了嘴唇，牙齿就要受寒。虞国和虢国互相救助，不是互相有恩德而是利益相关。今天晋国灭了虢国，明天虞国一定会随着灭亡。"虞国国君不听，接受了玉璧而给晋国借路。晋国攻取了虢国之后，返回的时候，又消灭了虞。这两个臣子都是在事物发展的初始阶段就争取解决的人，而二位君主不听用他们。那么叔瞻和宫之奇也就是郑国和虞国的"扁鹊"，而二位君主不听，所以郑国因而被攻破，虞国因而灭亡。所以说："其安易持也，其未兆易谋也。"

昔者纣为象箸而箕子怖，以为："象箸必不加于土铏①，必将犀玉之杯；象箸玉杯必不羹菽藿②，则必旄③象豹胎；旄象豹胎必不衣短褐④而食于茅屋之下，则锦衣九重，广室高台。吾畏其卒，故怖其始。"居五年，纣为肉圃，设炮烙，登糟丘，临酒池，纣遂以亡。故箕子见象箸以知天下之祸。故曰："见小曰明。"

[注释]

①铏：盛放饭食的器具。②菽藿：豆叶。③旄：通"牦"，牦牛。④短褐：应为"裋（shù）褐"，粗布衣服。

[译文]

过去纣制作象牙筷子，而箕子感到恐惧，他认为："象牙筷子一定不会施加在陶土的食器上，一定要用犀牛角和玉制的酒杯；象牙筷子和玉酒杯一定不会用它来吃豆叶做的汤，那一定要吃牦牛、象和豹子的胚胎；吃牦牛、象和豹子的胚胎，一定不会穿着粗布衣服而在茅屋下吃饭，那一定会穿着多层锦绣衣服，建筑宽广的宫室和高台。我害怕那最后的结果，所以为这个开始而恐惧。"过了五年，纣建了挂满了肉的园囿，设立了炮烙的刑法，登上了酒糟堆积的小山，面对着盛满酒的池塘，于是纣就灭亡。所以箕子看见象牙筷子就知道天下的祸患。所以说："见小曰明。"

勾践入宦于吴，身执干戈为吴王洗马①，故能杀夫差于姑苏。文王见詈②于王门③，颜色不变，而武王擒纣于牧野。故曰："守柔曰强。"越王之霸也不病宦，武王之王也不病詈。故曰："圣人之不病也，以其不病，是以无病也。"

[注释]

①洗马：洗，通"先"。先马，即在马前奔走的小卒。②詈（lì）：责骂。③王门：应为"玉门"，商纣王建立的建筑。

[译文]

勾践到吴国做奴仆，亲自拿着盾和戈为吴王做马前卒，所以能在姑苏杀死了吴王夫差。周文王在玉门被责骂，而脸色不变，周武王在牧野捉住了纣王。所以说："守柔曰强。"越王称霸，是因为不把做奴仆看成耻辱；周武王称王，是因为不以被责骂为耻辱。所以说："圣人之不病也，以其不病，是以无病也。"

宋之鄙人得璞玉而献之子罕，子罕不受。鄙人曰："此宝也，宜为君子器，不宜为细人用。"子罕曰："尔以玉为宝，我以不受子玉为宝。"是鄙人欲玉，而子罕不欲玉。故曰："欲不欲，而不贵难得之货。"

[译文]

宋国的乡下人得到了一块璞玉，就把它献给了子罕，子罕不接受。乡下人说："这是宝物，应该为君子制作器物，不应该给小人使用。"子罕说："你把玉作为宝物，我把不接受你的玉作为宝物。"这说明乡下人喜欢宝玉，而子罕不喜欢宝玉。所以说："欲不欲，而不贵难得之货。"

王寿负书而行，见徐冯于周涂①。冯曰："事者，为也。为生于时，知②者无常事。书者，言也。言生于知，知者不藏书。今子何独负之而行？"于是王寿因焚其书而舞③之。故知者不以言谈教，而慧者不以藏书箧。此世之所过也，而王寿复之，是学不学也。故曰："学不学，复归众人之所过也。"

[注释]

①涂：通"途"，道路。②知：通"智"。③舞：同"儛"。把着火的书策舞于空中。

[译文]

王寿背着书行走，在周国的道路上遇见了徐冯。徐冯说："事情，是人们的行为。行为产生于当时的需要，聪明的人不去做永恒不变的事。书籍，是言论。言论产生于智慧，智慧的人是不收藏书籍的。现在你为什么偏要背着书行走呢？"于是王寿就把书烧掉、挥舞着散去了灰烬。所以聪明的人不用言谈来教导别人，而智慧的人不把书藏在小箱子里。这是世人认为错误的，而王寿恢复了这种做法，是学着不去学习。所以说："学不学，复归众人之所过也。"

夫物有常容，因乘以导之。因随物之容，故静则建乎德，动则顺乎道。宋人有为其君以象为楮叶者，三年而成。丰杀①茎柯，毫芒繁泽，乱之楮叶之中而不可别也。此人遂以功食禄于宋邦。列子闻之曰："使天地三年而成一叶，则物之有叶者寡矣。"故不乘天地之资，而载一人之身；不随道理之数，而学一人之智；此皆一叶之行也。故冬耕之稼，后稷不能羡②也；丰年大禾，臧获③不能恶也。以一人力，则后稷不足；随自然，则臧获有余。故曰："恃万物之自然而不敢为也。"

[注释]

①丰杀：即肥瘦。②羡：有余。③臧获：奴隶。

[译文]

事物有固定的形态，于是就借着常态来引导。由于随着物体的常态，所以静止时就立足于德，行动时就顺应道。宋国有人为君主用象牙雕刻楮树的叶子，三年才做成。叶脉粗细分明，纹理细腻又有光泽，茫的地方繁复润泽，混在真的楮叶里也不能分别。这个人就因功劳在宋国作官。列子听了之后说："如果天地要三年才能长出一片叶子，那么有叶子的树就很少了。"所以不凭借天地的条件，而凭一个人的本领；不随着自然规律的事理，而学习一个人的智慧；这都是用三年雕刻一片叶子的行为啊。所以冬天耕种庄稼，即使是后稷也不能让它多产；丰收年里生长粗壮的禾苗，即使是奴隶也不会收成不好。依靠一个人的力量，即使是后稷也不够；顺应自然，即使是奴隶也会有富余。所以说："恃万物之自然而不敢为也。"

空窍者，神明之户牖也。耳目竭于声色，精神竭于外貌，故中无主。中无主则祸福虽如丘山，无从识之。故曰："不出于户，可以知天下；不窥于牖，可以知天道。"此言神明之不离其实也。

[译文]

空灵的五官孔窍，是精神的门窗。耳目消耗在声音美色上，精神消耗在容貌外表上，所以心里没有主宰。内心没有主见，那么祸福即使像山那样大，也没法认识。所以说："不出于户，可以知天下；不窥于牖，可以知天道。"这是说精神不能离开形体啊！

赵襄主学御于王子期①，俄而与於期逐，三易马而三后。襄主曰："子之教我御，术未尽也。"对曰："术已尽，用之则过也。凡御之所贵，马体安于车，人心调于马，而后可以进速致远。今君后则欲逮臣，先则恐逮于臣。夫诱道争远，非先则后也，而先后心皆在于臣，上何以调于马？此君之所以后也。"白公胜虑乱，罢朝，倒杖而策，锐贯颐，血流至于地而不知。郑人闻之曰："颐之忘，将何为忘哉！"故曰："其出弥远者，其智[2]弥少。"此言智周乎远，则所遗在近也，是以圣人无常行也。能并智，故曰："不行而知。"能并视，故曰："不见而明。"随时以举事，因资而立功，用万物之能而获利其上，故曰："不为而成。"

[注释]

①王子期：应为"王子於期"。②智：通"知"。

[译文]

赵襄子向王子於期学习驾车，不久和王子於期比赛，三次换马而三次都落后了。赵襄子说："你教我驾车的方法没有教完。"王子於期回答说："方法已经教完了，但是您使用的时候有错误。大凡驾车所重视的，马的身体套在车上要安稳，人心要和马协调，然后可以跑得又快又远。现在您落后就想追上我，您领先就怕被我追上。引导马在路上奔驰、争夺远程的比赛，不是领先就是落后，而不管领先还是落后；您的心都放在我身上，怎么来和马协调呢？这就是您落后的原因。"白公胜考虑作乱的时候，下了朝，倒拿着马鞭，上面的尖刺刺穿了面颊，血流到地上也不知道。郑国人听说之后说："连面颊都忘了，是为什么忘了呢？"所以说："其出弥远者，其智弥少。"这是说智力用于周全远处的事情，就会遗漏近处的事情，因此圣人没有永恒不变的行为。能够同时考虑远处和近处的事物，所以说："不行而知。"能够同时观察远处和近处的事物，所以说："不见而明。"顺应时机来做事，凭借外界建立功业，利用万物的能力而获得利益，所以说："不为而成。"

楚庄王莅政三年，无令发，无政为也。右司马御座而与王隐曰："有鸟止南方之阜，三年不翅，不飞不鸣，嘿然①无声，此为何名？"王曰："三年不翅，将以长羽翼。不飞不鸣，将以观民则。虽无飞，飞必冲天；虽无鸣，鸣必惊人。子释之，不谷知之矣。"处半年，乃自听政，所废者十，所起者九，诛大臣五，举处士六，而邦大治。举兵诛齐，败之徐州，胜晋于河雍，合诸侯于宋，遂霸天下。庄王不为小害②善，故有大名；不蚤③见示，故有大功。故曰："大器晚成，大音希声。"

[注释]

①嘿然：默然。②害：应为衍文。③蚤：通"早"。

[译文]

楚庄王即位三年，没有发布命令，也没有什么作为。右司马在旁边侍立，对楚王说隐语暗示："有一只鸟落在南方的土山上，三年不展翅，不飞也不叫，默然无声，这鸟叫什么名字？"楚庄王说："三年不展翅，是要生长羽翼。不飞也不叫，是要观察人民的行为准则。虽然没有飞，一飞就一定冲天；虽然不鸣叫，一叫就会惊动世人。你不要再说了，我已经明白了。"过了半年，就亲自处理政事，废弃了十件事，兴办了九件事，处罚了五个大臣，提拔了六个没有做官的人，国家得到了大治。然后起兵讨伐齐国，在徐州打败了齐国，在衡雍战胜了晋国，在宋国会合诸侯，于是称霸天下。楚庄王不做小的好事，所以有大的名声；不早早地显示才能，所以能成就大功。所以说："大器晚成，大音希声。"

楚庄王欲伐越，杜子谏曰："王之伐越何也？"曰："政乱兵弱。"杜子曰："臣愚患之。智如目也，能见百步之外而不能自见其睫。王之兵自败于秦、晋，丧地数百里，此兵之弱也。庄蹻为盗于境内而吏不能禁，此政之乱也。王之弱乱非越之下也，而欲伐越，此智之如目也。"王乃止。故知之难，不在见人，在自见。故曰："自见之谓明。"

[译文]

楚庄王想要讨伐越国，杜子劝谏说："大王为什么要讨伐越国呢？"楚庄王说："因为他们政治混乱、兵力弱小。"杜子说："我愚昧地为这件事担忧。智慧就像眼睛一样，能看见百步以外的东西，却不能看见自己的睫毛。大王的军队被秦国和晋国打败，丧失了几百里的土地，这就是兵力的弱小。庄蹻在境内做盗贼，而官吏不能禁止，这是政治的混乱。大王的弱小和混乱不在越国之下，却想要讨伐越国，这智慧就像眼睛一样啊！"楚王就停止了。所以了解困难，不在于了解别人，而在于了解自己。所以说："自见之谓明。"

子夏见曾子，曾子曰："何肥也？"对曰："战胜故肥也。"曾子曰："何谓也？"子夏曰："吾入见先王之义，则荣之；出见富贵之乐，又荣之。两者战于胸中，未知胜负，故臞①。今先王之义胜，故肥。"是以志之难也，不在胜人，在自胜也。故曰："自胜之谓强。"

[注释]

①臞：瘦。

[译文]

子夏见到曾子，曾子说："你为什么胖了？"子夏回答说："战斗胜利了，所以我胖了。"曾子说："你指的是什么？"子夏说："我在家里学习先王的道义，为之敬仰；外出见到富贵荣华，又喜欢它。两种思想在心里斗争，不知道胜负如何，所以瘦了。现在先王的道义战胜了，所以胖了。"所以立志的困难，不在于战胜别人，而在于战胜自己。所以说："自胜之谓强。"

周有玉版，纣令胶鬲索之，文王不予；费仲来求，因予之。是胶鬲贤而费仲无道也。周恶贤者之得志也，故予费仲。文王举太公于渭滨者，贵之也；而资费仲玉版者，是爱之也。故曰："不贵其师，不爱其资，虽知①大迷，是谓要妙。"

[注释]

①知：通"智"。

[译文]

周国有玉版，纣王命令胶鬲去索要，文王不给他；费仲来索要，就给了他。这是因为胶鬲贤能，而费仲没有德行。周国厌恶商朝贤能的人得志，所以把玉版给了费仲。文王在渭水河边提拔了太公望，是因为尊重他；而把玉版给了费仲，是爱他对己有利。所以说："不贵其师，不爱其资，虽知大迷，是谓要妙。"

说林上第二十二

汤以①伐桀,而恐天下言己为贪也,因乃让天下于务光。而恐务光之受之也,乃使人说务光曰:"汤杀君而欲传恶声于子,故让天下于子。"务光因自投于河。

[注释]

①以:通"已"。

[译文]

商汤讨伐夏桀之后,害怕天下人说自己是贪心,于是就假意把天下让给务光。可又怕务光真地接受,于是让人游说务光说:"商汤杀死了君主,想把坏的名声传给你,所以把天下让给你。"务光于是自己投河而死。

秦武王令甘茂择所欲为于仆①与行事②,孟卯曰:"公不如为仆。公所长者,使也。公虽为仆,王犹使之于公也。公佩仆玺而为行事,是兼官也。"

[注释]

①仆:为君主管理车马的官。②行事:官名。

[译文]

秦武王令甘茂在仆与行事之间选择自己想要做的官,孟卯说:

"您不如做仆。您所擅长的，就是做使者。即使您做了仆，大王也会让您做使者的事。您带着仆的官印，兼做行事的工作，就是兼有两个官职了。"

子圉见孔子于商①太宰。孔子出，子圉入，请问客。太宰曰："吾已见孔子，则视子犹蚤虱之细者也。吾今见之于君。"子圉恐孔子贵于君也，因谓太宰曰："君已见孔子，亦将视子犹蚤虱也。"太宰因弗复见也。

[注释]

①商：宋国，宋国是商的后裔。

[译文]

子圉把孔子引荐给宋国的太宰。孔子出来后，子圉进去，问客人怎么样。太宰说："我已经见过孔子，那么再看你就像小小的跳蚤和虱子一样。我现在要把他引荐给国君。"子圉害怕孔子被君主重视，于是对太宰说："君主见到孔子以后，也会把您看作跳蚤和虱子。"于是太宰就不再向君主引荐了。

魏惠王为口里之盟，将复立于天子。彭喜谓郑君①曰："君勿听，大国恶有天子，小国利之。若君与大不听，魏焉能与小立之。"

[注释]

①郑君：即韩王。韩国都在新郑，所以称郑君。

[译文]

魏惠王举行了白里的会盟，将要再次拥立周天子。彭喜对韩国国君说："您不要听他的，大国厌恶有天子，小国才觉得有利。如果您和其他大国都不听从，魏国怎么能和小国拥立天子呢？"

晋人伐邢，齐桓公将救之。鲍叔曰："太蚤①。邢不亡，晋不敝；晋不敝，齐不重。且夫持危之功，不如存亡之德大。君不如晚救之以敝晋，齐实利。待邢亡而复存之，其名实美。"桓公乃弗救。

[注释]

①蚤：通"早"。

[译文]

晋国人讨伐邢国，齐桓公打算救援他们。鲍叔牙说："现在太早了。邢国不灭亡，晋国就不会疲惫；晋国不疲惫，齐国就不显得重要。况且扶持危险的国家的功劳，不如保存灭亡的国家的功德大。您不如晚一点救援，使晋国疲惫，齐国就能得到实际的利益。等到邢国灭亡之后，再使它存在下去，那名声就很美好了。"齐桓公就不救援邢国了。

子胥出走，边候得之，子胥曰："上索我者，以我有美珠也。今我已亡之矣，我且曰子取吞之。"候因释之。

[译文]

伍子胥出逃，边界的官吏抓住了他，伍子胥说："君主抓我，是因为我有宝珠。现在我已经把宝珠弄丢了，我就说你把它拿走吞掉了。"官吏于是就放掉了他。

庆封为乱于齐而欲走越，其族人曰："晋近，奚不之晋？"庆封曰："越远，利以避难。"族人曰："变是心也，居晋而可。不变是心也，虽远越，其可以安乎！"

[译文]

庆封在齐国作乱，打算逃到越国，家族里的人说："晋国近，为什么不到晋国去？"庆封说："越国远，利于避难。"族人说：

"改变作乱的心志,居住在晋国也可以。不改变作乱的心志,即使是到遥远的越国,难道就可以安全了吗?"

智伯索地于魏宣子,魏宣子弗予。任章曰:"何故不予?"宣子曰:"无故请地,故弗予。"任章曰:"无故索地,邻国必恐,彼重欲无厌,天下必惧。君予之地,智伯必骄而轻敌,邻邦必惧而相亲,以相亲之兵待轻敌之国,则智伯之命不长矣。《周书》曰:'将欲败之,必姑辅之;将欲取之,必姑予之。'君不如予之以骄智伯。且君何释以天下图智氏,而独以吾国为智氏质①乎?"君曰:"善。"乃与之万户之邑。智伯大悦,因索地于赵,弗与,因围晋阳。韩、魏反之外,赵氏应之内,智氏自亡。

[注释]

①质:箭靶子。

[译文]

智伯向魏宣子索要土地,魏宣子不给。任章说:"为什么不给?"宣子说:"无缘无故索要土地,所以不给。"任章说:"无缘无故索要土地,邻国一定感到恐惧,他贪欲不知满足,天下一定会感到恐惧。您给他土地,智伯一定骄傲而轻视敌国,邻国一定会惧怕而和他亲近,用亲近的军队对待一个轻敌的国家,那么智伯的命就不长了。《周书》说:'想要打败他,一定要暂时辅助他;想要夺取他,一定要暂时给予他。'您不如给他土地,使智伯骄傲。况且您为什么放弃依靠天下人图谋智伯的机会,而单单用我们国家来做智伯的目标呢?"宣子说:"好。"于是就给智伯一个有一万户人家的城邑。智伯非常高兴,于是向赵国索要土地,赵国不给,智伯发兵包围晋阳。韩国和魏国在外反叛,赵国在内响应,智伯就灭亡了。

秦康公筑台三年，荆人起兵，将欲以兵攻齐。任妄曰："饥召兵，疾召兵，劳召兵，乱召兵。君筑台三年，今荆人起兵将攻齐，臣恐其攻齐为声，而以袭秦为实也，不如备之。"戍东边，荆人辍行。

[译文]

秦康公建筑高台三年，楚国出动军队，打算攻打齐国。任妄说："饥荒会招来敌军，疾病会招来敌军，百姓劳苦会招来敌军，政治混乱会招来敌军。您建筑高台三年，现在楚人起兵，将要攻打齐国，我担心攻打齐国只是虚言，而袭击秦国才是实际目的，不如防备他们。"于是在东部边境防守，楚国人就放弃了行动。

齐攻宋，宋使臧孙子南求救于荆，荆大说[①]，许救之，甚欢[②]。臧孙子忧而反，其御曰："索救而得，今子有忧色，何也？"臧孙子曰："宋小而齐大。夫救小宋而恶于大齐，此人之所以忧也，而荆王说，必以坚我也。我坚而齐敝，荆之所利也。"臧孙子乃归。齐人拔五城于宋而荆救不至。

[注释]

①说：通"悦"。②欢：应为"劝"，用力。

[译文]

齐国攻打宋国，宋派臧孙子到南边向楚国求救，楚国非常高兴，答应救援他们，很起劲。臧孙子忧虑返回，车夫说："求救成功，现在您却有忧虑的表情，这是为什么？"臧孙子说："宋国小而齐国大。救援小的宋国而得罪了强大的齐国，这是人应该忧虑的事情，而楚王很高兴，一定是要让我们坚决抵抗。我们坚决抵抗，齐国就会疲惫，这是对楚国有利的事。"臧孙子回国。齐国人攻下宋国五座城池，而楚国的救兵也没有来。

魏文侯借道于赵而攻中山，赵肃侯将不许，赵刻曰："君过矣。魏攻中山而弗能取，则魏必罢①；罢则魏轻，魏轻则赵重。魏拔中山，必不能越赵而有中山也。是用兵者魏也，而得地者赵也。君必许之。许之而大欢，彼将知君利之也，必将辍行。君不如借之道，示以不得已也。"

[注释]

①罢：通"疲"。

[译文]

魏文侯向赵国借道进攻中山，赵肃侯不打算答应，赵刻说："您错了。魏国攻打中山国而不能攻下，魏国就会疲惫；魏国疲惫，它的地位就会轻微；魏国轻微了，赵国就重要了。魏国攻取了中山，一定不能越过赵国来拥有中山。用兵的是魏国，而得到土地的是赵国。您一定要答应他们。但如果答应他们时太高兴，他们就会知道您能得到利益，一定会放弃行动。您不如借给他们道路，却表现出不得已的样子。"

鸱夷子皮事田成子。田成子去齐，走而之燕，鸱夷子皮负传①而从。至望邑，子皮曰："子独不闻涸泽之蛇乎？泽涸，蛇将徙，有小蛇谓大蛇曰：'子行而我随之，人以为蛇之行者耳，必有杀子。不如相衔负我以行，人以我为神君也。'乃相衔负以越公道，人皆避之，曰：'神君也。'今子美而我恶，以子为我上客，千乘之君也；以子为我使者，万乘之卿也。子不如为我舍人。"田成子因负传而随之。至逆旅，逆旅之君待之甚敬，因献酒肉。

[注释]

①传：出入关口的通行文牒。

[译文]

鸱夷子皮侍奉田成子。田成子离开齐国，逃奔燕国，鸱夷子皮背着过关的文牒跟着他。到了望邑，子皮说："您难道没有听过干涸的湖泊里蛇的故事吗？湖泊干涸了，蛇要迁徙，有条小蛇对大蛇说：'您在前面走，而我跟随您，人们认为不过是蛇在行走罢了，一定有人会杀死您。不如您衔着我背着走，人们会认为我是神灵。'于是大蛇衔着小蛇，背负着它走过大路，人们都躲避，说：'这是神灵啊！'现在您长得美而我长得丑，把您作为我上客，不过是千乘之国的国君；如果把您作为我的使者，就会被人看作万乘之国的上卿。您不如做我的侍从。"于是田成子就背着过关的文牒跟随。到了旅店，旅店的主人对待他非常恭敬，于是进献给他们酒肉。

温人之周，周不纳客，问之曰："客耶？"对曰："主人。"问其巷人而不知也，吏因囚之。君使人问之曰："子非周人也，而自谓非客，何也？"对曰："臣少也诵《诗》曰：'普天之下，莫非王土，率①土之滨，莫非王臣。'今君，天子，则我天子之臣也。岂有为人之臣而又为之客哉？故曰'主人'也。"君使出之。

[注释]

①率：循，沿着。

[译文]

温地人到东周国都去，周人不接纳游客，问他说："你是游客吗？"他回答说："我是本地人。"询问他同巷居住的，答不出来，官吏就囚禁了他。周天子让人问他说："你不是周人，却说不是游客，这是为什么？"回答说："我小的时候读《诗经》，上面说：'普天之下，莫非王土，率土之滨，莫非王臣。'现在您是天子，那我就是天子的臣民。哪有做了天子的臣民，又是游客呢？所以说'我是主人'。"周天子就放了他。

韩宣王谓樛留曰:"吾欲两用公仲、公叔其可乎?"对曰:"不可。晋用六卿而国分,简公两用田成、阚止而简公杀,魏两用犀首、张仪而西河之外亡。今王两用之,其多力者树其党,寡力者借外权。群臣有内树党以骄主,有外为交以削地,则王之国危矣。"

[译文]

韩宣王对樛留说:"我想要同时任用公仲朋和公叔伯婴,可以吗?"樛留回答说:"不行。晋国任用六卿而国家分裂,齐简公同时任用田成和阚止而简公被杀,魏国同时任用犀首和张仪而丢失了西河一带的土地。现在大王想同时任用两个人,他们力量大的人就树立党羽,力量小的就借助外国的权力。群臣有的在国内树立党羽来傲视君主,有的在国外结交诸侯来削减本国土地,那么大王的国家就危险了。"

绍绩昧醉寐而亡其裘,宋君曰:"醉足以亡裘乎?"对曰:"桀以醉亡天下,而《康诰》曰'毋彝酒'者。彝酒,常酒也。常酒者,天子失天下,匹夫失其身。"

[译文]

绍绩昧醉酒睡着丢失了皮衣,宋君说:"喝醉酒就会丢失皮衣吗?"绍绩昧回答说:"夏桀因为喝醉丢失了天下,而《康诰》里也说:'毋彝酒。'彝酒,就是常喝酒。常喝酒的人,是天子就会丢失天下,是普通百姓就会丢掉生命。"

管仲、隰朋从于桓公而伐孤竹,春往冬反①,迷惑失道。管仲曰:"老马之智可用也。"乃放老马而随之,遂得道。行山中无水,隰朋曰:"蚁冬居山之阳②,夏居山之阴,蚁壤一寸而仞③有水。"乃掘地,遂得水。以管仲之圣而隰朋之智,至其所不知,不难师于老马与蚁。今人不知以其愚心而师圣人之智,不亦过乎。

[注释]

①反:通"返"。②山之阳:山的南面和水的北面为阳,山的北面和水的南面为阴。③仞:古代七尺为一仞,亦有说八尺为一仞。

[译文]

管仲和隰朋跟随齐桓公去讨伐孤竹国,春天去冬天返回,迷了路。管仲说:"可以利用老马的智慧。"放开了老马跟着它,于是找到了道路。走在山里没有水喝,隰朋说:"蚂蚁冬天住在山南边,夏天住在山北边。蚁穴洞口的土堆有一寸高,在它下面七尺的地方就会有水。"于是挖地得水。以管仲的圣明和隰朋的智慧,对于自己所不知道的东西,都毫不为难地请教老马和蚂蚁。现在的人不知道用自己愚昧的心向圣人的智慧学习,不是太失误了吗?

有献不死之药于荆王者,谒者①操之以人。中射之士②问曰:"可食乎?"曰:"可。"因夺而食之。王大怒,使人杀中射之士。中射之士使人说王曰:"臣问谒者,曰'可食',臣故食之,是臣无罪,而罪在谒者也。且客献不死之药,臣食之而王杀臣,是死药也,是客欺王也。夫杀无罪之臣,而明人之欺王也,不如释臣。"王乃不杀。

[注释]

①谒者:掌管通报传达的官员。②中射之士:在宫内做官,负责掌管射猎的官员。

[译文]

有人向楚王进献不死药,谒者拿着药进宫。中射之士问:"可以吃吗?"谒者说:"可以吃。"于是中射之士就把药抢过来吃掉了。楚王大怒,派人去杀中射这士。中射之士让人劝谏楚王说:"臣问谒者，他说'可以吃'，所以我才吃了，这件事臣没有罪过，罪过在于谒者。况且客人向大王进献不死药，我吃了而大王杀我，那么这就是致死的药了，那就是客人在欺骗大王。杀死没有犯罪的臣子，就表明别人在欺骗大王，不如放了我。"于是楚王就不杀他了。

田驷欺邹君，邹君将使人杀之，田驷恐，告惠子。惠子见邹君曰："今有人见君，则眹①其一目，奚如？"君曰："我必杀之。"惠子曰："瞽，两目眹，君奚为不杀？"君曰："不能勿眹。"惠子曰："田驷东慢②齐侯，南欺荆王。驷之于欺人，瞽也，君奚怨焉？"邹君乃不杀。

[注释]

①眹（jiá）：闭眼。②慢：通"谩"，欺骗。

[译文]

田驷欺骗邹国君主，邹君要派人杀他，田驷很害怕，就告诉了惠子。惠子求见邹君说："现在有个人来见你，闭上一只眼睛，怎么样？"邹君说："我一定会杀死他。"惠子说："瞎子的两只眼睛都闭着，您为什么不杀他？"邹君说："他不能不闭眼啊。"惠子说："田驷在东边欺骗齐侯，在南边欺骗楚王。田驷在欺骗人这方面，就像瞎子一样，您又何必怨恨他呢？"邹君于是就不杀田驷了。

鲁穆公使众公子或宦于晋，或宦于荆。犁鉏曰："假人于越而救溺子，越人虽善游，子必不生矣。失火而取水于海，海水虽多，火必不灭矣，远水不救近火也。今晋与荆虽强，而齐近，鲁患其不救乎？"

[译文]

鲁穆公让众位公子有的到晋国做官，有的到楚国做官。犁鉏说："从越国借人来拯救溺水的孩子，越国人虽然善于游泳，孩子也一定不能活了。失火了就从大海里取水，海水虽然多，火也一定不能被扑灭，远处的水不能救近处的火。现在晋国和楚国虽然强大，而齐国很近，鲁国的祸患恐怕救不了吧？"

严遂不善周君，患之。冯沮曰："严遂相①，而韩傀贵于君。不如行贼于韩傀，则君必以为严氏也。"

[注释]

①严遂相：应为"严遂欲相"。

[译文]

韩国的严遂和周国君主关系不好，周君很担忧。冯沮说："严遂想要做相国，可是相国韩傀却被韩国君主重视。您不如对韩傀实行暗杀，他们的君主一定会认为是严遂干的。"

张谴相韩，病将死，公乘无正怀三十金①而问其疾。居一月②自问张谴曰："若子死，将谁使代子？"答曰："无正重法而畏上，虽然，不如公子食我之得民也。"张谴死，因相公乘无正。

[注释]

①金：古代以黄金二十四两为一金。②居一月：应为"君一日"。

[译文]

张谴做韩国的相国，病得快要死了，公乘无正带着三十金黄金去问候他的病。过了一天，韩王亲自问张谴说："如果您去世，将让谁来接替您？"张谴回答说："公乘无正重视法律而敬畏君主，即便如此，他不如公子食我得民心。"张谴死后，就让公乘无正做了相国。

乐羊为魏将而攻中山，其子在中山，中山之君烹其子而遗之羹。乐羊坐于幕下而啜之，尽一杯。文侯谓堵师赞曰："乐羊以我故而食其子之肉。"答曰："其子而食之，且谁不食？"乐羊罢中山，文侯赏其功而疑其心。孟孙猎得麑，使秦西巴持之归，其母随之而啼。秦西巴弗忍而与之。孟孙归，至而求麑，答曰："余弗忍而与其母。"孟孙大怒，逐之。居三月，复召以为其子傅，其御曰："曩将罪之，今召以为子傅，何也？"孟孙曰："夫不忍麑，又且忍吾子乎？"故曰："巧诈不如拙诚。"乐羊以有功见疑，秦西巴以有罪益信。

[译文]

乐羊做魏将攻打中山国，他的儿子在中山国，中山的国君煮了他的儿子，把肉羹送给乐羊。乐羊坐在帐幕下吃肉羹，吃完了一杯。魏文侯对堵师赞说："乐羊为了我吃自己儿子的肉。"堵师赞回答说："儿子他都吃，还有谁不吃呢？"乐羊从中山回来，魏文侯奖赏了他的功劳而怀疑他的忠心。孟孙去打猎，得到了小鹿，让秦西巴带回去，小鹿的母亲跟着他啼叫。秦西巴不忍心，就把小鹿还给了母鹿。孟孙回来后，索要小鹿，回答说："我不忍心，就把它还给了它的母亲。"孟孙非常生气，就把秦西巴赶出去。过了三个月，又召他做儿子的师傅，车夫说："过去要怪罪他，现在召他做儿子的师傅，这是为什么？"孟孙说："他不忍心伤害小鹿，又怎么忍心伤害我的儿子呢？"所以说："机巧奸诈，不如笨拙诚实。"乐羊因为有了功劳被怀疑，秦西巴因为有了罪过反而更被信任。

曾从子，善相剑者也。卫君怨吴王，曾从子曰："吴王好剑，臣相剑者也。臣请为吴王相剑，拔而示之，因为君刺之。"卫君曰："子为之是也，非缘义也，为利也。吴强而富，卫弱而贫，子必往，吾恐子为吴王用之于我也。"乃逐之。

[译文]

曾从子是个善于鉴定宝剑的人。卫君怨恨吴王,曾从子说:"吴王喜欢宝剑,我是个鉴定宝剑的人。臣请求去为吴王鉴定宝剑,拔出剑给他看,趁机为您刺杀他。"卫君说:"您做这件事不是因为道义,而是因为利益。吴国强大而富有,卫国弱小而贫穷,如果您一定要去,我恐怕您会被吴王使用来刺杀我。"于是就赶走了他。

纣为象箸而箕子怖,以为象箸必不盛羹于土簋①,则必犀玉之杯;玉杯象箸必不盛菽藿②,则必旄象豹胎;旄象豹胎必不衣短褐③而舍茅茨之下,则必锦衣九重,高台广室也。称此以求,则天下不足矣。圣人见微以知萌,见端以知末。故见象箸而怖,知天下不足也。

[注释]

①簋:盛食物的器具。②菽藿:豆叶。③短褐:应为"裋(shù)褐",粗布制成的简陋的衣服。

[译文]

商纣制作象牙筷子,而箕子感到恐惧,认为用象牙筷子一定不会把羹汤放在陶土的食器里,那一定要用犀角和玉制的杯子,用了玉杯和象牙筷子,一定不会盛放豆叶做的食物,那一定要吃牦牛、象、豹子的胚胎;吃牦牛、象、豹子的胚胎,一定不会穿着粗布做的衣服而居住在简陋的茅屋下面,那一定要穿着多层锦绣做的衣服,建筑高大的台阁和宽广的宫室。照着样子索取下去,整个天下也不够他用的。圣人见到微小的东西就知道它的萌芽,见到事物的发端就知道结果。所以箕子见到象牙筷子就感到恐惧,这是因为他知道天下的东西都不够商纣享用的。

周公旦已胜殷,将攻商盖,辛公甲曰:"大难攻,小易服。

不如服众小以劫大。"乃攻九夷而商盖服矣。

[译文]

周公旦已经战胜了殷商,将要攻打商盖,辛公甲说:"大国难以攻打,小国容易征服。不如征服小国来威胁大国。"于是就攻打九夷,商盖就归服了。

纣为长夜之饮,惧①以失日,问其左右,尽不知也,乃使人问箕子。箕子谓其徒曰:"为天下主而一国皆失日,天下其危矣。一国皆不知而我独知之,吾其危矣。"辞以醉而不知。

[注释]

①惧:应为"欢"。

[译文]

商纣王在屋里关闭门窗,点起灯烛,不分昼夜饮酒作乐,欢乐得忘记了日子,询问左右侍从,都说不知道,于是让人去问箕子。箕子对他的门徒说:"作为天下的主人,而整个国都的人都忘记了日期,天下就危险了。整个国都都不知道,而我却知道,我也将要危险了。"于是就推辞说喝醉了酒所以不知道。

鲁人身善织屦①,妻善织缟②,而欲徙于越。或谓之曰:"子必穷矣。"鲁人曰:"何也?"曰:"屦为履之也,而越人跣③行;缟为冠之也,而越人被④发。以子之所长,游于不用之国,欲使无穷,其可得乎?"

[注释]

①屦(jù):草鞋。②缟:生绢。③跣(xiǎn):光脚。④被:通"披"。

[译文]

鲁国人善于织草鞋,他的妻子善于织生绢,想迁到越国去。有人对他说:"你一定会很困窘的。"鲁国人说:"这是为什么?"那个人说:"草鞋是用来穿的,而越国人喜欢光着脚走路;生绢是用来做帽子戴的,而越国人是披散着头发的。用你所擅长的技艺,到不使用它们的国家生活,想要不困窘,那可以办到吗?"

陈轸贵于魏王。惠子曰:"必善事左右。夫杨,横树之即生,倒树之即生,折而树之又生。然使十人树之而一人拔之,则毋①生杨。至以十人之众树易生之物,而不胜一人者,何也?树之难而去之易也。子虽工自树于王,而欲去子者众,子必危矣。"

[注释]

①毋:通"无"。

[译文]

陈轸被魏王器重。惠子说:"你一定要好好侍奉君主身边的侍从。那杨树,横着种植它能种活,倒过来种植也能种活,折断了再种植也能种活。可是让十个人来种却让一个人拔它,那就不会有活着的杨树了。用十个人去种植容易生长的植物,却胜不过一个人的拔除,这是为什么呢?是因为种植很难,而拔除很容易。您虽然善于在大王面前树立自己,但想要除掉你的人很多,你一定会很危险。"

鲁季孙新弑其君,吴起仕焉。或谓起曰:"夫死者,始死而血,已血而衄①,已衄而灰,已灰而土。及其土也,无可为者矣。今季孙乃始血,其毋乃②未可知也。"吴起因去之晋。

[注释]

①衄(nǜ):萎缩。②毋乃:大概,恐怕。

[译文]

鲁国的季孙刚杀死他的君主,吴起就到他那里去做官。有人对吴起说:"那死去的人,刚死的时候会流血,血流完了就皮肉萎缩,皮肉萎缩之后就开始腐烂成灰，腐烂成灰之后就变成了土。等到他变成土的时候，就不能再有所作为了。现在季孙刚刚把国君杀掉，结局恐怕还不可预料吧。"吴起于是离开到晋国去。

隰斯弥见田成子，田成子与登台四望。三面皆畅，南望，隰子家之树蔽之，田成子亦不言。隰子归，使人伐之。斧离①数创，隰子止之。其相室②曰："何变之数③也？"隰子曰："古者有谚曰：'知渊中之鱼者不祥。'夫田子将有大事，而我示之知微，我必危矣。不伐树，未有罪也，知人之所不言，其罪大矣。"乃不伐也。

[注释]

①离：割，砍。②相室：家臣。③数：通"速"。

[译文]

隰斯弥去见田成子，田成子和他一起登上高台四下眺望。三面都很宽畅，向南边望，隰子家的树挡住了视线。田成子也没有说什么。隰子回到家，让人把树砍掉。斧头才刚砍了几个口子，隰子就制止了他们。家臣说："为什么变得这么快呢？"隰子说："古人有谚语说：'知道深渊里的鱼的人不吉利。'田成子将要做大事，而我却显示出知道他的隐秘，我一定会很危险。不砍伐树，是没有什么罪的，知道了别人不愿意说的事，罪就大了。"于是就不砍树了。

杨子过于宋东之逆旅。有妾二人，其恶者贵，美者贱。杨子问其故，逆旅之父答曰："美者自美，吾不知其美也；恶者自恶，吾不知其恶也。"杨子谓弟子曰："行贤而去自贤之心，焉往而不美。"

[译文]

杨子经过宋国东郊的旅店。主人有两个小妾，长得丑的被器重，长得美的被轻视。杨子询问其中的缘故，旅店的主人回答说："美的人自以为美，我不觉得她美；丑的人自以为丑，我却不觉得她丑。"杨子对弟子说："做贤能的事，而去掉自以为贤能的想法，到哪里不受到赞美呢？"

卫人嫁其子而教之曰："必私积聚。为人妇而出，常也；其成居，幸也。"其子因私积聚，其姑以为多私而出之。其子所以反①者，倍其所以嫁。其父不自罪于教子非也，而自知②其益富。今人臣之处官者皆是类也。

[注释]

①反：通"返"。②知：通"智"。

[译文]

卫国人嫁女儿，教导她说："一定要私下积蓄财物。做别人的妻子而被赶出门，是常有的事；夫妇始终在一起，是侥幸的事。"他的女儿于是私下积蓄财物，婆婆认为她多积私房钱，就把她休了。这个女人带回家的财物，比她嫁妆多一倍。她的父亲不怪罪自己教育子女做错事，却认为自己这样增加财富是很聪明的。现在大臣身居官职的，都是这类人。

鲁丹三说中山之君而不受也，因散五十金事其左右。复见，未语，而君与之食。鲁丹出，而不反舍，遂去中山。其御曰："反①见，乃始善我，何故去之？"鲁丹曰："夫以人言善我，必以人言罪我。"未出境，而公子恶之曰："为赵来间中山。"君因索而罪之。

[注释]

①反：复。

[译文]

鲁丹三次游说中山国的君主,而不被接受,于是用五十金来讨好君主身边的侍从。然后又去拜见,没有谈话,中山君赐给他食物。鲁丹出来后,就没有返回馆舍,直接离开了中山。车夫说:"再次拜见君主,才刚开始善待我们,为什么要离开呢?"鲁丹说:"因为别人的话善待我,也一定会因为别人的话而怪罪我。"还没有离开国境,公子就中伤他说:"他是为赵国来刺探情报的。"君主于是就搜捕并处罚了他。

田伯鼎好士而存其君,白公好士而乱荆。其好士则同,其所以为则异。公孙友自刖①而尊百里,竖刁自宫而谄桓公。其自刑则同,其所以自刑之为则异。慧子②曰:"狂者东走,逐者亦东走。其东走则同,其所以东走之为则异。故曰:同事之人,不可不审察也。"

[注释]

①刖:砍断双脚的刑法。②慧子:慧,通"惠"。惠子,即惠施。

[译文]

田伯鼎喜爱士人而保全了他的君主,白公喜爱士人而扰乱了楚国。他们喜爱士人都是相同的,但他们所做的事却是不同的。公孙友砍掉自己的脚而使百里奚得到重用,竖刁阉割自己来谄媚齐桓公。他们给自己伤害是相同的,但是他们自残的目的却是不同的。惠子说:"精神失常的人向东跑,追赶他的人也向东跑。他们向东跑是相同的,但是向东跑的目的却是不同的。所以说:做同样事情的人,不能不认真地考察。"

观行第二十四

古之人目短于自见,故以镜观面;智短于自知,故以道正己。故镜无见①疵之罪,道无明过之怨。目失镜则无以正须眉,身失道则无以知迷惑。西门豹之性急,故佩韦②以自缓;董安于之心缓,故佩弦以自急。故以有余补不足,以长续短之谓明主。

[注释]

①见:通"现"。②韦:熟牛皮。

[译文]

古人的眼睛难以看见自己,所以用镜子来观察面容;智慧难以了解自己,所以用大道来纠正自己。所以镜子不会因为照出瑕疵而被怪罪,大道也不应因为彰明过失而被抱怨。眼睛失去了镜子就不能端正胡须和眉毛,身体失去大道就不能知道迷惑。西门豹性急,所以佩戴熟牛皮来提醒自己和缓一些;董安于性情迟缓,所以佩戴弓弦来提醒自己尽量快一些。所以用有余来弥补不足,能取长补短就是圣明的君主。

天下有信数三:一曰智有所不能立,二曰力有所不能举,三曰强有所不能胜。故虽有尧之智,而无众人之助,大功不立;有乌获①之劲,而不得人助,不能自举;有贲、育②之强,而无法术，不得长生③。故势有不可得，事有不可成。故乌获轻千钧而重其身，非其身重于千钧也，势不便也；离朱④易百步而难眉睫，非百步近而眉睫远也，道不可也。故明主不穷乌获，以其不能自举；不困离朱，以其不能自见。因可势，求易道，故用力寡而功名立。时有满虚，事有利害，物有生死，人主为三者发喜怒之色，则金石之士离心焉。圣贤之扑浅⑤深矣，故明主观人，不使人观己。明于尧不能独成，乌获不能自举，贲、育之不能自胜，以法术则观行之道毕矣。

[注释]

①乌获：古代有名的大力士。②贲、育：孟贲、夏育，古代著名的勇士。③生：应为"胜"。④离朱：古代一个视力非常好的人。⑤扑浅：扑应作"仆"，隐藏。"浅"字衍文。

[译文]

天下确定无误的道理有三条：一是聪明的人也有做不到的事，二是力气大的人也有不能举起的东西，三是强大的人也有不能战胜的东西。所以即使有尧那样的智慧，没有众人的帮助，也不能建立大的功业；有乌获那样的力量，没有人帮助，也不能把自己举起来；有孟贲、夏育那样的强悍，却没有正确的方法，也不能永远取胜。所以形势总有不能得到的，事情总有不能成就的。因此乌获觉得千钧的重量很轻，自己的身体很重，不是他的身子比千钧更重，而是形势不便；离朱看百步以外很容易，而看自己的眉睫很难，不是百步近而眉睫远，是因为道理上讲不通。所以圣明的君主不因为乌获不能举起自己就为难他，也不因为离朱不能看见自己的眉睫就为难他。依靠可以成功的形势，追求容易的道理，所以用的力气少而能功成名就。天时有盈有虚，事物有利有害，万物有生有死，君主因为这三种情况显出高兴或愤怒的神色，那么心如金石般坚贞的人也会离心离德了。圣贤把自己隐藏很深，所以圣明的君主观察别人，不让人观察自己。明白了尧不能独自成就功业，乌获不能举起自己，孟贲、夏育不能战胜自己，运用法术来观察臣下，观行的大道就完备了。

安危第二十五

安术有七,危道有六。

[译文]

使国家安定的方法有七个,使国家危难的途径有六条。

安术:一曰赏罚随是非;二曰祸福随善恶;三曰死生随法度;四曰有贤不肖而无爱恶;五曰有愚智而无非誉;六曰有尺寸而无意度;七曰有信而无诈。

[译文]

使国家安定的方法:一是奖赏和惩罚要依据对错来决定;二是祸福要依据善恶来决定;三是生死要依据法律来决定;四是根据实际判定贤能、不贤能,不根据自己的喜恶;五是只考虑他是愚昧的或是聪明的,不考虑别人的非议或赞誉;六是有客观标准来衡量,却不用私意来揣度;七是有诚信而没有欺诈。

危道:一曰斫削于绳之内;二曰断割于法之外;三曰利人之所害;四曰乐人之所祸;五曰危人于所安;六曰所爱不亲,所恶不疏。如此,则人失其所以乐生,而忘其所以重死。人不乐生则人主不尊,不重死则令不行也。

[译文]

使国家危难的途径：一是残杀在法律准绳之内的人民；二是在法律之外对人民的行为任意裁决；三是从人民的危害中获利；四是从人民的祸患中取乐；五是危害处在安全中的人；六是不亲近喜欢的人也不疏远厌恶的人。像这样做，那么人民就失去了乐于生存的环境，而忘却了重视死亡的原因。人们不乐于生存，君主就不尊贵；人们不重视死亡，法令就不能被施行了。

使天下皆极智能于仪表①，尽力于权衡，以动则胜，以静则安。治世使人乐生于为是，爱身于为非。小人少而君子多。故社稷常立，国家久安。奔车之上无仲尼，覆舟之下无伯夷。故号令者，国之舟车也。安则智廉生，危则争鄙②起。故安国之法，若饥而食，寒而衣，不令而自然也。先王寄理于竹帛，其道顺，故后世服。今使人去饥寒，虽贲、育③不能行；废自然，虽顺道而不立。强勇之所不能行，则上不能安。上以无厌责已尽，则下对无有，无有则轻法。法所以为国也而轻之，则功不立、名不成。闻古扁鹊之治其病也，以刀刺骨；圣人之救危国也，以忠拂④耳。刺骨，故小痛在体而长利在身；拂耳，故小逆在心而久福在国。故甚病之人利在忍痛，猛毅之君以福拂耳。忍痛，故扁鹊尽巧；拂耳，则子胥不失：寿安之术也。病而不忍痛，则失扁鹊之巧；危而不拂耳，则失圣人之意。如此，长利不远垂，功名不久立。

[注释]

①仪表：标准，准则。②鄙：见识浅陋。③贲、育：孟贲、夏育，古代著名的勇士。④拂：违逆。

[译文]

让天下人都在法律准绳之内尽力发挥自己的智慧和能力，在法律的规定内竭尽自己的力量，用来行动就会胜利，用来保持安静就能安稳。安定的社会使人民为生活快乐做好事,爱惜自己的身体而不违反法律。小人少而君子多,所以社稷能长久地设立,国家能长久安定。奔跑的车上没有孔子这样的人,倾覆的船下没有伯夷这样的人。所以号令就是国家的船和车。安定的时候,聪明和廉洁的人就会产生;危难的时候,争夺和贪婪的人就会出现。所以使国家安定的方法,就像饿了就吃饭,冷了就穿衣服,不需要命令而顺其自然。先王把法理记录在竹帛上,它的道理顺应了自然,所以后世的人遵从它。现在如果让人没有饥饿和寒冷,即使是孟贲、夏育也做不到;背离了自然,即使是先王之道也站不住脚。强制勇猛的人也做不到的事,君主就不能平安。君主用永不满足的贪欲来责求已经竭尽的人民,他们一定会说没有,什么也没有就轻视法律。法律是用来治国的,人民却轻视它,那么功业就不能建立,名声也不能成就。听说古代名医扁鹊治病的时候,用刀刺骨头;圣人拯救濒危的国家,用忠言违逆君主。刀刺骨头,所以身体有小痛而身体有长久的利益;忠言逆耳,所以心中有小的违逆而国家有长久的福泽。所以病得厉害的人由忍受疼痛而获利,刚猛坚毅的君主由逆耳的忠言而享福。能忍受疼痛,扁鹊就能竭尽自己的技巧;能听逆耳忠言,那么伍子胥就不会逃亡:这是使人长寿、使国家安定的方法。得了病却不能忍受疼痛,就会失去扁鹊的技巧;国家危难却不能听逆耳的忠言,就会失去圣人的拥护。这样一来,长久的利益不能流传后世,功名也不能树立了。

人主不自刻以尧而责人臣以子胥,是幸殷人之尽如比干。尽如比干则上不失、下不亡。不权其力而有田成,而幸其身尽如比干,故国不得一安。废尧、舜而立桀、纣,则人不得乐所长而忧所短。失所长则国家无功,守所短则民不乐生。以无功御不乐生,不可行于齐民①。如此,则上无以使下,下无以事上。

[注释]

①齐民：平民。

[译文]

君主不用尧为标准严格要求自己，却要求臣子像伍子胥那样忠心，这是希望殷商的人都像比干那样忠诚；人民都像比干那样忠诚，君主就不会失去君位，臣下也不会亡国。不权衡自己的力量，而又有田成这样危害君主的臣下，却希望他们都像比干一样忠心，所以国家没有一点安定。废弃了尧、舜这样的明君，确立桀、纣这样的暴君，那么人民就不能为擅长而欢乐，也不能为不擅长而忧虑。失去所擅长的，国家就不能建立功业；固守着不擅长，人民就不乐于生存。以没有功业的形势来驾驭不乐于生存的人民，这种方法在百姓中行不通。这样一来，君主就没有办法驱使臣下，臣下就没有办法侍奉君主了。

安危在是非，不在于强弱。存亡在虚实，不在于众寡。故齐，万乘也，而名实不称，上空虚于国内，不充满于名实，故臣得夺主。杀①，天子也，而无是非，赏于无功；使谗谀，以诈伪为贵；诛于无罪，使伛②以天性剖背；以诈伪为是，天性为非，小得胜大。

[注释]

①杀：应为"桀"。②伛：驼背。

[译文]

安危在分清是非，而不在于强弱。存亡在于分清虚实，而不在于多少。所以齐国是有万辆兵车的大国，可是名声和实情却不相称，君主在国内空虚，在名声和实权上都不充实，所以臣下会夺得君主的位置。桀是天子，却没有是非标准，奖赏没有功劳的人；任用谗毁、阿谀的人，让欺诈虚伪的人取得尊贵的位置；惩罚没有罪的人，驼背的人因为天生残疾而被剖开脊背；把欺诈虚伪当做正确的，却把天性当做错误的，所以小的国家可以战胜强大的国家。

明主坚内，故不外失。失之近而不亡于远者，无有。故周之夺殷也，拾遗于庭。使殷不遗于朝，则周不敢望秋毫于境，而况敢易位乎。

[译文]

圣明的君主坚守内政，所以对外就不会有损失。身边的事有了失误，却不被远方的人灭亡的君主，是没有的。所以周夺得了殷商的天下，就像在庭院中捡掉了的东西一样。假如殷在朝廷上没有失误，那么周就连殷商境内的一丝一毫也不敢正视，更何况是取代君主的位置呢？

明主之道忠①法，其法忠心。故临之而法，去之而思。尧无胶漆之约于当世而道行，舜无置锥之地于后世而德结。能立道于往古，而垂德于万世者之谓明主。

[注释]

①忠：通"中"，符合。

[译文]

明君的统治方法符合于法律，他的法律符合于民心。所以臣民被统治的时候就遵守法令，离开了他就思念他。尧和当时的人并没有牢固的盟约，可是他的统治方法却能实行，舜在后世没有立锥之地，可是他的恩德却能被人记在心里。能在古代确立统治的方法，而恩德流传万代之后的，就是圣明的君主。

守道第二十六

圣王之立法也，其赏足以劝善，其威足以胜暴，其备足以必完法。治世之臣，功多者位尊，力极者赏厚，情尽者名立。善之生如春，恶之死如秋，故民劝极力而乐尽情，此之谓上下相得。上下相得，故能使用力者自极于权衡①，而务至于任鄙②；战士出死，而愿为贲、育③；守道者皆怀金石之心，以死子胥之节。用力者为任鄙，战如贲、育，中为金石，则君人者高枕而守已完矣。

[注释]

①权衡：权，秤锤；衡，秤杆。权衡代指法度。②任鄙：秦武王手下的大力士。③贲、育：孟贲，夏育，古代著名的勇士。

[译文]

圣明的帝王建立法律，他的奖赏足以鼓励善举，他的威力足以制伏暴行，他的措施足以使法制完善。太平盛世的臣子，功劳多的人地位尊显，做事尽力的人奖赏丰厚，竭尽忠心的人就能树立声名。善行的生长好像春天草木滋生，恶行的消亡好像秋天百草凋零，所以人民互相勉励要尽力办事，乐于向君主竭尽忠心，这就叫君臣和睦相处。君臣和睦相处，所以能让出力的人在法律范围内竭尽全力，而致力于达到大力士任鄙的水平；战士外出卖命，愿意成为孟贲、夏育那样的勇士；维护法制的人都怀有金石般坚定的忠心，像伍子胥一样尽忠死节。出力的人像任鄙一样，战士如同孟贲和夏育般勇猛，心中如同金石般坚定，那么君主就可以高枕无忧，而用来守卫自己的设施就完备了。

古之善守者，以其所重禁其所轻，以其所难止其所易。故君子与小人俱正，盗跖与曾、史①俱廉。何以知之？夫贪盗不赴溪而掇金，赴溪而掇金则身不全；贲、育不量敌则无勇名，盗跖不计可则利不成。明主之守禁也，贲、育见侵于其所不能胜，盗跖见害于其所不能取。故能禁贲、育之所不能犯，守盗跖之所不能取，则暴者守愿②，邪者反正。大勇愿，巨盗贞，则天下公平，而齐民之情正矣。

[注释]

①曾、史：曾参、史鱼，都是正直的人。②愿：谨慎。

[译文]

古代善于守卫的，用重刑来禁止轻罪，用难以忍受的刑罚来禁止容易犯的罪过。所以君子和小人都行为端正，盗跖和曾参、史鱼都是清廉的。凭什么知道这一点呢？那贪婪的盗贼不会到深涧中拾取黄金，到深涧中拾取黄金就不能保全自身；孟贲、夏育如果不先估量敌人，就不会有勇猛的名声；盗跖不考虑成功与否就不能得到利益。圣明的君主掌握禁令，孟贲、夏育在他们不应该取胜的地方取胜就会受制裁，盗跖在他不应该取利的地方取利就要受惩罚。所以能禁止孟贲、夏育不该侵犯的地方，守卫盗跖不该取利的地方，那么暴戾的人就会谨慎，邪恶的人返回正路。勇猛的人谨慎了，大盗正直了，那天下就公平了，而平民的思想就归于正道了。

人主离法失人，则危于伯夷不妄取，而不免于田成、盗跖之耳①可也。今天下无一伯夷，而奸人不绝世，故立法度量。度量信则伯夷不失是，而盗跖不得非。法分明则贤不得夺不肖，强不得侵弱，众不得暴寡。托天下于尧之法，则贞士不失分，奸人不徼幸。寄千金于羿之矢，则伯夷不得亡，而盗跖不敢取。尧明于不失奸，故天下无邪；羿巧于不失发，故千金不亡。邪人不寿而盗跖止，如此，故图不载宰予，不举六卿；书不著子胥，不明夫差。孙、吴②之略废，盗跖之心伏。人主甘服③于玉堂之中，而无瞋目切齿倾取之患。人臣垂拱于金城之内，而无扼捥聚唇嗟嗞④之祸。服虎而不以柙⑤，禁奸而不以法，塞伪而不以符，此贲、育之所患，尧、舜之所难也。故设柙非所以备鼠也，所以使怯弱能服虎也；立法非所以备曾、史也，所以使庸主能止盗跖也；为符非所以豫⑥尾生也，所以使众人不相谩⑦也。不独恃比干之死节，不幸乱臣之无诈也；恃怯之所能服，握庸主之所易守。当今之世，为人主忠计，为天下结德者，利莫长于此。故君人者无亡国之图，而忠臣无失身之画。明于尊位必赏，故能使人尽力于权衡，死节于官职；通贲、育之情，不以死易生；惑于盗跖之贪，不以财易身；则守国之道毕备矣。

[注释]

①耳：应为"取"。②孙、吴：孙子、吴起，古代著名军事家。③甘服：甘美的食物和华美的衣服。④嗟（jiē）嗞（jiē）：悲叹。⑤柙：笼子。⑥豫：防备。⑦谩：欺骗。

[译文]

君主背离法制失去民心，那即使是遇到伯夷这样不想取得君位的人也会危险，也不会免于田成、盗跖的夺取。现在天下没有一个伯夷这样的人，而奸邪的人却不能断绝，所以要设立法度。法度确立了，那么伯夷不会改变好的行事，盗跖也不能为非作歹。法律分明了，贤能的人不能侵夺不贤能的人，强大的人不能侵犯弱小的人，人多的不敢欺凌人少的。把天下寄托在尧那样公平的法律里，那么正直的人不会失去本分，奸邪的人不侥幸躲避惩罚。把千金放在羿的箭下保护，那么伯夷不会丢失，即使盗跖也不敢夺取。尧的圣明在于不放过奸邪的人，所以天下没有奸邪；羿的灵巧在于箭无虚发，所以千金不会失去。奸邪的人活不长，所以盗跖就停止了偷盗。这样一来，图书上就不会记载宰予，不列举六卿；书上不记录伍子胥，不写明夫差。孙子、吴起的谋略被废止，盗跖的贪心被压制。君主在华美的宫殿里锦衣玉食，而没有怒目切齿被篡国的祸患；臣下在坚固的都城里从容管理，也不会遭受意外，扼腕叹息的灾难。制伏老虎却不用笼子，禁止奸邪却不用法律，杜绝诈伪却不用符信，这是孟贲、夏育这样的勇士都觉得忧虑的事，也是尧、舜都觉得为难的事。所以设立笼子，不是用来防备老鼠的，而是用来使怯懦弱小的人也能制伏老虎的；设立法律，不是用来防备曾参、史鱼这样的正人君子，而是用来使平庸的君主能禁止盗跖这样的大盗的；使用符信，不是用来防备尾生这样的诚信的人，而是用来使众人不互相欺骗的。不能单单依靠比干那样为君主尽忠，不能侥幸地希望乱臣不欺诈君主；应该依靠使懦弱的人能制伏老虎的"笼子"，掌握平庸的君主也容易把握的法制。当今的社会，没有比为君主忠心地谋划、为天下积德的利益更长久的了。所以君主没有面临亡国的忧虑，忠臣也没有危及自身的谋划。申明尊重君位的人一定能受到奖赏，所以能让人在法律范围内竭尽全力，为官职能以身殉职。和孟贲、夏育的感情相通，也不会以死易生；被盗跖的贪欲所迷惑，也不会以财易身；那么确保国家的大道就完备了。

用人第二十七

闻古之善用人者，必循天顺人而明赏罚。循天则用力寡而功立，顺人则刑罚省而令行，明赏罚则伯夷、盗跖不乱。如此，则白黑分矣。治国之臣，效功于国以履位，见能于官以受职，尽力于权衡①以任事。人臣皆宜其能，胜其官，轻其任，而莫怀余力于心，莫负兼官之责于君。故内无伏怨之乱，外无马服②之患。明君使事不相干，故莫讼；使士不兼官，故技长；使人不同功，故莫争。争讼止，技长立，则强弱不觳③力，冰炭不合形④，天下莫得相伤，治之至也。

[注释]

①权衡：权，秤锤。衡，秤杆。权衡，代指法度。②马服：赵国马服君赵括，在对秦国的战争中兵败被杀。③觳：通"角"。④形：通"型"，器物。

[译文]

听说古代善于用人的人，一定要遵循自然规律、顺应人情而申明赏罚制度。遵循自然规律，那么即使用力少，功业也可以建立；顺应人情，那么即使刑罚简省，命令也能推行；申明赏罚制度，那么伯夷这样的贤人和盗跖这样的强盗就不会混淆。这样一来，就黑白分明了。安定的国家中的臣子，效力于国家来履行职守，在官职上表现贤能来得到职务，在法度规定内竭尽全力来担任职事。臣子都能适应自己的才能，胜任自己的官职，轻松地担当大任，而没有保存多余的力量，对君主不负兼官的责任。所以对内潜藏的怨恨造成祸患，对外没有像马服君赵括那样兵败的祸患。圣明的君主让臣下的职事不互相干扰，所以没有争讼；让臣子不兼任官职，所以技能会长进；使人们不为同一件事建功，所以没有争功。争讼被止息，个人技能长进，那么强者和弱者就不会去角力，冰和炭就不会放在同一个容器里，天下的人都不能互相伤害，这是治理国家的极致啊！

释法术而心治，尧不能正一国。去规矩而妄意度，奚仲不能成一轮。废尺寸而差①短长，王尔不能半中②。使中主守法术，拙匠守规矩尺寸，则万不失矣。君人者，能去贤巧之所不能，守中拙之所万不失，则人力尽而功名立。

[注释]

①差：区别。②中：符合。

[译文]

放弃法治，用主观心意来治理国家，即使是尧也不能治理好一国。舍弃了直尺和圆规，随意揣度，即使是奚仲这样的巧匠也不能做成一个轮子。废弃了尺寸的标准而区别长短，即使是王尔这样的巧匠也不能有一半合于度量。让中等的君主遵守法治，笨拙的工匠遵守规矩尺寸的标准，那么就万无一失了。做君主的，能够抛弃贤君和巧匠都做不到的方法，遵守让中等君主和笨拙的工匠都万无一失的方法，就可以竭尽民力而树立功名。

明主立可为之赏，设可避之罚。故贤者劝赏而不见子胥之祸，不肖者少罪而不见伛①剖背，盲者处平而不遇深溪，愚者守静而不陷险危。如此，则上下之恩结矣。古之人曰："其心难知，喜怒难中也。"故以表②示目，以鼓语耳，以法教心。君人者释三易之数而行一难知之心，如此，则怒积于上，而怨积于下，以积怒而御积怨则两危矣。明主之表易见，故约立；其教易知，故言用；其法易为，故令行。三者立而上无私心，则下得循法而治，望表而动，随绳而斫，因攒③而缝。如此，则上无私威之毒，而下无愚拙之诛。故上君明而少怒，下尽忠而少罪。

[注释]

①伛：驼背的人。②表：立木为标志。③攒：缝衣服时折叠要缝的地方作为标记。

[译文]

圣明的君主设立可以得到的赏赐，设立可以避开的刑罚。所以贤能的人被奖赏所勉励，而没有伍子胥那样的灾祸；不贤能的人也能减少犯罪，而不会出现驼背的人被剖开脊背的事。就好像盲人处在平地而不会遇到深的山谷，愚蠢的人保持安静就不会陷入危险。这样一来，君臣之间的恩情就结成了。古人说："他的心难以知道，喜怒难以猜中。"所以用表情来提示眼睛，用鼓来呼唤耳朵，用法来规范人心。做君主的，如果放弃了这三个容易的方法，而施行一种难以了解的心思，这样一来，就会在君主一方积累了愤怒，而在臣下一方积累了怨恨；以积累的愤怒来统治积累的怨恨，那么双方就都危险了。圣明的君主的表情是容易看见的，所以和臣民的约定就树立；教导是容易理解的，所以言论能被臣民所使用；法律是容易遵守的，所以法令能够推行。这三者树立起来，君主没有了私心，那么臣下就可以遵循法律来治理政事，就像看着表情来行动，随着墨线而砍削，凭借折叠的印记来缝衣服。这样一来，君主就不会用私人威势给人民带来毒害，臣下也不会因为愚昧笨拙而遭受处罚。所以君主圣明而很少发怒，臣下尽忠而很少有罪责。

闻之曰："举事无患者，尧不得也。"而世未尝无事也。君人者不轻爵禄，不易富贵，不可与救危国。故明主厉①廉耻，招仁义。昔者介子推无爵禄而义随文公，不忍口腹而仁割其肌，故人主结其德，书图著其名。人主乐乎使人以公尽力，而苦乎以私夺威。人臣安乎以能受职，而苦乎以一负二。故明主除人臣之所苦，而立人主之所乐。上下之利，莫长于此。不察私门之内，轻虑重事，厚诛薄罪，久怨细过，长侮偷快，数以德追祸，是断手而续以玉也，故世有易身之患。

[注释]

①厉：高举。

[译文]

我听说："做事不出问题，即使是尧也做不到。"而世上没有平安无事的时候。做君主的如果不轻视爵禄、富贵而赏赐臣下，那就不能救国。所以圣明的君主推行廉耻，提倡仁义。过去介子推没有爵禄，以仁义追随晋文公，不忍心让文公饿肚子，于是仁爱地割下腿肉给文公吃，所以君主铭记他的恩德，在书籍图册上记载他的名字。君主乐于让人为公家尽力，而苦于被臣下谋私利夺去威势。臣下安于凭借能力接受职务，而苦于一个人接受两种职务。所以圣明的君主去除臣下认为苦恼的，而树立君主之所安乐的。君臣间的利益，没有比这个更长远的了。不能明察大臣私家的事，轻率地考虑重大事件，加重惩罚有小过失的人，长久地怨恨细小的过错，经常欺侮臣下以图一时之快，多次用恩德来补偿给别人带来的祸患，这就像砍断了手又用玉去接续一样，所以世间有君主被取代的危险。

人主立难为而罪不及，则私怨生；人臣失所长而奉难给，则伏怨结。劳苦不抚循，忧悲不哀怜。喜则誉小人，贤不肖俱赏；怒则毁君子，使伯夷与盗跖俱辱。故臣有叛主。

[译文]

君主设立难以达到的标准，而处罚做不到的人，那么臣下就会产生私怨；臣下失去所擅长的工作，而从事于难以胜任的事，那么臣下就会结成潜恨。劳苦不加以安抚慰问，忧伤和悲哀也不加以同情怜悯；高兴了就赞誉小人，贤能和不贤能的人都受到赏赐；生气了就诋毁君子，让伯夷和盗跖一起受辱。所以有大臣背叛君主。

使燕王内憎其民而外爱鲁人，则燕不用而鲁不附。民见憎，不能尽力而务功；鲁见说①，而不能离死命而亲他主。如此，则人臣为隙穴，而人主独立。以隙穴之臣而事独立之主，此之谓危殆。

[注释]
①说：通"悦"。

[译文]
如果燕王对内憎恶自己的人民，对外喜欢鲁国人；那么燕就不为他所用，鲁也不会依附他。人民被憎恶，就不能尽力来建立功业；鲁国人被喜欢，却不能不顾生命危险去亲近别国的君主。这样一来，臣下就会像墙上的缝隙一样成为隐患，而君主被孤立。用成为隐患的臣下来侍奉孤立的君主，这就叫做危险。

释仪的①而妄发，虽中小不巧；释法制而妄怒，虽杀戮而奸人不恐。罪生甲，祸归乙，伏怨乃结。故至治之国，有赏罚，而无喜怒，故圣人极②；有刑法而死，无螫③毒，故奸人服。发矢中的，赏罚当符，故尧复生，羿复立。如此，则上无殷、夏之患，下无比干之祸，君高枕而臣乐业，道蔽天地，德极万世矣。

[注释]
①仪的：箭靶。②极：竭尽智能。③螫（shì）：愤怒。

[译文]
抛开箭靶来随意射箭，即使射中小东西也不算技巧；抛开法制

随便发怒,即使杀了人,奸人也不会害怕。罪过产生于甲,祸患却归于乙,就会结下潜藏的怨恨。所以治理得好的国家,有赏罚制度,却不依靠君主的个人喜怒,所以圣人竭尽智能;有因受刑罚而死的人,却没有因为君主愤怒杀人的,所以奸人被制伏。射箭中靶,赏罚符合制度,就像尧再生、羿再生一样。这样一来,君主就不会有商纣、夏桀那样的祸患,臣下也不会有比干那样的灾祸,君主高枕无忧而臣下安居乐业,大道充实天下,恩德流传万世。

夫人主不塞隙穴,而劳力于赭垩①,暴雨疾风必坏。不去眉睫之祸,而慕贲、育②之死;不谨萧墙③之患,而固金城于远境;不用近贤之谋,而外结万乘之交于千里。飘风一旦起,则贲、育不及救,而外交不及至,祸莫大于此。当今之世,为人主忠计者,必无使燕王说鲁人,无使近世慕贤于古,无思越人以救中国溺者,如此,则上下亲,内功立,外名成。

[注释]

①赭(zhě)垩(è):赭,红土。垩,白土。都用作涂料。②贲、育:孟贲、夏育,古代著名的勇士。③萧墙:宫内作为屏障的短墙。

[译文]

君主不堵塞墙上的缝隙洞穴,却致力于外表的彩色涂饰,遇到狂风暴雨就一定会毁坏。不去除迫在眉睫的祸患,却仰慕孟贲、夏育之类的死士;不谨防内部的祸患,却去加固边境的城堡;不用亲近的贤人的计谋,却去对外结交千里之外的大国。暴风一旦兴起,那么即使是孟贲、夏育也来不及解救,而国外的盟友也来不及赶到,祸患没有比这个更大的了。当今的社会,为君主忠心谋划的人,一定不要让君主像燕王那样去喜欢鲁国人,不要让当代的君主去仰慕古代的贤人,不要考虑让远方的越国人来救中原的溺水者,这样一来,就能使君臣相互亲近,对内建立功业,对外成就美名。

功名第二十八

明君之所以立功成名者四：一曰天时，二曰人心，三曰技能，四曰势位。非天时虽十尧不能冬生一穗，逆人心虽贲、育不能尽人力。故得天时则不务而自生，得人心则不趣①而自劝，因技能则不急而自疾，得势位则不进而名成。若水之流，若船之浮，守自然之道，行毋穷之令，故曰明主。

[注释]

①趣：通"促"。

[译文]

圣明的君主用来立功成名的条件有四个：一是天时，二是民心，三是技能，四是权势地位。不得天时，即使有十个尧也不能让禾苗冬天长穗；背逆了民心，即使是孟贲、夏育也不能竭尽气力。所以得到了天时，即使不去经营庄稼也会生长；得到了民心，即使不加催促，人民自然会努力；凭借技能，即使不急于成功，事情自然速度加快；得到了权势地位，即使不刻意进取，也能有好的名声。就像水的流动，就像船的漂浮，遵循自然的规律，推行不会通行无阻的法令，所以叫做圣明的君主。

夫有材①而无势，虽贤不能制不肖。故立尺材于高山之上，则临千仞之溪,材非长也,位高也。桀为天子,能制天下,非贤也,势重也;尧为匹夫,不能正三家,非不肖也,位卑也。千钧②得船则浮,锱铢③失船则沉,非千钧轻锱铢重也,有势之与无势也。故短之临高也以位,不肖之制贤也以势。人主者,天下一力以共载之,故安;众同心以共立之,故尊。人臣守所长,尽所能,故忠以尊主。主御忠臣,则长乐生而功名成。名实相持而成,形影相应而立,故臣主同欲而异使。人主之患在莫之应,故曰:"一手独拍,虽疾无声。"人臣之忧在不得一,故曰:"右手画圆,左手画方,不能两成。"故曰:至治之国,君若桴,臣若鼓,技若车,事若马。故人有余力易于应,而技有余巧便于事。立功者不足于力,亲近者不足于信,成名者不足于势。近者已亲,而远者不结,则名不称实者也。圣人德若尧、舜,行若伯夷,而位不载于世,则功不立,名不遂。故古之能致功名者,众人助之以力,近者结之以成④,远者誉之以名,尊者载之以势。如此,故太山之功长立于国家,而日月之名久着于天地。此尧之所以南面而守名,舜之所以北面而效功也。

[注释]

①材:通"才"。②千钧:古代以三十斤为一钧,千钧指很重的东西。③锱铢:重量单位,一两是二十四铢,一锱是六铢。④成:通"诚"。

[译文]

有了才能却没有权势,即使贤能的人也不能制伏不贤能的人。所以在高山上树立一尺长的木材,就能俯视千仞的深谷,不是因为木材长,而是因为它所处的位置高。桀做了天子,能控制天下,不是因为他贤能,是因为他的权势重;尧作为普通百姓,连三家人也不能管理好,不是他不贤能,而是他的地位卑下。千钧重担,有船就能浮起,锱铢无船也会沉没,不是千钧轻而锱铢重,是因为有所无势(船)的凭借。所以短小的东西凭借位置来俯视高大的东西,不贤能的人凭借权势来制伏贤能的人。做君主的，天下人一起努力来承载他，所以就能安稳；民众同心来推举他，所以就能尊贵。臣下坚持自己擅长的，竭尽自己的能力，这就是忠。以尊贵的君主统治忠臣，那么就能产生长久的安乐、成就功业和名声。名称和实际互相依赖才成，形体和影子互相对应才立，所以君臣欲望相同，却有不同的使命。君主的祸患在于没有臣下响应，所以说："一只手独自拍击，即使动作快也没有声音。"臣下的忧患在于不能专一，所以说："左手画圆、右手画方，两者不能同时画成。"所以说：治理得非常好的国家，君主如同鼓槌，臣下如同鼓，技能如同车，政事如同马。所以人有多余的力量就容易响应，有超常的技巧就便于处理政事。想要立功的人力量不足。和君主亲近的人不值得信赖，想成就好名声的威势不足。近处的人虽然已经亲近了，可是远方的人还没有团结，那就是名不副实了。圣人的恩德好像尧、舜一样，品行像伯夷一样，可是君主的位置得不到世人的拥戴，那功业就无法建立，名声也不能成就。所以古代能建立功名的，民众都用力量来帮助他，近处的人用真诚来结交他，远处的人拿名声来赞誉他，尊贵的人用权势来拥戴他。这样一来，就可以在国中树立像泰山那样的功劳，可以在天地之间保持像日月那样的名声。这就是尧做君主时能够保守名声，而舜做臣子时能够建立功绩的原因啊！

大体第二十九

古之全大体者：望天地，观江海，因山谷，日月所照，四时所行，云布风动；不以智累心，不以私累己；寄治乱于法术，托是非于赏罚，属轻重于权衡；不逆天理，不伤情性；不吹毛而求小疵，不洗垢而察难知；不引绳之外，不推绳之内；不急法之外，不缓法之内；守成理，因自然；祸福生乎道法，而不出乎爱恶，荣辱之责在乎己，而不在乎人。故至安之世，法如朝露，纯朴不散；心无结怨，口无烦言。故车马不疲弊于远路，旌旗不乱于大泽，万民不失命于寇戎，雄骏①不创寿于旗幢；豪杰不著名于图书，不录功于盘盂②，记年之牒③空虚。故曰：利莫长于简，福莫久于安。使匠石以千岁之寿操钩，视规矩，举绳墨，而正太山；使贲、育④带干将而齐万民；虽尽力于功，极盛于寿，太山不正，民不能齐。故曰：古之牧天下者，不使匠石极巧以败太山之体，不使贲、育尽威以伤万民之性。因道全法，君子乐而大奸止；澹然闲静，因天命，持大体，故使人无离⑤法之罪，鱼无失水之祸。如此，故天下少不可。

[注释]

①骏：通"俊"。②盘盂：都是圆形的青铜器，古人常在上面刻字，来记录功绩。③牒：用来写字的木片。④贲、育：孟贲、夏育，古代著名的勇士。

⑤离：通"罹"，遭受。

[译文]

古代把握大局的人：远望天地，观察江海，顺应山谷，日月光照，四时变化，观察云的分布和风的吹动；不让智巧使心劳累，不让私欲连累自己；把国家的安定和混乱寄托在法治上，把事情的对错寄托在赏罚上，把物品的轻重寄托在权衡上；不违背天理，也不伤害人的本性；不吹毛求疵，不洗去污垢来观察隐密的东西；既不把墨线拉到外面，也不把墨线推到里面；不苛求法律之外的事，也不宽缓法律以内的事；守着已经确立的原则，顺应自然；祸福产生于是否遵循道法，而不是出于个人的好恶；荣辱的责任在于自己，而不在于别人。所以最安定的社会，法律就像早晨的露水，纯朴而不散乱；内心没有积聚的怨恨，口中没有争吵的言辞。所以车马不疲劳地奔跑于远方，旌旗不在沼泽里因战败混乱，百姓不因战争而丧命，俊杰的人才不夭折在战旗之下；豪杰不把名字记录在图书上，不把功绩铭刻在盘子上，编年的史册无事可记。所以说：利益没有比简朴更长久的了，幸福没有比安定更长久的了。让匠石用千岁的寿命，拿着钩子、看着规矩、举着墨线，去矫正泰山；让孟贲、夏育身佩干将这样的利剑，来治理百姓；即使竭尽技巧，又特别长寿，泰山也不能校正，人民也不能治理好。所以说：古代治理天下的人，不让匠石竭尽技巧来破坏泰山的形体，不让孟贲、夏育用尽勇力来伤害万民的本性。因循客观规律保全法律，君子感到快乐，而大奸臣被禁止；淡然闲静，顺应天命，把握大局。所以让人不会因犯法而受罪，鱼不会因离开水而遇祸。像这样，天下少有不能成功的。

上不天则下不遍覆，心不地则物不毕载。太山不立好恶，故能成其高；江海不择①小助，故能成其富。故大人寄形于天地而万物备，历心于山海而国家富。上无忿怒之毒，下无伏怨之患，上下交扑，以道为舍。故长利积，大功立，名成于前，德垂于后，治之至也。

[注释]

①择：通"释"，舍弃。

[译文]

君主不能像天那样广大，就不能覆盖四海；心不能像地一样广博，就不能包容万物。泰山对土石没有好恶之心，所以能成就自己的高大；江海不拒绝小的水流，所以能成就自己的浩瀚。所以大人把形体寄托于天地，使万物都具备于自身，使心像山海那样，所以国家富有。君主不因愤怒毒害臣下，臣下也不因怨恨危害君主。君臣上下都返朴归真，把大道作为依归。所以长久的利益积累起来，大的功业建立了，生前成就了美名，恩德流传后世，这是治理国家的极致啊！

内储说上第三十

主之所用也七术,所察也六微。七术:一曰众端参观;二曰必罚明威;三曰信赏尽能;四曰一听责下;五曰疑诏诡使;六曰挟知而问;七曰倒言反事。此七者,主之所用也。

[译文]

君主治理臣下要用七种方法,要考察六种细微的情况。七种方法:一是多方验证来考察臣子;二是对罪犯一定加以惩罚以显示威严;三是对功臣一定要奖赏来使臣子竭尽才能;四是逐一听取臣子的言论来监督臣子;五是利用疑虑的命令和诡诈的差遣督促臣子;六是拿自己已经知道的东西来询问臣子来测试他们是否忠诚;七是说相反的话、做相反的事来刺探臣子的阴谋。这七种方法,是君主应该使用的。

观听不参则诚不闻,听有门户则臣壅塞。其说在侏儒之梦见灶,哀公之称"莫众而迷"。故齐人见河伯,与惠子之言"亡其半"也。其患在竖牛之饿叔孙,而江乙之说荆俗也。嗣公欲治不知,故使有敌。是以明主推积铁之类,而察一市之患。

参观一[①]

[注释]

①参观一：这是上面一节文字的标题，古代标题放在文末，译文时以现代语言习惯移至前面。

[译文]

第一，参验观察臣子言行

对臣子的观察和听取如果不与事实验证，就不能了解真实情况，听取意见只有一条门路，就被臣子蒙蔽。其说在侏儒梦见灶，鲁哀公称"莫众而迷"。所以齐人让君主看见河伯，而惠施说"亡一半"。它的祸害在于竖牛饿死了叔孙，江乙解说楚国的风俗。卫嗣公想治理好国家，可是不懂得方法，所以让臣子互相对立。因此明主由积铁防箭推论出治国之道，来明察市人说假话的祸害。

爱多者则法不立，威寡者则下侵上。是以刑罚不必则禁令不行。其说在董子之行石邑，与子产之教游吉也。故仲尼说陨霜，而殷法刑弃灰；将行①去乐池，而公孙鞅重轻罪。是以丽水之金不守，而积泽之火不救。成欢以太仁弱齐国，卜皮以慈惠亡魏王。管仲知之，故断死人；嗣公知之，故买胥靡。

必罚二

[注释]

①将（jiàng）行：领队。

[译文]

第二，对犯罪一定惩罚

慈爱过多，法令就不能树立；威势少的，下级就侵犯上级。所以刑罚不能坚决实行，禁令就不能推行。其说在董安于巡视石邑和子产教导游吉。所以孔子解释落霜，殷商的法律惩罚在路上倒灰；领队离开了乐池，而公孙鞅对轻罪实行重罚。因此丽水的金子不能守住，积泽的大火也不能被扑灭。成欢认为齐王过于仁慈削弱了齐国，卜皮认为魏王太慈爱使他灭亡。管仲知道这个道理，所以惩罚死人；卫嗣公知道这个道理，所以重价收买逃亡的奴隶。

赏誉薄而谩①者下不用，赏誉厚而信者下轻死。其说在文子称"若兽鹿"。故越王焚宫室，而吴起倚车辕，李悝断讼以射，宋崇门以毁死。勾践知之，故式②怒蛙；昭侯知之，故藏弊袴③。厚赏之使人为贲、诸④也，妇人之拾蚕，渔者之握鳣⑤，是以效之。

赏誉三

[注释]

①谩：欺骗。②式：通"轼"，古代车厢前横着的扶手。低头伏在轼上，是表示敬意。③袴：裤子。④贲（bēn）、诸：孟贲、专诸，古代著名的勇士。⑤鳣，通"鳝"，鳝鱼。

[译文]

第三，对有功的人一定奖赏

奖赏微薄而又不能实现，臣子就不为所用；奖赏丰厚而诚信的，臣子就视死如归。其说在文子所说的"若兽鹿"。所以越王焚烧宫殿，而吴起将车辕立在门外，李悝用射箭来决断诉讼，宋国崇门的人因为哀毁而死。勾践知道这个道理，所以尊敬愤怒的青蛙；韩昭侯知道这个道理，所以收藏起旧的裤子。丰厚的奖赏使人成为孟贲、专诸，妇人捉蚕，渔人抓鳝鱼，正是说明这一点。

一听则智愚不分①，责下则人臣不参。其说在"索郑②"与"吹竽"。其患在申子之以赵绍、韩沓为尝试。故公子氾议割河东，而应侯谋弛上党。

一听四

[注释]

①不分："不"字应为衍文。②郑：此处指韩国。

[译文]

第四，一一听取臣下意见

一一听取臣下意见，就能分辨贤愚；善于监督臣下，臣下就不能混淆君主的视听。其说在"索郑"和"吹竽"。它的祸患在于申子用赵绍、韩杳来试探韩昭侯。所以公子氾建议割让河东，而应侯范雎建议放弃上党。

数见久待而不任，奸则鹿散。使人问他则不鬻私。是以庞敬还公大夫①，而戴欢诏视辒车②。周主亡玉簪，商太宰论牛矢③。

诡使五

[注释]

①公大夫：管理市场的关员的头领。②辒（wēn）车：卧车。③矢：通"屎"。

[译文]

第五，发出使臣下猜疑的命令

多次召见臣下而让他们久等却不加以任用，奸臣就像受惊的鹿一样散去。让人办事的时候询问其他事，他们就不会谋划私利。因此庞敬召还了公大夫，戴欢命令人侦察卧车。周王故意丢失玉簪，宋国太宰断言有牛屎。

挟智而问，则不智者至；深智一物，众隐皆变①。其说在昭侯之握一爪也。故必南门而三乡②得。周主索曲杖而群臣惧，卜皮事庶子，西门豹详③遗辖。

挟智六

[注释]

①变：通"辨"。②乡：通"向"，方向。③详：通"佯"。

[译文]

第六,拿自己知道的事询问臣下

拿自己知道的事询问臣下,那么不知道的事也可以知道了;精通地了解一件事,其他不知道的事也可以分辨了。其说在韩昭侯握着一只指甲。所以确定了南门的情况,其他三个门的情况也就知道了。周王索要弯曲的拐杖,群臣就害怕了;卜皮服侍御史的小老婆,西门豹假装丢失了车辖。

倒言反事以尝所疑则奸情得。故阳山谩樛竖,淖齿为秦使,齐人欲为乱,子之以白马,子产离讼者,嗣公过关市。

倒言七

右经①

[注释]

①右经:古代从右自左竖行书写,"右"指上文。

[译文]

第七,说相反的话、做相反的事

说相反的话、做相反的事,来试探自己怀疑的人,就可以得知他们的奸谋。所以阳山欺骗樛竖,淖齿假扮秦国使者,齐国人想要作乱就驱逐自己所喜爱的人,子之假说有白马跑出东门,子产隔离开诉讼双方,卫嗣公命人假扮客商通过关口上的集市。

上面是经文。

说一

卫灵公之时,弥子瑕有宠,专于卫国。侏儒有见公者曰:"臣之梦践矣。"公曰:"何梦?"对曰:"梦见灶,为见公也。"公怒曰:"吾闻见人主者梦见日,奚为见寡人而梦见灶?"对曰:"夫日兼烛天下,一物不能当也;人君兼烛一国,一人不能壅也。故将见人主者梦见日。夫灶一人炀①焉，则后人无从见矣。今或者一人，有炀君者乎？则臣虽梦见灶，不亦可乎！"

[注释]

①炀：此处指向火取暖。下文"炀君"，指蒙蔽君主。

[译文]

对"经一"的解说

卫灵公的时候，弥子瑕受宠爱，在卫国专权。有个侏儒见到灵公，说："臣的梦应验了。"灵公问："什么梦？"回答说："我梦见了灶，就是因为要见到您了。"灵公生气地说："我听说见到君主的人梦见太阳，为什么见到我却梦见灶呢？"回答说："太阳普照天下，一个东西是挡不住的；君主普照一国，一个人不能蒙蔽他。所以将要见到君主的人才会梦见太阳。那灶前有一个人向火取暖，后面的人就看不见光亮了。现在或许有一个人蒙蔽了您吧？那我就算是梦见灶，不也是可以的吗？"

鲁哀公问于孔子曰："鄙谚曰：'莫众而迷。'今寡人举事，与群臣虑之，而国愈乱，其故何也？"孔子对曰："明主之问臣，一人知之，一人不知也。如是者，明主在上，群臣直议于下。今群臣无不一辞同轨乎季孙者，举鲁国尽化为一，君虽问境内之人，犹不免于乱也。"

[译文]

鲁哀公问孔子说："俗语说：'没有人合计就会迷惑。'现在我要做一件事，和群臣商议，但是国家更混乱，这是为什么？"孔子说："圣明的君主问臣下，如果有人知道，就会有人不知道。像这样，圣明的君主在上，群臣可以在下直率地议论。现在群臣众口一词赞同季孙，整个鲁国都成了一个人一样，君主即使问了国内所有的人，也难免混乱。"

一曰：晏子聘鲁，哀公问曰："语曰：'莫三人而迷。'今寡人与一国虑之，鲁不免于乱，何也？"晏子曰："古之所谓'莫三人而迷'者，一人失之，二人得之，三人足以为众矣，故曰'莫三人而迷'。今鲁国之群臣以千百数，一言于季氏之私，人数非不众，所言者一人也，安得三哉？"

[译文]

另一种说法：晏子出使鲁国，鲁哀公问他："俗语说：'没有三个人还会迷惑的。'现在我和一国人共同商议，鲁国还不能免于混乱，为什么呢？"晏子说："古人所说的'没有三个人还会迷惑的'，是说一个人失误，还有两个人会正确，三个人就足够多了，所以说没有三个人还会迷惑的。现在鲁国的群臣虽以千百来计算，言词却都统一于季氏的私人意见，人数不是不多，所说的都是一个人的话，怎么能算是三个人呢？"

齐人有谓齐王曰："河伯，大神也。王何不试与之遇乎？臣请使王遇之。"乃为坛场大水之上，而与王立之焉。有间，大鱼动，因曰："此河伯。"

[译文]

齐国有个人对齐王说："河伯是大神，大王为什么不试着见见他呢？我愿意使您见到他。"于是在河边建立坛场，和齐王一起站在坛上。过了一会儿，有大鱼游动，于是说："这就是河伯。"

张仪欲以秦、韩与魏之势伐齐、荆，而惠施欲以齐、荆偃兵，二人争之。群臣左右皆为张子言，而以攻齐、荆为利，而莫为惠子言。王果听张子，而以惠子言为不可。攻齐、荆事已定，惠子入见。王言曰："先生毋言矣。攻齐、荆之事果利矣，一国尽以为然。"惠子因说："不可不察也。夫齐、荆之事也诚利，一国尽以为利，是何智者之众也？攻齐、荆之事诚不利，一国尽以为利，何愚者之众也？凡谋者，疑也。疑也者，诚疑；以为可者半，以为不可者半。今一国尽以为可，是王亡半也。劫主者固亡其半者也。"

[译文]

张仪想利用秦国、韩国和魏国联合的势力攻打齐国和楚国，而惠施想要和齐国、楚国罢兵不战，两个人争论。群臣都附和张仪，以攻打齐国和楚国为有利，没有同意惠施的。魏王果然听从张仪，而认为惠施的言论是不对的。攻打齐国和楚国的事情已经确定了，惠施去觐见。魏王说："先生不要再说了，攻打齐国和楚国的事果然有利，全国的人都认为是这样的。"惠施就说："不能不详察啊！如果攻打齐国和楚国确实有利，全国也都认为有利，那为什么聪明人这么多呢？如果攻打齐国和楚国确实不利，全国都认为有利，为什么愚蠢的人这么多呢？凡是谋划的事，必然是有怀疑。这些怀疑，如果确实是成问题的，应该是认为可行的有一半，认为不可行的有一半。现在全国的人都认为可行，说明大王失去了半数人的意见。挟持君主的人本来就是使国君失去那半数人意见的人啊！"

叔孙相鲁，贵而主断。其所爱者曰竖牛，亦擅用叔孙之令。叔孙有子曰壬，竖牛妒而欲杀之，因与壬游于鲁君所，鲁君赐之玉环，壬拜受之而不敢佩，使竖牛请之叔孙，竖牛欺之曰："吾已为尔请之矣，使尔佩之。"壬因佩之。竖牛因谓叔孙："何不见壬于君乎？"叔孙曰："孺子何足见也。"竖牛曰："壬固已数见于君矣。君赐之玉环，壬已佩之矣。"叔孙召壬见之，而果佩之，叔孙怒而杀壬。壬兄曰丙，竖牛又妒而欲杀之。叔孙为丙铸钟，钟成，丙不敢击，使竖牛请之叔孙。竖牛不为请，又欺之曰:"吾已为尔请之矣。使尔击之。"丙因击之,叔孙闻之曰:"丙不请而擅击钟。"怒而逐之。丙出走齐。居一年,竖牛为谢叔孙,叔孙使竖牛召之,又不召而报之曰:"吾已召之矣。丙怒甚,不肯来。"叔孙大怒,使人杀之。二子已死,叔孙有病,竖牛因独养之而去左右,不内①人,曰:"叔孙不欲闻人声。"因不食而饿杀。叔孙已死,竖牛因不发丧也,徙其府库重宝空之而奔齐。夫听所信之言,而子父为人僇②,此不参之患也。

[注释]

①内:通"纳"。②僇:通"戮"。

[译文]

叔孙做鲁国的相国,尊贵而专权独断。他所宠爱的人叫竖牛,也擅用了叔孙的命令。叔孙有个儿子叫壬,竖牛妒嫉想杀他,于是和壬一起到鲁君那里。鲁君赐给他玉环,壬拜谢却不敢佩戴,让竖牛请示叔孙,竖牛欺骗他说:"我已经为你请示过了,让你佩戴。"壬就佩戴了。竖牛于是对叔孙说:"为什么不让壬见国君?"叔孙说:"小孩子哪里够得上见国君!"竖牛说:"壬本来已经多次见过国君了。国君赐给他玉环,他已经佩上了。"叔孙召见壬,见他果然佩了玉环,就愤怒地杀死了壬。壬的哥哥叫丙,竖牛也嫉妒想杀他。叔孙为丙铸钟,铸成后,丙不敢敲击,让竖牛请示叔孙。竖牛没有请示,又欺骗他说:"我已经为你请示过了,让你敲击。"丙就敲击了。叔孙听了,就说:"丙不请示就擅自敲钟。"发怒赶走了丙。丙逃到了齐国。居住一年,竖牛为他向叔孙谢罪,叔孙让竖牛召见他,竖牛又不召唤而回报说:"我已经召唤了。丙很愤怒,不肯回来。"叔孙大怒,派人杀了丙。两个儿子死后,叔孙有病,竖牛于是借口单独照顾他,赶走左右,不让别人接近,说:"叔孙不想听到人的声音。"不给他吃东西,饿死了他。叔孙死后,竖牛又不发丧,搬空他府库里的宝物,逃到了齐国。听信了宠信的人的话,父子都被人杀死,这就是不仔细查验的祸患啊!

江乙为魏王使荆,谓荆王曰:"臣入王之境内,闻王之国俗曰:'君子不蔽人之美,不言人之恶。'诚有之乎?"王曰:"有之。""然则若白公之乱,得庶无危乎?诚得如此,臣免死罪矣。"

[译文]

江乙为魏王出使楚国,对楚王说:"我来到大王的国境,听说大王国家的风俗说:'君子不掩盖人的美德,不议论人的罪恶。'确实有这样的风俗吗?"楚王说:"有。""那么像白公之类的造反作乱,能够没有危险吗?果然像这样的话,臣就可以免除死罪了。"

卫嗣君重如耳,爱世姬,而恐其皆因其爱重以壅己也,乃贵薄疑以敌如耳,尊魏姬以耦世姬,曰:"以是相参①也。"嗣君知欲无壅,而未得其术也。夫不使贱议贵,下必坐②上,而必待势重之钧③也,而后敢相议,则是益树壅塞之臣也。嗣君之壅乃始。

[注释]

①参:并,匹敌。②坐:定罪,连坐。③钧:通"均"。

[译文]

卫嗣君器重如耳,宠爱世姬,但却怕他们都倚仗宠爱来蒙蔽自己,于是宠爱薄疑来和如耳匹敌,尊宠魏姬来和世姬匹敌,说:"以此来互相匹敌。"嗣君想不受蒙蔽,却不得其法。不让地位低的人议论地位高的人,不使下属和上级连坐,而必然要等势均力敌,然后才敢互相议论,那就是更多地树立蒙蔽君主的臣子。嗣君被蒙蔽就从此开始了。

夫矢来有乡，则积铁以备一乡；矢来无乡，则为铁室以尽备之。备之则体不伤。故彼以尽备之不伤，此以尽敌之无奸也。

[译文]

弓箭射来是有方向的，就堆积铁器来防备这个方向；箭射来如果没有方向，就建造铁屋子来全面防备。防备了身体就不会受伤。所以防箭的人全面防备以求不受伤，君主全面应对以求没有奸臣。

庞恭与太子质①于邯郸，谓魏王曰："今一人言市有虎，王信之乎？"曰："不信。""二人言市有虎，王信之乎？"曰："不信。""三人言市有虎，王信之乎？"王曰："寡人信之。"庞恭曰："夫市之无虎也明矣，然而三人言而成虎。今邯郸之去魏也远于市，议臣者过于三人，愿王察之。"庞恭从邯郸反②，竟不得见。

[注释]

①质：做人质。②反：通"返"，返回。

[译文]

庞恭和太子在邯郸做人质，对魏王说："现在有人说市场上有老虎，大王相信他吗？"魏王说："不相信。""两个人说市场上有老虎，大王相信他们吗？"魏王说："不相信。""三个人说市场上有老虎，大王相信他们吗？"魏王说："我相信。"庞恭说："市场上没有老虎是很明白的事，可是三个人说就成了真的有老虎。现在邯郸离魏国的距离远于市场，议论我的人也多于三个，希望大王明察。"庞恭从邯郸返回，竟然不能见到魏王。

说二

董阏于为赵上地守，行石邑山中，涧深，峭如墙，深百仞。因问其旁乡①左右曰："人尝有入此者乎？"对曰："无有。"曰：

"婴儿、痴聋、狂悖之人尝有入此者乎?"对曰:"无有。""牛马犬彘尝有入此者乎?"对曰:"无有。"董阏于喟然太息曰:"吾能治矣。使吾法之无赦,犹入涧之必死也,则人莫之敢犯也,何为不治?"

[注释]

①旁乡:旁,通"傍",靠近。乡,通"向",面向。

[译文]

对"经二"的解说

董阏于做赵国上郡的郡守,巡视石邑的山里,山涧很深,峭壁像墙一样陡峭,深达百仞。于是问邻近山涧居住的人:"有人曾经掉进去吗?"回答说:"没有。"又问:"婴儿、傻子、聋子、疯子曾有掉进去吗?"回答说:"没有。""牛马狗猪之类曾有掉进去的吗?"回答说:"没有。"董阏于感慨道:"我能治理了。如果我的法令坚决,不能被赦免,就像掉进这深涧就一定会死一样,那么就没人敢违反了。怎么能治理不好呢?"

子产相郑,病将死,谓游吉曰:"我死后,子必用郑,必以严莅人。夫火形严,故人鲜灼;水形懦,人多溺。子必严子之形,无令溺子之懦故。"子产死,游吉不肯严形。郑少年相率为盗,处于萑泽①,将遂以为郑祸。游吉率车骑与战,一日一夜,仅能克之。游吉喟然叹曰:"吾蚤行夫子之教,必不悔至于此矣。"

[注释]

①萑(huán)泽:萑,通"雈"。萑泽,即雈苻之泽,地名。

[译文]

子产在郑国做相,病得快死了,对游吉说:"我死以后,你一定会在郑国掌权,一定要用严厉的手段来治理。火的样子很严厉,所以人很少被烧伤；水的形状很柔弱，所以人多被淹死。你一定要使你的形象严厉，不要让民众因你的柔弱而犯法致死。"子产死后，游吉不肯让自己严厉。郑国年轻人结伙为强盗，占据萑泽，将成为郑国的祸患。游吉率领军队和他们作战，一天一夜才打败了他们。游吉感慨说："如果我早遵从子产的教导，必然不会像今天这样后悔。"

鲁哀公问于仲尼曰："《春秋》之记曰：'冬十二月，陨霜，不杀菽。'何为记此？"仲尼对曰："此言可以杀而不杀也。夫宜杀而不杀，桃李冬实。天失道，草木犹犯干之，而况于人君乎？"

[译文]

鲁哀公问孔子："《春秋》上记载：'冬季十二月，降霜，没有伤害大豆。'为什么要记这个？"孔子说："这是说可以摧残而不摧残它。应该摧残却不摧残，桃李就会在冬天结果。天违背了规律，草木也会违逆它，更何况君主呢！"

殷之法，刑弃灰于街者。子贡以为重，问之仲尼，仲尼曰："知治之道也。夫弃灰于街必掩人，掩人人必怒，怒则斗，斗必三族相残也。此残三族之道也，虽刑之可也。且夫重罚者，人之所恶也；而无弃灰，人之所易也。使人行之所易，而无离[①]所恶，此治之道。"

[注释]

①离：通"罹"，遭遇。

[译文]

殷商的法律，在街道上倒灰土的人要受到刑罚。子贡认为惩罚过重，请教孔子。孔子说："他们懂得了治理的方法。在街上倒灰土必然会侵袭人，被侵袭的人就会发怒，发怒就会引起争斗，争斗就会使家族伤残。这是使家族伤残的做法啊，即使是惩罚他也是应该的。况且重罚是人所憎恶的，不倒灰土是人们容易做到的，让人们做容易做到的，而不要遭受所憎恶的惩罚，这就是治理的方法。"

一曰：殷之法，弃灰于公道者断其手。子贡曰："弃灰之罪轻，断手之罚重，古人何太毅也？"曰："无弃灰，所易也；断手，所恶也。行所易，不关①所恶，古人以为易，故行之。"

[注释]

①关：入，犯。

[译文]

另一种说法：殷商的法律规定，在公道上倒灰的人要被砍断手。子贡说："倒灰的罪轻，断手的罚重，古人为什么这样严酷呢？"孔子说："不倒灰是容易的，断手是人们厌恶的。做容易的事，不陷入厌恶的事，古人认为容易，所以有这样的法条。"

中山之相乐池以车百乘使赵，选其客之有智能者以为将行，中道而乱。乐池曰："吾以公为有智，而使公为将行，今中道而乱何也？"客因辞而去曰："公不知治，有威足以服人，而利足以劝之，故能治之。今臣，君之少客也。夫从少正长，从贱治贵，而不得操其利害之柄以制之，此所以乱也。尝试使臣，彼之善者我能以为卿相，彼不善者我得以斩其首，何故而不治？"

[译文]

中山国的相国乐池带领百辆马车出使赵国，选择门客中有智慧和能力的人作为领队，结果半路上车队就混乱了。乐池说："我以为您有智慧，所以让您作领队，现在在半路上却发生了混乱，是为什么呢？"门客请求告辞离开，说："您不懂得管理方法。有权威就可以让人屈服，有利益可以用来鼓励人，所以能管理。现在我是您门下一个小小门客。以下级管理上级，以卑贱的管理高贵的，不能够掌握赏罚来制约他们，这就是混乱的原因。如果试着让我做到，表现好的我能让他们做卿相，表现不好的我能砍他们的头，怎么还会管理不好他们呢？"

公孙鞅之法也重轻罪。重罪者人之所难犯也，而小过者人之所易去也。使人去其所易，无离其所难，此治之道。夫小过不生，大罪不至，是人无罪而乱不生也。

[译文]

公孙鞅的法律用重刑处罚轻罪。重罪，是人们不易违犯的，而小过失是人们容易去掉的。让人去掉容易犯的过失，不触犯难犯的重罪，这就是治理的方法。小过失不生，大罪就不会有，所以人没有犯罪的，混乱也不会产生了。

一曰：公孙鞅曰："行刑重其轻者，轻者不至，重者不来，是谓以刑去刑。"

[译文]

另一说法：公孙鞅说："行刑的时候加重对轻罪的处罚，轻罪不会发生，重罪也就不会出现了，这就叫用刑罚来去掉刑罚。"

荆南之地、丽水之中生金，人多窃采金。采金之禁，得而辄辜磔①于市，甚众，壅离②其水也，而人窃金不止。夫罪莫重辜磔于市，犹不止者，不必得也。故今有于此，曰："予汝天下而杀汝身。"庸人不为也。夫有天下，大利也，犹不为者，知必死。故不必得也，则虽辜磔，窃金不止；知必死，则天下不为也。

[注释]

①辜磔（zhé）：古代一种分尸示众的刑法。②壅离：壅，堵塞。离，断绝。

[译文]

楚国南部，丽水里出产黄金，很多人偷偷采金子。采金的禁令，抓到就马上在街头分尸示众，杀死的人很多，尸体使河水堵塞断流，而偷采金子的人还是不能禁绝。罪过没有比当街分尸示众更严重的，还是不能禁止，是因为不一定会被抓住。所以现在有人说："给你整个天下，然后杀死你。"即使是平常的人也不会去干。拥有天下是很大的利益，还是不肯去干，是因为知道一定会死。所以不一定会被抓到，那即使是分尸，也不会停止偷金子；知道必死，即使是拥有天下也不干。

鲁人烧积泽①，天北风，火南倚，恐烧国。哀公惧，自将众趣②救火。左右无人，尽逐兽而火不救，乃召问仲尼。仲尼曰："夫逐兽者乐而无罚，救火者苦而无赏，此火之所以无救也。"哀公曰："善。"仲尼曰："事急，不及以赏，救火者尽赏之，则国不足以赏于人，请徒行罚。"哀公曰："善。"于是仲尼乃下令曰："不救火者比降北之罪，逐兽者比入禁之罪。"令下未遍而火已救矣。

[注释]

①积泽：积水形成的沼泽，多草木。②趣：通"促"，催促。

[译文]

鲁国人焚烧积泽，天刮北风，火向南烧，恐怕要烧到都城了。鲁哀公害怕，亲自带人督促救火。身边没有救火的人，都去追捕野兽，所以火不能被扑灭，于是把孔子召来询问。孔子说："追捕野兽的人快乐而没有刑罚，救火的人受苦而没有赏赐，这就是火不能扑灭的原因。"哀公说："说得好！"孔子说："事情紧急，来不及赏赐；救火的都赏赐，整个国家的钱也不够。请只实行处罚。"哀公说："好。"于是孔子下令说："不救火的相当于投降或打败仗的罪过，追捕野兽的相当于闯入禁地的罪过。"命令还没有遍及，火已被扑灭了。

成欢谓齐王曰："王太仁，太不忍人。"王曰："太仁，太不忍人，非善名邪？"对曰："此人臣之善也，非人主之所行也。夫人臣必仁而后可与谋，不忍人而后可近也。不仁则不可与谋，忍人则不可近也。"王曰："然则寡人安所太仁？安不忍人？"对曰："王太仁于薛公，而太不忍于诸田。太仁薛公，则大臣无重；太不忍诸田，则父兄犯法。大臣无重，则兵弱于外；父兄犯法，则政乱于内。兵弱于外，政乱于内，此亡国之本也。"

[译文]

成欢对齐王说："大王太仁慈，对人太不狠心。"齐王说："太仁慈，对人太不狠心，不是好名声吗？"成欢回答说："这是臣子的好名声，不是君主应该做的。臣子必须仁慈然后可以和他商量，对人不狠心然后可以亲近。不仁慈就不能和他商量，对人狠心就不能靠近。"齐王说："那么我什么地方太仁慈？什么地方对人不狠心呢？"回答说："大王对薛公太仁慈，对田氏家族太不忍心。对薛公太仁慈，大臣就没有了权势；对田氏家族太不忍心，他们的父兄就会违犯法律。大臣没有权势，对外兵力就弱；父兄犯法，内政就混乱。对外兵力弱，内政又混乱，这就是亡国的根源。"

魏惠王谓卜皮曰："子闻寡人之声闻亦何如焉？"对曰："臣闻王之慈惠也。"王欣然喜曰："然则功且安至？"对曰："王之功至于亡。"王曰："慈惠，行善也。行之而亡，何也？"卜皮对曰："夫慈者不忍，而惠者好与也。不忍则不诛有过，好予则不待有功而赏。有过不罪，无功受赏，虽亡不亦可乎？"

[译文]

魏惠王问卜皮："你听说的我的名声是什么样的？"卜皮回答说："我听说大王仁慈惠爱。"惠王很高兴地说："那我的功业能达到什么地步？"回答说："大王的功业将导致亡国。"魏惠王说："仁慈惠爱是行善事。实行善事会亡国，为什么？"卜皮回答说："仁慈的人不狠心，而惠爱的人喜爱施舍。不狠心就不惩罚有过失的人，喜好施舍不等人有功就赏赐。有过失不受惩罚，没功劳却受奖赏，即使亡国不也是合理的吗？"

齐国好厚葬，布帛尽于衣衾，材木尽于棺椁。桓公患之，以告管仲曰："布帛尽则无以为蔽①，材木尽则无以为守备，而人厚葬之不休，禁之奈何？"管仲对曰："凡人之有为也，非名之，则利之也。"于是乃下令曰："棺椁过度者戮其尸，罪夫当丧者。"夫戮死，无名；罪当丧者，无利。人何故为之也？

[注释]

①蔽：军队里遮蔽车马的帷幕。

[译文]

齐国人喜欢厚葬，布帛都用于为死人做衣服，木材都用于做棺椁。齐桓公为此感到忧虑，告诉管仲说："布帛用完了，就没有东西遮体；木材用完了，就没有东西用来守备。可人们厚葬不止，如何来禁绝呢？"管仲回答说："大凡人们的行为，不是为了求名，就是为了求利。"于是下令说："棺椁超过制度的，就挖坟戮尸，惩罚主持丧事的人。"尸体被戮，就没有了名声，惩罚主持丧事的人，就没有了利益，人们为什么还要做呢？

卫嗣君之时，有胥靡逃之魏，因为襄王之后治病。卫嗣君闻之，使人请以五十金①买之，五反②而魏王不予，乃以左氏③易之。群臣左右谏曰："夫以一都买胥靡，可乎？"王曰："非子之所知也。夫治无小而乱无大，法不立而诛不必，虽有十左氏无益也。法立而诛必，虽失十左氏无害也。"魏王闻之曰："主欲治而不听之，不祥。"因载而往，徒献之。

[注释]

①金：古代以黄金二十四两为一金。②反：通"返"。③左氏：即左城，在今山东曹县西北。

[译文]

卫嗣君做君主的时候，有囚徒逃到了魏国，给魏襄王的王后治病。卫嗣君听说后，派人请求用五十金买回他，五次往返襄王也不答应，于是用左城来交换这个逃犯。群臣和左右侍从劝谏说："用一座城池来换取一个囚徒，可以吗？"卫嗣君说："这不是你们所了解的。国家治乱的事没有大小之分，法律不能确立，惩罚不能一定实施，即使有十个左城也没益处。法律确立，惩罚一定实施，即使是失去十个左城也没什么危害。"魏王听到后说："君主想治理国家，我却不听从他，这是不吉祥的事啊。"于是把逃犯用车送回卫国，白白交给了卫嗣君。

说三

齐王问于文子曰："治国何如？"对曰："夫赏罚之为道，利器也。君固握之，不可以示人。若如臣者，犹兽鹿也，唯荐草①而就。"

[注释]

①荐草：丰美茂盛的草。

[译文]

对"经三"的解说

齐王问文子:"怎么治理国家?"回答说:"赏罚之道,是锋利的兵器。君主牢固地掌握它,不能显示给人看。至于臣子,好像鹿,只要草料丰美,就会跑过去。"

越王问于大夫文种曰:"吾欲伐吴,可乎?"对曰:"可矣。吾赏厚而信,罚严而必。君欲知之,何不试焚宫室?"于是遂焚宫室,人莫救之,乃下令曰:"人之救火者死,比死敌之赏。救火而不死者,比胜敌之赏。不救火者,比降北之罪。"人涂其体被濡衣而走火者,左三千人,右三千人。此知必胜之势也。

[译文]

越王问大夫文种说:"我想讨伐吴国,可以吗?"回答说:"可以了。我奖赏丰厚而诚信,处罚严厉而必定执行。大王想知道这一点,何不试着焚烧宫殿?"于是就焚烧宫殿,没人去救火,就下令说:"如果救火的人死了,按照和敌人战死来奖赏。救火不死的,按照战胜敌人来奖赏。不救火的人,按照投降、逃跑来惩罚。"民众打湿身体,披湿衣服奔赴火场的,左边有几千人,右边有几千人。由此可以知道必胜的形势。

吴起为魏武侯西河之守,秦有小亭①临境,吴起欲攻之。不去,则甚害田者;去之,则不足以征甲兵。于是乃倚一车辕②于北门之外,而令之曰:"有能徙此南门之外者赐之上田上宅。"人莫之徙也。及有徙之者,还,赐之如令。俄又置一石③赤菽④东门之外而令之曰:"有能徙此于西门之外者赐之如初。"人争徙之。乃下令曰:"明日且攻亭,有能先登者,仕之国大夫,赐之上田宅。"人争趋之,于是攻亭,一朝而拔⑤之。

[注释]

①亭：边防哨所。②辕：车前方的直木。③石（dàn）：十斗为一石。④菽（shū）：豆。⑤拔：攻占。

[译文]

吴起做魏武侯的西河郡守，秦国有小哨亭邻近边境，吴起想要攻占它。不攻占哨亭，就会危害种田的人，攻占哨亭，又不值得征用军队。于是把一根车辕靠在北门外，下令说："有能把它搬到南门外的人，赐给他上等田地和住宅。"没有人搬它。后来有人搬它，回来后，像命令中那样给他赏赐。马上又在东门外放置一石红豆，下令说："有能把它搬到西门外的，和上次一样赏赐。"大家争着去搬它。于是下令说："明天将要攻打敌国哨亭，有能先攻占的，任命他为卿大夫，赐给他上等田地和住宅。"大家都争着去，于是攻打哨亭，一早上就攻占了。

李悝为魏文侯上地之守，而欲人之善射也，乃下令曰："人之有狐疑之讼者，令之射的，中之者胜，不中者负。"令下而人皆疾习射，日夜不休。及与秦人战，大败之，以人之善射也。

[译文]

李悝做魏文侯上党郡的郡守，想要人们善于射箭，就下令说："人有疑虑难以决断的诉讼，让他们射箭靶，射中靶子的就胜诉，射不中的败诉。"命令一下，人们急忙练习射箭，日夜不停。等到和秦国作战时，大败秦国，就是因为人民善于射箭。

宋崇门之巷人服丧而毁①甚瘠，上以为慈爱于亲，举以为官师。明年，人之所以毁死者岁十余人。子之服亲丧者，为爱之也，而尚可以赏劝②也，况君上之于民乎？

[注释]

①毁：哀毁，因为悲哀而身体衰弱。②劝：勉励。

[译文]

宋国崇门巷子里有个人为亲人守丧，因为悲哀使得身体很瘦弱，君主认为他对亲人慈爱，提拔他为官长。第二年，人民因为哀毁死去的，一年有十几个人。儿子为亲人穿丧服，因为爱亲人，尚且可以用奖赏勉励他，何况君主对于人民呢？

越王虑伐吴，欲人之轻死也，出见怒蛙，乃为之式。从者曰："奚敬于此？"王曰："为其有气故也。"明年之请以头献王者岁十余人。由此观之，誉之足以杀人矣。

[译文]

越王考虑讨伐吴国，想要人民轻视死亡，外出看见愤怒的青蛙，就向它行礼。侍从说："为什么要敬重它呢？"越王说："是因为它有勇气的缘故。"第二年愿意把人头献给越王的，一年有十几个人。由此来看，赞誉人也足够用来杀人了。

一曰：越王勾践见怒蛙而式之，御者曰："何为式？"王曰："蛙有气如此，可无为式乎？"士人闻之曰："蛙有气，王犹为式，况士人之有勇者乎！"是岁人有自刭死以其头献者。故越王将复①吴而试其教：燔台而鼓之，使民赴火者，赏在火也；临江而鼓之，使人赴水者，赏在水也；临战而使人绝头刳腹而无顾心者，赏在兵也。又况据法而进贤，其助甚此矣。

[注释]

①复：报复。

[译文]

另一种说法：越王勾践看见愤怒的青蛙就行礼，驾车的人说：

"为什么要行礼?"越王说:"青蛙有这样的勇气,怎么可以不向它行礼呢?"士人听说了,就说:"青蛙有勇气,大王尚且行礼,何况人有勇气呢?"那一年有人自杀,把自己的头献给越王。所以越王将报复吴国,而尝试自己教导的效果:焚烧高台而敲击战鼓,让人民奔赴火场,是因为奖赏在火中的人;面对大江敲击战鼓,让人下水,是因为奖赏在水中的人;面对战争就让人断头剖腹,而没有反顾之心,是因为奖赏作战的士兵。更何况依据法律提拔贤才,它的好处比这更大。

韩昭侯使人藏弊袴,侍者曰:"君亦不仁矣,弊袴不以赐左右而藏之。"昭侯曰:"非子之所知也。吾闻明主之爱①,一颦一笑,颦有为颦,而笑有为笑。今夫袴岂特颦笑哉?袴之与颦笑相去远矣,吾必待有功者,故藏之未有予也。"

[注释]

①爱:行为。

[译文]

韩昭侯让人把旧的裤子收藏起来,侍从说:"您太不仁慈了,旧的裤子不赏赐给左右的人,却收藏起来。"韩昭侯说:"这不是你所了解的。我听说圣明的君主的行为,一皱眉一微笑,皱眉是有原因的,微笑也是有原因的。现在一条裤子岂止是皱眉和微笑?裤子和皱眉微笑差得远了,我一定要等到有功劳的人,所以收藏起来没有给别人。"

鳣似蛇,蚕似蠋①。人见蛇则惊骇,见蠋则毛起。然而妇人拾蚕,渔者握鳣,利之所在,则忘其所恶,皆为孟贲。

[注释]

①蠋(zhú):毛虫。

[译文]

鳝鱼像蛇,蚕像毛虫。人见到蛇就害怕,见到毛虫就汗毛竖起。可是妇女用手拾蚕,渔人抓鳝鱼,因为这是有利益的,就忘记了它们让人厌恶的地方,都成了像孟贲那样的勇士。

说四

魏王谓郑①王曰:"始郑、梁②一国也,已而别,今愿复得郑而合之梁。"郑君患之,召群臣而与之谋所以对魏,郑公子谓郑君曰:"此甚易应也。君对魏曰:'以郑为故魏而可合也,则弊邑亦愿得梁而合之郑。'"魏王乃止。

[注释]

①郑:此处指韩国。②梁:魏国首都大梁,所以用梁来代指魏国。

[译文]

对"经四"的解说

魏王对韩王说:"过去韩国和魏国是一个国家,后来分开了,现在希望韩国合并到魏国来。"韩王很忧虑,召集群臣商议对付魏国的方法,韩国的公子对韩王说:"这很容易应对。您对魏王说:'因为韩国是过去的魏国就可以被兼并,那么我国也想让魏国合并到韩国来。'"于是魏王就罢休了。

齐宣王使人吹竽,必三百人,南郭处士请为王吹竽,宣王说①之,廪食以②数百人。宣王死,湣王立,好一一听之,处士逃。

[注释]

①说:通"悦"。②以:如,若。

[译文]

齐宣王让人吹竽,一定要三百人一起吹,南郭先生请求为齐宣王吹竽，齐宣王很喜欢，供给他的粮食和几百个人一样多。齐宣王死了，湣王即位，喜欢一个一个听人吹竽，南郭先生就逃跑了。

一曰：韩昭侯曰："吹竽者众，吾无以知其善者。"田严对曰："一一而听之。"

[译文]

另一种说法：韩昭侯说："吹竽的人多，我没法知道谁吹得好。"田严回答说："一个一个听。"

赵令人因申子于韩请兵，将以攻魏。申子欲言之君，而恐君之疑己外市①也，不则恐恶于赵，乃令赵绍、韩沓尝试君之动貌而后言之。内则知昭侯之意，外则有得赵之功。

[注释]

①市：交易。

[译文]

赵国让人通过申子向韩国请求出兵，将要攻打魏国。申子想向君主进言，又怕君主怀疑自己和外国交易，不进言又怕得罪赵国，于是让赵绍、韩沓试探君主的言行神态，然后再进言。对内知道了韩昭侯的心意，对外有帮助赵国的功劳。

三国兵至韩①，秦王谓楼缓曰："三国之兵深矣，寡人欲割河东而讲②，何如？"对曰："夫割河东，大费也；免国于患，大功也。此父兄之任也，王何不召公子氾而问焉？"王召公子氾而告之，对曰："讲亦悔，不讲亦悔。王今割河东而讲，三国归，王必曰：'三国固且去矣，吾特以三城送之。'不讲，三国也入韩，则国必大举矣，王必大悔，王曰：'不献三城也。'臣故曰：'王讲亦悔，不讲亦悔。'"王曰："为我悔也，宁亡三城而悔，无危乃悔。寡人断讲矣。"

[注释]

①韩：应为"函"，指函谷关。②讲：求和。

[译文]

三个国家的军队到了函谷关，秦王对楼缓说："三个国家的军队很深入了，我想割让河东的地区来讲和，怎么样？"楼缓回答说："割让河东是大损失，免去国家忧患是大功劳。这是您父兄的责任，大王为什么不召见公子氾，向他询问呢？"秦王召见公子氾，告诉了他，公子氾回答说："讲和也后悔，不讲和也后悔。大王现在割让河东讲和，三个国家军队退去，大王必然说：'三个国家本来就要退去，我白白把三个城池送给了他们。'如果不讲和，三个国家攻入函谷关，那么国家一定全部被占领，大王一定非常后悔，大王一定会说：'这是因为不割让三座城池啊！'所以我说：'大王讲和也后悔，不讲和也后悔。'"秦王说："如果我要后悔，宁可因为失去三座城而后悔，不能因为危险而后悔。我决定讲和了。"

应侯谓秦王曰："王得宛、叶、蓝田、阳夏，断河内，因①梁、郑，所以未王者，赵未服也。弛②上党在一而已，以临东阳，则邯郸口中虱也。王拱而朝天下，后者以兵中③之。然上党之安乐，其处甚剧，臣恐弛之而不听，奈何？"王曰："必弛易之矣。"

[注释]

①因：经过。②弛：舍弃。③中：攻击。

[译文]

应侯范雎对秦王说："大王得到宛、叶、蓝田、阳夏，隔绝河内，经过魏国、韩国，之所以没有称王天下，是因为赵国没有被征服。放弃上党只是一个郡，用兵力逼近东阳，邯郸就成为了口中的虱子。大王拱手接受天下诸侯朝拜,有后来朝拜的就发兵攻打他。然而现在上党很安定,地势又险要,我怕劝大王放弃您也不会听从,怎么办呢?"秦王说:"一定要放弃上党,换个地方用兵。"

说五

庞敬,县令也。遣市者行①,而召公大夫而还之。立有间,无以诏之,卒遣行。市者以为令与公大夫有言,不相信,以至无奸。

[注释]

①行:巡行。

[译文]

对"经五"的解说

庞敬是县令。他派遣管理市场的人巡行,却召回了市场的长官。站了一会儿,也没有向他下命令,然后让他走了。管理的人以为县令和长官有什么密谈,对他们不相信,因此没有人敢做坏事了。

戴欢,宋太宰,夜使人曰:"吾闻数夜有乘辒车至李史门者,谨为我伺之。"使人报曰:"不见辒车,见有奉①筥②而与李史语者,有间,李史受筥。"

[注释]

①奉:通"捧"。②筥:竹器。

[译文]

戴欢是宋国的太宰,晚上派人说:"我听说几个晚上有人乘坐卧车到李史的家里,小心为我监视他。"派出的人汇报说:"没看到有卧车,看到有捧着筥和李史说话的,过了一会儿,李史收下了筥。"

周主亡玉簪,令吏求之,三日不能得也。周主令人求而得之家人之屋间，周主曰："吾知吏之不事事也。求簪，三日不得之，吾令人求之，不移日而得之。"于是吏皆耸①惧，以为君神明也。

[注释]

①耸：通"悚"，惊惧。

[译文]

周王丢失了玉簪，让官吏寻找，三天也没有找到。周王命令人寻找，就从家人的房间里找到了，周王说："我知道官吏不认真做事。寻找簪子，三天也没有找到，我让人寻找，不一会儿就找到了。"于是官吏都很恐惧，认为君主是个神圣英明的人。

商①太宰使少庶子之市，顾反而问之曰："何见于市？"对曰："无见也。"太宰曰："虽然，何见也？"对曰："市南门之外甚众牛车，仅可以行耳。"太宰因诫使者"无敢告人吾所问于女②"。因召市吏而诮③之曰："市门之外何多牛屎？"市吏甚怪太宰知之疾也，乃悚惧其所④也。

[注释]

①商：即宋。②女：通"汝"。③诮：讽刺。④所：处。指职务所在。

[译文]

宋国太宰命令年轻的家臣到市场去，返回之后问他："在市场上看见了什么？"回答说："没看见什么。"太宰说："即便如此，还是说说看见了什么？"回答说："市场南门以外牛车很多，仅仅可以通行而已。"太宰就告诫使者："不要告诉别人我问过你。"于是召见管理市场的官吏，讽刺他说："市场门外怎么那么多牛屎啊？"市吏非常奇怪，为什么太宰这么快就知道了，于是很小心地对待自己的工作。

说六

韩昭侯握爪而佯亡一爪，求之甚急，左右因割其爪而效之，昭侯以此察左右之诚不①。

[注释]

①不：通"否"，是否。

[译文]

对"经六"的解说

韩昭侯握住一个指甲，装作丢失，寻找得很急，左右侍从于是剪掉自己的指甲献上。韩昭侯用这种方法观察左右侍从是否忠诚。

韩昭侯使骑于县，使者报，昭侯问曰："何见也？"对曰："无所见也。"昭侯曰："虽然，何见？"曰："南门之外，有黄犊食苗道左者。"昭侯谓使者"毋敢泄吾所问于女"。乃下令曰："当苗时，禁牛马入人田中固有令，而吏不以为事，牛马甚多入人田中，亟①举其数上之。不得，将重其罪。"于是三乡②举而上之。昭侯曰："未尽也。"复往审之，乃得南门之外黄犊。吏以昭侯为明察，皆悚惧其所而不敢为非。

[注释]

①亟：迅速。②乡：通"向"，方向。

[译文]

韩昭侯派人骑马巡视县中，使者回报，韩昭侯问："看见了什么？"回答说："没什么情况。"韩昭侯说："即便如此，还是说说看见了什么？"回答说："南门外有黄牛犊在大路左边吃禾苗。"韩昭侯对这使者说："不要泄露我问你的话。"于是下令说："禾苗生长的时候，本来就有命令，禁止牛马进入田中，而官吏不把这当作一回事，很多牛马进入田中，迅速统计具体的数字报告上来。如果不报告，就加重你们的罪名。"于是三个方向都把数字报了上来。

韩昭侯说："还没有完。"再次去检查，就查出了南门外的黄牛犊。官吏认为韩昭侯明察秋毫，都小心地履行工作职责而不敢为非作歹。

周主下令索曲杖，吏求之数日不能得，周主私使人求之，不移日而得之，乃谓吏曰："吾知吏不事事也。曲杖甚易也，而吏不能得，我令人求之，不移日而得之，岂可谓忠哉？"吏乃皆悚惧其所，以君为神明。

[译文]

周王下令寻找弯曲的拐杖，官吏寻找了很多天也没有找到，周王私下让人寻找，不一会儿就找到了，于是对官吏说："我知道官吏不认真做事。弯曲的拐杖很容易得到，而官吏却找不到，我让人寻找，不一会儿就找到了，他们能算是忠臣吗？"于是官吏都惶恐地履行工作职责，认为君主是个神圣英明的人。

卜皮为县令。其御史污秽，而有爱妾。卜皮乃使少庶子佯爱之，以知御史阴情。

[译文]

卜皮是县令。他的监察官行为卑鄙，有一个宠爱的妾。卜皮于是让年轻的家臣假装去爱她，用来了解监察官不为人知的隐私。

西门豹为邺令，佯亡其车辖，令吏求之不能得，使人求之而得之家人屋间。

[译文]

西门豹是邺城县令，假装丢了车辖，让官吏寻找，找不到，派人寻找，就在家人的屋子里找到了。

说七

阳山君相卫，闻王之疑已也，乃伪谤樛竖以知之。

[译文]

对"经七"的解说

阳山君在卫国做相国，听说卫王怀疑自己，于是假装诽谤樛竖来侦测卫王是不是真的怀疑自己。

淖齿闻齐王之恶已也，乃矫为秦使以知之。

[译文]

淖齿听说齐王厌恶自己，于是就派人假装秦国使者来打听这件事。

齐人有欲为乱者，恐王知之，因诈逐所爱者，令走王知之。

[译文]

齐人有想作乱的，害怕齐王知道，于是假装驱逐所喜爱的人，让他逃到齐王那里刺探齐王是否知道。

子之相燕，坐而佯言曰："走出门者何白马也？"左右皆言不见。有一人走追之，报曰："有。"子之以此知左右之诚信不。

[译文]

子之做燕国相国，坐在那里说假话："为什么有白马跑出门外？"左右侍从都说没看见。有一个人跑出去追赶，回报说："确实有。"子之用这种方法知道左右是否诚信。

有相与讼者，子产离之而无使得通辞，倒其言以告而知之。

[译文]

有互相诉讼的两个人，子产分开他们，使他们不能互相通话，把他们的话倒过来告诉对方，从而了解了实情。

卫嗣公使人为客过关市，关市苛难之，因事关市以金，关吏乃舍之。嗣公为关吏曰："某时有客过而所，与汝金，而汝因遣之。"关市乃大恐，而以嗣公为明察。

[译文]

卫嗣公让人假装客商通过市场的关卡，守卡的刁难他，于是他用黄金贿赂，官吏就放过了他。卫嗣公对官吏说："某某时间，有个客商通过你的地方，贿赂你金子，你因此放过了他。"官吏大为惊恐，认为卫嗣公是明察秋毫。

内储说下第三十一

六微：一曰权借在下；二曰利异外借；三曰讬于似类；四曰利害有反；五曰参疑内争；六曰敌国废置。此六者，主之所察也。

[译文]

六种细微情况：一是权势借给臣下；二是因利益不同而借助外国势力；三是依托类似的事来欺骗君主；四是君臣利害关系相反；五是臣下互相匹敌导致内部争斗；六是敌对的国家参与大臣的任用和罢黜。这六者是君主所应该仔细观察的。

权势不可以借人，上失其一，臣以为百。故臣得借则力多，力多则内外为用，内外为用则人主壅。其说在老聃之言失鱼也。是以人主久语，而左右鬻怀刷①。其患在胥僮之谏厉公，与州侯之一言，而燕人浴矢②也。

权借一③

[注释]

①怀刷：怀，赠送。刷，整理头发的工具。②矢：通"屎"。③权借一：这是这一段文字的标题，古代文章标题常放在后面，译文按照现代语言习惯移到前面。这一段中的具体事例，后文有具体解说，此处不再详释。

[译文]

第一，权势借给臣下

权势不可以借给臣下，君主失去一点权势，臣下就百倍加以利用。所以臣下能借助君主的权势，力量就多，力量多了朝廷内外就都为他所用，都为他所用就会使君主受到蒙蔽。其说在老子说的"鱼不能离开水"。因此君主长时间和臣下谈话，左右就卖弄君主赏赐的梳子之类。它的危害在于胥僮劝谏晋厉公的话，和州侯侍从的众口一词，还有燕国人用屎洗澡。

君臣之利异，故人臣莫忠，故臣利立而主利灭。是以奸臣者，召敌兵以内除，举外事以眩主，苟成其私利，不顾国患。其说在卫人之夫妻祷祝也。故戴歇议子弟，而三桓攻昭公；公叔内齐军，而翟黄召韩兵；太宰嚭说大夫种，大成牛①教申不害；司马喜告赵王，吕仓规秦、楚；宋石遗卫君书，白圭教暴谴。

利异二

[注释]

① 大成牛：应为"大成午"。

[译文]

第二，君臣的利害关系不同

君臣利害关系不同，因此臣下不忠，所以臣下得到利益而君主失去利益。所以奸臣召唤敌国的军队来除去内部的反对者，从事外交事务来迷惑君主，如果能成就他的私利，就不顾国家的忧患。其说在卫国夫妻的祝祷之词。所以戴歇议论楚国诸公子，三桓攻打鲁昭公；公叔伯婴引入齐国的军队，魏国的翟黄召来韩国的军队；太宰嚭劝说文种，大成午教导申不害；中山国的司马喜把情报告诉赵王，魏国的吕仓劝秦、楚攻打魏国；魏将宋石给楚将卫君送信，魏相白圭教导韩相暴谴。

似类之事，人主之所以失诛，而大臣之所以成私也。是以门人捐①水而夷射诛，济阳自矫而二人罪，司马喜杀爰骞而季辛诛，郑袖言恶臭而新人劓②，费无忌教郤宛而令尹诛，陈需杀张寿而犀首走。故烧刍廥③而中山罪，杀老儒而济阳赏也。

似类三

[注释]

①捐：丢弃，此处指泼水。②劓（yì）：割掉鼻子的惩罚。③刍（chǔ）廥（kuài）：刍，牲口吃的草。廥，堆放柴草的地方。

[译文]

第三，依靠类似的事欺骗君主

类似的事，是君主处罚失当的原因，也是大臣成就私利的原因。因此守门人泼水，夷射就被杀；济阳君假借王命声讨自己，两个仇人就被处罚；司马喜杀死爰骞，于是季辛就被处死；郑袖说新娘厌恶楚王的气味，所以新娘被割掉了鼻子；费无忌教导郤宛，于是令尹被杀；陈需杀死张寿，犀首就被迫出逃。所以侍从烧掉了放草料的仓库，中山君却归罪于公子；门客杀死了老儒生，济阳君却赞赏他。

事起而有所利，其尸①主之；有所害，必反察之。是以明主之论也，国害则省其利者，臣害则察其反者。其说在楚兵至而陈需相，黍种贵而廪吏覆。是以昭奚恤执贩茅，而不僖侯②谯③其次；文公发绕炙，而穰侯请立帝。

有反四

[注释]

①尸：古代祭祀时代替死者的活人。此处指幕后的受利者。②不僖侯："不"字应为衍文。僖侯，应为"昭侯"。③谯：通"诮"，责备。

[译文]

第四,臣下的利害关系有相反的情况

如果事情发生有所好处,就是幕后的受利者在主使;如果有危害,一定要向相反的方向考察。所以圣明的君主判断问题,国家有危害就考虑从中能得利的人,臣子有危害就观察和他对立的人。其说在楚兵侵犯魏国,陈需就在魏国做了相国;黍的种子昂贵,就要检察管仓库的官吏。因此昭奚恤抓贩卖茅草的人,韩昭侯责备厨师的副手;晋文公查出在烤肉上绕头发的人,而穰侯请立齐王为帝。

参疑之势,乱之所由生也,故明主慎之。是以晋骊姬杀太子申生,而郑夫人用毒药,卫州吁杀其君完,公子根取东周,王子职甚有宠,而商臣果作乱,严遂、韩傀争而哀侯果遇贼,田常、阚止、戴欢、皇喜敌而宋君、简公杀。其说在狐突之称"二好",与郑昭之对"未生"也。

参疑五

[译文]

第五,臣下互相匹敌引起内部争斗

臣下互相匹敌的形势,是混乱产生的根源,所以明主对这种局面要谨慎处理。因此晋国的骊姬杀死太子申生,郑国君的夫人使用毒药,卫国的州吁杀死君主卫桓公,周国的公子根夺取东周,王子职很受宠爱,而太子商臣果然叛乱,严遂、韩傀争斗而韩哀侯终于遇刺,田常、阚止、戴欢、皇喜互相匹敌,而宋桓侯、齐简公被杀。其说在狐突说"宠爱官内的姬妾和外朝的臣子",还有郑昭回答说"太子还没有出生"。

敌之所务在淫①察而就靡,人主不察则敌废置矣。故文王资费仲,而秦王患楚使;黎且②去仲尼,而干象沮甘茂。是以子胥宣言而子常用，内③美人而虞、虢亡，佯遗书而苌弘死，用鸡猳④而郐桀尽。

废置六

[注释]

①淫：扰乱。②黎且：应为"犁且"。③内：通"纳"。④猳（jiā）：公猪。

[译文]

第六，敌国干扰国内大臣的任用和罢黜

敌国所致力的，是扰乱国君的观察而使他犯错误；君主如果不能明察，敌国就要干预大臣的任免。所以文王资助费仲，秦王担心楚国的使者；犁且赶走了孔子，干象阻止甘茂做相国。因此伍子胥宣扬假话使得子常被任用；虞国接受了美女，虞国、虢国就灭亡；叔向假装丢失了书信，苌弘就受冤屈而死；郑桓公用鸡和猪伪装盟约，郐国的豪杰就被杀尽。

参疑废置之事，明主绝之于内而施之于外。资其轻者，辅其弱者，此谓庙攻。参伍①既用于内，观听又行于外，则敌伪得。其说在秦侏儒之告惠文君也。故襄疵言袭邺，而嗣公赐令席。

庙攻

右经②

[注释]

①参伍：即三五，此处指多方考察，互相参验。②右经：古人自右至左竖行书写，"右"指上文。

[译文]

在朝廷制定策略战胜敌人

大臣互相匹敌争斗、国外参与大臣任免这样的问题，明主应该在国内杜绝这种现象，而把它用于国外。资助敌国中权势轻的人，帮助敌国中的弱者，这就叫在朝廷制定策略战胜敌人。对内多方考察互相参验，对外观察探听，那么敌国的虚假欺诈行为就能被识破了。其说在秦国的侏儒把楚国的阴谋告诉秦惠文王。所以襄疵说赵国要袭击邺城，卫嗣公赐给县令席子。

以上是经文。

说一

势重者，人主之渊也；臣者，势重之鱼也。鱼失于渊而不可复得也，人主失其势重于臣而不可复收也。古之人难正言，故托之于鱼。

[译文]

对"经一"的解说

权势，好比是君主的水潭；臣子，是深潭中的鱼。鱼离开了深潭，就不能再捉到了，君主把权势丢失给臣子，就不能再收回了。古代人难以直说，所以假托于鱼来比喻。

赏罚者，利器也。君操之以制臣，臣得之以拥①主。故君先见所赏则臣鬻之以为德，君先见所罚则臣鬻之以为威。故曰："国之利器，不可以示人。"

[注释]

①拥：通"壅"，壅塞，蒙蔽。

[译文]

赏罚，是锋利的兵器。君主掌握它就可以制约群臣，臣下掌握它就可以蒙蔽君主。所以君主先表明要赏赐的人，那么大臣就卖弄它来显示自己的德行；君主先表明所要处罚的人，那么大臣就卖弄它来显示自己的权威。所以说："国之利器，不可以示人。"

靖郭君相齐，与故人久语则故人富，怀左右刷则左右重。久语、怀刷，小资也，犹以成富，况于吏势乎？

[译文]

靖郭君为齐国相国，和老朋友说话时间长点儿，老朋友就富裕了；赏赐左右侍从整理头发的工具，左右侍从因此而贵重。说话时间长、赏赐整理头发的工具，这是很小的资助，尚且可以使他们富贵，何况给官吏权势呢？

晋厉公之时，六卿贵。胥僮、长鱼矫谏曰："大臣贵重，敌主争事，外市树党，下乱国法，上以劫主，而国不危者，未尝有也。"公曰："善。"乃诛三卿。胥僮、长鱼矫又谏曰："夫同罪之人偏诛而不尽，是怀怨而借之间①也。"公曰："吾一朝而夷三卿，予不忍尽也。"长鱼矫对曰："公不忍之，彼将忍公。"公不听，居三月，诸卿作难，遂杀厉公而分其地。

[注释]

①间：机会。

[译文]

晋厉公的时候，六卿显贵。胥僮、长鱼矫劝谏说："大臣显贵重权，敌国的君主争相交好，对外勾结诸侯、树立党羽；对下扰乱国法，对上劫持君主。像这样国家还不危险的，是没有的。"厉公说："对！"于是诛杀了三卿。胥僮、长鱼矫又劝谏说："同样罪过的人处罚偏颇，不全部杀掉，是使他们怨恨而再给他们机会。"厉公说："我一天就平灭了三卿，我不忍心杀完他们。"长鱼矫说："您不忍心杀他们，他们将忍心杀您。"厉公不听，过了三个月，其他三卿发难，杀死厉公，瓜分了他的地盘。

州侯相荆，贵而主断，荆王疑之，因问左右，左右对曰

"无有",如出一口也。

[译文]

州侯在楚国做相国,贵重而独断,楚王疑心他,于是问左右侍从,侍从回答说"没有",众口一词。

燕人无惑①,故②浴狗矢。燕人,其妻有私通于士③,其夫早自外而来,士适出。夫曰:"何客也?"其妻曰:"无客。"问左右,左右言"无有",如出一口。其妻曰:"公惑易④也。"因浴之以狗矢。

[注释]

①惑:迷惑,此指中邪而精神恍惚。②故:通"顾",反而。③士:此处指未婚男子。④易:通"瘍(yì)",狂病。

[译文]

燕国人没有中邪,反而用狗屎洗澡。燕国有个人,他的妻子和一个未婚男子私通,丈夫早上从外面回来,这个男子恰好出来。丈夫问:"这是什么客人?"妻子说:"没有客人。"问左右侍从,侍从们也说"没有",众口一词。他的妻子说:"您是被鬼迷惑精神错乱了。"于是就用狗屎洗澡辟邪。

一曰:燕人李季好远出,其妻私有通于士。季突至,士在内中,妻患之。其室妇①曰:"令公子裸而解发直出门,吾属佯不见也。"于是公子从其计,疾走出门,季曰:"是何人也?"家室皆曰:"无有。"季曰:"吾见鬼乎?"妇人曰:"然。""为之奈何?"曰:"取五姓之矢浴之。"季曰:"诺。"乃浴以矢。一曰浴以兰汤。

[注释]

①室妇:婢女中的长者。

[译文]

另一种说法：燕国人李季喜欢远游，他的妻子私下和一个年轻男子通奸。李季突然回来，这个男子还在家里，他的妻子很忧虑，女管家说："让公子赤身裸体披散头发直接走出去，我们装作看不见。"于是这个男子就听从她的主意，飞快地跑出门去，李季问："是什么人？"家里人都说："没有人。"李季说："我看见鬼了吗？"他的妻子说："是的。""那怎么办呢？"回答说："用五家人的屎来洗浴。"李季说："好吧。"于是就用屎洗浴。一种说法是用兰草煮水洗浴。

说二

卫人有夫妻祷者，而祝曰："使我无故，得百束布。"其夫曰："何少也？"对曰："益是，子将以买妾。"

[译文]

对"经二"的解说

卫国有夫妻两个人在祈祷，妻子说："保佑我平安无事，得到一百束布。"丈夫说："为什么这么少呢？"回答说："如果超出百束，你将用它买妾。"

荆王欲宦诸公子于四邻，戴歇曰："不可。""宦公子于四邻，四邻必重之。"曰："子出者重，重则必为所重之国党，则是教子于外市也，不便。"

[译文]

楚王想让几个公子到邻国做官，戴歇说："不行。"楚王说："让公子到邻国做官，邻国一定重视他们。"戴歇说："公子出国就要被重视，被重视就一定和重视他的国家结党，这是在外教您的儿子与外国勾结，不能这样做。"

鲁孟孙、叔孙、季孙相戮力①劫昭公，遂夺其国而擅其制。鲁三桓公逼②，昭公攻季孙氏，而孟孙氏、叔孙氏相与谋曰："救之乎？"叔孙氏之御者曰："我，家臣也，安知公家？凡有季孙与无季孙于我孰利？"皆曰："无季孙必无叔孙。""然则救之。"于是撞西北隅而入，孟孙见叔孙之旗入，亦救之，三桓为一，昭公不胜，逐之，死于乾侯。

[注释]

①戮力：合力。②公逼：倒装句式，即"逼公"。

[译文]

鲁国孟孙、叔孙、季孙合力胁迫鲁昭公，夺得他的国家，把持了朝政。鲁国三桓逼迫昭公的时候，昭公攻打季孙氏，孟孙氏和叔孙氏互相谋划说："救援季孙氏吗？"叔孙氏的车夫说："我是个家臣，怎么知道公家的事呢？只是有季孙氏和没有季孙氏，对我们来说哪个更有利呢？"大家都说："没有季孙氏，必定就没有叔孙氏。""那么就救援他。"于是他们冲破包围的西北角，孟孙氏见到叔孙氏的旗帜进入，也来救援，三家合而为一，昭公不能取胜，于是被驱逐，死在了乾侯。

公叔相韩而有攻①齐，公仲甚重于王，公叔恐王之相公仲也，使齐、韩约而攻魏。公叔因内齐军于郑，以劫其君，以固其位，而信两国之约。

[注释]

①攻：友善。

[译文]

公孙伯英做韩国的相国，和齐国友好，公仲朋很被韩王器重，公孙伯英怕韩王任命公仲朋为相国，让齐国和韩国相约攻打魏国。

公孙伯英于是把齐国军队引入郑国，用来要挟君主，使自己地位稳固，同时也信守了两国的约定。

翟璜，魏王之臣也，而善于韩。乃召韩兵令之攻魏，因请为魏王构①之以自重也。

[注释]

①构：讲和。

[译文]

翟璜是魏王的大臣，和韩国关系很好。于是召韩国军队，让他们攻打魏国，请求为魏王讲和来加重自己的身份。

越王攻吴王，吴王谢而告服，越王欲许之。范蠡、大夫种曰："不可。昔天以越与吴，吴不受；今天反夫差，亦天祸也。以吴予越，再拜受之，不可许也。"太宰嚭遗大夫种书曰："狡兔尽则良犬烹，敌国灭则谋臣亡。大夫何不释吴而患越乎？"大夫种受书读之，太息而叹曰："杀之，越与吴同命。"

[译文]

越王攻打吴王，吴王谢罪请求投降，越王想要答应。范蠡、大夫文种说："不行。过去上天把越国送给吴国，吴国不接受，现在上天报复夫差，也是上天降下的灾祸。把吴国送给越国，就应该拜谢上天而接受，不能答应他们求和。"吴国的太宰伯嚭给文种写信说："狡猾的兔子被捉完了，好的猎狗也要被煮来吃；敌对的国家灭亡了，谋臣也就要被杀害。您为什么不放掉吴国，让他成为越国的祸患呢？"文种收到书信，阅读之后叹息说："杀死谋臣，越国将与吴国有同样的命运。"

大成牛从赵谓申不害于韩曰："以韩重我于赵，请以赵重子于韩，是子有两韩，我有两赵。"

[译文]

大成午从赵国到韩国，对申不害说："您依靠韩国使我在赵国得到重用，请让我依靠赵国的力量使您在韩国得到重用，这样你有了两个韩国，我也有了两个赵国。"

司马喜，中山君之臣也，而善于赵，尝以中山之谋微告赵王。

[译文]

司马喜是中山国的大臣，却和赵国关系好，曾把中山国的计谋偷偷告诉赵王。

吕仓，魏王之臣也，而善于秦、荆，微讽秦、荆令之攻魏，因请行和以自重也。

[译文]

吕仓是魏国的大臣，却和秦国、楚国关系好，私下暗示秦国、楚国让他们攻打魏国，以此请求讲和来加重自己的权力。

宋石，魏将也；卫君，荆将也。两国构难，二子皆将，宋石遗卫君书曰："二军相当，两旗相望，唯毋一战，战必不两存。此乃两主之事也，与子无有私怨，善者相避也。"

[译文]

宋石是魏国的将领，卫君是楚国的将领。两国交战，两人分别为将，宋石给卫君写信说："两军相对，战旗相望，希望不要打起来，打起仗来双方必然不能并存。这是两个君主之间的事，我和您没有私仇，好的办法是我们互相回避。"

白圭相魏，暴谴相韩。白圭谓暴谴曰："子以韩辅我于魏，我请以魏待①子于韩。臣长用魏，子长用韩。"

[注释]

①待：通"持"，帮助。

[译文]

白圭在魏国做相国，暴谴在韩国做相国。白圭对暴谴说："您依靠韩国帮助我在魏国掌权，我请求依靠魏国支持你在韩国掌权。我可以长期在魏国掌权，您也可以长期在韩国掌权。"

说三

齐中大夫有夷射者，御饮于王，醉甚而出，倚于郎①门。门者刖跪请曰："足下无意赐之余沥乎？"夷射曰："叱！去！刑余之人，何事乃敢乞饮长者？"刖跪走退，及夷射去，刖跪因捐水郎门霤②下，类溺③者之状。明日，王出而呵之曰："谁溺于是？"刖跪对曰："臣不见也。虽然，昨日中大夫夷射立于此。"王因诛夷射而杀之。

[注释]

①郎：通"廊"。②霤：房檐。③溺：尿。

[译文]

对"经三"的解说

齐国的中大夫有个叫夷射的，和齐王一同喝酒，醉得很厉害就出来了，靠在廊门旁。受过刖刑的守门人请求说："您不打算赏赐我一些剩酒吗？"夷射说："呸！滚开！受过刑的人，怎么敢向我这样的人要酒喝？"守门人很快退下。夷射走了以后，守门人在廊门檐下倒了些水，像是尿的样子。第二天，齐王外出呵斥道："谁在这里撒尿？"守门人回答说："我没有看见。不过，昨天中大夫夷射曾经站在这里。"齐王因此惩罚夷射，杀死了他。

魏王臣二人不善济阳君，济阳君因伪令人矫王命而谋攻己，王使人问济阳君曰："谁与恨？"对曰："无敢与恨。虽然，尝与二人不善，不足以至于此。"王问左右，左右曰："固然。"王因诛二人者。

[译文]

魏王有两个臣子和济阳君关系不好，济阳君就让人假传魏王命令谋划着攻击自己，魏王让人问济阳君说："你和谁有仇恨？"回答说："不敢和谁有仇恨。不过，曾和两个人关系不好，还不至于到这样的地步。"魏王问左右侍从，侍从回答说："确实如此。"魏王就杀死了这两个人。

季辛与爰骞相怨。司马喜新与季辛恶，因微令人杀爰骞，中山之君以为季辛也，因诛之。

[译文]

季辛和爰骞有仇怨。司马喜刚开始和季辛关系不好，于是暗中派人杀死了爰骞，中山国王以为是季辛干的，于是杀了他。

荆王所爱妾有郑袖者。荆王新得美女，郑袖因教之曰："王甚喜人之掩口也，为①近王，必掩口。"美女入见，近王，因掩口，王问其故，郑袖曰："此固言恶王之臭。"及王与郑袖、美女三人坐，袖因先诫御者曰："王适②有言，必亟听从王言。"美女前，近王甚，数掩口，王悖然怒曰："劓之。"御因揄③刀而劓美人。

[注释]

①为：如果。②适：如果。③揄：引，挥动。

[译文]

楚王所宠爱的妾有个叫郑袖的。楚王刚得到一个美女，郑袖就教导她说："大王很喜欢别人遮着嘴，如果接近大王，一定要遮着嘴。"美女进见楚王，靠近楚王的时候，就遮着嘴，楚王问原因，郑袖说："她本来就说讨厌大王的气味。"等到楚王和郑袖、美女三个人一起坐着，郑袖就事先告诫侍从说："如果大王有什么话，你一定要尽快听从他的话。"美女上前来，离楚王很近，多次遮着自己的嘴，楚王勃然大怒说："割掉她的鼻子。"侍从就挥刀割下美女的鼻子。

一曰：魏王遗荆王美人，荆王甚悦之。夫人郑袖知王悦爱之也，亦悦爱之，甚于王，衣服玩好择其所欲为之。王曰："夫人知我爱新人也，其悦爱之甚于寡人。此孝子所以养亲，忠臣之所以事君也。"夫人知王之不以己为妒也，因为新人曰："王甚悦爱子，然恶子之鼻，子见王，常掩鼻，则王长幸子矣。"于是新人从之，每见王，常掩鼻。王谓夫人曰："新人见寡人常掩鼻，何也？"对曰："不已知也。"王强问之，对曰："顷尝言恶闻王臭。"王怒曰："劓之。"夫人先诫御者曰："王适有言，必可从命。"御者因揄刀而劓美人。

[译文]

另一种说法：魏王送给楚王美女，楚王非常喜欢她。夫人郑袖知道楚王喜爱她，也就喜欢她，比楚王更进一步，衣服和玩物都挑她喜欢的给她。楚王说："夫人知道我喜欢新来的美女，对她的喜爱比我更进一步。这是孝子用来奉养亲人，忠臣用来侍奉君主的心啊！"夫人知道楚王不把自己看作是嫉妒的人，于是对新来的美女说："大王很喜欢你，但是不喜欢你的鼻子，你见到大王，常常遮着鼻子，大王就会长久地喜欢你了。"于是新美女听从了她的话，每次见到楚王，经常遮着鼻子。楚王对夫人说："新来的美女见到我，常常遮着鼻子，这是为什么？"回答说："我不知道。"楚王尽力追问她，就回答说："不久前她曾说过不喜欢大王的味道。"楚王气愤地说："割掉她的鼻子！"夫人事先告诫侍从说："大王如果有命令，一定要听他的。"侍从就挥刀割掉美女的鼻子。

费无极，荆令尹之近者也。郤宛新事令尹，令尹甚爱之。无极因谓令尹曰："君爱宛甚，何不一为酒其家？"令尹曰："善。"因令之为具①于郤宛之家。无极教宛曰："令尹甚傲而好兵，子必谨敬，先亟陈兵堂下及门庭。"宛因为之。令尹往而大惊曰："此何也？"无极曰："君殆②去之，事未可知也。"令尹大怒，举兵而诛郤宛，遂杀之。

[注释]

①具：饭食酒肴。②殆：一定。

[译文]

费无极是楚国令尹的亲信。郤宛刚侍奉令尹，令尹很喜欢他。费无极就对令尹说："您很喜欢郤宛，为什么不到他家里喝一次酒呢？"令尹说："好。"于是让他到郤宛家备办酒宴。费无极对郤宛说："令尹傲慢，又喜欢兵器，你要表示恭敬，可以赶快先把兵器陈列在厅堂下和门庭前。"郤宛就照做了。令尹去了以后大吃一惊，说："这是怎么回事？"费无极说："您一定要离开，还不知道将要发生什么事。"令尹大怒，发兵攻打郤宛，杀死了他。

犀首与张寿为怨，陈需新入，不善犀首，因使人微杀张寿，魏王以为犀首也，乃诛之。

[译文]

犀首和张寿有仇，陈需新来魏国，和犀首不和，于是让人暗杀张寿，魏王以为是犀首干的，于是责罚了他。

中山有贱公子，马甚瘦，车甚弊。左右有私不善者，乃为之请王曰："公子甚贫，马甚瘦，王何不益之马食？"王不许，左右因微令夜烧刍厩。王以为贱公子也，乃诛之。

[译文]

中山国有个地位低贱的公子，他的马很瘦，车很旧。侍从中有个和他私下不和的，就为他向国君请求说："公子很穷，马很瘦，大王为什么不给他增加一些喂马的饲料呢？"国君不同意，侍从就暗地派人在晚上烧掉了放草料的马棚。国君以为是公子干的，于是责罚了他。

魏有老儒而不善济阳君，客有与老儒私怨者，因攻老儒杀之，以德于济阳君，曰："臣为其不善君也，故为君杀之。"济阳君因不察而赏之。

[译文]

魏国有个老儒和济阳君不和，济阳君有个门客和这个老儒有私仇，于是攻击老儒，杀死了他，并讨好于济阳君，说："我因为他和您不和，所以为你杀他。"济阳君没有明察就奖赏了他。

一曰：济阳君有少庶子，有不见知，欲入爱于君者。齐使老儒掘药于马梨之山，济阳少庶子欲以为功，入见于君，曰："齐使老儒掘药于马梨之山，名掘药也，实间①君之国，君杀之，是将以济阳君抵罪于齐矣。臣请刺之。"君曰："可。"于是明日得之城阴②而刺之，济阳君还益亲之。

[注释]

①间（jiàn）：刺探。②阴：山的北面或水的南面。这里指城池的北面。

[译文]

另一种说法：济阳君年轻的家臣中有个不被赏识而又想要得到

宠爱的人。齐王让一个老儒在马梨山采药，济阳君的年轻家臣想要立功，就来拜见济阳君，对他说："齐王让老儒在马梨山采药，名义上是采药，实际是刺探您的封地。您如果杀死他，那就会拿您去齐国抵罪。请让我去刺杀他。"济阳君说："可以。"于是第二天这个家臣在城北找到了老儒，并杀死了他，济阳君就更亲近他了。

说四

陈需，魏王之臣也，善于荆王，而令荆攻魏。荆攻魏，陈需因请为魏王行解之，因以荆势相魏。

[译文]

对"经四"的解说

陈需是魏王的臣子，和楚王关系好，于是让楚国攻打魏国。楚国攻打魏国，陈需就请求为魏王去进行和解，于是依靠楚国的势力当上了魏国的相国。

韩昭侯之时，黍种尝贵甚。昭侯令人覆①廪，吏果窃黍种而粜②之甚多。

[注释]

①覆：检查。②粜：卖米。

[译文]

韩昭侯的时候，黍的种子曾经非常贵。韩昭侯命令人检查仓库，果然发现官吏盗窃黍种私下卖掉很多。

昭奚恤之用荆也，有烧仓廥窌①者，而不知其人。昭奚恤令吏执贩茅者而问之，果烧也。

[注释]

①廥（kuài）窌（jiào）：廥，放草料的地方。窌，通"窖"。

[译文]

昭奚恤在楚国掌权的时候，有人烧掉了收藏草料的仓库，却不知道是谁。昭奚恤命令官吏抓住贩卖茅草的人审问，果然是他烧的。

昭僖侯之时，宰人上食而羹中有生肝焉。昭侯召宰人之次而诮之曰："若何为置生肝寡人羹中？"宰人顿首服死罪，曰："窃欲去尚①宰人也。"

[注释]

①尚：掌管。

[译文]

韩昭侯的时候，厨师端上食物，而汤里有生的肝。韩昭侯召见厨师的副手，责备他说："为什么在我的汤里放生肝？"厨师磕头承认犯了死罪，说："想除去掌管膳食的人。"

一曰：僖侯浴，汤中有砾。僖侯曰："尚浴免则有当代者乎？"左右对曰："有。"僖侯曰："召而来。"谯之曰："何为置砾汤中？"对曰："尚浴免，则臣得代之，是以置砾汤中。"

[译文]

另一种说法：韩昭侯洗澡，热水里有小石子。韩昭侯说："掌管沐浴的人被罢免，有代替他的吗？"左右回答说："有。"韩昭侯说："叫他来。"责备说："为什么在热水里放石子？"回答说："掌管沐浴的人被罢免，我就可以代替他，因此在热水里放了石子。"

文公之时，宰臣上炙而发绕之。文公召宰人而谯之曰："女欲寡人之哽邪？奚为以发绕炙？"宰人顿首再拜请曰："臣有死罪三：援砺①砥刀，利犹干将也，切肉肉断而发不断，臣之罪一也；援木而贯脔②而不见发，臣之罪二也；奉炽炉，炭火尽赤红，而炙熟而发不烧，臣之罪三也。堂下得无微有疾臣者乎？"公曰："善。"乃召其堂下而谯之，果然，乃诛之。

[注释]

①砺：磨刀石。②脔：肉。

[译文]

晋文公的时候，厨师端上烤肉，上面有头发缠绕。晋文公召厨师责备说："你想要我噎住吗？为什么把头发缠到烤肉上？"厨师磕头再拜请求说："我有三条死罪：拿着磨刀石磨刀，锋利犹如干将，用来切肉，肉切断了头发却不断，这是我的第一条死罪；拿着木条穿肉片，却没有看到头发，这是我的第二条死罪；放在炽热的火炉上，炭火都是赤红的，肉已经烤熟了，头发却没有烧掉，这是我的第三条死罪。堂下的侍从中难道没有私下恨我的人吗？"晋文公说："说得对。"于是召堂下的侍从责问，果真是这样，于是处罚了他们。

一曰：晋平公觞客，少庶子进炙而发绕之，平公趣①杀炮②人，毋有反令。炮人呼天曰："嗟乎！臣有三罪，死而不自知乎？"平公曰："何谓也？"对曰："臣刀之利，风靡骨断而发不断，是臣之一死也；桑炭炙之，肉红白而发不焦，是臣之二死也；炙熟又重睫而视之，发绕炙而目不见，是臣之三死也。意者堂下其有翳③憎臣者乎？杀臣不亦蚤④乎！"

[注释]

①趣：通"促"，催促。②炮：通"庖"，厨师。③翳：隐，私下。④蚤：通"早"。

[译文]

另一种说法：晋平公宴请客人，年轻的家臣端上烤肉，有头发绕在上面，晋平公催促杀死厨师，不准违反命令。厨师向天喊冤说："唉！我有三条罪，难道自己死了也不明白吗？"晋平公说："你指的是什么？"回答说："我的刀很锋利，骨头碰到刀上都会断，可是头发却不断，这是我的第一条死罪；桑木炭烤它，肉烤得红的红、白的白，可是头发却没有烧焦，这是我的第二条死罪；肉烤熟了，又眯着眼睛仔细看它，头发绕在烤肉上却没有看见，这是我的第三条死罪。我觉得堂下恐怕是有人私下憎恨我吧？杀我不是有点太早了吗！"

穰侯相秦而齐强，穰侯欲立秦为帝而齐不听，因请立齐为东帝而不能成也。

[译文]

穰侯做秦国的相国而齐国强大，穰侯想立秦王为帝，但是齐国不同意，于是请求把齐王立为东帝，但是还是不能成功。

说五

晋献公之时，骊姬贵，拟于后妻，而欲以其子奚齐代太子申生，因患申生于君而杀之，遂立奚齐为太子。

[译文]

对"经五"的解说

晋献公的时候，骊姬地位尊贵，和君主的正妻不相上下，她想要让她的儿子奚齐代替太子申生，于是在晋献公面前陷害申生，杀死了他，把奚齐立为太子。

郑君已立太子矣，而有所爱美女欲以其子为后，夫人恐，因用毒药贼君杀之。

[译文]

郑国国君已经立了太子，可是有个他宠爱的美人想要让自己的儿子做继承人，夫人很害怕，于是用毒药暗害国君，杀死了他。

卫州吁重于卫，拟于君，群臣百姓尽畏其势重，州吁果杀其君而夺之政。

[译文]

卫国的州吁在卫国受到重用，和君主地位相似，群臣百姓都害怕他的权势，后来州吁果然杀死了卫君，夺得了政权。

公子朝，周太子也，弟公子根甚有宠于君。君死，遂以东周叛，分为两国。

[译文]

公子朝是周国的太子，他的弟弟公子根很受国君宠爱。国君死后，他就在东周叛乱，把周分为两个国家。

楚成王以商臣为太子，既而又欲置公子职。商臣作乱，遂攻杀成王。

[译文]

楚成王立商臣为太子，后来又想立公子职为太子。于是商臣叛乱，攻打并杀死了楚成王。

一曰：楚成王以商臣为太子，既欲置公子职。商臣闻之，未察也，乃为其傅潘崇曰："奈何察之也？"潘崇曰："飨①江芈而勿敬也。"太子听之。江芈曰："呼，役夫！宜君王之欲废女②而立职也。"商臣曰："信矣。"潘崇曰："能事之乎？"曰："不能。""能为之诸侯乎？"曰："不能。""能举大事乎？"曰：

"能。"于是乃起宿营之甲而攻成王。成王请食熊膰③而死,不许,遂自杀。

[注释]

①飨(xiǎng):宴请。②女:通"汝",你。③熊膰:熊掌。

[译文]

另一种说法:楚成王立商臣为太子,后来又想立公子职。商臣听说了,但是还不太清楚,于是对他的师傅潘崇说:"怎么能弄明白呢?"潘崇说:"宴请江芈,但是不要尊敬她。"太子听从了他的话。江芈说:"呸,你这奴才!大王想废掉你改立公子职真是应该。"商臣说:"这是真的了。"潘崇说:"你能去侍奉公子职吗?"说:"不能。"说:"你能去做他的诸侯吗?"说:"不能。""你能干一番大事业吗?"说:"能。"于是就发动守卫宫殿的兵士来攻打成王。成王请求吃了熊掌再死,没有得到允许,于是就自杀了。

韩廆相韩哀侯,严遂重于君,二人甚相害也。严遂乃令人刺韩廆于朝,韩廆走君而抱之,遂刺韩廆而兼哀侯。

[译文]

韩廆做韩哀侯的相国,严遂又被君主所器重,两个人互相争斗得很厉害。严遂就命人在朝廷上刺杀韩廆,韩廆逃到君主那里,抱住君主,于是在刺死韩廆的时候,连韩哀侯也一起刺死了。

田恒相齐,阚止重于简公,二人相憎而欲相贼也。田恒因行私惠以取其国,遂杀简公而夺之政。

[译文]

田恒做齐国的相国,阚止被齐简公器重,两个人互相憎恶,想要杀害对方。田恒就实行私人恩惠来取得民心,后来就杀死了简公夺得了政权。

戴欢为宋太宰,皇喜重于君,二人争事而相害也,皇喜遂杀宋君而夺其政。

[译文]

戴欢做宋国的太宰,皇喜被君主器重,两个人争夺权力互相伤害,皇喜就杀死了宋国国君,夺取了政权。

狐突曰:"国君好内则太子危,好外则相室危。"

[译文]

狐突说:"国君如果宠爱宫内的姬妾,那么太子就危险了;如果宠信朝廷的大臣,相国就危险了。"

郑君问郑昭曰:"太子亦何如?"对曰:"太子未生也。"君曰:"太子已置而曰'未生',何也?"对曰:"太子虽置,然而君之好色不已,所爱有子,君必爱之,爱之则必欲以为后,臣故曰'太子未生'也。"

[译文]

郑国国君问郑昭说:"太子怎么样?"郑昭说:"太子还没有出生。"国君说:"我已经立了太子,你却说'没有出生',这是为什么?"郑昭回答说:"太子虽然已经立了,可是您对美色的爱好还没有停止,所宠爱的人有了儿子,您一定喜欢他,喜欢他就想立他为继承人,所以我说'太子还没有出生'。"

说六

文王资费仲而游于纣之旁,令之谏纣而乱其心。

[译文]

对"经六"的解说

周文王资助费仲在商纣王的身边活动,让他劝说商纣王,来扰乱商纣王的心。

荆王使人之秦，秦王甚礼之。王曰："敌国有贤者，国之忧也。今荆王之使者甚贤，寡人患之。"群臣谏曰："以王之贤圣与国之资厚，愿①荆王之贤人，王何不深知之而阴有之。荆以为外用也，则必诛之。"

[注释]

①愿：担心。

[译文]

楚王命人出使秦国，秦王很礼遇他。秦王说："敌对的国家有贤能的人，是国家的忧虑。现在楚王的使者很贤能，我很忧虑。"大臣们劝谏说："以大王的圣贤和国家的资财丰厚，如果担心楚国的贤才，大王为什么不深深地和他结交，私下笼络他。楚王以为他被外国利用，一定会杀死他。"

仲尼为政于鲁，道不拾遗，齐景公患之。犁且谓景公曰："去仲尼犹吹毛耳。君何不迎之以重禄高位，遗哀公女乐以骄荣①其意。哀公新乐之，必怠于政；仲尼必谏，谏必轻绝于鲁。"景公曰："善。"乃令犁且以女乐二八遗哀公，哀公乐之，果怠于政。仲尼谏，不听，去而之楚。

[注释]

①荣：通"营"，迷惑。

[译文]

孔子在鲁国治理政事，使得路不拾遗，齐景公很忧虑。犁且对齐景公说："赶走孔子就好像吹走毛发一样。您怎么不用丰厚的俸禄和显贵的官位来迎接他，同时送给鲁哀公歌伎，使他放纵迷惑。鲁哀公刚迷上歌伎，一定会疏于政事；孔子一定会劝谏，如果劝谏不听必然会轻易断绝关系。"景公说:"好。"于是让犁且送给鲁哀公十六个歌伎,鲁哀公很喜欢她们,果然疏于政事。孔子劝谏不听,就离开了鲁国到楚国去了。

楚王谓干象曰:"吾欲以楚扶甘茂而相之秦,可乎?"干象对曰:"不可也。"王曰:"何也?"曰:"甘茂少而事史举先生。史举,上蔡之监门也,大不事君,小不事家,以苛刻闻天下,茂事之顺焉。惠王之明,张仪之辨也,茂事之,取十官而免于罪,是茂贤也。"王曰:"相人敌国而相贤,其不可何也?"干象曰:"前时王使邵滑之越,五年而能亡越。所以然者,越乱而楚治也。日者知用之越,今亡①之秦,不亦太亟忘乎!"王曰:"然则为之奈何?"干象对曰:"不如相共立。"王曰:"共立可相,何也?"对曰:"共立少见爱幸,长为贵卿,被②王衣,含杜若,握玉环。以听于朝,且利以乱秦矣。"

[注释]

①亡:通"忘"。②被:通"披"。

[译文]

楚王对干象说:"我想靠楚国的力量扶持甘茂,使他成为秦国的相国,可以吗?"干象回答说:"不行啊!"楚王问:"为什么?"干象说:"甘茂小的时候侍奉史举先生。史举是上蔡的守门人,大不侍奉君主,小不致力于家庭,以苛刻闻名天下,甘茂却能顺利地侍奉他。秦惠文王这样贤明,张仪这样明察,甘茂侍奉他们,取得很多官职而且没有罪过,这说明甘茂是贤能的人。"楚王说:"让人在敌国当相国,结果任命了一个贤能的人,这有什么不可以呢?"干象说:"前些时候大王让邵滑到越国去,五年就使越国灭亡了。之所以这样,是他使得越国混乱,而楚国安定。往日知道对越国这样做,现在对秦国就忘了,不也太健忘了吗!"楚王说:"那么我应该怎么做？"干象说："不如让共立为相国。"楚王说："共立可以做相国，这是为什么？"干象回答说："共立小时就被宠幸，长大后成为贵族，穿着秦王的衣服，口中含着香草杜若，手中握着玉环。用这种人在朝廷上掌权，就有利于扰乱秦国了。"

吴政①荆，子胥使人宣言于荆曰："子期用，将击之。子常用，将去之。"荆人闻之，因用子常而退子期也。吴人击之，遂胜之。

[注释]

①政：通"征"。

[译文]

吴国攻打楚国，伍子胥让人在楚国宣扬说："如果任用子期，就要攻打楚国。如果任用子常，就放弃进攻楚国。"楚国人听说了，就任用子常，而罢黜了子期。吴国人攻打楚国，就战胜了他们。

晋献公伐虞、虢，乃遗之屈产之乘，垂棘之璧，①女乐六，以荣②其意而乱其政。

[注释]

①屈产、垂棘：地名。②荣：通"营"，迷惑。

[译文]

晋献公攻打虞国和虢国，送给他们屈产的良马，垂棘出产的玉璧，六个歌伎，以迷惑他们的意志，扰乱他们的政治。

叔向之谗苌弘也，为书曰："苌弘谓叔向曰：子为我谓晋君，所与君期者，时可矣，何不亟以兵来？"因佯遗其书周君之庭而急去行，周以苌弘为卖周也，乃诛苌弘而杀之。

[译文]

叔向谗毁苌弘,写信说:"苌弘对叔向说:您替我告诉晋国国君,和国君约好的事情,时机成熟了,为什么不赶快带兵前来呢?"于是假装把书信遗失在周王的朝廷上而急忙离去,周王认为苌弘在出卖周国,于是惩罚苌弘,杀死了他。

郑桓公将欲袭郐,先问郐之豪杰良臣辩智果敢之士,尽与①其姓名,择郐之良田赂之,为官爵之名而书之,因为设坛场郭门之外而埋之,衅②之以鸡豭③,若盟状。郐君以为内难也,而尽杀其良臣。桓公袭郐,遂取之。

[注释]

①与:通"举"。②衅:把牲畜的血涂在器物上祭祀。③豭(jiā):猪。

[译文]

郑桓公将要袭击郐国,先打听郐国的豪杰贤臣和善辩有智慧果敢的人,全部记录他们的名字,选择郐国的良田贿赂他们,委任官爵并记录下来,并在城门外设置土坛广场,把名单埋在地下,把鸡和猪的血洒在上面祭天地,好像是结盟的样子。郐国国君认为他们要在内部作乱,于是把贤臣都杀掉了。郑桓公攻袭郐国,夺取了它。

说七

秦侏儒善于荆王,而阴有善荆王左右而内重于惠文君。荆适有谋,侏儒常先闻之以告惠文君。

[译文]

对"经七"的解说

秦国有个侏儒和楚王关系很好,而又私下结好楚王的侍从,在国内又被秦惠文王器重。楚国如果有阴谋,侏儒常常先听到,然后告诉秦惠文王。

邺令襄疵,阴善赵王左右。赵王谋袭邺,襄疵常辄闻而先言之魏王。魏王备之,赵乃辄还。

[译文]

邺城县令襄疵私下和赵王的侍从关系很好。赵王阴谋袭击邺城,襄疵常常能先听到并告诉魏王。魏王有所准备,赵国军队就撤回了。

卫嗣君之时,有人于令之左右,县令有发蓐而席弊甚。嗣公还①令人遗之席,曰:"吾闻汝今者发蓐而席弊甚,赐汝席。"县令大惊,以君为神也。

[注释]

①还:通"旋",马上。

[译文]

卫嗣君的时候,派人在县令的身边监视,县令有一次揭开褥子,露出席子很破旧。卫嗣公马上让人送给他席子,对他说:"我听说你今天揭开褥子而席子很破旧,赐给你一张席。"县令大为惊讶,认为君主很神明。

外储说左上第三十二

一、明主之道，如有若之应密子①也。明主②之听言也，美其辩；其观行也，贤其远。故群臣士民之道言者迂弘，其行身也离世。其说在田鸠对荆王也。故墨子为木鸢，讴癸筑武宫③。夫"药酒"、"用言"，明君圣主之以独知也。

[注释]

①密子：即宓子贱。②明主：应为"人主"。③武宫：武术学堂。

[译文]

第一，圣明君主的治国之道，就像有若回答宓子贱的话一样。君主听取臣下言论，喜欢他们能言善辩；观察臣下的行为，称赞他们的志向高远。所以群臣士民言论都迂阔宏大，行为都远离人世。其说在田鸠回答楚王的话。所以墨子做木头鸢，讴癸建武学学堂。那"药酒"、"用言"，这是圣明的君主才懂得的道理啊。

二、人主之听言也，不以功用为的①，则说者多"棘刺"、"白马"之说；不以仪的为关，则射者皆如羿也。人主于说也，皆如燕王学道也；而长说者，皆如郑人争年也。是以言有纤察微难而非务也，故李、惠、宋、墨②皆画策③也；论有迂深闳大非用也，故畏、震、瞻、车④状皆鬼魅也；言而⑤拂难坚确非功也，故务、卞、鲍、介、墨翟⑥皆坚瓠也。且虞庆诎⑦匠也而屋壤，范且⑧穷工而弓折。是故求其诚者，非归饷也不可。

[注释]

①的：箭靶，引申为目的。②李、惠、宋、墨：李，李克；惠，惠施；宋，宋荣子；墨，墨翟。③策：应为"荚"。④畏、震、瞻、车：畏，应为"魏"，即魏牟；震，应为"长"，即长卢子；瞻，瞻何；车，应为"陈"，即陈骈。⑤言而：应为"行有"。⑥务、卞、鲍、介、墨翟：务，务光；卞，卞随；鲍，鲍焦；介，介之推；墨翟，应为"伯夷"。⑦诎：屈服。⑧且：通"雎"。

[译文]

第二，君主听取臣下的言论，不以功用为目的，那么游说的人就多采用"棘刺"、"白马"之类的说法；不用箭靶作标准，那么射箭的人都可以像神箭手羿一样。君主对于游说，都像燕王学习长生不死的方法一样；而擅长游说的人，都像郑国人争论年龄一样。因此言论有纤细明察微末难能而不是当务之急，所以李克、惠施、宋荣子、墨翟的言论都像在画荚；言论有迂阔深远宏大，但是不能实用的，所以魏牟、长卢子、瞻何、陈骈的言论就像是画中的鬼魅；行为迎难而上坚定不移，而不能有实际的功效，所以务光、卞随、鲍焦、介之推、伯夷都像坚硬而实心的葫芦一样。再说，虞庆使工匠屈服，但房屋却坏了；范雎使工人窘迫，可是弓却折断了。所以要求得真实的事物，非回家吃饭不可。

三、挟夫相为则责望，自为则事行。故父子或怨谯，取庸①作者进美羹。说在文公之先宣言，与勾践之称如皇也。故桓公藏蔡怒而攻楚，吴起怀瘝②实而吮伤。且先王之赋颂，钟鼎之铭，皆播吾之迹、华山之博③也。然先王所期者利也，所用者力也。筑社之谚目④辞说也。请许学者而行宛曼⑤于先王，或者不宜今乎？如是不能更也，郑县人得车厄⑥也，卫人佐弋也，卜子妻写⑦弊裤也，而其少者也。先王之言，有其所为小而世意之大者，有其所为大而世意之小者，未可必知也。说在宋人之解书，与梁人之读记也。故先王有郢书而后世多燕说。夫不适国事而谋先王，皆归取度者也。

[注释]

①庸：通"佣"。②瘳（chōu）：病愈。③博：古代的一种棋类游戏，后引申为赌博。④目：应为"以"。⑤宛曼：通"汗漫"，渺茫。⑥厄：通"轭"，牲畜拉车时架在脖子上的器具。⑦写：仿照。

[译文]

第三，怀着互相依赖的想法就会相互责备怨望，自己去做事情就能实行。所以父子之间也会互相埋怨争吵，争取雇工的给他们喝美味的羹汤。其说在文公先加以宣扬，和勾践称许如皇台。所以齐桓公隐藏对蔡国的愤怒却攻打楚国，吴起希望士兵病愈所以吮吸他的伤口。还有古代帝王歌颂功德的赋颂，钟鼎上刻的铭文，都像播吾山的脚印，华山的棋子一样。可是先王所期待的是利益，所使用的是力量。为土地神修筑祭坛的谚语，就说明了这个道理。赞许学者的观点，因而实行先王那些渺茫的学说，可能不太适合于今天吧？像这样不懂得变更，就像郑国人拿车轭来询问别人，卫国人射鸟前先挥头巾，卜子的妻子仿照旧裤子来做新裤子，还有模仿大人的少年。先王的言论，有些当时是小事，现在看却是大事，有些当时是大事，现在看却是小事，不能全部都弄明白。其说在宋国人解释书意，和魏国人读史籍。所以先王的言论就像郢都人写信，而后人的理解就像燕国相国的解说。不知道去适应国家的实际情况，却要去取法先王，这就像那个不知道依照脚来买鞋而一定要回家拿尺码的人一样。

四、利之所在民归之，名之所彰士死之。是以功外于法而赏加焉，则上不能得所利于下；名外于法而誉加焉，则士劝名而不畜①之于君。故中章、胥己仕，而中牟之民弃田圃而随文学者邑之半；平公腓痛足痹而不敢坏坐，晋国之辞仕托者国之锤②。此三士者，言袭法则官府之籍也，行中事则如令之民也，二君之礼太甚；若言离法而行远功，则绳外民也，二君又何礼之？礼之当亡。且居学之士，国无事不用力，有难不被③甲。礼之则惰修耕战之功，不礼则周④主上之法。国安则尊显，危则为屈公之威⑤。人主奚得于居学之士哉？故明王论李疵视中山也。

[注释]

①畜：驯顺。②锤：通"垂"，边际，引申为一个方面。③被：通"披"。④周：妨害。⑤威：通"畏"。

[译文]

第四，利益所在的地方，人民就归向它；名声可以彰显的地方，士人就为它卖命。因此功劳如果在法度之外却加以赏赐，那么君主就不能从下级那里得利；名声如果在法度之外却加以赞誉，那么士人被名声鼓励就不会顺从君主。所以中章、胥己做了官，中牟的人民放弃耕作而从事于文学的人占了县城的一半；晋平公为了礼敬叔向，即使小腿疼痛脚麻痹也不敢使坐姿不正，晋国放弃向官员请托、效仿叔向的占全国的很大一部分。这三个人，言论遵循法度也不过是官府典籍中的内容，行为合于事理也不过是遵守法令的人民，两个君主对他们的礼遇太过度了；如果言语背离法度，而行为远离功业，那就是法律准绳之外的人民，两个君主又何必礼遇他们呢？礼遇他们就会招致灭亡。况且专门研究学术的人，国家太平的时候不从事于耕作，国家有难也不穿上铠甲作战。如果礼遇他们，就会让人民懒于从事耕种作战的功业；不礼遇他们，就会妨害君主的法令。国家安全就尊贵显耀，国家危难就会像屈公那样畏惧。君主从那些专门搞学问的人那里能得到什么呢？所以圣明的君王评论肯定了李疵对中山国的看法。

五、《诗》曰："不躬不亲，庶民不信。"傅①说之以无衣紫，缓之以郑简、宋襄，责之以尊厚耕战。夫不明分，不责诚②，而以躬亲位③下，且为"下走"、"睡卧"，与夫"掩弊微服"。孔丘不知，故称"犹盂"。邹君不知，故先自僇④。明主之道，如叔向赋猎⑤，与昭侯之奚听也。

[注释]

①傅：太傅。②诚：通"成"。③位：通"莅"，统治。④僇：通"戮"，羞辱。⑤猎：应为"禄"。

[译文]

第五，《诗经》上说："君主不亲历亲为，百姓就不会相信。"太傅劝说齐王不要穿紫衣服来解释这个道理，可以用郑简公、宋襄公的事来说明这个道理可以被迟缓接受，也可以用君主崇尚耕种和战斗会陷于劳苦来责备这个道理是不对的。不明白君臣的身份不同，不责求臣下完成工作，却用亲自施行的方法来统治下级，而且做"齐景公下车奔跑"、"魏昭王困倦睡觉"之类的事，以及"隐藏身份穿百姓的衣服私访"。孔子不知道这些，所以说"君主好像盂"。邹国的君主不知道这个道理，所以自己先羞辱自己。圣明的君主采用的方法，就像叔向分配俸禄，以及韩昭侯知道"听取哪个意见"的道理一样。

六、小信成则大信立，故明主积于信。赏罚不信，则禁令不行。说在文公之攻原与箕郑救饿也。是以吴起须①故人而食，文侯会虞人②而猎。故明主表信，如曾子杀彘也。患在尊③厉王击警鼓与李悝谩两和④也。

右经⑤

[注释]

①须：等候。②虞人：掌管山泽的官员。③尊：应为"楚"。④和：军门，引申为营垒里的军队。⑤右经：古代书写时自右至左竖行书写。右，即上文。

[译文]

第六，小的诚信形成了，大的诚信就树立了，所以圣明的君主积累诚信。奖赏和惩罚不守诚信，那么禁令就不能施行。其说在晋文公攻打原城，以及箕郑救济饥荒。所以吴起等待老朋友来才吃饭，魏文侯一定要和掌管山泽的官员会合才去打猎。所以圣明的君主展示诚信，就像曾子杀猪对孩子表示诚信一样。不守信的危害在于楚厉王敲报警的鼓，以及李悝欺骗营中的两支部队所造成的后果。

以上是经文。

说一

宓子贱治单父，有若见之曰："子何臞①也？"宓子曰："君不知贱不肖，使治单父，官事急，心忧之，故臞也。"有若曰："昔者舜鼓五弦之琴，歌《南风》之诗而天下治。今以单父之细也，治之而忧，治天下将奈何乎？故有术而御之，身坐于庙堂之上，有处女子之色，无害于治；无术而御之，身虽瘁②臞，犹未有益。"

[注释]

①臞（qú）：消瘦。②瘁（cuì）：憔悴。

[译文]

对"经一"的解说

宓子贱治理单父，有若见到他说："你怎么消瘦了？"宓子贱说："君主不知道我没有才能,让我治理单父,公事很紧急,我心里忧虑,所以消瘦了。"有若说："过去舜弹着五弦琴,唱着《南风》的诗歌,天下就治理好了。现在单父这么小的地方,治理它也要忧虑,那治理天下要怎么办呢?所以有方法来治理,自己身处殿堂上,有处女那样美好的脸色,也不会妨害治理;没有方法治理,即使身体憔悴消瘦,也没有什么益处。"

楚王谓田鸠曰："墨子者,显学也。其身体①则可,其言多而不辩,何也?"曰："昔秦伯嫁其女于晋公子,令晋为之饰装,从衣文之媵②七十人。至晋,晋人爱其妾而贱公女,此可谓善嫁妾而未可谓善嫁女也。楚人有卖其珠于郑者,为木兰之柜,薰以桂椒,缀以珠玉,饰以玫瑰,辑③以翡翠。郑人买其椟而还其珠,此可谓善卖椟矣,未可谓善鬻珠也。今世之谈也,皆道辩说文辞之言,人主览其文而忘有用。墨子之说,传先王之道,论圣人之言以宣告人,若辩其辞,则恐人怀其文忘其直④。以文害用也,此与楚人鬻珠、秦伯嫁女同类。故其言多不辩。"

[注释]

①体:实行。②媵:陪嫁的姬妾。③辑:通"缉",聚集。④直:通"值",价值。

[译文]

楚王对田鸠说："墨子的学说是显要的学说。身体力行是可以的,但是言论虽多却不动听,这是为什么?"田鸠说："过去秦伯把女儿嫁给晋公子,让晋国为她准备装饰,跟随陪嫁穿彩衣的妾七十人。到了晋国,晋人喜欢那些姬妾却看不起秦伯的女儿。这可以说是善于嫁妾,但不能说是善于嫁女儿。楚国人有在郑国卖宝珠的,用木兰做匣子,用桂花和花椒来薰香,用珠宝和玉石作点缀,用玫瑰色的宝石作装饰,聚集了翡翠来装饰。郑国人买匣子,却把宝珠还给了他。这可以说是善于卖匣子，但却不能说是善于卖宝珠。现在当世的言论，都说善辩而富有文采的话，君主看了言辞华美，却忘记了实用价值。墨子的学说，传达先王之道，宣讲圣人之言来告知世人，如果使文章华美，担心人们爱它的文采而忘记其价值，因为文辞妨害了功用，这和楚国人卖宝珠、秦伯嫁女儿是一类的。所以墨子的言辞都不善辩。"

墨子为木鸢，三年而成，蜚①一日而败。弟子曰："先生之巧，至能使木鸢飞。"墨子曰："吾不如为车輗②者巧也，用咫③尺之木，一朝之事，而引三十石之任致远，力多，久于岁数。今我为鸢，三年成，蜚一日而败。"惠子闻之曰："墨子大巧，巧为輗，拙为鸢。"

[注释]

①蜚：通"飞"。②輗：车辕前端和车衡连接处的销钉。③咫：长度单位，八寸为一咫。

[译文]

墨子做木鸢，三年才造成，飞了一天就坏了。弟子说："先生这样灵巧，以至于能使木鸢飞起来。"墨子说："我不如做车輗的人灵巧，他用不到一尺长的木头，制作一天，就能担当三十石的重量，能达到很远的地方，出力多，又能用好多年。现在我做木鸢，三年才做成，飞了一天就坏了。"惠子听到以后说："墨子有大的机巧，他认为灵巧的人做车輗，笨拙的人做木鸢。"

宋王与齐仇也，筑武宫。讴①癸倡②，行者止观，筑者不倦，王闻，召而赐之。对曰："臣师射稽之讴又贤于癸。"王召射稽使之讴，行者不止，筑者知倦，王曰："行者不止，筑者知倦，其讴不胜如癸美，何也？"对曰："王试度其功，癸四板，射稽八板;摘③其坚,癸五寸,射稽二寸。"

[注释]

①讴:歌唱,此处指歌唱的人。②倡:通"唱"。③摘:捶打。

[译文]

宋王和齐国有仇,修筑武学学堂。歌手癸歌唱,路过的人都停下来看,筑墙的人都不觉得疲倦,宋王听说了,就召见他,并给予赏赐。癸说:"我的师傅射稽的歌唱比我更好。"宋王召见射稽,让他歌唱,路过的人不停下来,筑墙的人觉得疲倦,宋王说:"路过的人不停下来,筑墙的人觉得疲倦,他的歌唱不但不能胜过癸,甚至不如癸,为什么?"回答说:"大王尝试着去度量筑墙的功效,我唱的时候筑了四块板,射稽唱的时候筑了八块板;捶打它来检验坚固程度,我唱的时候筑的墙可以捶进去五寸,射稽唱的时候筑的墙只能捶进去两寸。"

夫良药苦于口,而智者劝而饮之,知其入而已己疾也。忠言拂①于耳,而明主听之,知其可以致功也。

[注释]

①拂:违逆。

[译文]

好药吃在嘴里很苦,但是聪明的人还是勉力喝下去,因为知道这药喝下去可以治疗自己的疾病。忠言听起来很不入耳,可是圣明的君主却能听从它,因为知道它可以用来建立功业。

说二

宋人有请为燕王以棘刺之端为母猴者,必三月斋然后能观之,燕王因以三乘①养之。右御冶工言王曰:"臣闻人主无十日不燕②之斋。今知王不能久斋以观无用之器也,故以三月为期。

凡刻削者，以其所以削必小。今臣冶人也，无以为之削，此不然物也，王必察之。"王因囚而问之，果妄，乃杀之。冶人谓王曰："计无度量，言谈之士多棘刺之说也。"

[注释]

①乘（shèng）：辆。古代赋税，每六里见方的土地上贡献一辆兵车，此处指六里见方的土地上的赋税。②燕：通"宴"。

[译文]

对"经二"的解说

宋国有个人请求为燕王在棘刺的尖端刻一只母猴，一定要斋戒三个月然后才能观看，燕王就用三乘的赋税来奉养他。右御的冶工说："我听说君主没有连续十天不饮宴的斋戒。现在他知道大王不能长久斋戒来观看没有用的东西，所以定下了三个月的期限。凡是雕刻的人，用来雕刻的工具一定比雕刻的东西小。现在我是个冶炼工匠，没有办法造出这么小的雕刻工具，这是一定不能实现的东西，希望大王明察。"燕王就把那个人囚禁起来审问他，果然是在骗人，就杀了他。冶人对燕王说："计谋没有标准来衡量，游说的人的话大多都是在棘刺尖上雕刻之类的空话。"

一曰：燕王好微巧，卫人曰："能以棘刺之端为母猴。"燕王说①之，养之以五乘之奉②。王曰："吾试观客为棘刺之母猴。"客曰："人主欲观之，必半岁不入宫，不饮酒食肉，雨霁日出，视之晏③阴之间，而棘刺之母猴乃可见也。"燕王因养卫人，不能观其母猴。郑有台④下之冶者谓燕王曰："臣为削⑤者也，诸微物必以削削之，而所削必大于削。今棘刺之端不容削锋，难以治棘刺之端。王试观客之削，能与不能可知也。"王曰："善。"谓卫人曰："客为棘削之？"曰："以削。"王曰："吾欲观见之。"客曰："臣请之舍取之。"因逃。

[注释]

①说：通"悦"。②奉：通"俸"。③晏：晴天。④台：朝廷直属的官署。⑤削：刻刀。

[译文]

另一种说法：燕王喜欢小巧的东西，一个卫国人说："我能在棘刺的尖端刻一只母猴。"燕王很高兴，用五乘的俸禄来接待他。燕王说："我想试着看看客人在棘刺尖端刻的母猴。"客人说："君主想要看见它，必须半年不在宫廷住宿，不喝酒不吃肉，雨停太阳出的时候，在阴晴变化之间来观看，棘刺尖端的母猴才能看见。"燕王于是供养着这个卫国人，却不能看见他刻的母猴。郑国有一个在朝廷官署里冶炼的工人对燕王说："我是个做刻刀的人，那些小东西必然要用刻刀来雕刻，而所雕刻的东西必定要大于刻刀。现在棘刺的尖端不能容纳刀刃，刀刃难以处理棘刺的尖端。大王试看客人的刻刀，能不能雕刻就知道了。"燕王说："很好。"于是对卫国人说："客人雕刻棘刺是用刻刀吗？"回答说："是用刻刀。"燕王说："我想看看你的刻刀。"客人说："请让我回馆驿把它拿来。"于是就逃走了。

兒说，宋人，善辩者也。持"白马非马也"服齐稷下之辩者，乘白马而过关，则顾①白马之赋。故籍②之虚辞则能胜一国，考实按形不能谩于一人。

[注释]

①顾：通"雇"，交纳。②籍：通"藉"，凭借。

[译文]

兒说是宋国人，非常善于辩论。他用"白色的马不是马"说服了齐国稷下善辩的人，骑着白马过了关卡，却要缴纳白马的赋税。所以凭借空虚的言辞能战胜一个国家，考察实际、对照具体形状，就连一个人也欺骗不了。

夫新砥砺杀①矢，彀②弩而射，虽冥③而妄发，其端未尝不中秋毫也，然而莫能复其处，不可谓善射，无常仪的也。设五寸之的，引十步之远，非羿、逢蒙不能必全者，有常仪的也。有度难而无度易也。有常仪的，则羿、逢蒙以五寸为巧；无常仪的，则以妄发而中秋毫为拙。故无度而应之则辩士繁说，设度而持之虽知④者犹畏失也不敢妄言。今人主听说不应之以度，而说⑤其辩不度以功，誉其行而不入关⑥。此人主所以长欺，而说者所以长养也。

[注释]

①杀：尖锐。②彀（gòu）：拉满弓。③冥：通"瞑"，闭上眼。④知：通"智"。⑤说：通"悦"。⑥关：衡，引申为准则。

[译文]

刚在磨刀石上磨得尖锐的箭，拉满弓射出，即使是闭着眼睛随意发射，它的尖端不会射不中细小的东西，可是不能再次射中那个地方，就不能说是善于射箭，因为没有固定的靶子作为目标。设立五寸的箭靶，距离十步远的地方拉弓射箭，不是羿和逢蒙这样的神射手就不能保证全中，是因为有固定的靶子。做事有标准就困难，没有标准就容易。有固定的箭靶，那么羿和逢蒙射中了五寸的箭靶是很巧的；没有固定的箭靶，即使是随意射中了秋毫也算是笨拙的。所以没有标准去对应，那么辩士就会长篇大论；设立标准来把握它，即使是聪明的人也害怕失误而不敢随便乱说。现在君主听取游说却不用标准来应对它，喜欢善辩的言辞却不去度量实际功效，赞誉他的品行却不用准则衡量。这就是君主长期被欺骗，而游说的人长期被供养的原因。

客有教燕王为不死之道者，王使人学之，所使学者未及学而客死。王大怒，诛之。王不知客之欺己，而诛学者之晚也。夫信不然之物，而诛无罪之臣，不察之患也。且人所急无如其身，不能自使其无死，安能使王长生哉？

[译文]

有个客人要教燕王学习长生不死的方法，燕王派人去学习，派出的人还没来得及学，客人就死了。燕王很生气，杀掉了去学的人。燕王不知道客人在欺骗自己，却惩罚学习的人学得太迟。相信不能实现的事物，却惩罚没有犯罪的臣子，这是不能明察带来的祸患。况且人最看重的莫过于自己的身体，不能让自己不死，怎么能让燕王长生不死呢？

郑人有相与争年者，一人曰："吾与尧同年。"其一人曰："我与黄帝之兄同年。"讼此而不决，以后息者为胜耳。

[译文]

郑国有两个人相互争论年长，一个人说："我和尧同年。"另一个人说："我和黄帝的哥哥同年。"就此互相争论不能决断，只好以后住口的人为胜利。

客有为周君画荚者，三年而成，君观之，与髹①荚者同状。周君大怒，画荚者曰："筑十版之墙，凿八尺之牖②，而以日始出时加之其上而观。"周君为之，望见其状尽成龙蛇禽兽车马，万物之状备具，周君大悦。此荚之功非不微难也，然其用与素髹筴③同。

[注释]

①髹（xiū）：漆。②牖（yǒu）：窗户。③筴：应为"荚"。

[译文]

有个客人为周君画荚，三年才画成，国君观看，和漆过的荚相同。周君很生气，画荚的人说："建筑一面十个版块大小的墙，在上面开一个八尺大的窗户，然后在太阳刚出来的时候把它放在窗户上看。"周君这样做了，看见它的形状都变成了龙、蛇、飞禽、走兽、车马，各种东西都有了，周君非常高兴。这个荚的效果不是不精微难得，可是它的功能和未画花纹的漆荚是相同的。

客有为齐王画者，齐王问曰："画孰最难者？"曰："犬马最难。""孰最易者？"曰："鬼魅最易。夫犬马，人所知也，旦暮罄①于前，不可类之，故难。鬼魅，无形者，不罄于前，故易之也。"

[注释]

①罄：显现。

[译文]

有个客人为齐王画画，齐王问他："什么最难画？"说："狗和马最难。""什么最容易画？"回答说："鬼魅最容易画。那狗和马，是人们所了解的，早晚都出现在人们面前，不容易画得非常相似，所以最难。鬼魅，是没有形状的，不能出现在人前，所以好画。"

齐有居士田仲者，宋人屈谷见之曰："谷闻先生之义①，不恃仰人而食。今谷有树瓠之道，坚如石，厚而无窍，献之。"仲曰："夫瓠所贵者，谓②其可以盛也。今厚而无窍，则不可剖以盛物，而任重如坚石，则不可以剖而以斟，吾无以瓠为也。"曰："然，谷将弃之。"今田仲不恃仰人而食，亦无益人之国，亦坚瓠之类也。

[注释]

①义：通"议"，言论。②谓：通"为"。

[译文]

齐国有个隐居的人叫田仲，宋国人屈谷见到他说："我听说先生的言论，不依靠别人来吃饭。现在我有种葫芦的方法，坚硬得像石头，皮厚却没有空洞，愿意献给您。"田仲说："那葫芦可贵之处，就是因为可以盛东西。现在它皮厚却没有空洞，那么就不能剖开来盛东西，而它坚硬得像石头，就不能剖开来斟酒，我要这样的葫芦来干什么呢？"屈谷说："是啊，我将抛弃它。"现在田仲子不依靠别人来吃饭，对君主的国家也没有任何益处，也是像坚硬的葫芦一样啊。

虞庆为屋，谓匠人曰："屋太尊。"匠人对曰："此新屋也，涂濡而椽生。"虞庆曰："不然。夫濡涂重而生椽挠，以挠椽任重涂，此宜卑。更日久则涂干而椽燥，涂干则轻，椽燥则直，以直椽任轻涂，此益尊。"匠人诎，为之而屋坏。

[译文]

虞庆盖房子，对工匠说："房子太高了。"工匠说："这是新房子，涂的泥是湿的，而椽子还没干透。"虞庆说："不对。湿的泥重而没干透的椽子弯曲，用弯曲的椽子承担重的泥，这应该建得低一些。经历的时间久了，泥土干了椽子也干燥了，泥土干了就会变轻，椽子干燥就会变直，用直的椽子承担轻的泥，就会更高。"工匠屈服了，照着他的话去做，可是房子却毁坏了。

一曰：虞庆将为屋，匠人曰："材生而涂濡。夫材生则挠，涂濡则重，以挠任重，今虽成，久必坏。"虞庆曰："材干则直，涂干则轻，今诚得干，日以轻直，虽久必不坏。"匠人诎，作之，成。有间，屋果坏。

[译文]

另一种说法：虞庆将要盖房子，工匠说："木材没干透，而泥土是湿的。木材没干透就会弯曲，泥土是湿的就会加重，用弯曲的木材承受重的泥土，现在即使建成，以后必然会损坏。"虞庆说："木材干了就会变直，泥土干了就会变轻，现在要是真的能变干，每天变轻变直，即使时间久也必然不会坏。"工匠屈服了，照着去做，房子也造成了。过了一段时间，房子果然坏了。

范且曰："弓之折，必于其尽也，不于其始也。夫工人张弓也，伏檠①三旬而蹈弦，一日犯机②，是节之其始而暴之其尽也，焉得无折？且张弓不然。伏檠一日而蹈弦，三旬而犯机，是暴之其始而节之其尽也。"工人穷也，为之，弓折。

[注释]

①檠（qíng）：校正弓弩的模具。②机：机括，扳机。

[译文]

范雎说："弓弩的折断，必定是在制作完成的时候，不是在开始的时候。工人绷紧弓弩的时候，把弓弩放在模具里三十天，然后安装弓弦，一天后发动扳机射箭，这是在开始的时候有节制而结束的时候粗暴，怎么能不折断呢？我绷紧弓弩就不是这样。把弓弩放在模具里一天就安装弓弦，三十天以后发动扳机射箭，这是在开始的时候粗暴而结束的时候有节制。"工人无可对答，就照他的话去做，弓就折断了。

范且、虞庆之言皆文辩辞胜而反事之情，人主说①而不禁，此所以败也。夫不谋治强之功，而艳乎辩说文丽之声，是却有术之士而任坏屋折弓也。故人主之于国事也，皆不达乎工匠之构屋张弓也，然而士穷乎范且、虞庆者，为虚辞，其无用而胜；实事，其无易而穷也。人主多无用之辩，而少无易之言，此所以乱也。今世之为范且、虞庆者不辍，而人主说之不止，是贵败折之类而以知术之人为工匠也。不得施其技巧，故屋坏弓折。知治之人不得行其方术，故国乱而主危。

[注释]

①说：通"悦"。

[译文]

范雎、虞庆的言论都是言辞善辩却和事物的道理相反，君主喜欢这些说法而不加以禁止，这就是失败的原因。不去寻求使国家安定强大的实际功效，却沉醉于辩论中那些华丽的辞藻，这是排斥懂得方法的人而任由房屋毁坏、弓弩折断。所以君主对于国家大事，都不能达到工匠建房子、张弓弩的地步。然而士人却被范雎、虞庆这样的人弄得无可对答，这是因为说一些空虚的言辞，即使没用也能取胜；做实事，即使符合事实不能改变，也要被弄得无言以对。君主赞成没有用的辩论，却不喜欢确定不移的言论，这就是混乱的原因。现在社会上像范雎、虞庆这样的人不断出现，而君主不停地喜欢他们，这是喜欢房子倒塌、弓弩折断之类的事，却把懂得治国方法的人当成了工匠。工匠不能施展他们的技巧，所以房屋毁坏、弓弩折断。懂得治国方法的人不能实行他的的方法，所以国家混乱，君主陷于危险。

夫婴儿相与戏也，以尘为饭，以涂为羹，以木为胾①，然至日晚必归饷者，尘饭涂羹可以戏而不可食也。夫称上古之传颂，辩而不悫②，道先王仁义而不能正国者，此亦可以戏而不可以为治也。夫慕仁义而弱乱者，三晋也；不慕而治强者，秦也；然而未帝者，治未毕也。

[注释]

①胾（zì）：大块肉。②悫（què）：诚实。

[译文]

小孩子一起做游戏，用土当做饭，用泥当做羹汤，用木头当做肉，然而到了晚上一定要回家吃饭，是因为土做的饭和泥做的羹可以用来游戏却不能吃。称道上古的传颂之词，虽然言辞机辩，却不诚恳，奉行先王的仁义学说，却不能治理国家，这也是可以用来游戏却不能用来治理国家啊。羡慕仁义学说，却导致国家弱小混乱，就像分为三部分的晋国一样；不羡慕仁义学说却使国家安定强大的，就像秦国；然而还没有成就帝王的功业，是因为治理的方法还不够完善。

说三

人为婴儿也，父母养之简，子长而怨；子盛壮成人，其供养薄，父母怒而诮之。子、父，至亲也，而或谯①或怨者，皆挟相为而不周于为己也。夫卖②庸而播耕者，主人费家而美食，调布而求易钱者，非爱庸客也，曰：如是，耕者且深，耨者熟耘也。庸客致力而疾耘耕者，尽巧而正畦陌畦時者，非爱主人也，曰：如是，羹且美，钱布且易云也。此其养功力，有父子之泽矣，而心调于用者，皆挟自为心也。故人行事施予，以利之为心，则越人易和；以害之为心，则父子离且怨。

[注释]

①谯：通"诮"，责备。②卖：应为"买"。

[译文]

对"经三"的解说

人还是孩子的时候，父母养育他条件简单，孩子长大了就会抱怨；儿子长大成人，供养父母菲薄，父母也会生气而责备他。父子之间是最亲近的，可还是会责备怨恨，都是怀着要相互依赖而又认为对自己不周到的观念。雇工耕地播种的人，主人费钱置办美食，调换布币去换钱币，不是因为喜爱雇工，是认为：这样一来，耕种就会更深，除草就会更细。雇工竭尽力气加速耕耘，用尽技巧来整理田地，不是因为喜爱主人，是认为：这样一来，饭食就会更好，钱币才会容易得到。主人这样奉养雇工，似乎有了父子的恩泽，而工人的心思用于工作，都是怀着为了自己的心。所以人做事或者施与好处，如果以利益为目的，那么像越国人那样遥远的也可以和睦；如果以害人为目的，即使父子之间也要离心离德而互相抱怨。

文公伐宋，乃先宣言曰："吾闻宋君无道，蔑侮长老，分财不中，教令不信，余来为民诛之。"

[译文]

文公讨伐宋国，于是先宣扬说："我听说宋国君主是无道昏君，蔑视侮辱年长的人，分配财物不适当，发布的命令不守诚信，我来为民惩罚他。"

越伐吴，乃先宣言曰："我闻吴王筑如皇之台，掘深池，罢①苦百姓，煎靡财货，以尽民力，余来为民诛之。"

[注释]

①罢：通"疲"，使疲劳。

[译文]

越国讨伐吴国，于是先宣扬说："我听说吴王修筑如皇台，挖掘深深的护城河，让百姓疲劳痛苦，耗费财物，用尽了人民的力量，我来为民惩罚他。"

蔡女为桓公妻，桓公与之乘舟，夫人荡舟，桓公大惧，禁之不止，怒而出之。乃且复召之，因复更嫁之。桓公大怒，将伐蔡。仲父谏曰："夫以寝席之戏，不足以伐人之国，功业不可冀也，请无以此为稽也。"桓公不听，仲父曰："必不得已，楚之菁茅①不贡于天子三年矣，君不如举兵为天子伐楚。楚服，因还袭蔡曰：'余为天子伐楚，而蔡不以兵听从。'因遂灭之。此义于名而利于实，故必有为天子诛之名，而有报仇之实。"

[注释]

①菁茅：一种茅草，古代祭祀时用以过滤酒。

[译文]

蔡侯的女儿做了齐桓公的妻子，桓公和她乘船，她摇动船身，桓公很害怕，让她停止她却不停，桓公愤怒地休掉了她。后来要再次召她回来，蔡国却又把她嫁给了别人。齐桓公大怒，要讨伐蔡国。管仲劝谏说："因为夫妻间的玩笑，不值得讨伐别人的国家，建立功业不能指望这个，请不要以此为借口。"齐桓公不听，管仲说："一定不愿就此罢休的话，楚国的菁茅已经有三年没有进贡给天子了，您不如起兵为天子讨伐楚国。楚国降服以后，顺便回来袭击蔡国，说：'我为天子讨伐楚国，而蔡国却不派兵随从。'于是顺便灭了它们。这样名声上有道义，实际上有利益，所以一定要依据为天子讨伐的名义，来实现报仇的实际。"

吴起为魏将而攻中山，军人有病疽者，吴起跪而自吮其脓，伤者之母立泣，人问曰："将军于若子如是，尚何为而泣？"对曰："吴起吮其父之创而父死，今是子又将死也，今吾是以泣。"

[译文]

吴起作为魏国的将领进攻中山国，军队里有人得了毒疮，吴起跪下来亲自吮吸他的脓水。病人的母亲马上哭了起来，有人问她："将军对你的儿子这样，为什么还哭泣呢？"回答说："吴起曾吮吸他父亲的伤口，他的父亲为吴起卖命战死，现在这个孩子又要死去了，现在我因此哭泣。"

赵主父令工施钩梯而缘播吾，刻疏①人迹其上，广三尺，长五尺，而勒之曰："主父常游于此。"

[注释]

①疏：刻。

[译文]

赵主父命令工人用带钩子的梯子爬上播吾山，在上面刻上人的脚印，宽三尺，长五尺，在旁边刻字："主父曾到这里游玩。"

秦昭王令工施钩梯而上华山，以松柏之心为博，箭①长八尺，棋长八寸，而勒之曰："昭王尝与天神博于此矣。"

[注释]

①箭：一名箸，骰子。

[译文]

秦昭王命令工人用带钩子的梯子登上华山，用松树柏树的心做成棋，骰子长八尺，棋子长八寸，并刻字说："秦昭王曾和天神在这里下棋。"

文公反国，至河，令笾豆①捐之，席蓐捐之，手足胼胝②、面目黧黑者后之，咎犯③闻之而夜哭。公曰："寡人出亡二十年，乃今得反国，咎犯闻之不喜而哭，意不欲寡人反国邪？"犯对曰："笾豆所以食也，席蓐所以卧也，而君捐之；手足胼胝、面目黧黑，劳有功者也，而君后之。今臣有与在后，中不胜其哀，故哭。且臣为君行诈伪以反国者众矣，臣尚自恶也，而况于君？"再拜而辞，文公止之曰："谚曰：'筑社者，攘撅④而置之，端冕⑤而祀之。'今子与我取之，而不与我治之；与我置之，而不与我祀之；焉可？"解左骖而盟于河。

[注释]

①笾（biān）豆：盛食物的器具。②胼（pián）胝（zhǐ）：手脚上的茧。

③咎犯：咎，通"舅"，晋文公的舅舅狐偃，字子犯，所以称"舅犯"。④攘袂：攘，通"襄"。攘袂，即撩起衣服，是无礼的举动。⑤端冕：端，礼服。冕，礼帽。

[译文]

晋文公返回国家，来到黄河，命令把盛食物的器具丢掉，席子和草垫也丢掉，手脚长满老茧、脸色黝黑的人走在后面。他的舅舅子犯听说了就在晚上痛哭。晋文公说："我逃亡在国外二十年，现在才能返回国家，舅舅听说了，不但不高兴反而痛哭，是不想让我返回国家吗？"子犯回答说："盛食物的东西是用来吃饭的，席子和草席是用来睡觉的，您却抛弃了它们；手脚长满老茧、脸色黝黑的，都是辛苦有功劳的人，你却让他们走在后面。现在我也属于走在后面的人，心里忍不住悲哀，所以才痛哭。而且我为了让您回国已经多次欺诈和用诡计了，我自己也厌恶自己，更何况您呢！"再次下拜要求告辞，晋文公制止他说："谚语说：'建筑祭坛的人，建造时不讲礼貌，祭祀时却穿着礼服。'现在您为我取得了国家，却不和我一起治理；就好像和我一起建立了祭坛，却不和我一起祭祀；这怎么可以呢？"于是把左边的驾车的马沉于河中，和子犯一起对河伯发誓。

郑县人卜子，使其妻为裤，其妻问曰："今裤何如？"夫曰："象吾故裤。"妻子因毁新，令如故裤。

[译文]

郑国人卜子让他的妻子做裤子，他的妻子问他："现在的裤子要做成什么样子？"丈夫说："就照着我的旧裤子做。"妻子就扯坏新裤，让它像旧裤子一样破旧。

郑县人有得车轭者，而不知其名，问人曰："此何种也？"

对曰:"此车轭也。"俄又复得一,问人曰:"此是何种也?"对曰:"此车轭也。"问者大怒曰:"曩者曰车轭,今又曰车轭,是何众也?此女①欺我也。"遂与之斗。

[注释]

①女:通"汝"。

[译文]

郑国有个人得到了车轭,却不知道它的名字,问别人说:"这是什么?"回答说:"这是车轭。"一会儿又得到一个,问别人说:"这是什么?"回答说:"这是车轭。"他非常生气地说:"刚才说是车轭,现在又说是车轭,怎么会有这么多车轭呢?你一定是在骗我!"于是就和他争斗起来。

卫人有佐弋者,鸟至,因先以其帨①麾②之,鸟惊而不射也。

[注释]

①帨(yuān):头巾。②麾:通"挥"。

[译文]

卫国有个人做了掌管射鸟的官,鸟飞来了,就先挥动自己的头巾,鸟受惊飞走,他就不射了。

郑县人卜子妻之市,买鳖以归,过颍水,以为渴也,因纵而饮之,遂亡其鳖。

[译文]

郑国人卜子的妻子到市场去,买了一只鳖回来,经过颍河,以为鳖口渴了,就放开让它喝水,于是就把鳖丢掉了。

夫少者侍长者饮,长者饮,亦自饮也。

[译文]

年轻人侍奉年长的人喝酒,年长的人喝酒,他自己也跟着喝。

一曰：鲁人有自喜者，见长年饮酒不能釂①则唾之，亦效唾之。

[注释]

①釂（jiào）：喝酒一饮而尽。

[译文]

另一种说法：鲁国有个自以为是的人，见年长的人喝酒不能一饮而尽把酒吐出来，也学着把酒吐出来。

一曰：宋人有少者亦欲效善，见长者饮无余，非斟①酒饮也而欲尽之。

[注释]

①斟：通"堪"。

[译文]

另一种说法：宋国有个年轻人想要学好，见年长的人喝酒没有剩余，自己不能喝酒，也想一饮而尽。

《书》曰："绅之束之。"宋人有治者，因重带自绅束也。人曰："是何也？"对曰："《书》言之，固然。"

[译文]

《尚书》上说："要自己约束自己。"宋国有个研究这部书的人，于是用重重布带把自己束缚起来，问他："这是为什么？"回答说："《尚书》上这样说的，当然要这样做。"

《书》曰："既雕既琢，还归其朴。"梁人有治者，动作言学，举事于文，曰"难之"，顾失其实。人曰："是何也？"对曰："《书》言之，固然。"

[译文]

《尚书》上说:"雕刻琢磨,还原到它的本来面目。"魏国有个研究这部书的人,行动和说话都要学这两句,做事讲求文饰,还说:"这太难了。"反而失去了他的朴实。有人问他:"为什么这样?"他回答说:"《尚书》上这样说的,就应该这样做。"

郢人有遗燕相国书者,夜书,火不明,因谓持烛者曰"举烛"。云而过书"举烛"。举烛,非书意也。燕相受书而说①之,曰:"举烛者,尚明也;尚明也者,举贤而任之。"燕相白王,王大说,国以治。治则治矣,非书意也。今世举学者多似此类。

[注释]

①说:通"悦"。

[译文]

郢都有人给燕国的相国写信,晚上写信,烛火不明亮,于是对拿蜡烛的人说"举高蜡烛"。说的时候就误把"举高蜡烛"写在了信中。"举高蜡烛",并不是信的意思,燕国相国收到信非常高兴,说:"举高蜡烛,是崇尚光明;崇尚光明,是要推举贤能而任用他们。"燕国相国告诉了燕王,燕王非常高兴,国家因而得到治理。治理是治理了,却不是信的本意。现在所推举的学者很多和这种情况相似。

郑人有且置履者,先自度其足而置之其坐,至之市而忘操之,已得履,乃曰:"吾忘持度。"反归取之,及反,市罢,遂不得履。人曰:"何不试之以足?"曰:"宁信度,无自信也。"

[译文]

郑国有人要去买鞋子,先量了自己的脚,而把尺码放在了座位上,到了市场却忘了带尺码,已经拿了鞋子,却说:"我忘了拿尺码。"于是返回家取尺码,等到再返回市场,已经收摊了,所以没有买到鞋。有人问他:"为什么不用脚来试试呢?"他说:"宁愿相信尺码,也不相信自己的脚。"

说四

王登①为中牟令,上言于襄主曰:"中牟有士曰中章、胥己者,其身甚修,其学甚博,君何不举之?"主曰:"子见之,我将为中大夫。"相室谏曰:"中大夫,晋重列也,今无功而受②,非晋臣之意。君其耳而未之目邪?"襄主曰:"我取登,既耳而目之矣,登之所取,又耳而目之,是耳目人绝无已也。"王登一日而见二中大夫,予之田宅。中牟之人弃其田耘、卖宅圃,而随文学者,邑之半。

[注释]

①王登:应为"壬登",赵襄子的家臣。②受:通"授",授予官职。

[译文]

对"经四"的解说

壬登做中牟县的县令,进言给赵襄子说:"中牟有士人叫中章、胥己的,人品很好,学问也广博,您为什么不提拔他们呢?"赵襄子说:"你让他们来见我,我将任用他们为中大夫。"管家劝谏说:"中大夫是晋国的重要官职,现在没有功劳就授给他们这样的官职,不是晋国任用大臣的原则。您只是听说他们,还没有见过他们吧?"赵襄子说:"我任用壬登时,既听说也见过了他;壬登所选择的人,我又要听说还要见过他,那我听取和观察人岂不是永远没完了吗?"壬登一天就让这两个人见到赵襄子,当上了中大夫,赏赐给他们田地和住宅。中牟的人抛弃了耕种、变卖田宅,去从事于文学的,占了县城的一半。

叔向御坐，平公请事，公腓痛足痹转筋而不敢坏坐。晋国闻之，皆曰："叔向贤者，平公礼之，转筋而不敢坏坐。"晋国之辞仕托、慕叔向者，国之锤矣。

[译文]

叔向陪侍晋平公，平公向他请教事情。平公小腿疼，脚麻痹转筋了，也不敢不端正坐着。晋国人听说了，都说："叔向是个贤能的人，平公礼遇他，脚都转筋了也不敢不端正坐着。"于是晋国放弃向权贵请托，倾慕效仿叔向的人，占了全国的一半。

郑县人有屈公者，闻敌恐，因死；恐已，因生。

[译文]

郑国有个叫屈公的人，听说敌人来了就害怕，于是就昏死过去；害怕的心情一停止，就又活过来了。

赵主父使李疵视中山可攻不①也？还报曰："中山可伐也，君不亟伐，将后齐、燕。"主父曰："何故可攻？"李疵对曰："其君见好岩穴之士，所倾盖、与②车以见穷闾隘巷之士以十数，伉③礼下布衣之士以百数矣。"君曰："以子言论，是贤君也，安可攻？"疵曰："不然。夫好显岩穴之士而朝之，则战士怠于行阵；上尊学者，下士居朝，则农夫惰于田。战士怠于行陈者则兵弱也，农夫惰于田者则国贫也。兵弱于敌，国贫于内，而不亡者，未之有也。伐之不亦可乎？"主父曰："善。"举兵而伐中山，遂灭也。

[注释]

①不：通"否"。②与：应为"弃"。③伉：通"抗"，匹敌，对抗。

[译文]

赵主父派李疵看中山国是否可以攻打。李疵回报说："中山国可以讨伐，您不快攻打，就会落在齐国和燕国后面。"主父说："为什么可以攻打？"李疵回答说："他们的君主接见喜欢隐居的士人，亲自驱车拜访，抛弃车子步行来见住在偏僻小巷的士人，有数十次；用平等的礼节来接见布衣之士人有数百次。"主父说："根据你的说法，是个贤能的君主，怎么可以攻打？"李疵说："不是这样的。喜欢尊重隐居的士人，让他们朝见君主，那么战士在军队中就会懈怠；尊重学者，让下等的士人在朝廷做官，那么农夫在田里就会懒惰。战士在队伍里懈怠，兵力就弱；农夫在田地里懒惰，国家就贫困。兵力比敌人弱，国家内部又贫穷，却不灭亡的，还没有过。讨伐他们不是应该的吗？"主父说："说得好！"于是举兵讨伐中山国，灭掉了他们。

说五

齐桓公好服紫，一国尽服紫。当是时也，五素不得一紫。桓公患之，谓管仲曰："寡人好服紫，紫贵甚，一国百姓好服紫不已，寡人奈何？"管仲曰："君欲，何不试勿衣紫也，谓左右曰：'吾甚恶紫之臭。'于是左右适有衣紫而进者，公必曰：'少却，吾恶紫臭。'"公曰："诺。"于是日，郎中莫衣紫，其明日国中莫衣紫，三日境内莫衣紫也。

[译文]

对"经五"的解说

齐桓公喜欢穿紫衣服，一个国家都穿紫衣服。这个时候，五匹没有染色的布也换不到一匹紫色的布。齐桓公很忧虑，对管仲说："我喜欢穿紫衣服，紫色就非常贵重，全国的百姓都喜欢穿紫色衣服不能停止，我应该怎么办呢？"管仲说："您想要这样，为什么不试着不穿紫衣服呢？对左右的人说：'我很讨厌紫衣服的味道。'如果左右正好有穿紫衣服靠近您的人，您一定要说：'你稍稍后退一点，我讨厌紫衣服的味道。'"齐桓公说："好的。"于是，当天郎中就没有人穿紫衣服了，第二天都城里就没有穿紫衣服的了，第三天全国都没有人穿紫衣服了。

一曰：齐王好衣紫，齐人皆好也。齐国五素不得一紫，齐王患紫贵。傅说王曰："《诗》云：'不躬不亲，庶民不信。'今王欲民无衣紫者，王以自解紫衣而朝，群臣有紫衣进者，曰'益远，寡人恶臭。'"是日也，郎中莫衣紫；是月也，国中莫衣紫；是岁也，境内莫衣紫。

[译文]

另一种说法：齐王喜欢穿紫衣服，齐国人也都喜欢。齐国五匹没有染色的布也换不来一匹紫色的布，齐王担忧紫色的布太贵。太傅劝导齐王说："《诗经》说：'君主不亲历亲为，百姓就不会相信。'现在大王想要百姓不穿紫衣服，您就自己脱去紫衣服上朝，大臣中有穿紫衣服进见的，就说：'再远一点，我讨厌紫衣服的味道。'"当天，郎中里就没有人穿紫衣服了；不出一个月，都城里就没有人穿紫衣服了；不出一年，全国都没有人穿紫衣服了。

郑简公谓子产曰："国小，迫于荆、晋之间。今城郭不完，兵甲不备，不可以待不虞。"子产曰："臣闭其外也已远矣，而守其内也已固矣，虽国小犹不危之也。君其勿忧。"是以没简公身无患。

[译文]

郑简公对子产说："国家小，夹在楚国、晋国两个大国之间。现在内城外城都不完善，兵器和盔甲也不齐备，不能应对意外之变。"子产说："我严守边境已经很久了，内部防守也已很坚固了，即使国家小也不会有危难。您不要担忧。"因此终郑简公一生，郑国也没有什么祸患。

子产相郑，简公谓子产曰："饮酒不乐也。俎豆不大，钟鼓竽瑟不鸣，寡人之事不一，国家不定，百姓不治，耕战不辑睦，亦子之罪。子有职，寡人亦有职，各守其职。"子产退而为政五年，国无盗贼，道不拾遗，桃枣荫于街者莫有援也，锥刀遗道三日可反。三年不变，民无饥也。

[译文]

子产做郑国相国，郑简公对子产说："喝酒都没有乐趣了。俎豆之类祭祀的东西规模不够大，钟鼓竽瑟之类的乐器也不能弹奏，我的政事没有处理好，国家不安定，百姓没有治理好，耕种和作战的关系没有调和，这也是你的罪过。你有你的职分，我有我的职分，各自管好自己的事吧。"子产退下来管理政事五年，国家没有了盗贼，路上丢失的东西也没有人捡，桃树枣树遮蔽了街道也没有人采摘，锥、刀这样的小东西遗失在路上三天也可以找回来。三年没有改变，人民没有挨饿的。

宋襄公与楚人战于涿谷上，宋人既成列矣，楚人未及济，右司马购强趋而谏曰："楚人众而宋人寡，请使楚人半涉未成列而击之，必败。"襄公曰："寡人闻君子曰：'不重伤，不擒二毛①，不推人于险，不迫人于阨②，不鼓不成列。'今楚未济而击之，害义。请使楚人毕涉成阵，而后鼓士进之。"右司马曰："君不爱宋民，腹心不完，特为义耳。"公曰："不反列，且行法。"右司马反列，楚人已成列撰阵矣，公乃鼓之。宋人大败，公伤股，三日而死，此乃慕自亲仁义之祸。

[注释]

①二毛：头发有两种颜色的老年人。②阨：危险的处境。

[译文]

宋襄公和楚国人在涿谷作战,宋国军队已经排成了队列,楚国人还没有渡河,右司马购强急忙跑过来进谏说:"楚国人多而宋国人少,请在楚国人渡河一半还没有排好队列的时候攻击他们,他们一定会败。"宋襄公说:"我听君子说:'不再次伤害受伤的人,不俘虏头发花白的老兵,不把人推入险境,不把人逼进绝路,不攻击没有排好队列的军队。'现在楚国还没有完全渡过河就攻击他们,这是伤害了道义的。请让楚国完全渡河排好队列,然后再击鼓命令士兵进攻。"右司马说:"您不爱护宋国的百姓,他们的身体都保全不了了,只是为了道义而已。"宋襄公说:"你再不返回队列,就要用军法处置。"右司马返回队列,楚国人已经排好战阵,宋襄公才击鼓进军。宋国人大败,襄公大腿受伤,三天后死去了。这就是羡慕并亲自实行仁义的祸害。

夫必恃人主之自躬亲而后民听从,是则将令人主耕以为上①、服战雁行也民乃肯耕战,则人主不泰②危乎?而人臣不泰安乎?

[注释]

①上:应为"食"。②泰:通"太"。

[译文]

一定要等君主亲自去做,然后人民听从,这会导致君主亲自耕作求食、亲自从事战争,然后人民才肯去耕作和战斗,那么君主不是太危险了吗?而臣下不是太安全了吗?

齐景公游少海,传骑①从中来谒曰:"婴疾甚,且死,恐公后之。"景公遽起,传骑又至。景公曰:"趋②驾烦且③之乘,使驺④子韩枢御之。"行数百步,以驺为不疾;夺辔代之,御可数百步，以马为不进，尽释车而走。以烦且之良，而驺子韩枢之巧，而以为不如下走也。

[注释]

①传骑：传递公文情报的信使。②趋：通"促"，迅速。③烦且：好马的名字。④驺：养马、赶车的人。

[译文]

齐景公到渤海游玩，信使从都城来拜见说："晏婴病得很厉害，将要死去，恐怕您赶不上了。"景公急忙起身，第二个信使又来了。景公说："赶快驾上烦且拉的车，让车夫韩枢来驾驭它。"走了几百步，认为车夫赶车不快；夺过缰绳代替他，驾车只走了几百步，又觉得马跑得不快，放弃了车子自己下来跑。有烦且这样的好马，韩枢这样灵巧的车夫，却认为不如自己下来跑。

魏昭王欲与官事，谓孟尝君曰："寡人欲与官事。"君曰："王欲与官事，则何不试习读法？"昭王读法十余简而睡卧矣。王曰："寡人不能读此法。"夫不躬亲其势柄，而欲为人臣所宜为者也，睡不亦宜乎？

[译文]

魏昭王想要参与管理政事，对孟尝君说："我想参与管理政事。"孟尝君说："大王想参与管理政事，那么为什么不试着学习诵读法令呢？"昭王读了十几条竹简就躺下睡了。昭王说："我不能读这样的法令。"那些不亲自掌握权柄，而想去做大臣应做的事的君主，睡觉不也是很合适的吗？

孔子曰："为人君者犹盂也，民犹水也。盂方水方，盂圜水圜。"

[译文]

孔子说:"做君主的好像盂,人民好像水。盂是方的水就是方的,盂是圆的水就是圆的。"

邹君好服长缨,左右皆服长缨,缨甚贵。邹君患之,问左右,左右曰:"君好服,百姓亦多服,是以贵。"君因先自断其缨而出,国中皆不服长缨。君不能下令为百姓服度以禁之,乃断缨出以示民,是先戮以莅民也。

[译文]

邹国君主喜欢用长的帽带,左右侍从都用长帽带,长帽带就很贵。邹君为此很担忧,问左右的侍从,侍从说:"君主喜欢佩戴,百姓也有很多人佩戴,所以就贵了。"国君于是先剪断自己的帽带再出门,都城的人都不再用长帽带了。君主不能下令为百姓的服饰树立标准来禁止他们,却剪断自己的帽带显示给人民,这是先纠正自己来统治人民啊。

叔向赋猎,功多者受多,功少者受少。

[译文]

叔向分配猎获物,功劳多的人得到的多,功劳少的人得到的少。

韩昭侯谓申子曰:"法度甚不易行也。"申子曰:"法者,见功而与赏,因能而受①官。今君设法度而听左右之请,此所以难行也。"昭侯曰:"吾自今以来知行法矣,寡人奚听矣。"一日,申子请仕其从兄官,昭侯曰:"非所学于子也。听子之谒败子之道乎?亡其用子之谒②?"申子辟③舍请罪。

[注释]

①受:通"授"。②亡其用子之谒:应为"亡其用子之术而废子之谒

乎"。③辟：通"避"。

[译文]

韩昭侯对申子说："法度很不容易实行啊！"申子说："所谓法度，见到功劳才给予赏赐，根据才能来授予官职。现在您设立法度却听从左右近臣的请托，这就是法度难以实行的原因。"昭侯说："我现在知道如何实行法度了，知道如何听取意见了。"有一天，申子请求让他的堂兄做官，韩昭侯说："这不是我从你那里学到的道理啊。我听从你的请求来破坏你的治国方法吗？还是要采用你的治国方法而拒绝你的请求呢？"申子诚惶诚恐而请罪。

说六

晋文公攻原，裹十日粮，遂与大夫期十日。至原十日而原不下，击金而退，罢兵而去。士有从原中出者曰："原三日即下矣。"群臣左右谏曰："夫原之食竭力尽矣，君姑待之。"公曰："吾与士期十日，不去，是亡吾信也。得原失信，吾不为也。"遂罢兵而去。原人闻曰："有君如彼其信也，可无归乎？"乃降公。卫人闻曰："有君如彼其信也，可无从乎？"乃降公。孔子闻而记之曰："攻原得卫者，信也。"

[译文]

对"经六"的解说

晋文公攻打原城，带了十天的口粮，于是和大夫们约定以十天为期。到了原城，十天也没有攻下，就鸣金撤退，罢兵离去。有个从原城出来的人说："原城再有三天就可以攻下。"大臣和左右侍从劝谏说："原城的食物没有了，力量也用尽了。您姑且等一等吧。"文公说："我和士大夫们约定以十天为期，不离去是失去信用。得到原城却失去了信用，我是不会这样做的。"于是收兵离开。原城的人听到之后说："有这样诚信的君主，能不归降他吗？"于是归降文公。卫国人听说后说："有这样诚信的君主，能不追随他吗？"于是归降了文公。孔子听说了这件事，记录道："攻打原城，得到了卫国，是因为诚信。"

文公问箕郑曰："救饿奈何？"对曰："信。"公曰："安信？"曰："信名。信名，则群臣守职，善恶不逾，百事不怠。信事，则不失天时，百姓不逾。信义，则近亲劝勉而远者归之矣。"

[译文]

晋文公问箕郑："救济饥荒应该怎么做？"箕郑回答说："诚信。"文公说："怎么讲究诚信呢？"箕郑又回答说："在名分上讲究诚信。在名分上讲究诚信，那么群臣就坚守职分，善恶不会混淆，做各种事都不会懈怠。在做事上讲究诚信，那就不会违背天时，百姓也不会超越自己的本分。在道义方面讲究诚信，那么亲近的人就会相互勉励，疏远的人也会归附了。"

吴起出，遇故人而止之食，故人曰："诺，今返而御①。"吴子曰："待公而食。"故人至暮不来，起不食待之。明日早，令人求故人，故人来，方与之食。

[注释]

①御：进食。

[译文]

吴起外出，遇到老朋友就留他吃饭，老朋友说："好的，等一会儿回来吃饭。"吴起说："我等着你一起吃。"老朋友到晚上也没有来，吴起就不吃饭一直等着。第二天早上，让人去找这个朋友，朋友来了，吴起才和他一起吃饭。

魏文侯与虞人期猎。明日，会天疾风，左右止，文侯不听，曰："不可。以风疾之故而失信，吾不为也。"遂自驱车往，犯风而罢虞人。

[译文]

魏文侯和掌管山泽的官员约好去打猎。第二天，恰好刮大风，左右侍从劝他不要去了，文侯不听，说："不行。因为风太大的缘故就失去信用，我是不会这样做的。"于是亲自驾车前去，冒着风告诉掌管山泽的官员不去打猎了。

曾子之妻之市，其子随之而泣。其母曰："女①还，顾反为女杀彘。"妻适市来，曾子欲捕彘杀之，妻止之曰："特与婴儿戏耳。"曾子曰："婴儿非与戏也。婴儿非有知也，待父母而学者也，听父母之教。今子欺之，是教子欺也。母欺子，子而不信其母，非所以成教也。"遂烹彘也。

[注释]

①女：通"汝"。

[译文]

曾子的妻子到市集去，她的儿子跟着她哭闹。母亲说："你先回去，等我回来给你杀猪吃。"妻子到市集回来，曾子正要捉猪杀死，妻子制止他说："只不过是和小孩子开玩笑罢了。"曾子说："小孩子是不能和他开玩笑的。小孩子什么也不懂，只是依靠父母来学习，听从父母的教育。现在你欺骗孩子，是在教孩子欺骗。母亲欺骗孩子，孩子就会不相信母亲，这不是用来教育孩子的道理啊！"于是就把猪杀了给孩子吃。

楚厉王有警，为鼓以与百姓为戍。饮酒醉，过而击之也，民大惊。使人止之，曰："吾醉而与左右戏，过击之也。"民皆罢。

居数月，有警，击鼓而民不赴，乃更令明号而民信之。

[译文]

楚厉王遇到紧急事件，就敲鼓来和百姓一起防守。有一次喝醉了酒，误敲了鼓，人民很惊慌。楚王派人去制止说："我喝醉了酒和左右侍从开玩笑，误敲了鼓。"人民都散去了。过了几个月，有了紧急事件，再次击鼓而民众都不来救援，于是更改申明号令，人民才又相信了他。

李悝警其两和①，曰："谨警敌人，旦暮且至击汝。"如是者再三而敌不至，两和懈怠，不信李悝。居数月，秦人来袭之，至，几夺其军。此不信患也。

[注释]

①和：军门。两和：左右军营。

[译文]

李悝警告左右营垒说："小心地戒备敌人，早晚间就会来攻击你们。"这样好几次敌人也没有来，左右营垒放松懈怠，不相信李悝。过了几个月，秦国人来袭击，到了之后，几乎攻占了营垒。这就是不守诚信的祸患。

一曰：李悝与秦人战，谓左和曰："速上，右和已上矣。"又驰而至右和曰："左和已上矣。"左右和曰："上矣。"于是皆争上。其明年，与秦人战，秦人袭之，至，几夺其军。此不信之患。

[译文]

另一种说法：李悝和秦国人作战，对左军说："快冲上去，右军已经冲上去了。"又跑到右军里，说："左军已经冲上去了。"左右军都说："冲上去。"于是都争着向前冲。第二年，又和秦国人作战，秦军奔袭，几乎消灭了他的军队。这就是不守诚信的祸患。

有相与讼者，子产离之而毋得使通辞，到①其言以告而知也。

[注释]

①到：通"倒"。

[译文]

有互相诉讼的人，子产把他们分开而不让他们互通言辞，把他们的言辞倒过来说给对方听，从而知道了事情的真相。

惠①嗣公使人伪②关市，关市呵难之，因事关市以金，关市乃舍之。嗣公谓关市曰："某时有客过而予汝金，因谴之。"关市大恐，以嗣公为明察。

[注释]

①惠：应为"卫"。②伪：应为"为客过"。

[译文]

卫嗣公让人假装客人经过关市，关市刁难呵斥，于是就贿赂金子，关市就放过了他。卫嗣公对关市说："某某时间有一个客人经过，贿赂你金子，你就放过了他。"关市非常害怕，认为卫嗣公能明察。

外储说左下第三十三

一、以罪受诛,人不怨上,刖危①坐②子皋。以功受赏,臣不德君,翟璜操右契③而乘轩④。襄王不知,故昭卯五乘⑤而履屩⑥。上不过任,臣不诬能,即臣将为失⑦少室周。

[注释]

①刖(yuè)危:刖,砍去脚的刑法。危,通"跪"。刖危,即被砍去双脚只能跪着的人。②坐:止。③右契:券契的右半部分,为债权人所保存,可以用来讨债。④轩:古代卿大夫乘坐的有障蔽的车。⑤乘(shèng):辆。古代赋税,每六里见方的土地上贡献一辆兵车,此处指六里见方的土地上的赋税。⑥屩(juē):草鞋。⑦失:"失"字为衍文。

[译文]

第一,因为犯罪受到惩罚,人不会怨恨长官,所以被砍断双脚的人留下了子皋。因为功劳受到奖赏,臣下不会感激君主,翟璜就像收取债务一样接受轩车。魏襄王不知道这个道理,所以昭卯有五乘之地的俸禄,而穿着草鞋。君主不错误地任用臣下,臣下不诬妄地表现才能,臣下就会成为少室周那样的人。

二、恃势而不恃信,故东郭牙议管仲。恃术而不恃信,故浑轩非文公。故有术之主,信赏以尽能,必罚以禁邪,虽有驳行,必得所利，简主之相阳虎，哀公问"一足"。

[译文]

第二，依靠权势而不依靠诚信，东郭牙议论管仲。依靠权术而不依靠诚信，所以浑轩反对晋文公。所以掌握了统治术的君主，诚信地实行奖赏来竭尽臣下的能力，坚决地执行惩罚来禁止臣下的邪恶，即使臣下有杂乱的行为，也一定可以利用，所以赵简子用阳虎为相国，鲁哀公问"夔只有一只脚"。

三、失臣主之理，则文王自履而矜。不易朝燕之处，则季孙终身庄而遇贼。

[译文]

第三，失去臣下和君主的道理，那么文王自己穿鞋还自夸。在朝廷和闲居时都不改变自己，那么季孙终身庄重却被杀害。

四、利所禁，禁所利，虽神不行；誉所罪，毁所赏，虽尧不治。夫为门而不使入，委利而不使进，乱之所以产也。齐侯不听左右，魏主不听誉者，而明察照群臣，则钜不费金钱，屡不用璧，西门豹请复治邺，足以知之。犹盗婴儿之矜裘，与刖危子荣衣。子绰左右画，去蚁、驱蝇，安得无桓公之忧索官，与宣王①之患腊马也？

[注释]

①宣王：应为"宣主"。

[译文]

第四，从禁止的事情中获利，禁止能获利的事情，即使是神明的君主也不能推行禁令；赞誉应该惩罚的人，诋毁应该奖赏的人，即使是尧也不能把天下治理好。建好了门却不让人进，给了他们利益却不让他们进取，这是混乱产生的原因。齐君不听身边的近臣，魏君不听别人的赞誉，而他们的明察可以了解群臣，那么钜就不用耗费金钱，屑也不用献出玉璧，西门豹请求再次治理邺城，足以明白这一点。就好像盗贼的孩子以父亲所偷的皮衣自夸，受刖刑人的孩子以刖刑所穿衣着为荣。子绰说"人不能左手画方右手画圆"和"用肉驱除蚂蚁"、"用鱼驱除苍蝇"，怎么能没有桓公担忧人来求官，以及韩宣子担忧瘦马。

五、臣以卑俭为行，则爵不足以观赏；宠光无节，则臣下侵逼。说在苗贲皇非献伯，孔子议晏婴，故仲尼论管仲与叔孙敖。而出入之容变，阳虎之言见其臣也。而简主之应人臣也失主术。朋党相和，臣下得欲，则人主孤；群臣公举，下不相和，则人主明。阳虎将为赵武之贤、解狐之公，而简主以为枳棘，非所以教国也。

[译文]

第五，臣下以谦卑和节俭为品行，那么爵位就不足以用奖赏来鼓励；宠爱和荣耀没有节制，臣下就会侵犯逼迫君主。其说在苗贲皇非议孟献伯，孔子议论晏婴，所以孔子评论管仲和孙叔敖。而阳虎说起自己提拔的人，在自己出逃和在国内时态度的变化。赵简子在应答阳虎的话时失去君主的统治方法。朋党互相应和，臣下的欲望得到满足，君主就被孤立；群臣公平地推举人才，臣下不互相应和，那么君主就能明察。阳虎将能做到赵武的贤能、解狐的公正，而赵简子认为是在栽枳树和荆棘，这不是用来教导国人的道理。

六、公室卑则忌直言，私行胜则少公功。说在文子之直言，武子之用杖；子产忠谏，子国谯①怒；梁车用法，而成侯收玺；管仲以公，而国人②谤怨。

右经③

[注释]

①谯:通"诮",责备。②国人:国,应为"封"。封人是掌管防守边疆的官员。③右经:古人书写时自右自左竖行书写,"右"指上文。

[译文]

第六,公室实力卑微就忌讳说实话,私行兴盛就很少有人为公家效力。其说在文子的直言,武子用手杖;子产忠心进谏,子国责备发怒;梁车执法无私,赵成侯却收回了他的官印;管仲公平处事,封人却怨恨他。

以上是经文。

说一

孔子相卫,弟子子皋为狱吏,刖人足,所刖者守门。人有恶孔子于卫君者曰:"尼欲作乱。"卫君欲执孔子,孔子走,弟子皆逃。子皋从出门,刖危引之而逃之门下室中,吏追不得。夜半,子皋问刖危曰:"吾不能亏主之法令而亲刖子之足,是子报仇之时也,而子何故乃肯逃我?我何以得此于子?"刖危曰:"吾断足也,固吾罪当之,不可奈何。然方公之狱治臣也,公倾侧法令,先后臣以言,欲臣之免也甚,而臣知之。及狱决罪定,公憱①然不悦,形于颜色,臣见,又知之。非私臣而然也,夫天性仁心固然也,此臣之所以悦而德公也。"

[注释]

①憱(cù):忧愁。

[译文]

对"经一"的解说

孔子在卫国做相国,他的弟子子皋做狱官,砍了罪犯的脚,这个被砍了脚的人去看守大门。有人在卫君面前中伤孔子说:"仲尼想造反。"卫君要抓孔子,孔子逃走,弟子也都逃走了。子皋逃出大门，被砍了脚的人带他逃到了大门边的房子里，没有捉到他。半夜，子皋问被砍了脚的人："我不能危害君主的法令，所以亲自砍掉了您的脚，现在是您报仇的时候，您为什么肯帮我逃跑？我凭什么得到您的救助？"被砍了脚的人说："我被砍断了脚，这是我的罪过所应该承担的，没什么办法啊。可是在您审问我的时候，您反复推敲法令，多次为我说话，很想让我免于处罚，这我是知道的。等到审理完毕罪名确定，您的脸上满是忧伤，我看到了，也知道您的心意。您不是因为偏袒我才这样的，这是您的天性仁慈让您这样，这就是我喜爱您感激您的原因啊！"

田子方从齐之魏，望翟黄乘轩骑驾出，方以为文侯也，移车异路而避之，则徒翟黄也。方问曰："子奚乘是车也？"曰："君谋欲伐中山，臣荐翟角而谋得果；且伐之，臣荐乐羊而中山拔；得中山，忧欲治之，臣荐李克而中山治。是以君赐此车。"方曰："宠之称功尚薄。"

[译文]

田子方从齐国到魏国，看见翟黄乘坐着卿大夫级别的车，有骑兵护卫外出，田子方以为是魏文侯，把自己的车子移到小路上避让，结果只是翟黄而已。田子方问他说："你为什么乘坐这样的车呢？"翟黄说："君主谋划讨伐中山国，我推荐翟角，谋划得以完成；将要讨伐的时候，我推荐了乐羊，而中山国被攻下；得到中山以后，又为治理担忧，我推荐了李克，于是中山被治理。因此君主赐给我这辆车。"田子方说："和你的功劳相比，对你的宠爱还是有点微薄。"

秦、韩攻魏，昭卯西说而秦、韩罢。齐、荆攻魏，卯东说而齐、荆罢。魏襄王养之以五乘、将军，卯曰："伯夷以将军葬于首阳山之下，而天下曰：'夫以伯夷之贤与其称仁，而以将军葬，是手足不掩也。'今臣罢四国之兵，而王乃与臣五乘，此其称功，犹赢胜①而履蹻②。"

[注释]

①赢胜：应为"赢縢"，赢，通"累"，缠绕。縢，绑腿布。②蹻：通"屩"，草鞋。

[译文]

秦国和韩国攻打魏国，昭卯向西游说，秦国和韩国就退兵了。齐国和楚国攻打魏国，昭卯向东游说，齐国和楚国就退兵了。魏襄王用五乘供养他，使他为将军，昭卯说："伯夷以将军的身份葬在首阳山下，天下人都说：'以伯夷的贤能和与他相配的仁德，却以将军的身份安葬，这是连他的手脚也没有盖住的薄葬啊！'现在我退去了四个国家的军队，而大王仅仅任我为五乘将军，和我的功绩相比，就好像给我打绑腿、穿草鞋。"

孔子曰："善为吏者树德，不能为吏者树怨。概①者，平量者也；吏者，平法者也。治国者，不可失平也。"

[注释]

①概：称量粮食时用来刮平斗斛的木板。

[译文]

孔子说："善于做官吏的人树立恩德，不能做官吏的人树立仇怨。概，是用来刮平斗斛的；官吏，是用来维护法律公平的。治理国家，是不能失去公平的。"

少室周者，古之贞廉洁悫①者也，为赵襄主力士，与中牟徐子角力，不若也，入言之襄主以自代也。襄主曰："子之处，人之所欲也，何为言徐子以自代？"曰："臣以力事君者也，今徐子力多臣，臣不以自代，恐他人言之而为罪也。"

[注释]

①悫（què）：诚实。

[译文]

少室周是古代正直诚实的人，他是赵襄主卫士，和中牟的徐子比力气，却不如徐子，进宫对赵襄子说，要让徐子代替自己。赵襄子说："你的位置，是别人想要的，你为什么要求让徐子代替自己呢？"少室周说："我是依靠力气来侍奉君主的，现在徐子的力气比我大，我不让他代替我，恐怕别人推荐他，就是我的罪过了。"

一曰：少室周为襄主骖乘①，至晋阳，有力士牛子耕与角力而不胜。周言于主曰："主之所以使臣骑乘者，以臣多力也，今有多力于臣者，愿进之。"

[注释]

①骖乘：古代车上陪乘的卫士，又称"车右"。

[译文]

另一种说法：少室周是赵襄子的陪乘的卫士，到晋阳的时候，有个大力士牛子耕和他比力气，而他没有取胜。于是少室周对赵襄子说："君主让我来陪乘的原因，是因为我力气大，现在有比我力气大的人，希望您进用他。"

说二

齐桓公将立管仲，令群臣曰："寡人将立管仲为仲父，善者入门而左，不善者入门而右。"东郭牙中门而立，公曰："寡人立管仲为仲父，令曰善者左，不善者右，今子何为中门而立？"牙曰："以管仲之智为能谋天下乎？"公曰："能。""以断为敢行大事乎？"公曰："敢。"牙曰："君知能谋天下，断敢行大事，君因专属之国柄焉。以管仲之能，乘公之势以治齐国，得无危乎？"公曰："善。"乃令隰朋治内，管仲治外以相参。

[译文]

对"经二"的解说

齐桓公想要立管仲为仲父，命令群臣说："我将要立管仲为仲父，赞同的人进门站在左边，不赞同的人进门站在右边。"东郭牙站在门中间，齐桓公说："我想立管仲为仲父，命令赞同的站在左边，不赞同的站在右边，现在你为什么站在中间？"东郭牙说："您认为管仲的智慧能谋取天下吗？"齐桓公说："能。""您认为他的果断敢于做大事吗？"齐桓公说："敢。"东郭牙说："您知道他的智慧可以谋取天下，他的果断敢于做大事，您把国家的权力都委托给他。以管仲的才能，借用您的权势来治理齐国，能没有危害吗？"齐桓公说："说得好。"于是命令隰朋治理内政，管仲治理外务，以互相牵制。

晋文公出亡，箕郑挈壶餐而从，迷而失道，与公相失，饥而道泣，寝①饿而不敢食。及文公反②国，举兵攻原，克而拔之。文公曰："夫轻忍饥馁之患而必全壶餐，是将不以原叛。"乃举以为原令。大夫浑轩闻而非之曰："以不动壶餐之故，怙其不以原叛也，不亦无术乎！"故明主者，不恃其不我叛也，恃吾不可叛也；不恃其不我欺也，恃吾不可欺也。

[注释]

①寝：病卧。②反：通"返"。

[译文]

晋文公出逃，箕郑拿着一壶饭跟随他，迷失了道路，和文公走散，饿了就在路上哭泣，病倒了也不敢吃饭。等到晋文公返回晋国，举兵攻打原城，打了胜仗并占领原城。晋文公说："能不顾忍受饥饿的痛苦,却一定要为我保全一壶饭的人,不会凭借原城背叛我。"就任用他做了原令。大夫浑轩听说后批评说:"因为不碰一壶饭的缘故,就相信他不会依靠原城来背叛,这不是没有统治术吗?"所以圣明的君主,不依赖别人不背叛自己,而是依赖我自己的不可背叛;不依赖别人不欺骗我,而依赖我自己的不可被欺骗。

阳虎议曰:"主贤明则悉心以事之,不肖则饰奸而试之。"逐于鲁,疑于齐,走而之赵,赵简主迎而相之。左右曰:"虎善窃人国政,何故相也?"简主曰:"阳虎务取之,我务守之。"遂执术而御之,阳虎不敢为非,以善事简主,兴主之强,几至于霸也。

[译文]

阳虎曾经说过:"君主贤明就尽心去侍奉他,不贤能就掩饰自己的奸邪去试探他。"他被鲁国驱逐,被齐国怀疑,逃亡到了赵国,赵简子迎接他并让他做了相国。身边的侍从说:"阳虎善于窃取别人的政权,为什么要让他做相国?"赵简子说:"阳虎致力于窃取政权,我治理于守护政权。"于是用权术来驾驭他,阳虎不敢做坏事,用好的行为侍奉赵简子,使君主兴盛强大,几乎达到了霸主的地位。

鲁哀公问于孔子曰:"吾闻古者有夔一足,其果信有一足乎?"孔子对曰:"不也。夔非一足也。夔者忿戾恶心,人多不说[1]喜也。虽然,其所以得免于人害者,以其信也,人皆曰:'独此一,足矣。'夔非一足也,一而足也。"哀公曰:"审[2]而[3]是,固足矣。"

[注释]

[1]说:通"悦"。[2]审:果真。[3]而:如。

[译文]

鲁哀公问孔子说:"我听说古代夔只有一只脚,果真只有一只脚吗?"孔子回答说:"不是这样的。夔不是只有一只脚。夔暴戾狠心,人们都不喜欢他。即便如此,能够免于被别人伤害,是很诚信,人们都说:'就这么一点,足够了。'夔不是只有一只脚,是有一点就足够了。"鲁哀公说:"果真是这样的话,当然就足够了。"

一曰:哀公问于孔子曰:"吾闻夔一足,信乎?"曰:"夔,人也,何故一足?彼其无他异,而独通于声。尧曰:'夔一而足矣。'使为乐正。故君子曰:'夔有一,足。'非一足也。"

[译文]

另一种说法:鲁哀公问孔子说:"我听说夔只有一只脚,是真的吗?"孔子说:"夔是个人,怎么会只有一只脚呢?他和其他人没有不同,只是精通音乐。尧说:'夔有这一个优点就足够了。'让他做了乐官。所以君子说:'夔有一个优点,就足够了。'不是说他只有一只脚。"

说三

文王伐崇,至凤黄虚①,袜系解,因自结。太公望曰:"何为也?"王曰:"君与处,上皆其师,中皆其友,下尽其使也。今皆先君之臣,故无可使也。"

[注释]

①虚:通"墟",土山。

[译文]

对"经三"的解说

周文王讨伐崇侯,到凤黄山,袜子的系带松了,于是自己系上。太公望问他:"为什么自己动手呢?"文王说:"君主和人相处,上等人都是他的老师，中等人都是他的朋友，下等人都是他的仆人。现在身边都是先父的大臣，所以没有人可供驱使。"

一曰：晋文公与楚战，至黄凤之陵，履系解，因自结之。左右曰："不可以使人乎？"公曰："吾闻上君所与居，皆其所畏也；中君之所与居，皆其所爱也；下君之所与居，皆其所侮也。寡人虽不肖，先君之人皆在，是以难之也。"

[译文]

另一种说法：晋文公和楚国交战，到了黄凤山，鞋带松开了，于是自己系上。身边的侍从说："不能让别人来系吗？"文公说："我听说上等君主所交往的人，都是他敬畏的人；中等君主所交往的人都是他所喜爱的人；下等君主所交往的人，都是他侮辱的人。我虽然无能，先父的大臣都在身边，所以为难啊。"

季孙好士，终身庄，居处衣服，常如朝廷。而季孙适①懈，有过失，而不能长为也，故客以为厌易己，相与怨之，遂杀季孙。故君子去泰②去甚。

[注释]

①适：偶尔。②泰：通"太"。

[译文]

季孙喜好士人，终身庄重，闲居时的服饰常常和在朝廷上一样庄重。有一次季孙偶尔懈怠，有了过失，不能始终如一地保持庄重，所以门客认为他厌恶轻视自己，一起怨恨他，于是杀死了季孙。所以君子要去掉过度的行为。

南宫敬子问颜涿聚曰："季孙养孔子之徒，所朝服与坐者以十数而遇贼，何也？"曰："昔周成王近优侏儒以逞其意，而与君子断事，是能成其欲于天下。今季孙养孔子之徒，所朝服而与坐者以十数，而与优侏儒断事，是以遇贼。故曰：'不在所与居，在所与谋也。'"

[译文]

南宫敬子问颜涿聚说："季孙供养孔子的门徒，穿着朝服和他坐在一起的有几十个人，却被杀害，是为什么呢？"颜涿聚说："过去周成王亲近优伶和侏儒来放松心情，却和君子决断事情，所以能在天下成就自己的愿望。现在季孙供养孔子的门徒，穿着朝服和他坐在一起的有几十个人，却和优伶与侏儒决断事情，因此被杀害。所以说：'成败的关键不在于和他亲近的是什么人，而在于和他一起谋划的是什么人。'"

孔子御坐于鲁哀公，哀公赐之桃与黍。哀公请用，仲尼先饭黍而后啖桃，左右皆掩口而笑。哀公曰："黍者，非饭之也，以雪①桃也。"仲尼对曰："丘知之矣。夫黍者五谷之长也，祭先王为上盛②。果蓏③有六，而桃为下，祭先王不得入庙。丘之闻也，君子以贱雪贵，不闻以贵雪贱。今以五谷之长雪果蓏之下，是从上雪下也，丘以为妨义，故不敢以先于宗庙之盛也。"

[注释]

①雪：擦拭。②盛：祭祀时用来盛祭品的器具。③蓏（luǒ）：瓜类。

[译文]

孔子陪鲁哀公坐着，哀公赐给他桃子和黍。哀公请孔子吃，孔子先吃了黍，然后吃桃子，侍从都捂着嘴笑。鲁哀公说："这些黍不是用来吃的，是用来清洁桃子的。"孔子说："我知道了。但是黍是五谷的首位，是用来祭祀先王最上等的东西。瓜果有六种，桃子是最下等的，祭祀先王时不能拿进庙堂里。我听说，君子用下贱的东西清洁高贵的东西，没听说用高贵的东西清洁下贱的东西。现在用五谷的首位来清洁瓜果的最低等，是用上等的清洁下等的，我认为这妨害了义，所以不敢把桃子放在宗庙祭品的前面吃。"

赵简子谓左右曰："车席泰美。夫冠虽贱，头必戴之；屦虽贵，足必履之。今车席如此，大美，吾将何屦以履之？夫美下而耗上，妨义之本也。"

[译文]

赵简子对身边的侍从说："车上的席很华美。帽子即使不好，一定是戴在头上；鞋子即使华贵，也是穿在脚上。现在车席这个样子，太华美了，我该穿什么样的鞋来踩它呢？为了使下面的东西华美就损耗了上面的东西，这是妨害礼义的根本啊。"

费仲说纣曰："西伯昌贤，百姓悦之，诸侯附焉，不可不诛，不诛必为殷患。"纣曰："子言，义主，何可诛？"费仲曰："冠虽穿弊，必戴于头；履虽五采，必践之于地。今西伯昌，人臣也，修义而人向之。卒为天下患，其必昌乎！人人①不以其贤为其主，非可不诛也。且主而诛臣，焉有过？"纣曰："夫仁义者，上所以劝下也。今昌好仁义，诛之不可。"三说不用，故亡。

[注释]

①人人：应为"人臣"。

[译文]

费仲劝说纣王说："西伯姬昌很贤能，百姓喜欢他，诸侯也归附他，不能不杀死他，不杀他必定成为殷商的祸患。"纣王说："按你说的，是个仁义的君主，怎么能杀他呢？"费仲说："帽子即使破旧，一定戴在头上；鞋子即使用五彩装饰，一定踩在地上。现在西伯姬昌是做臣子的，却修行仁义使人民归附他，最终会成为天下大患的，一定是姬昌吧！臣子不用自己的贤能为君主办事，不可以不杀。况且君主杀臣子，怎么会有过失呢？"纣王说："仁义，是君主用来劝勉臣下的。现在姬昌喜好仁义，不能杀他。"费仲多次劝说，纣王也不听从，所以殷商就灭亡了。

齐宣王问匡倩曰："儒者博①乎？"曰："不也。"王曰："何也？"匡倩对曰："博贵枭②，胜者必杀枭。杀枭者，是杀所贵也。儒者以为害义，故不博也。"又问曰："儒者弋乎？"曰："不也。弋者从下害于上者也，是从下伤君也。儒者以为害义，故不弋。"又问儒者鼓瑟乎？曰："不也。夫瑟以小弦为大声，以大弦为小声，是大小易序，贵贱易位，儒者以为害义，故不鼓也。"宣王曰："善。"仲尼曰："与其使民谄下也，宁使民谄上。"

[注释]

①博：古代的一种棋类游戏。②枭：棋子有刻成枭鸟形的，可以杀死其他的棋子。

[译文]

齐宣王问匡倩说："儒家的人下棋吗？"匡倩说："不下棋。"齐宣王问："为什么？"匡倩回答说："下棋重视枭，想要赢棋的就要杀死对方的枭。杀死对方的枭，就是杀死了所重视的东西。儒家认为这妨害了义，所以不下棋。"宣王又问他："儒家的人射鸟吗？"匡倩说："不射鸟。射鸟是从下面伤害上面，就是从下面的位置伤害君主。儒家认为这妨害了义，所以不射鸟。"宣王又问儒家的人鼓瑟吗？匡倩回答说："不鼓瑟。瑟的细弦发出高音，粗弦发出低音，这是大小交换了顺序，高贵和下贱交换了位置，儒家认为这妨害了义，所以不鼓瑟。"宣王说："说得好。"孔子说："与其使人民讨好臣下，宁可使人民讨好君主。"

说四

钜者，齐之居士。屖者，魏之居士。齐、魏之君不明，不能亲照境内，而听左右之言，故二子费金璧而求入仕也。

[译文]

对"经四"的解说

钜是齐国的人，屖是魏国的人。齐国和魏国的君主不明察，不能亲自观察到国内的情况，却听信身边侍从的话，所以两个人花费了黄金和璧玉来求得当官。

西门豹为邺令，清克洁悫，秋毫之端无私利也，而甚简左右，左右因相与比周而恶之。居期年，上计，君收其玺。豹自请曰："臣昔者不知所以治邺，今臣得矣，愿请玺，复以治邺。不当，请伏斧锧之罪。"文侯不忍而复与之。豹因重敛百姓，急事左右。期年，上计，文侯迎而拜之，豹对曰："往年臣为君治邺，而君夺臣玺；今臣为左右治邺，而君拜臣。臣不能治矣。"遂纳玺而去。文侯不受，曰："寡人曩不知子，今知矣。愿子勉为寡人治之。"遂不受。

[译文]

西门豹为邺令，清廉克己，高洁诚实，一丝一毫的私利也没有，却很怠慢君主身边的侍从，侍从于是互相勾结来中伤他。过了一年，上交赋税的时候，君主收回了他的官印。西门豹请求说："我过去不知道如何治理邺城，现在我知道了，希望发还官印，再次治理邺城。如果治理不好，愿意受到腰斩的刑罚。"魏文侯不忍心，于是把官印还给了他。于是西门豹加重剥削百姓，尽力侍奉君主身边的侍从。过了一年，上交赋税的时候，魏文侯迎接他并向他行礼，西门豹回答说："前年我为您治理邺城，您却夺走了我的官印;现在我为您的侍从治理邺城,您却向我行礼。我不能再治理下去了。"于是交还官印辞去。魏文侯不接受,说:"我过去不了解你,现在了解了。希望你尽力为我治理邺城。"终于没有接受西门豹交还的官印。

齐有狗盗之子与刖危子戏而相夸,盗子曰:"吾父之裘独有尾。"危子曰:"吾父独冬不失①裤。"

[注释]

①失:应为"必"。

[译文]

齐国有个狗盗的儿子,和一个受过刖刑人的儿子开玩笑互相夸耀,狗盗的儿子说:"只有我父亲的皮袍上有尾巴。"砍掉脚的人的儿子说:"只有我的父亲在冬天也一定不穿裤子。"

子绰曰:"人莫能左画方而右画圆也。以肉去蚁,蚁愈多;以鱼驱蝇,蝇愈至。"

[译文]

子绰说:"没有人能左手画方的同时右手画圆。用肉来驱赶蚂蚁,蚂蚁会越来越多;用鱼来驱赶苍蝇,苍蝇会越来越多。"

桓公谓管仲曰:"官少而索者众,寡人忧之。"管仲曰:"君无听左右之谓①请,因能而受②禄,录功而与官,则莫敢索官,君何患焉?"

[注释]

①谓:应为"谒"的讹误。②受:通"授"。

[译文]

齐桓公对管仲说:"官职少而求官的人多,我很担忧这件事。"

管仲说:"您不要听从身边侍从的请托,根据才能来授予俸禄,记录他们的功劳来授予官职,那么就没有人敢求官了,您有什么可担忧的呢?"

韩宣子曰:"吾马菽粟多矣,甚臞①,何也?寡人患之。"周市对曰:"使驺②尽粟以食,虽无肥,不可得也。名为多与之,其实少,虽无臞,亦不可得也。主不审其情实,坐而患之,马犹不肥也。"

[注释]

①臞(qú):消瘦。②驺:马夫。

[译文]

韩宣子说:"我的马耗费的豆和谷子已经很多了,却还是很瘦,这是为什么?我很担忧这件事。"周市回答说:"如果马夫把谷子都给马吃,即使想要马不肥壮也不行。名义上给它的很多,实际上少,不消瘦也不可能。君主不考察事情的实际情况,只是坐着发愁,马还是不会肥壮的。"

桓公问置吏于管仲。管仲曰:"辩①察于辞,清洁于货,习人情,夷吾不如弦商,请立以为大理。登降肃②让,以明礼待宾,臣不如隰朋,请立以为大行。垦草仞③邑,辟地生粟,臣不如宁武,请以为大田。三军既成陈,使士视死如归,臣不如公子成父,请以为大司马。犯颜极谏,臣不如东郭牙,请立以为谏臣。治齐此五子足矣,将欲霸王,夷吾在此。"

[注释]

①辩:通"辨"。②肃:作揖。③仞:应为"刱",同"创"。

[译文]

齐桓公问管仲关于设置官吏的事。管仲说:"辨别明察言辞,对财物清正廉洁，熟悉人情世故，我不如弦商，请任命他为大理。登堂降阶作揖礼让，用严明的礼节对待宾客，我不如隰朋，请任命他为大行。除草垦荒，开创城邑，开辟荒地，生产粮食，我不如宁武子，请任命他为大田。三军排成了队列，让战士视死如归，我不如公子成父，请任命他为大司马。冒犯君主尽力劝谏，我不如东郭牙，请任命他为大谏。治理齐国有这五个人就够了，想要成就霸业，有我在这里。"

说五

孟献伯相鲁①，堂下生藿藜，门外长荆棘，食不二味，坐不重席，晋②无衣帛之妾，居不粟马，出不从车。叔向闻之，以告苗贲皇，贲皇非之曰："是出主之爵禄以附下也。"

[注释]

①孟献伯相鲁：应为"孟献伯相晋"，孟，晋国的地名。②晋：通"进"。

[译文]

对"经五"的解说

孟献伯做晋国相国，厅堂前面长满了野菜，门外长出了荆棘，吃饭没有两样菜肴，坐着不铺两层席子，内室没有穿丝织品的妾，家中不用谷子喂马，出门不让副车跟从。叔向听说了，告诉苗贲皇，苗贲皇批评他说："这是抛开了君主的爵位和俸禄来亲附下人。"

一曰：孟献伯拜上卿，叔向往贺，门有御①，马不食禾。向曰："子无二②马二舆何也？"献伯曰："吾观国人尚有饥色，是以不秣马。班③白者多以徒行，故不二舆。"向曰："吾始贺子之拜卿，今贺子之俭也。"向出，语苗贲皇曰："助吾贺献伯之俭也。"苗子曰："何贺焉？夫爵禄旗章，所以异功伐别贤不肖也。故晋国之法，上大夫二舆二乘，中大夫二舆一乘，下大夫专乘，此明等级也。且夫卿必有军事，是故循④车马，比⑤卒乘，以备戎事。有难则以备不虞⑥，平夷⑦则以给朝事。今乱晋国之政，乏不虞之备，以成节，以絜⑧私名。献伯之俭也可与？又何贺？"

[注释]

①御：通"圉"，马圈。②二：通"贰"，副。③班：通"斑"。④循：通"修"。⑤比：排列。⑥虞：意料。⑦夷：平。⑧絜：通"洁"。

[译文]

另一种说法：孟献伯被任命为上卿，叔向去祝贺，见门口有马圈，马没有谷子吃。叔向说："您为什么没有副马副车呢？"献伯说："我看国内的人还有饥饿的脸色，所以不用谷子喂马。头发斑白的老年人还有很多在步行，所以不用副车。"叔向说："我本来想祝贺你被任命为上卿，现在要祝贺你的节俭。"叔向出来以后，对苗贲皇说："帮我祝贺献伯的节俭。"苗贲皇说："有什么可祝贺呢？那爵位俸禄和旌旗服饰，是用来区分功劳大小和才能好不好的。所以晋国的法律规定，上大夫有两辆副车，中大夫有一辆副车，下大夫只有一辆正车，这是要明确等级。况且卿一定要管理军事，因此修整车马，训练步兵战车，用来预备战争。发生战争的时候就用来防备意外的事，平安的时候就用来上朝办事。现在他扰乱了晋国的政治，缺乏了对意外的防备，用来成就自己的节操，来使私人名誉清廉洁白。献伯这样的节俭可以吗？又有什么值得祝贺呢？"

管仲相齐，曰："臣贵矣，然而臣贫。"桓公曰："使子有三归①之家。"曰："臣富矣，然而臣卑。"桓公使立于高、国之上。曰："臣尊矣，然而臣疏。"乃立为仲父。孔子闻而非之曰："泰侈逼上。"

［注释］

①三归：全国赋税收入的三成。

［译文］

管仲做齐国的相国，说："我显贵了，可是我贫穷。"齐桓公说："让你有全国赋税收入的三成。"管仲说："我富有了，可是我地位低。"齐桓公让他的位置在高氏和国氏两大贵族之上。管仲说："我地位高了，可是我和君主关系疏远。"于是齐桓公立管仲为仲父。孔子听说后批评说："臣下太奢侈就逼迫君主。"

一曰：管仲父出，朱盖青衣，置鼓而归①，庭有陈鼎，家有三归。孔子曰："良大夫也，其侈逼上。"

［注释］

①归：通"馈"，进献食物。

［译文］

另一种说法：管仲外出，用红色车盖和青色车衣，吃饭的时候有音乐伴奏，庭院里有陈列的鼎，家里有全国赋税的三成。孔子说："这是个好的大夫，但是他的奢侈逼迫了君主。"

孙叔敖相楚，栈车牝马，粝饼①菜羹，枯鱼之膳。冬羔裘，夏葛衣，面有饥色。则良大夫也，其俭逼下。

［注释］

①饼：应为"饭"。

［译文］

孙叔敖做楚国相国，坐低级的车，驾母马，吃粗米饭，喝野菜羹，吃干鱼。冬天穿小羊皮袄，夏天穿粗糙的葛衣，脸上有饥色。虽然是个好的大夫，可是他的节俭使下人无法享受。

阳虎去齐走赵,简主问曰:"吾闻子善树人。"虎曰:"臣居鲁,树三人,皆为令尹①。及虎抵罪于鲁,皆搜索于虎也。臣居齐,荐三人,一人得近王,一人为县令,一人为候吏。及臣得罪,近王者不见臣,县令者迎臣执缚,候吏者追臣至境上,不及而止。虎不善树人。"主俛②而笑曰:"夫树橘柚者,食之则甘,嗅之则香;树枳棘者,成而刺人。故君子慎所树。"

[注释]

①令尹:此处指县令。②俛:低头。

[译文]

阳虎离开齐国逃到赵国,赵简子问他:"我听说你善于培养人。"阳虎说:"我在鲁国培养了三个人,都当了县令。等到我在鲁国被判罪,都在搜捕我。我在齐国举荐了三个人,一个人亲近了君主,一个人做了县令,一个人是边境官吏。等到我被判罪,亲近君王的人不见我,做县令的人迎上来抓我,做边境官吏的追我直到边境,追不上才停止。我不善于培养人。"赵简子低下头笑着说:"种植橘树、柚树,吃它觉得味道甜美,闻它觉得香气扑鼻;种植枳树和酸枣树,长成了就会刺伤人。所以君子对于培养一定要慎重。"

中牟无令,晋平公问赵武曰:"中牟,吾国之股肱,邯郸之肩髀,寡人欲得其良令也,谁使而可?"武曰:"邢伯子①可。"公曰:"非子之仇也?"曰:"私仇不入公门。"公又问曰:"中府之令,谁使而可?"曰:"臣子可。"故曰:"外举不避仇,内举不避子。"赵武所荐四十六人,及武死,各就宾位,其无私德若此也。

[注释]

①邢伯子:当作"刑伯子",即刑柏柳。

[译文]

中牟没有县令，晋平公问赵武说："中牟对于我们的国家就像大腿和胳膊一样重要，对于邯郸又像肩膀和胯骨一样重要，我想要得到一个好的县令，让谁去才可以呢？"赵武说："刑伯子可以。"平公说："他不是你的仇人吗？"赵武说："私仇不应该影响公事。"平公又问他："宫中内府的官吏，让谁去才可以呢？"赵武说："我的儿子可以。"所以说："推荐外人不避仇人，推荐自己人不避儿子。"赵武推荐了四十六个人，到赵武死的时候，都在丧礼的客位上就座，没有私人的恩德竟然到了这样的地步。

平公问叔向曰："群臣孰贤？"曰："赵武。"公曰："子党于师人。"曰："武立如不胜衣，言如不出口，然所举士也数十人，皆得其意，而公家甚赖之。及武子之生也不利于家，死不托于孤，臣敢以为贤也。"

[译文]

晋平公问叔向说："大臣中哪个贤能？"叔向说："赵武。"平公说："你偏袒你的上司。"叔向说："赵武站立的时候好像连衣服的重量也经受不住，说话结结巴巴好像都说不出口，可是他推荐的士人有几十个人，都符合他举荐的本意，而国家很依赖他们。赵武活着的时候不为家庭谋利，死后不把孤儿托付给国家，所以我敢认为他是贤能的。"

解狐荐其仇于简主以为相，其仇以为且幸释己也，乃因往拜谢。狐乃引弓送而射之，曰："夫荐汝，公也，以汝能当之也。夫仇汝，吾私怨也，不以私怨汝之故拥①汝于吾君。"故私怨不入公门。

[注释]

①拥：通"雍"，蒙蔽。

[译文]

解狐推荐他的仇人给赵简子做相国,仇人认为有幸得到解狐对自己的原谅,于是就去拜谢他。解狐拉弓射箭赶他走,说:"我推荐你是因为公事,因为你能担当这个职务。我恨你,是我的私人怨恨,我不能因为私人恨你就在君主面前埋没你。"所以私人的恩怨不能带到朝廷上来。

一曰:解狐举邢伯柳为上党守,柳往谢之曰:"子释罪,敢不再拜。"曰:"举子,公也;怨子,私也。子往矣,怨子如初也。"

[译文]

另一种说法:解狐推荐刑伯柳为上党郡守,邢伯柳去感谢他说:"您饶恕了我的罪过,我怎敢不来再次拜礼呢!"解狐说:"推荐你是因为公事,怨恨你是因为私事。你还是走吧,我还是和以前一样怨恨你。"

郑县人卖豚,人问其价,曰:"道远日暮,安暇语汝。"

[译文]

郑国有个人卖小猪,有人问价格,他说:"回家的路很远,太阳要下山了,哪里有时间和你说话。"

说六

范文子喜直言,武子击之以杖:"夫直议者,不为人所容。无所容则危身,非徒危身,又将危父。"

[译文]

对"经六"的解说

范文子喜欢直言无忌,他的父亲范武子用手杖打他,说:"直言无忌的人不被别人所容忍,不被容忍就会危及自身,不仅危及自身,还会危及父亲。"

子产者,子国之子也。子产忠于郑君,子国谯怒之曰:"夫介异于人臣,而独忠于主。主贤明,能听汝;不明,将不汝听。听与不听,未可必知,而汝已离于群臣。离于群臣,则必危汝身矣。非徒危己也,又且危父矣。"

[译文]

子产是子国的儿子。子产忠于郑国的君主,子国责备他说:"你耿介而不同于别的大臣,却独自忠于君主。君主贤能明察,就能听从你的建议;不明察,就不会听从你。听从还是不听从,还不能确定地知道,可是你已经脱离了其他大臣。脱离于其他大臣,就一定会危及你自身。不仅仅危害到你自身,还将危及你的父亲。"

梁车新为邺令,其姊往看之,暮而后门闭①,因逾郭②而入。车遂刖其足,赵成侯以为不慈,夺之玺而免之令。

[注释]

①后门闭:应为"后门",落后于门开启的时间,即迟到,门已经关闭。②郭:外城。

[译文]

梁车刚当上邺城县令,他的姐姐去看他,天黑以后迟到,城门关闭,于是就越过了外城进入。梁车对她施以刖刑,赵成侯认为他不仁慈,夺回了他的官印,罢免了他的县令。

管仲束缚,自鲁之齐,道而饥渴,过绮乌封人①而乞食。乌封人跪而食之,甚敬。封人因窃谓仲曰:"适②幸及齐不死而用齐，将何报我？"曰："如子之言，我且贤之用，能之使，劳之论。我何以报子？"封人怨之。

[注释]

①封人：掌管防守边疆的官员。②适：如果。

[译文]

管仲被捆绑着，从鲁国到齐国，道路上又饿又渴，经过绮乌封人的地方就乞讨食物。绮乌封人跪着给他吃的，非常恭敬。封人私下对管仲说："如果您有幸到了齐国不死，反而被任用，将用什么来报答我呢？"管仲说："果真如你所说，我将任用贤能的人，使用有才能的人，推荐有功劳的人。我凭什么要报答你呢？"封人因此怨恨他。

外储说右上第三十四

君所以治臣者有三：

一、势不足以化则除之。师旷之对，晏子之说，皆合①势之易也而道②行之难，是与兽逐走也，未知除患。患之可除，在子夏之说《春秋》也。善持势者蚤③绝其奸萌，故季孙让仲尼以遇④势，而况错⑤之于君乎？是以太公望杀狂矞，而臧获不乘骥。嗣公知之，故不驾鹿。薛公知之，故与二栾⑥博。此皆知同异之反也。故明主之牧臣也，说在畜乌。

[注释]

①合：应为"舍"，舍弃。②道：经由，通过。③蚤：通"早"。④遇：通"耦"，相匹敌。⑤错：通"措"，放置，施加。⑥栾：通"孪"，孪生子。

[译文]

君主用来统治臣下的方法有三个：

第一，权势不足以改变他，就除掉他。师旷的对答，晏子的言论，都舍弃了权势这种简单的方法，却通过难以实行的方法来解决，这是在和野兽赛跑，不知道如何除掉祸患。祸患可以被消除，在于子夏解说《春秋》。善于把握权势的人早早地断绝奸谋的苗头，所以季孙因为孔子使用了和自己相同的权力就责备他，更何况这种手段放在君主身上呢？所以太公望杀掉了狂矞，而奴仆也不会骑不听使唤的骏马。卫嗣公明白这个道理，所以说"不用不听话的鹿驾车"。薛公也明白这个道理，所以和两个孪生子打赌。这都是知道了君臣利益的不同。所以圣明的君主统治臣下，其说在蓄养乌鸦的道理。

二、人主者，利害之轺毂①也，射②者众，故人主共矣。是以好恶见③则下有因，而人主惑矣；辞言通则臣难言，而主不神矣。说在申子之言六慎，与唐易之言弋也。患在国羊之请变，与宣王之太息也。明之以靖郭氏之献十珥也，与犀首、甘茂之道穴闻也。堂溪公知术，故问玉卮。昭侯能术，故以④听独寝。明主之道，在申子之劝独断也。

[注释]

①轺（yáo）毂（gǔ）：轺，轻便的马车。毂，车轮中心的原木。②射：车轮的辐条。③见：通"现"。④以：通"已"。

[译文]

第二，君主是臣子利害关系的轴心，关注君主的人很多，因此君主是大家共同的目标。因此君主的喜好或厌恶如果表现出来，臣下就有所凭借，君主就会被迷惑；君主如果把臣下的言辞泄露出去，臣子就难以进言，君主也就不神明了。其说在申子臣说"六个要谨慎的方面"，以及唐易论说射鸟。它的祸患在于国羊请求改变自己的缺点，以及韩宣王的叹息。可以用靖郭君献上十个耳饰，以及犀首、甘茂通过墙洞偷听等事情来证明。堂溪公知道这种方法，所以问玉杯能否盛水。韩昭侯知道这种方法，所以听到堂溪公的话后就独自睡觉。圣明的君主的统治方法，在于申子劝君主要"独自作出决断"。

三、术之不行，有故。不杀其狗则酒酸，夫国亦有狗，且左右皆社鼠也。人主无尧之再诛，与庄王之应太子，而皆有薄媪之决蔡妪也。知贵不能①以教歌之法先揆之，吴起之出爱妻，文公之斩颠颉，皆违其情者也。故能使人弹疽者，必其忍痛者也。

右经②

[注释]

①知贵不能：应为"知贵能"，知，通"智"。②右经：古代书写从右向左竖行书写，右侧为上文。经，经文。

[译文]

第三，统治的方法不能实行，是有原因的。不杀狗会导致酒酸，国家也有国家的狗，君主左右侍从都是神庙里的老鼠。君主不能像尧那样两次诛杀反对自己的人，也不能像楚庄王答复太子那样坚决支持臣下，而都像薄老太太那样把自己的事交由蔡婆婆决定。智慧贵在能用教唱歌的方法先测度，吴起抛弃心爱的妻子，晋文公杀死颠颉，都是违背感情的事。所以能让人给自己治疗毒疮的人，一定是能忍受疼痛的人。

以上是经文。

说一

赏之誉之不劝，罚之毁之不畏，四者加焉不变，则其除之。

[译文]

对"经一"的解说

奖赏和赞誉不能鼓励他，惩罚和谗毁不能让他觉得畏惧，这四个手段加在他身上，也不能改变他，那就除掉他。

齐景公之晋，从平公饮，师旷侍坐。始坐，景公问政于师旷曰："太师将奚以教寡人？"师旷曰："君必惠民而已。"中坐，酒酣，将出，又复问政于师旷曰："太师奚以教寡人？"曰："君必惠民而已矣。"景公出之舍,师旷送之,又问政于师旷,师旷曰:"君必惠民而已矣。"景公归,思,未醒,而得师旷之所谓。——公子尾、公子夏者,景公之二弟也,甚得齐民,家富贵而民说①之,拟于公室,此危吾位者也。今谓我惠民者,使我与二弟争民邪?——于是反②国发廪粟以赋众贫,散府余财以赐孤寡,仓无陈粟,府无余财,宫妇不御③者出嫁之,七十受④禄米。鬻德惠施于民也,已⑤与二弟争。居二年,二弟出走,公子夏逃楚,公子尾走晋。

[注释]

①说:通"悦"。②反:通"返"。③御:君主使用。④受:通"授"。⑤已:通"以"。

[译文]

齐景公到晋国去,和晋平公一起喝酒,师旷陪坐。刚坐下,齐景公向师旷请教治国方略,说:"太师用什么来教导我呢?"师旷说:"您一定要给人民恩惠就行了。"酒宴中间,喝得很畅快,将要出门的时候,齐景公又向师旷请教治国方略,说:"太师用什么教导我呢?"师旷说:"您一定要给人民恩惠就行了。"齐景公离开后回到了馆驿,师旷送他,他又向师旷请教治国方略,师旷说:"您一定要给人民恩惠就行了。"齐景公回去后仔细思索,酒还没醒就明白了师旷的意思——公子尾和公子夏是齐景公的两个弟弟,他们很得齐国的民心,家庭富有尊贵,人民也喜欢他们,可以和王室相比,这是可以危及我地位的人。现在告诉我要给人民恩惠,是让我和两个弟弟争夺民心吗?——于是归国后,打开粮仓,拿出粮食发给贫困的人,散发国库多余的财物,赏赐孤儿寡母,仓库里没有陈年的粮食,国库里没有多余的财产,宫女不需要陪伴君主的就把她们嫁出去,七十岁的人就发给他们禄米。施恩惠于人民,来和两个弟弟争夺民心。过了两年,两个弟弟逃到了国外,公子夏逃到了楚国,公子尾逃到了晋国。

　　景公与晏子游于少海,登柏寝之台而还望其国^①,曰:"美哉!泱泱乎!堂堂乎!后世将孰有此?"晏子对曰:"其田成氏乎?"景公曰:"寡人有此国也,而曰田成氏有之,何也?"晏子对曰:"夫田成氏甚得齐民。其于民也,上之请爵禄行诸大臣,下之私大斗斛区釜^②以出贷,小斗斛区釜以收之。杀一牛,取一豆^③肉,余以食士。终岁,布帛取二制^④焉,余以衣士。故市木之价不加贵于山,泽之鱼盐龟鳖螺蚌不加贵于海。君重敛,而田成氏厚施。齐尝大饥,道旁饿死者不可胜数也,父子相牵而趋田成氏者不闻不生。故周秦^⑤之民相与歌之曰:'讴乎,其已乎!苞^⑥乎,其往归田成子乎!'诗曰:'虽无德与女,式歌且舞。'今田成氏之德,而民之歌舞,民德归之矣。故曰:'其田成氏乎。'"公泫然出涕曰:"不亦悲乎!寡人有国而田成氏有之。今为之奈何?"晏子对曰:"君何患焉!若君欲夺之,则近贤而远不肖,治其烦乱,缓其刑罚,振^⑦贫穷而恤孤寡,行恩惠而给不足,民将归君,则虽有十田成氏,其如君何?"

[注释]

①国:国都,都城。②斗斛(hú)区(ōu)釜:容量工具,十升为一斗,十斗为一斛,一斗六升为一区,四区为一釜。③豆:盛食物的用具。④制:长度单位,一丈八尺为一制。⑤周秦:应为"秦周",齐国城门的名字。⑥苞:通"饱"。⑦振:通"赈"。

[译文]

　　齐景公和晏子在渤海游玩,登上柏寝台回望都城,说:"美丽啊!浩瀚无边!雄伟壮观!后世谁能拥有它呢?"晏子说:"大概是田成氏吧!"齐景公说:"我拥有这个国家,你却说田成氏拥有它,这是为什么?"晏子回答说:"田成氏很得民心。他对人民,在上请求爵禄来赐给大臣，在下私自用大的量具贷出粮食，却用小的量具收回。杀死一头牛，只取一盘肉，余下的都分给了士人。到年底，只要三丈六尺布，剩下的都给士人做衣服。所以市场上木材的价格不比山上贵，湖里的鱼、盐、龟、鳖、螺、蚌的价格不比海边贵。您加重聚敛财物，而田成氏丰厚地施舍。齐国曾有大饥荒，路边饿死的人数不胜数，父子手牵手投奔田成氏的，没有听说不能活命的。所以秦周城门的百姓相互歌唱说：'歌唱吧，就住在这里吧！吃饱了啊，就要去投奔田成氏啊！'《诗经》说：'虽然没有恩德给你们，就载歌载舞。'现在田成氏有恩德，人民载歌载舞，人民的感激都归于田成氏了。所以说：'大概是田成氏吧！'"齐景公伤心泪下，说："这不是很让人悲伤吗？我拥有国家却让田成氏得到了它。现在该怎么办呢？"晏子回答说："您何必忧虑呢？如果您想夺回民心，就要亲近贤臣，疏远小人，治理国家的混乱，宽缓刑罚，赈济贫穷的人，抚恤孤儿寡妇，施行恩惠，资助缺少吃穿的人，人民就会归附您，那么即使有十个田成氏，又能把您怎么样呢？"

或曰：景公不知用势，而师旷、晏子不知除患。夫猎者，托车舆之安，用六马之足，使王良佐辔，则身不劳而易及轻兽矣。今释车舆之利，捐六马之足与王良之御，而下走逐兽，则虽楼季之足无时及兽矣。托良马固车，则臧获有余。国者，君之车也；势者，君之马也。夫不处势以禁诛擅爱之臣，而必德厚以与天下齐行以争民，是皆不乘君之车，不因马之利车而下走者也。故曰：景公不知用势之主也，而师旷、晏子不知除患之臣也。

[译文]

有人说：齐景公不懂得使用权势，而师旷和晏子不懂得除去祸患。打猎的人，依托车子的安稳，使用六匹马的脚力，让王良这样的驾车能手来驾驭，那么身子不劳累就能轻易地追上动作轻快的野兽了。现在放弃了车子的便利，抛弃了六匹马的脚力和王良的驾驭，而下车奔跑着追逐野兽，那么即使是楼季这样善于奔跑的人也没有追上野兽的时候了。依托于良马和坚固的车，即使是奴隶，追赶野兽也能绰绰有余。国家是君主的车，权势是君主的马。如果不运用权势来禁止或惩罚擅自施行仁爱的臣下，而一定要用深厚的恩德来和群臣保持一致，来争夺民心，这都是和不乘坐君主的车，不借用马的便利而下车奔跑的人一样。所以说：齐景公是不懂得使用权势的君主，而师旷和晏子是不懂得除去祸患的臣子。

子夏曰："《春秋》之记臣杀君，子杀父者，以十数矣。皆非一日之积也，有渐而以至矣。"凡奸者，行久而成积，积成而力多，力多而能杀，故明主蚤绝之。今田常之为乱，有渐见矣，而君不诛。晏子不使其君禁侵陵之臣，而使其主行惠，故简公受其祸。故子夏曰："善持势者，蚤①绝奸之萌。"

[注释]

①蚤：通"早"。

[译文]

子夏说："《春秋》中记载臣子杀君主，儿子杀父亲的事，有几十件。这都不是一天的积累，是有一个逐渐发展的过程才这样的。"凡是奸邪的事，施行得久了就有了积累，积累成了力量就大，力量大就能伤害君主，所以圣明的君主早早禁绝它。现在田常作乱，是是逐渐表现的，而君主没有惩罚他。晏子不让君主禁绝侵犯的臣子，而让君主施行恩惠，所以齐景公遭受灾祸。所以子夏说："善于掌握权势的人，会早早断绝奸邪的萌芽。"

季孙相鲁，子路为郈令。鲁以五月起众为长沟，当此之为，子路以其私秩粟为浆饭，要作沟者于五父之衢而飡之。孔子闻之,使子贡往覆其饭,击毁其器,曰:"鲁君有民,子奚为乃飧之?"子路怫然怒,攘肱而入,请曰:"夫子疾由之为仁义乎?所学于夫子者仁义也;仁义者,与天下共其所有而同其利者也。今以由之秩粟而飧民,不可何也?"孔子曰:"由之野也!吾以女①知之,女徒②未及也。女故③如是之不知礼也!女之飧之,为爱也。夫礼,天子爱天下,诸侯爱境内,大夫爱官职,士爱其家,过其所爱曰侵。今鲁君有民而子擅爱之,是子侵也,不亦诬④乎?"言未卒,而季孙使者至,让曰:"肥也起民而使之,先生使弟子令徒役而飧之,将夺肥之民耶?"孔子驾而去鲁。以孔子之贤,而季孙非鲁君也,以人臣之资,假人主之术,蚤⑤禁于未形,而子路不得行其私惠,而害不得生,况人主乎?以景公之势而禁田常之侵也,则必无劫弑之患矣。

[注释]

①女:通"汝"。②徒:却。③故:通"固",原来。④诬:妄。⑤蚤:通"早"。

[译文]

季孙在鲁国做相国,子路做郈县的县令。鲁国在五月发动民众挖掘长河,这项工作进行的时候,子路用自己私人的禄粮做成稀饭,请挖河的人到五父大道上吃饭。孔子听说了,令子贡去打翻了他的饭,打坏了盛饭的器具,说:"鲁国君主拥有民众,你为什么要给他们吃的?"子路勃然大怒,捋起袖子进了孔子家,询问说:"先生恨我施行仁义吗?我从先生那里学到的就是仁义;仁义就是和天下人共享自己的东西,共享利益。现在用我的禄粮来给百姓吃,有什么不行的呢?"孔子说:"仲由这样粗野啊!我以为你懂道理,你却什么也不懂。你原本就是这么不懂得礼啊!你给他们吃东西是因为爱他们。礼,就是天子爱天下人,诸侯爱境内的人,大夫爱自己官职内的人,士爱自己的家,超过应该爱的就是侵犯。现在鲁国君主拥有民众，你却擅自去爱他们，你就是侵犯，这不是大胆妄为吗？"话还没有说完，季孙的使者就到了，责备说："我发动民众使用他们，先生却让弟子招呼他们并给他们吃的，想要争夺我的人民吗？"孔子驾车离开了鲁国。以孔子的贤能，而季孙并不是鲁君，凭借臣子的地位，借用君主的权术，早早地在祸患未形成时就禁止了它，于是子路不能实行私人的恩惠，而危害也不能产生了，更何况是君主呢？用齐景公的权势禁止田常的侵犯，就一定没有劫杀君主的祸患了。

太公望东封于齐。齐东海上有居士曰狂矞、华士，昆弟二人者立议曰："吾不臣天子，不友诸侯，耕作而食之，掘井而饮之，吾无求于人也。无上之名，无君之禄，不事仕而事力。"太公望至于营丘，使吏执杀之以为首诛。周公旦从鲁闻之，发急传而问之曰："夫二子，贤者也。今日飨①国而杀贤者，何也？"太公望曰："是昆弟二人立议曰：'吾不臣天子，不友诸侯，耕作而食之，掘井而饮之，吾无求于人也，无上之名，无君之禄，不事仕而事力。'彼不臣天子者，是望不得而臣也。不友诸侯者，是望不得而使也。耕作而食之，掘井而饮之，无求于人者，是望不得以赏罚劝禁也。且无上名，虽知②，不为望用；不仰君禄，虽贤，不为望功。不仕则不治，不任则不忠。且先王之所以使其臣民者，非爵禄则刑罚也。今四者不足以使之，则望当谁为君乎？不服兵革而显，不亲耕耨而名，又非所以教于国也。今有马于此，如骥之状者，天下之至良也。然而驱之不前，却之不止，左之不左，右之不右，则臧获虽贱，不托其足。臧获之所愿托其足于骥者，以骥之可以追利辟③害也。今不为人用，臧获虽贱，不托其足焉。已自谓以为世之贤士，而不为主用，行极贤而不用于君，此非明主之所臣也，亦骥之不可左右矣，是以诛之。"

[注释]

①飨：通"享"。②知：通"智"。③辟：通"避"。

[译文]

太公望分封在东方的齐国。齐国东海上有两个隐士叫做狂矞、华士，兄弟俩个人发表议论说："我不做天子的臣子，不和诸侯做朋友，自己耕作得到食物，自己挖井喝水，我没什么要乞求别人的。不要君主赐给的名誉，也不要君主的俸禄，不致力于做官，而致力于劳作。"太公望到了营丘，让官吏抓住并杀死他们，作为首批处罚对象。周公旦在鲁国听说这件事，派出紧急的信使询问说："这两个人是贤能的。现在您享有国家却杀死了贤人，为什么呢？"太公望说："这兄弟俩人曾议论说：'我不做天子的臣子，不和诸侯做朋友，自己耕作得到食物，自己挖井喝水，没什么要乞求别人的。不要高尚的名誉，也不要君主的俸禄，不致力于做官，而致力于劳作。'他们不做天子的臣子，我就不能让他们做我的臣子；不和诸侯做朋友，我就不能驱使他们；自己耕作得到食物，自己挖井喝水，不乞求别人，我就不能用奖赏和处罚来激励或禁止他们。不要君主赐给的名誉，即使有智慧，也不能为我所用；不要君主的俸禄，即使贤能，也不能为我建立功业。不做官，就不能管理；不愿被任用，就不忠心。况且先王用来驱使人民的，不是爵位、俸禄，就是杀戮、处罚。这四种手段都不能驱使他们，那我还给谁做君主呢？人民不服兵役就显贵，不从事耕作就有名声，这不是教育国民的方法。现在有一匹马，像骏马的样子，是天下难得的好马。但是驱赶它却不前进，勒住它却不停止，让它向左却不向左，让它向右也不向右，那么即使是臧获那样的奴隶，也不会依赖于它。臧获愿意把脚力依托于良马，是因为良马可以追逐利益、远避祸害。现在它不能被人利用，臧获即使低贱，也不愿依托于它的脚力。他们自以为是当世的贤士，却不被君主任用，行为贤能却不被君主使用，这不是圣明君主所任用的人，也就和不能驱使的骏马一样，因此杀了他们。"

一曰：太公望东封于齐，海上有贤者狂矞。太公望闻之往请焉，三却马于门而狂矞不报见也，太公望诛之。当是时也，周公旦在鲁，驰往止之，比至，已诛之矣。周公旦曰："狂矞，天下贤者也，夫子何为诛之？"太公望曰："狂矞也议不臣天子，不友诸侯，吾恐其乱法易教也，故以为首诛。今有马于此，形容似骥也，然驱之不往，引之不前，虽臧获不托足以旋其轸①也。"

[注释]

①轸：车。

[译文]

另一种说法：太公望被分封在东方的齐国，海上有一个贤能的人叫狂矞。太公望听说了就去请他，三次到门口勒住马邀请他，狂矞也没有出来相见，太公望就杀了他。当时周公旦在鲁国，骑马去阻止，赶到的时候，狂矞已经被杀了。周公旦说："狂矞是天下有名的贤人，先生为什么要杀死他呢？"太公望说："狂矞发表议论说，不臣服于天子，不和诸侯交友，我担心他扰乱法度改变教化，所以首先就要杀死他。现在有这样一匹马，长得像是良马，可是驱赶它却不走，拉它也不向前进，即使是臧获也不把脚力寄托在它身上、用它来拉车啊！"

如耳说卫嗣公，卫嗣公说①而太息。左右曰："公何为不相也？"公曰："夫马似鹿者而题之千金，然而有百金之马而无一金之鹿者，马为人用而鹿不为人用也。今如耳，万乘之相也，外有大国之意，其心不在卫，虽辩智，亦不为寡人用，吾是以不相也。"

[注释]

①说：通"悦"。

[译文]

如耳游说卫嗣公，卫嗣公很高兴却又叹息。左右侍从问："您为什么不用他做相国呢？"卫嗣公说："像鹿的马可以标价千金，可是有价值百金的马，却没有价值一金的鹿，是因为马可以被人使用而鹿不能被人使用。现在如耳可以做拥有万辆兵车大国的相国，他对外有服务大国的意思，他的心不在卫国，即使能言善辩有智慧，也不能被我使用，因此我不让他做相国。"

薛公之相魏昭侯也，左右有栾①子者曰阳胡、潘其，于王甚重，而不为薛公，薛公患之。于是乃召与之博。予之人百金，令之昆弟博，俄又益之人二百金。方博有间，谒者②言客张季之子在门，公怫然怒，抚兵而授谒者曰："杀之，吾闻季之不为文也。"立有间，时季羽在侧，曰："不然。窃闻季为公甚，顾其人阴未闻耳。"乃辍不杀客，而大礼之，曰："曩者闻季之不为文也，故欲杀之。今诚为文也，岂忘季哉？"告廪献千石之粟，告府献五百金，告驺私厩献良马固车二乘，因令奄③将宫人之美妾二十人并遗④季也。栾子因相谓曰："为公者必利，不为公者必害，吾曹何爱不为公？"因私竞劝而遂为之。薛公以人臣之势，假人主之术也，而害不得生，况错⑤之人主乎？夫驯乌者断其下翎焉，断其下翎则必恃人而食，焉得不驯乎？夫明主畜臣亦然，令臣不得不利君之禄，不得无服上之名；夫利君之禄，服上之名，焉得不服？

[注释]

①栾：通"孪"，双胞胎。②谒者：负责接待，通报的官员。③奄：通"阉"。④遗（wèi）：赠送。⑤错：通"措"，放置。

[译文]

薛公田文做魏昭侯的相国，昭侯的侍从中有孪生兄弟叫阳胡、潘其，在昭侯那里很受重视，却不为薛公效力，薛公对此很忧虑。于是叫他们来赌博。给他们每人一百金，让他们兄弟赌博，后来又每人增加二百金。正在赌博时，谒者报告说张季的儿子在大门口，薛公勃然大怒，拿兵器对谒者说："去杀了他！我听说张季不为我田文效力。"站了一会儿，张季的朋友在旁边说："不是这样的。我私下听说张季很为您效力，只不过因为他是暗中出力而没有让您知道罢了。"于是就停止命令，不再去杀，对客人大加礼遇，说："以前听说张季不为我田文效力，所以想杀你，现在真的为我效力，我怎敢忘记他呢？"告诉仓库取出一千石粮食，告诉金库取出五百金，告诉马夫从私人的马厩里取出好马和两辆坚固的车，又让宦官选出宫女中漂亮的姬妾二十个人，都送给了张季。孪生兄弟互相商量说："为薛公效力必定会有利益，不为薛公效力必然有危害，我们为什么不为薛公效力呢？"因此私下互相劝勉，就为薛公效力了。薛公用臣子的权势，假借了君主的权术，可以使祸害不发生，何况是让君主来使用这种方法呢？驯养乌鸦的人剪断它翅膀下面的翎毛，剪断下面的翎毛，就一定要靠人喂食，怎么能不驯服呢？圣明的君主蓄养群臣也是这样，让臣子不得不贪图君主赐给的俸禄，不能不服务君主赐给的名位。贪图君主赐给的俸禄，服务于君主赐给的名位，怎么能不驯服？

说二

申子曰："上明见①，人备之；其不明见，人惑之。其知②见，人饰之；不知见，人匿之。其无欲见，人司③之；其有欲见，人饵之。故曰：吾无从知之，惟无为可以规④之。"

[注释]

①见:通"现"。②知:通"智"。③司:通"伺"。④规:通"窥"。

[译文]

对"经二"的解说

申子说:"君主的明察显露出来,别人就会防备他;他的糊涂显露出来,别人就会迷惑他。他的智慧显露出来,别人就会奉承他;他的愚昧显露出来,人们就会蒙蔽他。他没有欲望显露出来,别人就会刺探他;他的欲望显露出来,别人就会引诱他。所以说:我没什么办法去了解臣下,只有无所作为才可以窥视他们。"

一曰:申子曰:"慎而①言也,人且知女②;慎而行也,人且随女。而有知见也,人且匿女;而无知见也,人且意女。女有知也,人且臧③女;女无知也,人且行女。故曰:惟无为可以规之。"

[注释]

①而:通"尔"。②女:通"汝"。③臧:通"藏"。

[译文]

另一种说法:申子说:"谨慎言论,别人将了解你;谨慎行为,别人将跟踪你。你的智慧显露出来,别人将要蒙蔽你;你的无知显露出来,别人将算计你。你有智慧,别人会躲避你;你没有智慧,别人会对你行动。所以说:只有无为可以用来窥测臣下。"

田子方问唐易鞠曰:"弋者何慎?"对曰:"鸟以数百目视子,子以二目御之,子谨周子廪。"田子方曰:"善。子加之弋,我加之国。"郑长者闻之曰:"田子方知欲为廪,而未得所以为廪。夫虚无无见者,廪也。"

[译文]

田子方问唐易鞠说:"射鸟的人应该注意什么?"唐易鞠回答

说："鸟用几百只眼睛看着你，你用两只眼睛防备它们，你应该小心保护你的谷仓。"田子方说："说得好。你把这道理用在射鸟上，我把它用在治理国家上。"郑长者听到后说："田子方知道要守护谷仓，却不知道守护谷仓的方法。虚无无所作为，才能守护谷仓。"

一曰：齐宣王问弋于唐易子曰："弋者奚贵？"唐易子曰："在于谨廪。"王曰："何谓谨廪？"对曰："鸟以数十目视人，人以二目视鸟，奈何不谨廪也？故曰在于'谨廪'也。"王曰："然则为天下何以为此廪？今人主以二目视一国，一国以万目视人主，将何以自为廪乎？"对曰："郑长者有言曰：'夫虚静无为而无见也。'其可以为此廪乎！"

[译文]

另一种说法：齐宣王问唐易子关于射鸟的事说："射鸟应注意什么？"唐易子说："在于小心守护谷仓。"齐宣王说："什么叫小心守护谷仓？"唐易子回答说："鸟用几十只眼睛看人，人只能用两只眼睛看鸟，怎么能不小心守护谷仓呢？所以说'小心守护谷仓。'"齐宣王说："那么怎么象守护谷仓那样守护天下呢？现在君主用两只眼睛看守一个国家，一个国家的人用几万只眼睛窥测君主，那怎么象守护谷仓那样守护天下呢？"唐易子回答说："郑长者曾经说过：'虚静无所作为而不露声色。'这大概可以守护了吧！"

国羊重于郑君，闻君之恶己也，侍饮，因先谓君曰："臣适①不幸而有过，愿君幸②而告之，臣请变更，则臣免死罪矣。"

[注释]

①适：如果。②幸：宠幸，爱护。

[译文]

国羊被郑国君主重用，听说国君憎恶自己，于是在陪伴君主喝酒的时候，先对君主说："如果我不小心犯了罪过，希望您能爱护我而告诉我，我愿意改变，那么我就可以免于死罪了。"

客有说韩宣王，宣王说①而太息，左右引王之说之以先告客以为德。

[注释]

①说：通"悦"。

[译文]

有客人游说韩宣王，韩宣王高兴并感慨，宣王的侍从就把宣王喜欢客人的话争先告诉客人来作为自己的恩德。

靖郭君之相齐也，王后死，未知所置，乃献玉珥以知之。

[译文]

靖郭君做齐国的相国，王后死了，还不知道谁会做王后，于是献上玉做的耳饰来了解他。

一曰：薛公相齐，齐威王夫人死，中有十孺子皆贵于王，薛公欲知王所欲立而请置一人以为夫人。王听之，则是说行于王而重于置夫人也；王不听，是说不行而轻于置夫人也。欲先知王之所欲置以劝王置之，于是为十玉珥而美其一而献之，王以赋十孺子。明日坐，视美珥之所在而劝王以为夫人。

[译文]

另一种说法：薛公做齐国的相国，齐威王的夫人死了，宫中有十个年轻姬妾都被宠爱，薛公想知道齐威王准备立哪个，就请求立那一位为夫人。齐威王听从，那这个建议被采用，就会受到新立夫人的重视；齐威王不听从，这个建议不被采用，就会被新立的夫人轻视。他想先知道齐威王准备立的夫人是哪个，再劝齐威王立她为夫人，于是做了十个玉制的耳饰，其中一个特别漂亮，然后献给齐威王，齐威王把它们赏赐给了十个姬妾。第二天陪坐时，看见最漂亮的玉耳饰在谁的耳朵上，就劝齐威王立她为夫人。

甘茂相秦惠王，惠王爱公孙衍，与之间有所言，曰："寡人将相子。"甘茂之吏道①穴闻之，以告甘茂，甘茂入见王，曰："王得贤相，臣敢再拜贺。"王曰："寡人托国于子，安更得贤相？"对曰："将相犀首②。"王曰："子安闻之？"对曰："犀首告臣。"王怒犀首之泄，乃逐之。

[注释]
①道：经由。②犀首：即公孙衍。
[译文]
甘茂做秦惠王的相国，秦惠王喜爱公孙衍，和他私下有过谈话，说："我将要任命您为相国。"甘茂手下的官吏通过墙洞听到了，告诉甘茂，甘茂来见秦惠王，说："大王得到了贤能的相国，我冒昧地再次来行礼表示祝贺。"秦惠王说："我把国家交托给你，怎么会有更贤能的相国呢？"回答说："您将要任命犀首为相国。"秦惠王说："你怎么听说的？"甘茂回答说："是犀首告诉我的。"秦惠王对犀首泄密的事很生气，就赶走了他。

一曰：犀首，天下之善将也，梁王之臣也。秦王欲得之与治天下，犀首曰："衍其人臣者也，不敢离主之国。"居期年，犀首抵罪于梁王，逃而入秦，秦王甚善之。樗里疾，秦之将也，恐犀首之代之将也，凿穴于王之所常隐语者，俄而王果与犀首计曰："吾欲攻韩，奚如？"犀首曰："秋可矣。"王曰："吾欲以国累子，子必勿泄也。"犀首反走再拜曰："受命。"于是樗里疾也道穴听之矣。郎中皆曰："兵秋起攻韩，犀首为将。"于是日也，郎中尽知之；于是月也，境内尽知之。王召樗里疾曰："是何訩訩①也，何道出？"樗里疾曰："似犀首也。"王曰："吾无与犀首言也，其犀首何哉？"樗里疾曰："犀首也羁旅，新抵罪，其心孤，是言自嫁②于众。"王曰："然。"使人召犀首，已逃诸侯矣。

[注释]

①訩訩：通"汹汹"。②嫁：卖弄。

[译文]

另一种说法：犀首是天下有名的将领，是魏王的臣子。秦王想得到他和他一起治理天下，犀首说："我公孙衍是魏王的臣子，不敢离开自己君主的国家。"过了一年，犀首得罪了魏王，逃到了秦国，秦王对他很好。樗里疾是秦国的将领，害怕犀首代替他做将军，于是在秦王常常私下和人谈话的地方挖了一个墙洞，不久秦王果然和犀首谋划说："我想攻打韩国，怎么样？"犀首说："秋天就可以了。"秦王说："我想要把国家托付给你，你千万不要泄露。"犀首退后几步再次下拜说："遵命！"于是樗里疾通过墙洞听到了。结果郎中都说："秋天要起兵攻打韩国，犀首做将军。"那一天，所有郎中都知道了这件事；不出一个月，全国都知道了这件事。秦王召见樗里疾说："为什么流言这样闹哄哄的，这些话是从哪里传出来的？"樗里疾说："好像是犀首说的。"秦王说："我没有和犀首说过，为什么他会这么说呢？"樗里疾说："犀首是个做客的人，刚受到处罚，心里觉得孤单，就用这些话来在人前卖弄。"秦王说："是这样的。"命令人去召见犀首，已经逃到别的诸侯那里去了。

堂溪公谓昭侯曰："今有千金之玉卮①，通而无当②，可以盛水乎？"昭侯曰："不可。""有瓦器而不漏，可以盛酒乎？"昭侯曰："可。"对曰："夫瓦器至贱也，不漏，可以盛酒。虽有乎千金之玉卮，至贵，而无当，漏，不可盛水，则人孰注浆哉？今为人主而漏其群臣之语，是犹无当之玉卮也。虽有圣智，莫尽其术，为其漏也。"昭侯曰："然。"昭侯闻堂溪公之言，自此之后，欲发③天下之大事，未尝不独寝，恐梦言而使人知其谋也。

[注释]

①卮：杯子。②当：底。③发：举，做。

[译文]

堂溪公对韩昭侯说："现在有价值千金的玉杯，通透而没有底，可以盛水吗？"韩昭侯说："不行。""有瓦制的器皿却不漏，可以盛酒吗？"韩昭侯说："可以。"堂溪公对答说："瓦器是很低贱的，只要不漏就能盛酒。即使有价值千金的玉杯，非常的贵重，却没有底，是漏的，就不能盛水，那么谁会往里面倒酒呢？现在做君主的却泄露了群臣的言语，就好像没有底的玉杯。臣子即使有圣明的智慧，也不能竭尽治国之道，因为他会泄露出去。"韩昭侯说："说得对！"韩昭侯听了堂溪公的话，从此以后，想要做大事，没有不独自睡觉的，是怕说梦话会让人知道他的计谋。

一曰：堂溪公见昭侯曰："今有白玉之卮而无当，有瓦卮而有当，君渴，将何以饮？"君曰："以瓦卮。"堂溪公曰："白玉之卮美，而君不以饮者，以其无当耶？"君曰："然。"堂溪公曰："为人主而漏泄其群臣之语，譬犹玉卮之无当。"堂溪公每见而出，昭侯必独卧，惟恐梦言泄于妻妾。

[译文]

另一种说法：堂溪公见韩昭侯说："现在有白玉做的杯子却没有底，有瓦做的杯子而有底，您口渴，会用哪个喝水？"韩昭侯说："用瓦杯。"堂溪公说："白玉杯很美丽，而您却不用它喝水，是因为它没有底吗？"韩昭侯说："是的。"堂溪公说："做君主的却泄露了臣子的话，就好像玉杯没有了底。"堂溪公每次见韩昭侯出来，韩昭侯总是一个人睡觉,唯恐梦话会把计谋泄露给妻妾。

申子曰:"独视者谓明,独听者谓聪。能独断者,故可以为天下主。"
[译文]
申子说:"能独自观察事物叫做明,能独自听取意见叫做聪。能独自决断事情,就可以做天下的主人。"

说三

宋人有酤酒者,升概①甚平,遇客甚谨,为酒甚美,县②帜甚高,著③然不售,酒酸。怪其故,问其所知。问长者杨倩,倩曰:"汝狗猛耶?"曰:"狗猛则酒何故而不售?"曰:"人畏焉!或令孺子怀钱挈壶瓮而往酤,而狗迓而龁之,此酒所以酸而不售也。"夫国亦有狗,有道之士怀其术而欲以明万乘之主,大臣为猛狗迎而龁之,此人主之所以蔽胁,而有道之士所以不用也。故桓公问管仲:"治国最奚患?"对曰:"最患社鼠矣。"公曰:"何患社鼠哉?"对曰:"君亦见夫为社者乎?树木而涂之,鼠穿其间,掘穴托其中。熏之则恐焚木,灌之则恐涂阤④。此社鼠之所以不得也。今人君之左右,出则为势重而收利于民,入则比周而蔽恶于君。内间主之情以告外,外内为重,诸臣百吏以为富。吏不诛则乱法,诛之则君不安。据而有之,此亦国之社鼠也!"故人臣执柄而擅禁,明为己者必利,而不为己者必害,此亦猛狗也。夫大臣为猛狗而龁有道之士矣,左右又为社鼠而间主之情,人主不觉。如此,主焉得无壅,国焉得无亡乎?

[注释]
①升概:升,量器。概,量粮食时用以刮平斗斛的木板。②县:通"悬"。③著:滞留。④阤(zhì):脱落。

[译文]

对"经三"的解说：

宋国有个卖酒的人，量器很公平，对待客人很恭敬，酒也很好喝，酒幌子悬得很高，但却滞销卖不出去，酒都变酸了。他搞不清什么原因，问他认识的人。请教年长的人杨倩，杨倩说："你的狗凶猛吗？"他说："狗凶猛为什么酒就卖不出去呢？"杨倩说："人害怕狗啊！有人让小孩子带着钱提着酒壶去买酒，而狗迎上来咬他，这就是酒放酸了也卖不出去的原因。"国家也有狗，懂得治国方略的人胸怀统治之术，想要用它来使拥有万辆兵车的大国的君主变得贤明，大臣就像恶狗迎上去咬他们，这就是君主之所以被蒙蔽被胁迫，而懂得治国方略的人不能被任用的原因。所以齐桓公问管仲："治国最担心什么？"管仲回答说："最担心钻在土地神神坛里的老鼠。"齐桓公说："为什么担忧社鼠呢？"管仲回答说："您见过社神的情形吗？用树木涂上泥巴，老鼠活动在其间，挖洞住在里面。用烟熏，害怕烧毁木头；用水灌，害怕泥土脱落。这是社鼠不能被捉到的原因。现在君主左右的侍从，外出就借助权势从人民那里收取利益，在官内就结成党羽对君主隐瞒自己的罪恶。在宫里刺探君主的内情来告诉外人，内外互相勾结增强权势，群臣官僚都因此致富。执法的官吏不惩罚他们，就会扰乱法治；惩罚他们，君主就会不安。依靠并控制了君主，他们对于国家来说，就像是钻在神坛里的老鼠啊！"所以大臣执掌权柄而专擅禁令，申明为自己效力的必然有利，不为自己效力的必然有害，这也是和猛狗一样的。大臣像凶猛的狗来咬有治国方略的人，左右侍从又像神坛里的老鼠一样刺探君主的情况，君主却没有发觉，这样一来，君主怎么能不受蒙蔽，国家怎么能不亡国呢？

一曰：宋之酤酒者有庄氏者，其酒常美。或使仆往酤庄氏之酒，其狗龁人，使者不敢往，乃酤佗①家之酒，问曰："何为不酤庄氏之酒？"对曰："今日庄氏之酒酸。"故曰："不杀其狗则酒酸。"

[注释]

①佗：通"他"。

[译文]

另一种说法：宋国有个姓庄的卖酒人，他的酒一直很好。有人让仆人去买庄家的酒，他家的狗却咬人，被派去的人不敢去，就买了别人家的酒，主人问："为什么不买庄家的酒？"回答说："今天庄家的酒是酸的。"所以说："不杀死凶恶的狗，酒就变酸了。"

一曰：桓公问管仲曰："治国何患？"对曰："最苦社鼠。夫社，木而涂之，鼠因自托也。熏之则木焚，灌之则涂阤，此所以苦于社鼠也。今人君左右，出则为势重以收利于民，入则比周谩侮蔽恶以欺于君。不诛则乱法，诛之则人主危。据而有之，此亦社鼠也。"故人臣执柄擅禁，明为己者必利，不为己者必害，亦猛狗也。故左右为社鼠，用事者为猛狗，则术不行矣。

[译文]

另一种说法：齐桓公问管仲："治国有什么困难？"管仲回答说："最困难的是清除社鼠。土地神，是用木头涂上泥，老鼠就借以托身。用烟熏，木头就会焚烧，用水灌，泥土就会脱落，这就是被社鼠困扰的原因。现在君主的侍从，外出就借助权势从人民那里收取利益，在宫内就结成党羽对君主隐瞒自己的罪恶。不惩罚他们，就会扰乱法治；惩罚他们，君主就危险了。依靠并控制了君主，这也是像社鼠一样。"所以大臣执掌权柄而专擅禁令，申明为自己效力的必然有利，不为自己效力的必然有害，这也是和猛狗一样的。所以左右侍从像社鼠一样，大臣像猛狗，君主的统治之术就不能实行了。

尧欲传天下于舜，鲧谏曰："不祥哉！孰以天下而传之于匹夫乎？"尧不听，举兵而诛，杀鲧于羽山之郊。共工又谏曰："孰以天下而传之于匹夫乎？"尧不听，又举兵而诛共工于幽州之都。于是天下莫敢言无传天下于舜。仲尼闻之曰："尧之知舜之贤，非其难者也。夫至乎诛谏者，必传之舜，乃其难也。"一曰："不以其所疑败其所察，则难也。"

[译文]

尧想把天下传给舜，鲧劝谏说："不祥啊！谁会把天下传给平民呢？"尧不听他的，发兵去攻打他，在羽山的郊外杀死了鲧。共工又劝谏说："谁会把天下传给平民呢？"尧不听他的，又发兵攻打他，在幽州的都城杀死了共工。于是天下没有人敢说不要把天下传给舜。孔子听后说："尧了解舜的贤能，这并不困难。至于诛杀劝谏的人，一定把天下传给舜，这才是困难的。"另一种说法是："不因为别人的怀疑来败坏自己的明察，是很困难的啊！"

荆庄王有茅门①之法曰："群臣大夫诸公子入朝，马蹄践霤②者，廷理③斩其辀④，戮其御。"于是太子入朝，马蹄践霤，廷理斩其辀，戮其御。太子怒，入为王泣曰："为我诛戮廷理。"王曰："法者所以敬宗庙、尊社稷。故能立法从令尊敬社稷者，社稷之臣也，焉可诛也？夫犯法废令不尊敬社稷者，是臣乘君而下尚校⑤也。臣乘君则主失威，下尚校则上位危。威失位危，社稷不守，吾将何以遗子孙？"于是太子乃还走，避舍露宿三日，北面再拜请死罪。

[注释]

①茅门：即雉门，诸侯宫殿里的第二道门。②霤：屋檐下滴水的地方

③廷理：楚国官名，执掌刑法。④轵：车上的曲形车辕。⑤下尚校（jiào）：尚，通"上"。校，对抗。

[译文]

楚庄王有关于茆门的法律说："群臣大夫和诸位公子入朝，马蹄踩踏屋檐下滴水的地方，廷理就折断他的车辕，杀死他的驾车人。"于是太子入朝，马蹄踩到了房檐下滴水的地方，廷理就折断他的车辕，杀死了驾车的人。太子很生气，入宫对楚庄王哭泣说："为我惩罚杀死那个廷理。"楚庄王说："法律，是用来使宗庙敬重、使国家尊贵的。所以能树立法律、遵从禁令，使国家得到尊重的，就是国家的重臣，怎么可以处罚他呢？那些违反法律、废弃禁令，不尊重国家的人，是臣子欺凌君主，上下相对抗。臣子欺凌君主，君主就失去威信；上下相对抗，上面的位置就危险了。失去威信、位置危险，国家不能守住，我将拿什么传给子孙呢？"于是太子转身退下，离开居住的房子，在外面露宿三天，面向北边再次下拜，请求给自己判死罪。

一曰：楚王急召太子。楚国之法，车不得至于茆门。天雨，廷中有潦，太子遂驱车至于茆门。廷理曰："车不得至茆门。非法也。"太子曰："王召急，不得须无潦。"遂驱之。廷理举殳而击其马，败其驾。太子入为王泣曰："廷中多潦，驱车至茆门，廷理曰非法也，举殳击臣马，败臣驾，王必诛之。"王曰："前有老主而不逾，后有储主而不属，矜矣！是真吾守法之臣也。"乃益爵二级，而开后门出太子。"勿复过。"

[译文]

另一种说法：楚王紧急召见太子。楚国的法律规定，车子不能到茆门。天上下雨，宫里有积水，太子于是驾车到了茆门。廷理说："车不能到茆门。这是不合法的。"太子说："大王召见得紧急，不能等到没有积水。"于是就驱车前进。廷理举起长殳打他的马，毁坏了他的车。太子进宫向楚王哭泣说："宫廷里多积水，我驾车到雉门，廷理说不合于法律，用长殳打伤我的马，毁坏了我的车，您一定要处罚他。"楚王说："前面有我这个老君主在，他不会为了我超越法律；后面有你这个将要继位的太子，他也不废弃法律来依附你，真是可以夸耀的啊！这真是我守法的臣子啊！"于是给他增加两级爵位，打开后门让太子出去，嘱咐他说："不要再犯这样的错误了。"

卫嗣君谓薄疑曰："子小寡人之国以为不足仕，则寡人力能仕子，请进爵以子为上卿。"乃进田万顷。薄子曰："疑之母亲疑，以疑为能相万乘所不窕①也。然疑家巫有蔡妪者，疑母甚爱信之，属之家事焉。疑智足以信言家事，疑母尽以听疑也。然已与疑言者，亦必复决之于蔡妪也。故论疑之智能，以疑为能相万乘而不窕也；论其亲，则子母之间也，然犹不免议之于蔡妪也。今疑之于人主也，非子母之亲也，而人主皆有蔡妪。人主之蔡妪，必其重人也。重人者，能行私者也。夫行私者，绳之外也；而疑之所言，法之内也。绳之外与法之内，仇也，不相受也。"

[注释]

①不窕（tiǎo）：窕，细小。不窕，充实，实力有余。

[译文]

卫嗣君对薄疑说："你认为我的国家小，不值得在这里做官，可是我有力量能让你做官，让你晋爵为上卿。"于是给他一万顷田地。薄疑说："我的母亲喜爱我，认为我可以做大国的相国，还绰绰有余。可是我家有个巫婆叫蔡婆婆，我的母亲很喜爱信任她，把家事都托付给她。我的智慧足以使人相信会办好家事，我的母亲也听我的。可是已经和我商量好的事，却一定要再次和蔡婆婆商量。

所以论我的智慧和能力，做大国的相国也有余力；论亲密，是儿子和母亲的关系，可是仍不免要和蔡婆婆商量。现在我对君主来说，并没有儿子和母亲的亲密关系，而君主身边都有像蔡婆婆这样的人。君主身边的蔡婆婆，必定是重要人物。重要的人，就能谋取私利。谋取私利的人，就在法律准绳以外了；而我所说的话，是在法律以内的。法律准绳以外和法律以内，是敌对的，不能相互接受。"

一曰：卫君之晋，谓薄疑曰："吾欲与子皆①行。"薄疑曰："媪也在中，请归与媪计之。"卫君自请薄媪，薄媪曰："疑，君之臣也，君有意从之，甚善。"卫君曰："吾以②请之媪，媪许我矣。"薄疑归言之媪也，曰："卫君之爱疑奚与媪？"媪曰："不如吾爱子也。""卫君之贤疑奚与媪也？"曰："不如吾贤子也。""媪与疑计家事，已决矣，乃请决之于卜者蔡妪。今卫君从疑而行，虽与疑决计，必与他蔡妪败之，如是则疑不得长为臣矣。"

[注释]

①皆：通"偕"。②以：通"已"。

[译文]

另一种说法：卫国君主到了晋国，对薄疑说："我想要和你一起走，请你为我效力。"薄疑说："我的老母在家里，请让我回去和老母商量。"卫君亲自去请求薄老太太，薄老太太说："薄疑是君主的臣子，您有意让他跟随您，很好。"卫君说："我已经请求了你母亲，她答应我了。"薄疑回家和母亲说："卫君爱我和你相比怎么样？"薄老太太说："他不如我喜爱儿子。""那卫君认为我贤能的想法和你相比怎么样？"母亲回答说："他不如我认为你贤能。""母亲和我计议家里的事，已经决定的，还要请求占卜的蔡婆婆决定。现在卫君让我和他一起走，即使和我商议，必然会和另一个蔡婆婆来使它失败，这样一来我就不能长久做他的臣子了。"

夫教歌者，使先呼而诎①之，其声反②清徵者乃教之。

[注释]

①诎：屈曲，调节发音。②反：通"返"。

[译文]

教唱歌的人，让人先放声歌唱，然后加以调节，声音可以返回到纯正的徵音的，就教他们。

一曰：教歌者，先揆①以法：疾呼中宫，徐呼中徵。疾不中宫，徐不中徵，不可谓②教。

[注释]

①揆：考察。②谓：通"为"，被。

[译文]

另一种说法：教唱歌的人，先用法度考察：急速发音合于宫音，缓慢发音合于徵音。急速发音不合于宫音，缓慢发音不合于徵音，不能叫做教唱歌。

吴起，卫左氏中人也。使其妻织组①而幅狭于度，吴子使更之，其妻曰："诺。"及成，复度之，果不中度，吴子大怒。其妻对曰："吾始经之而不可更也。"吴子出之。其妻请其兄而索入，其兄曰："吴子，为法者也。其为法也，且欲以与万乘致功，必先践之妻妾然后行之，子毋几②索入矣。"其妻之弟又重于卫君，乃因以卫君之重请吴子，吴子不听，遂去卫而入荆也。

[注释]

①组：丝带。②几：通"冀"，希望。

[译文]

吴起是卫国左氏城中的人。他让妻子织丝带，可是宽度比标准狭窄，吴起让她去更改，妻子说："好的。"等到织成，再次度量，果然还是不合于标准,吴起非常生气。妻子回答说:"我开始的时候就把经线确定了,所以就不能改变了。"吴起就休掉了妻子。他的妻子请求她的哥哥要求复婚回家,哥哥说:"吴起是个讲求法治的人。他实行法治,将要用来与大国建立功业,必然先要在妻妾身上实践然后实行,你不要希望回家。"妻子的弟弟被卫国国君器重,于是凭借卫国国君的器重去向吴起请求,吴起也不同意,就离开了卫国到了楚国。

一曰:吴起示其妻以组曰:"子为我织组,令之如是。"组已就而效之,其组异善。起曰:"使子为组,令之如是,而今也异善,何也?"其妻曰:"用财①若一也,加务善之。"吴起曰:"非②语也。"使之衣归。其父往请之,吴起曰:"起家无虚言。"

[注释]

①财:通"材"。②非:违背。

[译文]

另一种说法:吴起给他的妻子看一条丝带,说:"你为我织一条丝带,让它和这条一样。"丝带织好了拿来比较,织好的丝带特别好。吴起说:"让你织丝带像这条一样,如今却特别的好,这是为什么?"他的妻子说:"用的材料一样,是加倍努力才让它更好的。"吴起说:"你违背了我的话。"让她穿好衣服回娘家去。她的父亲去请求吴起,吴起说:"我吴起家里没有空话。"

晋文公问于狐偃曰:"寡人甘肥周于堂,卮酒豆①肉集于宫,壶酒不清,生肉不布②,杀一牛遍于国中,一岁之功③尽以衣士卒,其足以战民乎?"狐子曰:"不足。"文公曰:"吾弛关市之征而缓刑罚,其足以战民乎?"狐子曰:"不足。"文公曰:"吾民之有丧资者,寡人亲使郎中视事;有罪者赦之;贫穷不足者与之;其足以战民乎?"狐子对曰:"不足。此皆所以慎产④也;而战之者,杀之也。民之从公也,为慎产也,公因而迎⑤杀之,失所以为从公矣。"曰:"然则何如足以战民乎?"狐子对曰:"令无得不战。"公曰:"无得不战奈何?"狐子对曰:"信赏必罚,其足以战。"公曰:"刑罚之极安至?"对曰:"不辟⑥亲贵,法行所爱。"文公曰:"善。"明日令田⑦于圃陆,期以日中为期,后期者行军法焉。于是公有所爱者曰颠颉后期,吏请其罪,文公陨涕而忧。吏曰:"请用事焉。"遂斩颠颉之脊,以徇百姓,以明法之信也。而后百姓皆惧曰:"君于颠颉之贵重如彼甚也,而君犹行法焉,况于我则何有矣?"文公见民之可战也,于是遂兴兵伐原,克之;伐卫,东其亩,取五鹿;攻阳,胜虢;伐曹;南围郑,反之陴⑧;罢宋围;还与荆人战城濮,大败荆人;返为践土之盟,遂成衡雍之义。一举而八有功。所以然者,无他故异物,从狐偃之谋,假颠颉之脊也。

[注释]

①豆:盛食物的器具。②布:陈列。③功:女工。④慎产:慎,通"顺"。产,生。⑤迎:逆。⑥辟:通"避"。⑦田:打猎。⑧反之陴:反,覆。陴,城上女墙。

[译文]

晋文公问狐偃说:"我甜美的佳肴遍赐于殿堂上的人,只留少量的酒肉在宫中,壶里的酒不等澄清就给人喝,鲜肉不存放就给人吃,杀一头牛也赏赐给全国的人,一年的女工都用来给士兵做衣服,这足以让人民为我作战吗?"狐偃说:"不够。"文公说:"我放松关口和市集的赋税,减缓刑罚,这足以让人民为我作战吗?"狐偃说:"不够。"文公说:"我的人民中失去财产的,我亲自让郎中去察看处理;有罪的人就赦免他们,贫困不足的人就赏赐他们;这足以让人民为我作战吗?"狐偃说:"不够。这都是用来顺应人民生活的行为；而战争是要杀死他们。人民追随你是为了顺应生活，你却因此反而要杀死他们，这是违背了他们追随你的目的。"文公问："那么怎么可以使人民为我作战？"狐偃说："让他们不能不作战。"文公说："不得不作战要怎么样？"狐偃回答说："有功就一定奖赏，有罪就坚决处罚，这就足以让人民作战。"文公说："刑罚的极致要到什么地步？"回答说："不回避亲近和尊贵的人，将法律实行于所喜爱的人。"文公说："好！"第二天，命令到圃陆去打猎，约定以中午为期，迟到的要实行军法。可是文公喜爱的人叫颠颉的迟到了，官吏请求治罪，文公掉泪而忧伤。官吏说："请您用刑。"于是斩断了颠颉的脊背，对百姓示众，以申明法律的诚信。然后百姓都觉得恐惧，说："国君对于颠颉那样尊贵器重的人还要施行法律，何况对于我，还有什么可留情的呢？"文公见人民可以作战，于是起兵讨伐原城，攻克了它；讨伐卫国，把田埂改为东西方向，攻取五鹿；攻打阳繁，战胜虢国；讨伐曹国；向南围困郑国，推倒了城上的女墙；解除了宋国的包围；返回后和楚国在城濮作战，大败楚国；然后在践土与诸侯会盟，与郑伯在衡雍结义。一下建立了八项功业。之所以能这样，没有其他特殊的原因，只是遵从了狐偃的计谋、凭借了颠颉的脊梁罢了。

夫痤疽①之痛也，非刺骨髓，则烦心不可支也；非如是不能使人以半寸砥石弹之。今人主之于治亦然，非不知有苦则安；欲治其国，非如是不能听圣知②而诛乱臣。乱臣者，必重人；重人者，必人主所甚亲爱也；人主所甚亲爱也者，是同坚白③也。夫以布衣之资，欲以离人主之坚白、所爱，是以解左髀说右髀者，是身必死而说不行者也。

[注释]

①痤（cuó）疽（jū）：毒疮。②知：通"智"。③坚白：石头坚硬的属

性和白色的属性，用来形容不能分开的事物。

[译文]

　　毒疮的疼痛，不是针刺骨髓，就是心里烦乱不能支撑；不这样就不能让医生用半寸的石针去刺破它。现在君主对于治理国家也是这样，不是不知道经历艰苦才能安稳；想要治理国家，不这样就不能听从圣明智慧的人来惩罚乱臣。乱臣必定是掌握了权势的重要人物；重要的人物，必然是君主所亲信喜爱的。君主所亲信喜爱的，就是和君主不能分开的人。以平民百姓的身份，想要让君主和他喜爱的人分开，这是用除去左腿的建议来游说右腿，这是一定会导致自己身死而建议不能实行的。

难二第三十七

景公过晏子曰:"子宫小,近市,请徙子家豫章之圃。"晏子再拜而辞曰:"且婴家贫,待市食,而朝暮趋之,不可以远。"景公笑曰:"子家习①市,识贵贱乎?"是时景公繁于刑,晏子对曰:"踊②贵而屦③贱。"景公曰:"何故?"对曰:"刑多也。"景公造然变色曰:"寡人其暴乎!"于是损刑五。

[注释]

①习:近。②踊:假的脚。③屦:草鞋。

[译文]

齐景公拜访晏子说:"您的房子很小,又靠近集市,请让我把您家搬到豫章的园林中去吧。"晏子再次下拜推辞说:"晏婴家里贫困,需要到集市购买食物,早晚都要去,不能远离。"齐景公笑着说:"您的家靠近集市,知道什么贵,什么便宜吗?"当时齐景公的刑法繁多,晏子回答说:"假脚贵而鞋子便宜。"齐景公问:"这是为什么?"晏子回答说:"因为刑法太滥。"齐景公吃惊色变,说:"我难道暴虐吗?"于是减少了五种刑法。

或曰:晏子之贵踊,非其诚也,欲便①辞以止多刑也。此不察治之患也。夫刑当无多,不当无少。无以不当闻,而以太多说，无术之患也。败军之诛以千百数，犹北不止；即治乱之刑如恐不胜，而奸尚不尽。今晏子不察其当否，而以太多为说，不亦妄乎！夫惜草茅者耗禾穗，惠盗贼者伤良民。今缓刑罚，行宽惠，是利奸邪而害善人也，此非所以为治也。

[注释]

①便：巧辩。

[译文]

有人说：晏子说假脚贵，不是真实的情况，是想要用巧辩的话来制止繁多的刑罚。这是不懂得治理国家造成的过失。用刑恰当，无所谓多；用刑不恰当，无所谓少。不告诉君主用刑不当，却劝说君主用刑太多，这是不懂得统治术造成的错误。打败仗的军队被杀死的人以千百计算，尚且溃败不止；就像治理混乱的刑罚只担心使用得不够，而奸邪尚且不能全部除掉。现在晏子不去考察刑罚是否恰当，而用刑罚太多来劝说君主，不也太虚妄了吗！那爱惜茅草的，就会损耗庄稼；惠爱盗贼的，就会伤害良民。现在宽缓了刑罚，实行宽厚惠爱的统治，就是有利于奸邪的人，而伤害了善良的人，这不是用来治理国家的方法。

齐桓公饮酒醉，遗其冠，耻之，三日不朝。管仲曰："此非有国之耻也，公胡其不雪之以政？"公曰："胡①其善。"因发仓囷，赐贫穷；论囹圄，出薄罪。处三日而民歌之曰："公胡不复遗冠乎！"

[注释]

①胡：即"何"。

[译文]

齐桓公喝醉了酒，丢失了帽子，感到很耻辱，三天没有上朝。管仲说："这不是拥有国家的人的耻辱，您为什么不用搞好政治来洗刷它呢？"桓公说："你说得多好啊！"于是打开粮仓，把粮食分发给贫穷的人；审查监狱，释放犯了小罪的人。过了三天，人民唱歌说："君主为什么不再丢失帽子呢！"

或曰：管仲雪桓公之耻于小人，而生桓公之耻于君子矣。使桓公发仓囷而赐贫穷，论囹圄而出薄罪，非义也，不可以雪耻使之而义也。桓公宿义，须遗冠而后行之，则是桓公行义，非为遗冠也①。是虽雪遗冠之耻于小人，而亦遗义之耻于君子矣。且夫发囷仓而赐贫穷者，是赏无功也；论囹圄而出薄罪者，是不诛过也。夫赏无功则民偷幸而望于上，不诛过则民不惩而易为非。此乱之本也，安可以雪耻哉？

[注释]

①非为遗冠也："非"字为衍文。

[译文]

有人说：管仲在小人中洗刷了桓公的耻辱，却在君子中增添了桓公的耻辱。如果桓公打开粮仓把粮食赏赐给贫穷的人，审查监狱而释放犯小罪的人是不合于道义的，那就不能因为洗刷耻辱的缘故把它看作是合于道义的。桓公向来是在心中仰慕道义的，却需要丢失了帽子才去做，那么桓公实行道义，就是因为丢掉了帽子。那么桓公即使在小人中洗刷了丢掉帽子的耻辱，却在君子中增添了丢失道义的耻辱。况且打开粮仓把粮食赏赐给贫穷的人，就是奖赏没有功劳的；审查监狱而释放犯小罪的人，就是不惩罚犯了错的。奖赏没有功劳的，那么人民侥幸从君主那里得到赏赐；不惩罚犯了错的，那么不受到惩戒而人民容易做坏事。这是国家混乱的根本，怎么可以洗刷耻辱呢？

昔者文王侵孟①、克莒、举酆，三举事而纣恶之。文王乃惧，请入洛西之地、赤壤之国②方千里，以请解炮烙之刑，天下皆说③。仲尼闻之曰："仁哉文王！轻千里之国而请解炮烙之刑。智哉文王！出千里之地而得天下之心。"

[注释]

①盂：应为"盂"，即"邘"，地名。②国：土地。③说：通"悦"。

[译文]

过去周文王侵犯邘，攻克莒，占领了酆，这三件事做成了，纣王就厌恶他了。于是文王感到恐惧，请求向纣王进献洛水西边、赤壤国方圆千里的土地，请求废除炮烙的刑罚，天下人都很高兴。孔子知道以后说："文王真是仁慈啊！轻视方圆千里的土地来请求废除炮烙的刑罚。文王真是聪明啊！放弃了方圆千里的土地就得到了天下的人心。"

或曰：仲尼以文王为智也，不亦过乎？夫智者知祸难之地而辟①之者也，是以身不及于患也。使文王所以见恶于纣者，以其不得人心耶，则虽索人心以解恶可也。纣以其大得人心而恶之，己又轻地以收人心，是重见疑也。固②其所以桎梏囚于羑里也。郑长者有言："体道，无为无见也。"此最宜于文王矣，不使人疑之也。仲尼以文王为智，未及此论也。

[注释]

①辟：通"避"。②固：通"故"。

[译文]

有人说：孔子认为文王聪明，不是很错误吗？聪明的人，知道祸患灾难的所在而能避开它，所以自身不会遭到危害。如果文王被纣王厌恶的原因，是他不得人心，那么使用求得人心的方法来解除厌恶，也是可以的。纣王因为他太得人心而厌恶他，自己又轻视土地来收买人心，这就加重被怀疑。所以他才会被拘禁在羑里。郑长者说过："奉行大道，就是无所作为、无所显露。"这句话最适合于文王，不会让人怀疑他。孔子认为文王聪明，是他不明白这个道理。

晋平公问叔向曰："昔者齐桓公九合诸侯，一匡天下，不识臣之力也？君之力也？"叔向对曰："管仲善制割，宾胥无善削缝，隰朋善纯①缘，衣成，君举而服之。亦臣之力也，君何力之有？"师旷伏琴而笑之。公曰："太师奚笑也？"师旷对曰："臣笑叔向之对君也。凡为人臣者，犹炮宰，和五味而进之君，君弗食，孰敢强之也？臣请譬之：君者，壤地也；臣者，草木也。必壤地美然后草木硕大。亦君之力也，臣何力之有？"

[注释]

① 纯（zhǔn）：装饰边缘。

[译文]

晋平公问叔向说："过去齐桓公九次会合诸侯，统一匡正了天下，不知是臣子的力量呢？还是君主的力量呢？"叔向回答说："管仲善于裁剪，宾胥无善于缝纫，隰朋善于修饰衣边，衣服做成了，君主拿起来穿上。这是臣子的力量，君主出了什么力呢？"师旷趴在琴上笑他。平公说："太师笑什么？"师旷回答说："我笑叔向对君主的回答。大凡做臣子的，就像是厨师，调和了各种味道来进献给君主，君主如果不吃，谁敢强迫他呢？请让我来打个比方：君主就是土壤，臣子就是草木。一定要有丰美的土壤，然后草木才能茂盛。这是君主的力量，臣子出了什么力呢？"

或曰：叔向、师旷之对皆偏辞也。夫一匡天下，九合诸侯，美之大者也，非专君之力也，又非专臣之力也。昔者宫之奇在虞，僖负羁①在曹，二臣之智，言中事，发中功，虞、曹俱亡者，何也？此有其臣而无其君者也！且蹇叔处干②而干亡，处秦而秦霸，非蹇叔愚于干而智于秦也，此有君与无臣③也。向曰"臣之力也"不然矣。昔者桓公宫中二市，妇闾④二百，被发而御妇人，得管仲为五伯⑤长，失管仲得竖刁，而身死，虫流出尸不葬。以为非臣之力也，且不以管仲为霸；以为君之力也，且不以竖刁为乱。昔者晋文公慕于齐女而亡归，咎犯极谏，故使反晋国。故桓公以管仲合，文公以舅犯霸，而师旷曰"君之力也"又不然矣。凡五霸所以能成功名于天下者，必君臣俱有力焉。故曰：叔向、师旷之对皆偏辞也。

[注释]

①僖负羁：又作"釐负羁"。②干：即虞国。③臣：应为"君"。④闾：里巷的门。⑤五伯：即"五霸"，春秋时候的五位霸主：齐桓公、晋文公、楚庄王、吴王阖闾、越王勾践。

[译文]

有人说：叔向和师旷的对答都是偏颇的。统一并匡正了天下，九次会合诸侯，是非常美好的大功业，不是只靠着君主的力量，也不是只靠着臣子的力量。过去宫之奇在虞国，僖负羁在曹国，两位臣子的智慧，说出的话都能预料到事实，行动都能得到功效，可是虞国和曹国都灭亡了，这是为什么呢？这是因为有臣子的力量却没有君主的力量啊！那蹇叔在虞国，可是虞国灭亡了，他到了秦国，秦国就成了霸主，不是因为蹇叔在虞国愚昧，而在秦国聪明，这是有君主的力量和没有君主的力量的差别。叔向说"是臣子的力量"就不对了。过去齐桓公宫中有两个集市，宫女居住的里巷门有二百个，他披散着头发玩弄女人，得到了管仲就成了五霸的第一个，失去管仲重用竖刁，于是自己身死，虫子流出了尸体也没有安葬。如果认为不是臣子的力量，那就不会因为管仲而称霸；认为是君主的力量，那就不会因为竖刁才导致祸乱。过去晋文公贪慕齐国的女子而忘记了回国，舅犯极力劝谏，才使他返回了晋国。所以齐桓公因为管仲才能会合诸侯，晋文公因为舅犯才称霸，而师旷说"是君主的力量"又不对了。大凡这五位霸主能在天下成就功业和名声，一定是君臣都出力了。所以说：叔向和师旷的对答都是偏颇的。

齐桓公之时，晋客至，有司请礼，桓公曰"告仲父"者三。而优笑曰："易哉为君！一曰仲父，二曰仲父。"桓公曰："吾闻君人者劳于索人，佚于使人。吾得仲父已难矣，得仲父之后，何为不易乎哉！"

[译文]

齐桓公的时候，晋国的客人来了，有司吏请问接待的礼仪，桓公说"去请示仲父"，说了三遍。于是身边的优伶笑着说："做君主真容易啊！口口声声说'仲父'就行了。"桓公说："我听说做君主的人，在寻求人才的时候劳累，而在使用人才的时候安逸。我得到仲父已经很困难了，得到仲父以后，为什么不容易呢？"

或曰：桓公之所应优，非君人者之言也。桓公以君人为劳于索人，何索人为劳哉？伊尹自以为宰干汤，百里奚自以为虏干穆公。虏，所辱也；宰，所羞也；蒙羞辱而接君上，贤者之忧世急也。然则君人者无逆①贤而已矣，索贤不为人主难。且官职所以任贤也，爵禄所以赏功也。设官职，陈爵禄，而士自至，君人者奚其劳哉？使人又非所佚也。人主虽使人必以度量，准之以刑名②，参之以事；遇③于法则行，不遇于法则止；功当其言则赏，不当则诛。以刑名收臣，以度量准下，此不可释也，君人者焉佚哉？索人不劳，使人不佚，而桓公曰"劳于索人，佚于使人"者，不然。且桓公得管仲又不难，管仲不死其君而归桓公，鲍叔轻官让能而任之，桓公得管仲又不难明矣。已得管仲之后，奚遽易哉？管仲非周公旦。周公旦假为天子七年，成王壮，授之以政，非为天下计也，为其职也。夫不夺子而行天下者，必不背死君而事其仇；背死君而事其仇者，必不难夺子而行天下；不难夺子而行天下者，必不难夺其君国矣。管仲，公子纠之臣也，谋杀桓公而不能，其君死而臣桓公。管仲之取舍非周公旦，未可知也。若使管仲大贤也，且为汤、武。汤、武，桀、纣之臣也，桀、纣作乱，汤、武夺之。今桓公以易居其上，是以桀、纣之行居汤、武之上，桓公危矣。若使管仲不肖人也，且为田常。田常，简公之臣也，而弑其君。今桓公以易居其上，是以简公之易居田常之上也，桓公又危矣。管仲非周公旦以④明矣，然为汤、武与田常，未可知也。为汤、武有桀、纣之危，为田常有简公之乱也。已得仲父之后，桓公奚遽易哉！若使桓公之任管仲必知不欺己也，是知不欺主之臣也。然虽知不欺主之臣，今桓公以任管仲之专借竖刁、易牙，虫流出尸⑤而不葬。桓公不知臣欺主与不欺主已明矣，而任臣如彼其专也。故曰：桓公暗主。

[注释]

①道：有学者认为应是"遗"之误。②刑名：通"形名"；形，即事物的实际情况；名，即名称。③遇：合。④以：通"已"。⑤尸：应为"户"。

[译文]

有人说：齐桓公应对优伶的话，不是做君主的该说的。桓公认为君主在寻求人才的时候劳累，寻求人才为什么劳累呢？伊尹自己去做厨师来求得商汤的任用，百里奚自己去做奴隶来求得秦穆公的任用。做奴隶是受人侮辱的，做厨师是被人耻笑的。蒙受了羞辱而接近君主，是因为贤能的人对天下的担忧很急迫啊；那么君主只要不遗失贤能的人就行了，寻求贤能的人对君主来说并不困难。况且官职是用来任用贤能的，爵禄是用来奖赏有功劳的。设立官职、陈设爵禄，那么士人自己就会来，君主有什么劳累呢？使用人也不是件安逸的事。君主即使使用人，一定要用标准来衡量他，以形名是否一致来考察他，用事情来衡量；合于法度就实行，不合于法度就停止；功业和言辞相当就奖赏，不相当就处罚。用以形名是否一致来录用臣下，用标准来衡量臣下；这是不能抛开的方法，君主怎么能安逸呢？寻求人才并不劳累，使用人才也不安逸，而齐桓公却说"寻求人才的时候劳累，使用人才的时候安逸"的话，就不对了。况且齐桓公得到管仲并不困难，管仲没有追随他的君主死去，而是归顺了桓公，鲍叔牙又不重视官职避让贤能而任用了他，桓公得到管仲不困难，这是很明白的了。得到管仲之后，哪里就容易了呢？管仲不是周公旦。周公旦假借天子的位置统治天下七年，周成王长大以后，就把政权交给了成王，周公旦不是为了得到天下而谋划，而是为了自己的职责。那不愿意夺取幼主的位置而统治天下的人，一定不会背叛死去的君主而侍奉君主的仇人；背叛了死去的君主而侍奉他的仇敌的人，对于夺取幼主的位置统治天下，一定不会感到为难的；对于夺取幼主位置统治天下不感到为难的，对于夺取君主的国家，也一定不会感到为难。管仲，是公子纠的臣子，谋杀齐桓公没有成功，他的君主死去而他做了桓公的臣子。管仲对于事情的取舍，并不像周公旦，他是否贤能还不能确定。如果管仲是个很贤能的人，就会成为商汤和周武王那样的人。商汤和周武王，是夏桀和商纣的臣子；夏桀和商纣扰乱了国家，商汤和周武王就夺取了天下。现在齐桓公怀着做君主很容易的思想处在君主的位置上，这就像用夏桀和商纣的行为处在商汤和周武王上面一样，桓公很危险了。如果管仲是个不贤能的人，将会成为田常。田常是齐简公的臣子，而杀死了自己的君主。现在桓公怀着做君主很容易的思想处在君主的位置上，这就像用齐简公麻痹大意的思想处在田常的上面一样，桓公又危险了。管仲不是周公旦那样的人，已经很明白了；可是他是会成为商汤和周武王那样的人，还是会成为田常那样的人，这还不能知道。他做商汤和周武王那样的人，就有像夏桀和商纣那样的危险；如果他做田常那样的人，就有像齐简公那样的祸乱。得到仲父之后，桓公哪里就容易了呢！如果齐桓公任用管仲，一定知道他不会欺骗自己，就是能识别不欺骗君主的臣子。可是虽然能识别不欺骗君主的臣子，现在桓公却把任用管仲时的专权转给了竖刁和易牙，以致死后尸体上的蛆虫爬出了门外也没有下葬。那么桓公不能识别臣子欺骗君主还是不欺骗君主，这也是很明白的了，可是他任用臣子时竟如此专一。所以说：齐桓公是昏昧的君主。

李克治中山，苦陉令上计①而入多。李克曰："语言辨②，听之说③，不度于义，谓之窕④言。无山林泽谷之利而入多者，谓之窕货。君子不听窕言，不受窕货，子姑免矣。"

[注释]

①上计：地方官年终向朝廷报告户口、地方收支等情况。②辨：通"辩"。③说：通"悦"。④窕：通"淫"，虚浮不实。后文"窕货"，是过度的财物。

[译文]

李克治理中山，苦陉县县令上计，而收入很多。李克说："言语善辩，听起来让人喜悦，但是不用道义来衡量它，这就叫做虚浮不实的言论。没有山林水泽深谷的便利而收入多的，叫做过度的财物。君子不听取虚浮不实的言论，不接受过度的财物，你暂时被罢免了。"

或曰：李子设辞曰："夫言语辩，听之说，不度于义者，谓之窕言。"辩，在言者；说，在听者。言非听者也。所谓"不度于义"，非谓听者，必谓所听也。听者非小人则君子也，小人无义，必不能度之义也；君子度之义，必不肯说也。夫曰"言语辩，听之说，不度于义"者，必不诚之言也。入多之为窕货也，未可远行也。李子之①奸弗蚤②禁，使至于计，是遂过也。无术以知而入多，入多者，穰也，虽倍入将奈何？举事慎③阴阳之和，种树节四时之适④，无早晚之失，寒温之灾，则入多。不以小功妨大务，不以私欲害人事，丈夫尽于耕农，妇人力于织纴，则入多。务于畜养之理，察于土地之宜，六畜遂⑤，五谷殖，则入多。明于权计，审于地形、舟车、机械之利，用力少，致功大，则入多。利商市关梁之行，能以所有致所无，客商归之，外货留之，俭于财用，节于衣食，宫室器械，周于资用，不事玩好，则入多。入多，皆人为也。若天事、风雨时，寒温适，土地不加大，而有丰年之功，则入多。人事、天功，二物者皆入多，非山林泽谷之利也。夫无山林泽谷之利入多，因谓之窕货者，无术之言也。

[注释]

①之：对于。②蚤：通"早"。③慎：通"顺"。④种树节四时之适：种树，种植；节，适应；适，时宜。⑤遂：成长。

[译文]

有人说：李克立论说："言语善辩，听起来让人喜悦，但是不用道义来衡量它，这就叫做虚浮不实的言论。"善辩，在于发表言论的人；觉得喜悦，在于听取言论的人。发表言论的人并不是听取言论的人。所谓的"不用道义来衡量它"，不是说听取言论的人，一定是说所听到的言论。听取言论的不是小人就是君子，小人不懂得道义，一定不能用道义来衡量；君子用道义来衡量，一定不会觉得喜悦。所说的"言语善辩，听起来让人喜悦，但是不用道义来衡量它"的话，一定是不真实的话。收入多就是过度的财物这样的话，不是到那儿都可以讲得通的道理。李克对于奸邪不能及早禁止，等到上计才发现，这就是有了过失。没有办法知道收入增多的原因，如果收入增多的原因，是因为庄稼丰收，即使收入加倍，又怎么样呢？做事情顺应阴阳的调和，种植作物迎合四季的时宜，没有提早或推迟种植的失误，也没有寒冷和炎热的灾害，那么收入就会增多。不因为小的功劳妨害大的事务，不因为私人欲望危害人事，男子尽力耕种，妇女致力于纺织，收入就会增多。注意驯养牲畜的规律，观察土地的情况，六畜生长，五谷繁殖，那么收入就会增多。在权衡、审计方面很精通，明白了地形、车船、机械的便利，用的力气少，得到的功效多，那么收入就会增多。使商市、关口、桥梁的通行更加便利，能用自己所拥有的东西换来没有的东西，客商都来归依，外来的财物都留下来，理财使用节俭，衣服饮食也节约，房屋和器具仅满足使用需要，不追求珍奇的玩物，那么收入就会增多。使收入增多的方法，都是人为的。像天气情况，风雨及时，寒暑适宜，即使土地不加大，也会有丰年的效果，那么收入就会增多。人的努力和天的作用，都能够增加收入，并不是有山林水泽深谷的便利。因为没有山林水泽深谷的便利而收入增多，于是就把它称作过度的财物，这种言论是没有学问的言论啊！

赵简子围卫之郛郭①，犀楯、犀橹②立于矢石之所不及，鼓之而士不起。简子投枹曰："乌乎！吾之士数③弊④也。"行人⑤烛过免胄而对曰："臣闻之：亦有君之不能耳，士无弊者。昔者吾先君献公并国十七，服国三十八，战十有⑥二胜，是民之用也。献公没，惠公即位，淫衍⑦暴乱，身好玉女，秦人恣侵，去绛十七里，亦是人之用也。惠公没，文公授⑧之，围卫、取邺，城濮之战，五败荆人，取尊名于天下，亦此人之用也。亦有君不能耳，士无弊也。"简子乃去楯、橹，立矢石之所及，鼓之而士乘之，战大胜。简子曰："与吾得革车千乘，不如闻行人烛过之一言也。"

[注释]

①郭郭：外城。②橹：大的盾牌。③数：通"速"。④弊：疲惫。⑤行人：掌管出使、外交的官员。⑥有：通"又"。⑦淫衍：即淫佚。⑧授：通"受"。

[译文]

赵简子围困了魏国国都的外城，用坚固的大小盾牌防护，站在箭和石头打不到的地方，敲击战鼓而士兵都不进攻。赵简子扔下鼓槌说："唉！我的战士这么快就疲惫了。"行人烛过脱掉头盔说："我听说：只有君主不能使用战士而已，而没有疲惫的战士。过去我们先王晋献公吞并的国家有十七个，征服的国家有三十八个，战争取得的胜利有十二次，就是使用了这些人。献公去世后，惠公即位，他荒淫无度、暴虐昏乱，自己喜欢美女，秦国人恣意地侵略，秦军离绛县只有十七里，也是使用了这些人。惠公去世以后，文公即位，围困卫国、攻占邺城，在城濮的战斗中，五次打败楚国人，在天下取得了尊显的名声，也是使用了这些人。只有君主不能使用战士而已，而没有疲惫的战士。"赵简子于是就去掉了大小的盾牌，站在箭和石头能打到的地方，敲击战鼓而士兵登上了城墙，战争取得了重大的胜利。赵简子说："我与其得到一千辆坚固的战车，还不如听到行人烛过的一番话啊。"

或曰：行人未有以说也，乃道惠公以此人是败，文公以此人是霸，未见所以用人也；简子未可以速去楯、橹也。严亲在围，轻犯矢石，孝子之所爱亲也。孝子爱亲，百数之一也。今以为身处危而人尚可战，是以百族之子于上皆若孝子之爱亲也，是行人之诬也。好利恶害，夫人之所有也。赏厚而信，人轻敌矣；刑重而必，人不北矣。长①行徇②上，数百不一人；喜利畏罪，人莫不然。将众者不出乎莫不然之数，而道③乎百无一人之行，行人未知用众之道也。

[注释]

①长：好。②徇：通"殉"。③道：由。

[译文]

有人说：行人并没有用什么来作说明，只是说晋惠公使用这些人就失败，晋文公使用这些人就称霸，没有说明他们使用这些人的方法；赵简子不可以赶快丢掉盾牌啊。父母亲在包围圈中，就轻视身体冒着箭和石头去解救，这是因为孝子爱父母的缘故啊。孝子爱父母的，一百个人里不过一个。现在认为君主自身处于危险而士兵就会努力作战，这是认为成百上千个家庭的儿子对于君主都像孝子爱父母一样，这是行人在胡说了。喜好利益，厌恶祸害，这是人们共有的本性。奖赏丰厚而诚信，人们就会轻视敌人了；刑罚严重而坚决，人们就不会战败了。有美好的品行为君主献身，几百个人里也没有一个；喜好利益畏惧罪责，没有人不是这样的。统帅士兵的人，不使用让人不得不这样做的方法，却去依靠一百个人里也没有一个人能达到的美好品行，那行人还是不懂得使用士兵的方法啊。

难四第三十九

卫孙文子聘①于鲁，公登亦登。叔孙穆子趋进曰："诸侯之会，寡君未尝后卫君也。今子不后寡君一等，寡君未知所过也。子其少安。"孙子无辞，亦无悛②容。穆子退而告人曰："孙子必亡。臣而不后君，过而不悛，亡之本也。"

[注释]

①聘：出使，访问。②悛（quān）：悔改。

[译文]

卫国的孙文子出使鲁国，鲁国国君登上一级台阶，他也登上一级台阶。叔孙穆子小跑上来对他说："诸侯聚会的时候，鄙国国君从没有走在卫国国君的后面。现在您不肯比鄙国国君落后一步，鄙国国君不知道自己犯了什么过错。请您稍微慢一些。"孙文子没有说话，也没有悔改的神色。叔孙穆子退下来对人说："孙文子一定要灭亡。臣子不走在君主后面，有了过失也不知悔改，这就是灭亡的根本啊！"

或曰：天子失道，诸侯伐之，故有汤、武。诸侯失道，大夫伐之，故有齐、晋。臣而伐君者必亡，则是汤、武不王，晋、齐不立也。孙子君于卫，而后不臣于鲁，臣之君也。君有失也，故臣有得也。不命亡于有失之君，而命亡于有得之臣，不察。鲁不得诛卫大夫，而卫君之明不知不悛之臣，孙子虽有是二也，臣^①以亡？其所以亡其失、所以得，君也。

[注释]

①臣：应为"叵"，通"讵"，怎么。

[译文]

有人说：天子失去了正确的治国方法，诸侯就讨伐他，所以有商汤和周武王。诸侯失去了正确的治国方法，大夫就会讨伐他，所以有齐国、晋国的事。如果臣子讨伐君主的一定要灭亡，那么商汤、周武王就不能称王，晋国和齐国也不能立为诸侯了。孙文子在卫国掌握了君主的权力，然后在鲁国就不行大臣的礼节，这是臣子变成了君主啊。君主有过失，所以臣下就有收获了。不说有过失的君主使国家灭亡，却说取得权力的臣子使国家灭亡，这是不能明察啊！鲁国不能惩罚卫国的大夫，而卫国君主的明察又不能识别不知悔改的大臣，孙文子即使有这两种行为，怎么会灭亡呢？他之所以没有损失、能够获得权势，都是因为君主。

或曰：臣主之施，分也。臣能夺君者，以得相踦^①也。故非其分而取者，众之所夺也；辞其分而取者，民之所予也。是以桀索崏山之女，纣求比干之心，而天下离；汤身易名，武身受詈^②，而海内服；赵咺^③走山，田外仆，而齐、晋从。则汤、武之所以王，齐、晋之所以立，非必以其君也，彼得之而后以君处之也。今未有其所以得，而行其所以处，是倒义而逆德也。倒义，则事之所以败也；逆德，则怨之所以聚也。败亡之不察，何也！

[注释]

①踦：不平衡。②詈（lì）：责骂。③咺：通"宣"。

[译文]

有人说：臣下和君主的设置，是有名分规定的。臣下能夺取君主的权力，是因为在得民心方面有所偏重。所以不合于名分却夺取了君位的，是因为民众才夺得的；背离了名分却取得了君位的，也是人民给予他的。因此夏桀索取有嵋氏的女子，商纣剖取比干的心脏，而天下人离心；商汤自身改变了姓名，周武王自身受到责骂，而四海之内都归顺；赵宣子逃到温山，田常外逃做了仆人，而齐国、晋国的人都听从他们。那么商汤、周武王之所以称王，齐国、晋国之所以立为诸侯，一定不是因为他们的君主，而是因为他们得到了民众，然后以君主的身份处理事务。现在没有他们那样得民心，而实行他们所做的事，这就是颠倒了道义而违背了道德。颠倒了道义，那就是事情失败的原因；违背了道德，那就是怨恨聚集的原因。失败和灭亡也分不清，这是为什么呢？

鲁阳虎欲攻三桓①，不克而奔齐，景公礼之。鲍文子谏曰："不可。阳虎有宠于季氏而欲伐于季孙，贪其富也。今君富于季孙，而齐大于鲁，阳虎所以尽诈也。"景公乃囚阳虎。

[注释]

①三桓：鲁国的三家贵族，即孟孙氏、叔孙氏和季孙氏。

[译文]

鲁国的阳虎想要攻打孟孙氏、叔孙氏和季孙氏，没有成功而逃到了齐国，齐景公对他加以礼遇。鲍文子劝谏说："这不行。阳虎被季氏宠爱，而想要讨伐季孙，是贪图他的富有。现在您比季孙更富有，而齐国比鲁国更大，阳虎可以完全施展欺诈手段。"于是齐景公就囚禁了阳虎。

或曰：千金之家，其子不仁，人之急利甚也。桓公，五伯①

之上也，争国而杀其兄，其利大也。臣主之间，非兄弟之亲也。劫杀之功，制万乘而享大利，则群臣孰非阳虎也？事以微巧成，以疏拙败。群臣之未起难也，其备未具也。群臣皆有阳虎之心，而君上不知，是微而巧也。阳虎贪，于天下，以欲攻上，是疏而拙也。不使景公加诛于拙虎②，是鲍文子之说反也。臣之忠诈，在君所行也。君明而严则群臣忠，君懦而暗则群臣诈。知微之谓明，无救赦之谓严。不知齐之巧臣而诛鲁之成乱，不亦妄乎？

[注释]

①五伯：即五霸。春秋时候的五位霸主：齐桓公、晋文公、楚庄王、吴王阖闾、越王勾践。②不使景公加诛于拙虎：应为"不使景公加诛于齐之巧臣，而使加诛于拙虎。"

[译文]

有人说：有千金财富的家庭，他们的儿子不仁爱，是因为人们非常急于追求利益。齐桓公，是五霸的首领，为了争夺国家而杀死了自己的兄长，是因为得到的利益大。臣子和君主之间，并没有兄弟的亲密关系。而劫持杀害君主的结果，是控制着万乘大国而享受大利，那么群臣谁不是阳虎一样的人呢？事情因为隐秘巧妙而成功，因为疏忽笨拙而失败。群臣还没有发难，是因为条件还不具备。群臣都有和阳虎一样的心思，而君主不知道，那就是隐秘而巧妙。阳虎的贪婪，天下人都知道，还想以此攻击上级，这就是疏忽而笨拙。不让齐景公处罚狡猾的臣子，却让他惩罚笨拙的阳虎，这是鲍文子的话说反了。臣下的忠心和欺诈，在于君主的行为。君主圣明而严厉，那么群臣就会忠心；君主懦弱而愚昧，群臣就会欺诈。知道隐秘的事叫做圣明，不要赦免罪人叫做严厉。不知道齐国狡猾的臣子，却去处罚鲁国已经造成祸乱的阳虎，这不是很虚妄吗？

或曰:仁贪不同心。故公子目夷辞宋,而楚商臣弑父;郑去疾予弟,而鲁桓弑兄。五伯兼并,而以桓律人,则是皆无贞廉也。且"君明而严则群臣忠",阳虎为乱于鲁,不成而走,入齐而不诛,是承为乱也。君明则诛,知阳虎之可以济乱也,此见微之情也。语曰:"诸侯以国为亲。"君严则阳虎之罪不可失,此"无救赦"之实也。则诛阳虎,所以使群臣忠也。未知齐之巧臣而废明乱之罚,责以未然而不诛昭昭之罪,此则妄矣。今诛鲁之罪乱以威群臣之有奸心者,而可以得季、孟、叔孙之亲,鲍文之说,何以为反?

[译文]

有人说:仁爱的人和贪婪的人思想不同。所以公子目夷辞让宋国的君位,而楚国的商臣为了夺取君位杀死了父亲;郑国的去疾把君位让给弟弟,而鲁桓公杀死了兄长。五霸兼并,却用齐桓公来衡量人,那就没有忠贞廉洁的人了。况且他们说"君主圣明而严厉,那么群臣就会忠心"。阳虎在鲁国作乱,没有成功而出逃,进入了齐国也不处罚他,就是容忍他作乱了。君主如果圣明,就要处罚他,因为知道阳虎是可以成就祸乱的,这是观察到了隐秘的事情啊。俗话说:"诸侯以别的国家为亲人。"君主严厉,那么阳虎的罪过就不能赦免,这就是"不挽救赦免罪人"的实际情况。那么处罚阳虎,就是用来使群臣忠心。不知道齐国狡猾的臣子,就废弃了对已经查明的祸乱的处罚;责求没有发生的事,而不处罚已经昭然若揭的罪过,这就是虚妄的了。现在处罚鲁国作乱的罪人来威慑群臣中有奸邪心理的人,还可以得到季孙氏、孟孙氏和叔孙氏的亲近,鲍文子的说法,怎么是反了呢?

郑伯①将以高渠弥为卿,昭公恶之,固谏不听。及昭公即位,惧其杀己也,辛卯,弑昭公而立子亹也。君子曰:"昭公知所恶矣。"公子圉曰:"高伯其为戮乎,报恶已②甚矣。"

[注释]

①郑伯:即郑庄公。②已:太。

[译文]

郑庄公将让高渠弥为卿,昭公很厌恶他,坚决劝谏也不听。等到昭公即位之后,高渠弥怕昭公杀害自己,于是在辛卯日杀死昭公而立子亹为君主。君子说:"昭公知道所厌恶的人。"公子圉说:"高渠弥该被杀死吧,他报复别人对他的厌恶,也太过分了。"

或曰:公子圉之言也,不亦反乎!昭公之及于难者,报恶晚也。然则高伯之晚于死者,报恶甚也。明君不悬怒,悬怒则臣罪①,轻举以行计,则人主危。故灵台之饮,卫侯怒而不诛,故褚师作难;食鼋之羹,郑君怒而不诛,故子公杀君。君子之举"知所恶",非甚之也,曰知之若是其明也,而不行诛焉,以及于死,故"知所恶",以见②其无权也。人君非独不足于见难而已,或不足于断制。今昭公见恶,稽罪而不诛,使渠弥含憎惧死以徼幸,故不免于杀,是昭公之报恶不甚也。

[注释]

①臣罪:应作"罪臣"。②见:通"现",显示。

[译文]

有人说:公子圉的话,不也是说反了吗!昭公之所以遭到灾难,是因为他处罚所厌恶的人太晚。那么高渠弥比昭公死得晚,是因为他报复厌恶自己的人太过分。圣明的君主不会怒而不发,不及时处罚,怒而不发,那么臣下就会轻率行动来使用计谋,那么君主就危险了。所以在灵台的酒会上,卫侯对褚师发怒却不处罚他,褚师作乱;吃鳖肉羹时,郑君对子公发怒却不处罚他,所以子公杀死了郑君。君子所说的"知道所厌恶的人",并不是说得很过分,是说对厌恶的人已经知道得这样明白了，却不实行处罚，以至于自己被杀，所以说"知道所厌恶的人"，是说明他没有权术。君主不仅仅在认识祸患方面会有所不足，有的在决断制裁方面也有所不足。现在昭公见到了厌恶的人，延迟了对他的处罚而不杀他，使得高渠弥怀恨在心、害怕被杀而侥幸行动，所以昭公免不了被杀，这是因为昭公处罚所厌恶的人不过分啊。

或曰：报恶甚者，大诛报小罪。大诛报小罪也者，狱之至也。狱之患，故①非在所以诛也，以仇之众也。是以晋厉公灭三郤而栾、中行作难，郑子都杀伯咺而食鼎起祸，吴王诛子胥而越勾践成霸。则卫侯之逐，郑灵之弑，不以褚师之不死而子公之不诛也，以未可以怒而有怒之色，未可诛而有诛之心。怒其②当罪，而诛不逆人心，虽悬奚害？夫未立有罪，即位之后，宿罪而诛，齐胡③之所以灭也。君行之臣，犹有后患，况为臣而行之君乎？诛既不当，而以尽为心，是与天下为仇也。则虽为戮，不亦可乎！

[注释]

①故：通"固"。②其：如果。③齐胡：齐国的胡公靖。

[译文]

有人说：处罚厌恶的人很过分，是说用严重的处罚施加于小的罪行。用严重的处罚施加于小的罪行，是判决中最重的了。判罪的祸患，本来就不在于被处罚的人，而是处罚过当而使仇人众多。因此晋厉公消灭了郤至、郤犨、郤锜，而栾书和中行偃作乱，郑国的子都杀了伯咺而在饮宴时产生了祸患，吴王诛杀伍子胥而越王勾践成就了霸业。那么卫侯被放逐，郑灵公被杀，不是因为褚师没有被处死而子公没有被杀，而是因为不可以发怒而有了发怒的神色，不可以处罚而有了处罚的念头。如果君主发怒和臣下的罪过相符合，处罚不违背人心，即使把愤怒暂时放在一边不处罚，又有什么危害呢？在没有立为君主的时候有了罪过，在即位之后，因为过去的罪过而被杀掉，这就是齐国的胡公靖被杀的原因。君主对臣下实行，尚且有后患，更何况是臣子对君主实行呢？处罚已经不恰当了，却还要全部杀尽，那就是和天下人做仇敌了。那高渠弥就算是被杀掉，不也是可以的吗！

卫灵公之时，弥子瑕有宠于卫国。侏儒有见公者曰："臣之梦浅①矣。"公曰："奚梦？""梦见灶者，为见公也。"公怒曰："吾闻见人主者梦见日，奚为见寡人而梦见灶乎？"侏儒曰："夫日兼照天下，一物不能当也。人君兼照一国，一人不能壅也，故将见人主而梦日也。夫灶，一人炀②焉，则后人无从见矣。或者一人炀君邪？则臣虽梦灶，不亦可乎？"公曰："善。"遂去雍鉏，退弥子瑕，而用司空狗。

[注释]

①浅：通"践"。②炀：向火取暖。

[译文]

卫灵公的时候，弥子瑕在卫国受到宠爱。有个侏儒见到卫灵公说："我的梦应验了。"灵公说："什么梦？"侏儒说："我梦见了灶，是因为要见到您。"灵公生气地说："我听说见到君主的人要梦见太阳，为什么见到我却梦见灶呢？"侏儒说："那太阳普照天下，一样东西是不能把它挡住的。君主普照一个国家，一个人是不能遮挡他的，所以将要见到君主的时候要梦见太阳。那灶前有一个人向火取暖，后面的人就看不到它了。大概是有一个人在您的面前取暖吧？那么即使我梦见灶，不也是合理的吗？"君主说："好。"于是逐去了雍鉏，摒退了弥子瑕，而任用了司空狗。

或曰：侏儒善假于梦以见①主道矣，然灵公不知侏儒之言也。去雍钼，退弥子瑕，而用司空狗者，是去所爱而用所贤也。郑子都贤庆建而壅焉，燕子哙贤子之而壅焉。夫去所爱而用所贤，未免使一人炀己也。不肖者炀主不足以害明，今不加知而使贤者炀己，则必危矣。

[注释]

①见：通"现"。

[译文]

有人说：侏儒善于借梦境来说明做君主的大道啊，可是卫灵公却不明白侏儒的话。逐去雍钼，摒退弥子瑕，而任用司空狗，这是去掉所喜爱的人而任用自己认为贤能的人。郑国的子都认为庆建贤能，于是被他所蒙蔽；燕国的子哙认为子之贤能，于是被他所蒙蔽。去掉所喜爱的人，而任用自己认为贤能的人，还是不免于使一个人烤火取暖来蒙蔽自己。小人在君主面前烤火取暖而蒙蔽君主，不足以危害君主的明察，现在君主不加以了解，而让自己认为贤能的人蒙蔽自己，那就一定很危险。

或曰：屈到嗜芰①，文王嗜菖蒲菹②，非正味也，而二贤尚之，所味不必美。晋灵侯说参无恤，燕哙贤子之，非正士也，而二君尊之，所贤不必贤也。非贤而贤用之，与爱而用之同。贤诚贤而举之，与用所爱异状。故楚庄举叔孙③而霸，商辛④用费仲而灭，此皆用所贤而事相反也。燕哙虽举所贤而同于用所爱，卫奚距⑤然哉？则侏儒之未可见也。君壅而不知其壅也，已见之后而知其壅也，故退壅臣，是加知之也。曰"不加知而使贤者炀己，则必危"，而今以⑥加知矣，则虽炀己，必不危矣。

[注释]

①芰：菱角。②菹（zǔ）：腌菜。③叔孙：应为"孙叔"，即楚国的令尹

孙叔敖。④商辛：即商纣王，他的名字叫受辛。⑤距：通"遽"，就。⑥以：通"已"。

[译文]

　　有人说：屈到喜欢吃菱角，周文王喜欢吃菖蒲根做的腌菜，都不是正常的味道，而两位君主很喜爱它们，所以人们喜欢吃的东西不一定是美味。晋灵侯喜欢参无恤，燕国的子哙认为子之贤能，这两个人都不是正人君子，而二位君主却尊敬他们，所以君主认为贤能的，不一定是真正贤能。不是贤能，而把他们当做贤能任用，这和因为喜爱而任用是相同的。贤能的人真的贤能而提拔他们，这和任用所喜欢的人是不同的。所以楚庄王提拔孙叔敖而成就霸业，商纣王因为任用费仲而导致灭亡，这都是任用了君主认为贤能的而事情的结果却相反。燕国的子哙虽然提拔了自己认为贤能的人，却和任用所喜爱的人相同，卫国哪里就是这样呢？这是侏儒还没有认识到的。君主被蒙蔽而不知道被蒙蔽，见到侏儒之后知道自己被蒙蔽，所以摒退蒙蔽自己的臣子，这就是加以了解了。说"君主不加以了解，而让自己认为贤能的人蒙蔽自己，那就一定会很危险"，而现在已经加以了解了，那么即使让他们在自己面前烤火，也不会有危险了。

难势第四十

慎子曰:"飞龙乘云,腾蛇①游雾,云罢雾霁,而龙蛇与蚓蚁同矣,则失其所乘也。贤人而诎于不肖者,则权轻位卑也;不肖而能服于贤者,则权重位尊也。尧为匹夫不能治三人,而桀为天子能乱天下,吾以此知势位之足恃,而贤智之不足慕也。夫弩弱而矢高者,激于风也;身不肖而令行者,得助于众也。尧教于隶属而民不听,至于南面而王天下,令则行,禁则止。由此观之,贤智未足以服众,而势位足以诎贤者也。"

[注释]

①腾蛇:神话传说中的神蛇。

[译文]

慎子说:"飞龙乘着云,腾蛇游荡在雾里,云消雾散之后,龙蛇就和蚯蚓、蚂蚁一样了,是因为失去了所凭借的东西啊。贤能的人屈服于不贤能的人,是因为权利轻而地位卑下;不贤能的人能制服贤能的人,是因为权利重而地位尊贵。尧做普通百姓的时候连三个人也管理不了,桀做天子的时候就能扰乱天下,我因此知道了权势地位是足以凭借的,而贤能和智慧是不值得羡慕的。弓弩劲力弱而箭射得高,是被风力激荡的缘故;自身不贤能而命令能推行,是因为得到了民众的帮助。尧以普通百姓身份教导民众,民众不听从；等到他面南面称王于天下，命令就能推行，禁令就能制止。以此看来，贤能和智慧不足以制伏民众，而权势和地位足以使贤能的人屈服。"

应慎子曰：飞龙乘云，腾蛇游雾，吾不以龙蛇为不托于云雾之势也。虽然，夫释贤而专任势，足以为治乎？则吾未得见也。夫有云雾之势，而能乘游之者，龙蛇之材美也。今云盛而蚓弗能乘也，雾醲①而蚁不能游也，夫有盛云醲雾之势而不能乘游者，蚓蚁之材薄也。今桀、纣南面而王天下，以天子之威为之云雾，而天下不免乎大乱者，桀、纣之材薄也。且其人以尧之势以治天下也，其势何以异桀之势也，乱天下者也。夫势者，非能必使贤者用已②，而不肖者不用已也。贤者用之则天下治，不肖者用之则天下乱。人之情性，贤者寡而不肖者众，而③以威势之利济乱世之不肖人，则是以势乱天下者多矣，以势治天下者寡矣。夫势者，便治而利乱者也。故《周书》曰："毋为虎傅④翼，将飞入邑，择人而食之。"夫乘不肖人于势，是为虎傅翼也。桀、纣为高台深池以尽民力，为炮烙以伤民性。桀、纣得乘四行者，南面之威为之翼也。使桀、纣为匹夫，未始行一而身在刑戮矣。势者，养虎狼之心，而成暴乱之事者也，此天下之大患也。势之于治乱，本末⑤有位也，而语专言势之足以治天下者，则其智之所至者浅矣。夫良马固车，使臧获⑥御之则为人笑，王良御之而日取千里。车马非异也，或至乎千里，或为人笑，则巧拙相去远矣。今以国位为车，以势为马，以号令为辔，以刑罚为鞭策，使尧、舜御之则天下治，桀、纣御之则天下乱，则贤不肖相去远矣。夫欲追速致远，不知任王良；欲进利除害，不知任贤能：此则不知类之患也。夫尧、舜亦治民之王良也。

[注释]

①酞：通"浓"。②已：应为"之"，指权势。③而：如果。④傅：通"附"，附着。⑤末：应为"未"。⑥臧获：奴隶。

[译文]

回应慎子说：飞龙乘着云，腾蛇游荡在雾里，我承认龙蛇是借着云雾的势力。即便如此，抛开贤能而专一地任用权势，足以治理好国家吗？这种情况我没见过。有了云雾的势力，就能凭借它去遨游的，是因为龙蛇的美材。现在云很浓，可是蚯蚓却不能乘云飞翔，雾很浓，蚂蚁也不能借雾遨游，有了浓密的云雾却不能借以遨游，是因为蚯蚓蚂蚁的才能浅薄。现在桀、纣这样的暴君南面统治天下，把天子的威势当作云雾，然而天下却不免于大的混乱，这是因为桀、纣本身才能浅薄。况且慎子认为尧是用权势来统治天下，尧的权势和桀的权势有什么不同呢？桀的权势是扰乱天下的啊！权势，不一定让贤能的人使用它，不贤能的人不使用它。贤能的人使用它，天下就安定；不贤能的人使用它，天下就混乱。人的性情，贤能的人少而不贤能的人多，如果用威力权势的便利来帮助乱世中不贤能的人，那就是用权势扰乱天下的人多，而用权势治理天下的人少了。权势是既便于治理也有利于混乱的东西。所以《周书》上说："不要为老虎添上翅膀，否则它将飞入城中，捉住人来吃。"让不贤能的人凭借权势，就是为老虎添上了翅膀。桀、纣修筑高台、挖掘深池，耗尽了人民的力量，设置炮烙的刑法，伤害了人民的天性。桀、纣能做成这样肆无忌惮的事，是把君主的威势当作了翅膀。如果桀、纣只是普通人，还没有做一件这样的坏事，身子就要遭受刑法的惩处了。权势是养成虎狼般凶狠的心而促成暴乱的东西，这是天下的大忧患。权势对于国家的安定和混乱，本来没有确定的关系，而慎子的言论专讲权势足以治理天下，那么他的智慧所能达到的程度也是很浅的了。良好的马、坚固的车，却让臧获去驾驭，那么就会被人笑话，让王良这样的驾车能手来驾驭它，就能日行千里。车和马没有什么不同，或者日行千里，或者被人取笑，是因为技巧和笨拙相差得太远。现在把君主之位比作车，把权势比作马，把命令当作缰绳，把刑罚当作马鞭子。让尧、舜来驾驭它，天下就能安定；让桀、纣来驾驭它，天下就会混乱。这是因为贤能和不贤能相差得太远了。想要追赶快速的马车、到达远方，却不知道任用王良；想要追求利益、去除祸害，却不知道任用贤能：这就是不懂得类比的祸患。那尧、舜，也是治理人民的王良啊！

复应之^①曰：其人以势为足恃以治官；客曰"必待贤乃治"，则不然矣。夫势者，名一而变无数者也。势必于自然，则无为言于势矣。吾所为言势者，言人之所设也。今曰"尧、舜得势而治，桀、纣得势而乱"，吾非以尧、桀为不然也。虽然，非一人之所得设也。夫尧、舜生而在上位，虽有十桀、纣不能乱者，则势治也；桀、纣亦生而在上位，虽有十尧、舜而亦不能治者，则势乱也。故曰："势治者，则不可乱；而势乱者，则不可治也。"此自然之势也，非人之所得设也。若吾所言，谓人之所得势也而已矣，贤何事焉？何以明其然也？客曰："人有鬻矛与楯^②者，誉其楯之坚，物莫能陷也，俄而又誉其矛曰：'吾矛之利，物无不陷也。'人应之曰：'以子之矛陷子之楯何如？'其人弗能应也。"以为不可陷之楯，与无不陷之矛，为名^③不可两立也。夫贤之为势不可禁，而势之为道也无不禁，以不可禁之势^④，此矛楯之说也。夫贤势之不相容亦明矣。且夫尧、舜、桀、纣千世而一出，是比肩随踵而生也。世之治者不绝于中，吾所以为言势者，中也。中者，上不及尧、舜，而下亦不为桀、纣。抱法处势则治，背法去势则乱。今废势背法而待尧、舜，尧、舜至乃治，是千世乱而一治也；抱法处势而待桀、纣，桀、纣至乃乱，是千世治而一乱也。且夫治千而乱一，与治一而乱千也，是犹乘骥、騄⑤而分驰也，相去亦远矣。夫弃隐栝⑥之法，去度量之数，使奚仲为车，不能成一轮。无庆赏之劝，刑罚之威，释势委法，尧、舜户说而人辩之，不能治三家。夫势之足用亦明矣，而曰"必待贤"则亦不然矣。且夫百日不食以待粱肉，饿者不活；今待尧、舜之贤乃治当世之民，是犹待粱肉而救饿之说也。夫曰："良马固车，臧获御之则为人笑，王良御之则日取乎千里。"吾不以为然。夫待越人之善海游者以救中国之溺人，越人善游矣，而溺者不济矣。夫待古之王良以驭今之马，亦犹越人救溺之说也，不可亦明矣。夫良马固车，五十里而一置⑦，使中手御之，追速致远，可以及也，而千里可日致也，何必待古之王良乎！且御，非使王良也，则必使臧获败之；治，非使尧、舜也，则必使桀、纣乱之。此味非饴蜜也，必苦莱亭历⑧也。此则积辩累辞，离理失术，两末之议也，奚可以难？失道理之言乎哉！客议未及此论也。

[注释]

①复应之：之，指上文反驳慎子的人，也就是下文的"客"。②楯：通"盾"。③名：逻辑概念。④以不可禁之势：应为"以不可禁之贤，处无不禁之势"。⑤騄：千里马的名字。⑥隐栝：校正木器的工具。⑦置：驿站。⑧苦莱亭历：莱，即"藜"。亭历，即"葶苈"。均为野菜。

[译文]

又有人回应这个反驳慎子的人说：慎子认为权势足以用来作为治理国家的依靠；反驳他的客人说"一定要有贤人才能治理好"，那就不正确了。权势这东西，只有一个名称却有无数的变化。权势一定产生于自然，那就不用再讨论权势了。我现在之所以讨论权势，是讨论人们所设置的权势。现在说："尧、舜得到了权势，天下就安定，桀、纣得到了权势，天下就混乱。"我不是认为尧、桀不是这样。即便如此，权势也不是一个人设立的。如果尧、舜生来就做君主，即使有十个桀、纣也不能作乱，那就是势必安定；如果桀、纣也生来就做君主，即使有十个尧、舜也不能治理好，那就是势必混乱。所以说："势必安定的就不能被扰乱，势必混乱就不能治理好。"这是自然的形势，不是人力所能设立的。像我所说的，是人所能设立的权势而已，贤能的人有什么作用呢？如何来说明它呢？客人说："有个卖矛和盾的人，赞誉他的盾的坚固，没有东西能攻破它，后来又赞誉他的矛说：'我的矛很锋利，没有什么不能刺破的。'有人回答说：'用你的矛，攻你的盾，怎么样？'他就答不出来了。"他认为不能被攻破的盾和没什么不能被刺破的矛，在逻辑上是不能同时成立的。贤能是权势所不能禁止的，而权势作为一种统治方法，是没有什么不能禁止的，用不能被权势禁止的贤能，处在无所不能禁止的权势中，这也是矛盾的说法啊。贤能和权势不能同时并存，也是很明白的了。况且像尧、舜、桀、纣这样的人，一千代才出一个，就算是连续出现了，世上的统治者不断产生于中等人里。我之所以要讨论权势，也是针对中等君主。中等君主，上不如尧、舜，下也不会成为桀、纣。遵守法度、掌握权势，天下就安定；背离法度、放弃权势，天下就混乱。现在废弃权势、背离法度而等待尧、舜这样的贤人，有了尧、舜才能天下安定，这就会造成千代的混乱而一代安定；遵守法度、掌握权势而等待桀、纣这样的暴君，有了桀、纣就会天下混乱，这就会造成千代的安定而一代混乱。况且千代安定一代混乱，和一代安定千代混乱，就好像骑着千里马却背道而驰，相差得也太远了。丢弃了校正木器的方法，去除了测量的依据，即使让奚仲那样的巧匠来做车，也不能做成一个车轮。没有奖赏的鼓励、刑法的威压，丢弃了权势、放弃了法律，让尧、舜一家一家去游说、一个人一个人去辩解，连三家也

难势第四十

治理不了。权势值得利用已经很明白了，却说"一定要等待贤人"，那就不对了。况且一百天都不吃东西去等待米饭肉食，饥饿的人就不能活了；现在等待尧、舜的贤能治理当代的人民，这就像等待米饭肉食来救济饥饿的人的说法一样啊。那个客人说："良好的马，坚固的车，臧获驾驭它，就被人取笑；王良驾驭它，就能日行千里。"我却不这样认为。等待越国善于游泳的人来拯救中原溺水的人，越国人是善于游泳的，可是溺水的人却不能得救了。等待古代王良那样的车夫来驾驭现在的马，也像让越国人拯救溺水的人的说法一样，很明显是行不通的。那良好的马和坚固的车，五十里一个驿站来接力，让中等的车夫驾驭它，追赶快速的车马、到达远方，也是可以做到的；一千里的距离也可以一天到达，何必等待古代王良那样的车夫呢！况且说到驾车，不用王良这样的能手，就一定要用臧获使之失败；说到治理国家，不用尧、舜这样的贤君，就一定要用桀、纣这样的暴君来扰乱它。这就像品尝味道，不是像饴糖蜂蜜那么甜，就是像苦藜、葶苈那么苦。这是堆砌辞藻、积累辩辞，背离事理、失去方法、趋向两个极端的说法，怎么可以用来非议？这是不合于道理的言辞！客人的议论还没有说到这一点啊！

问辩第四十一

或问曰:"辩安生乎?"对曰:"生于上之不明也。"问者曰:"上之不明因生辩也,何哉?"对曰:"明主之国,令者,言最贵者也;法者,事最适者也。言无二贵,法不两适,故言行而不轨于法令者必禁。若其无法令而可以接诈、应变、生利、揣事者,上必采其言而责其实。言当则有大利,不当则有重罪,是以愚者畏罪而不敢言,智者无以讼①,此所以无辩之故也。乱世则不然,主有令,而民以文学非之;官府有法,民以私行矫之。人主顾渐②其法令,而尊学者之智行,此世之所以多文学也。夫言行者,以功用为之的彀③者也。夫砥砺杀矢而以妄发,其端未尝不中秋毫也,然而不可谓善射者,无常仪的也。设五寸之的,引十步之远,非羿、逢蒙不能必中者,有常也。故有常,则羿、逢蒙以五寸的为巧;无常,则以妄发之中秋毫为拙。今听言观行,不以功用为之的彀,言虽至察,行虽至坚,则妄发之说也。是以乱世之听言也,以难知为察,以博文为辩;其观行也,以离群为贤,以犯上为抗④。人主者说⑤辩察之言,尊贤抗之行,故夫作⑥法术之人,立取舍之行,别辞争之论,而莫为之正。是以儒服带剑者众,而耕战之士寡;'坚白'、'无厚'⑦之词章⑧,而宪令之法息。故曰:'上不明,则辩生焉。'"

[注释]

①讼：争辩。②顾渐：顾，反而。渐，淹没。③的彀（gòu）：箭靶子。④抗：通"亢"，刚强。⑤说：通"悦"。⑥作：兴起，引申为任用。⑦坚白、无厚：战国时哲学辩论的命题。坚白，指石头的坚硬、白色两种属性，公孙龙认为这两种属性可以离开石头而独立存在，墨家则认为这两者不能离开石头单独存在。无厚，惠施认为平面没有厚度，没有体积，但是面积可以很大。⑧章：通"彰"，彰明。

[译文]

有人问："辩论是怎么产生的呢？"回答说："产生于君主不能明察。"问的人说："君主不能明察就产生了辩论，这是为什么？"回答说："圣明君主统治的国家里，命令，是言论中最尊贵的东西；法律，是政事所最需要遵循的。言论中没有两种同时尊贵的，法律也不能同时迎合公、私双方，所以言行不合于法令的一定要禁止。如果没有法律依据却可以对付欺诈、应对变化、产生利益、揣测事理的，君主一定要采用他们的言论，然后责求它的实际效果。言语合于实际就给予重赏，言语不合于实际就判处重罪，所以愚昧的人畏惧罪责而不敢进言，聪明的人没有什么可争辩的。这就是没有辩论的原因。混乱的时代就不是这样，君主下达命令，人民却用文献典籍来非议它；官府有了法律，人民却用私人的品行来违背它。君主逐渐放弃法令，而推崇学者的智慧品行，这就是世上有这么多人去从事文学典籍的原因。言论和行为，是要用实际的功用来作为它们的靶子。在磨刀石上磨好箭尖，随意地发射，它的尖端没有不能射中毫毛般细小的东西的，可是不能说这是善于射箭，因为没有固定的靶子。设立五寸大小的靶子，在十步远的地方拉弓射箭，不是羿和逄蒙这样的神射手就不能一定中靶，是因为有了常规。所以有了常规，那么羿和逄蒙就把射中五寸的箭靶作为技巧；没有常规，那么即使随意射中了毫毛般细小的东西也算是笨拙的。现在听取言论观察行为，不把实际功用作为目标，言论即使明察，行为即使坚定，也像随意射箭的说法一样啊。所以在乱世听取言论，把难以懂得的东西作为明察，把广博文饰的言语当作善辩；观察行为时，把脱离群众当作贤能，把冒犯君主作为刚正。君主喜欢善辩、明察的言论，推崇贤能、刚正的行为，所以任用实行法术的人，设立了取舍的行为标准，辨别了言辞的争论，可是却没有人因此被纠正。所以身穿儒服的人和佩剑的人很多，而从事于耕种和战争的人少；'坚白'、'无厚'的理论彰明了，法律禁令的规范就消失了。所以说：'君主不能明察，辩论就产生了。'"

定法第四十三

问者曰:"申不害、公孙鞅,此二家之言孰急于国?"应之曰:"是不可程①也。人不食,十日则死;大寒之隆,不衣亦死。谓之衣食孰急于人,则是不可一无也,皆养生之具也。今申不害言术,而公孙鞅为法。术者,因任②而授官,循名而责实,操杀生之柄,课③群臣之能者也,此人主之所执也。法者,宪令著于官府,刑罚必于民心,赏存乎慎法,而罚加乎奸④令者也,此臣之所师也。君无术则弊于上,臣无法则乱于下,此不可一无,皆帝王之具也。"

[注释]

①程:衡量,比较。②任:工作能力。③课:考察。④奸:通"干",干扰。

[译文]

有人问:"申不害、公孙鞅,这两家的言论哪个是国家急需的?"回答说:"这是不可比较的。人要是不吃东西,十天就死了;寒冷的隆冬,不穿衣服也会死。说衣服和食物哪个是人所急需的,这两者缺一不可,都是养生所必须具备的。现在申不害讲统治方法,而公孙鞅实行法治。所谓统治方法,是根据才能授官,根据官职要求他们的政绩,把握生死大权,考察群臣中的有才能的人,这是君主所掌握的。所谓法治，法令由官府制定，刑罚深入人心，赏赐遵守法律的人，惩罚扰乱法律的人，这是臣子所师法的。君主没有掌握统治方法，就在上被蒙蔽，臣子没有法治，就在下作乱，这两者缺一不可，都是帝王所应具备的。"

问者曰："徒术而无法，徒法而无术，其不可何哉？"对曰："申不害，韩昭侯之佐也。韩者，晋之别国也。晋之故法未息，而韩之新法又生；先君之令未收，而后君之令又下。申不害不擅①其法，不一其宪令，则奸多。故利在故法前令则道②之，利在新法后令则道之。利在故新相反，前后相勃③，则申不害虽十使昭侯用术，而奸臣犹有所谲④其辞矣。故托万乘之劲韩，七十⑤年而不至于霸王者，虽用术于上，法不勤饰⑥于官之患也。公孙鞅之治秦也，设告相坐⑦而责其实，连什伍而同其罪，赏厚而信，刑重而必。是以其民用力劳而不休，逐敌危而不却。故其国富而兵强。然而无术以知奸，则以其富强也资人臣而已矣。及孝公、商君死，惠王即位，秦法未败也，而张仪以秦殉韩、魏。惠王死，武王即位，甘茂以秦殉周。武王死，昭襄王即位，穰侯越韩、魏而东攻齐，五年而秦不益尺土之地，乃成⑧其陶邑之封。应侯攻韩八年，成其汝南之封。自是以来，诸用秦者皆应、穰之类也。故战胜则大臣尊，益地则私封立，主无术以知奸也。商君虽十饰其法，人臣反用其资。故乘强秦之资，数十年而不至于帝王者，法不勤饰于官，主无术于上之患也。"

[注释]

①擅：专一。②道：实行。③勃：通"悖"，矛盾。④谲（jué）：诡诈，欺骗。⑤七十：应为"十七"⑥饰：通"饬"，整理。⑦坐：秦国实行的连坐制度，一个人犯罪，和他相关的其他人要一同被判罪。⑧成：成就。

[译文]

有人问:"只有统治方法没有法治,或只有法治没有统治方法,有什么不可以的呢?"回答说:"申不害是辅佐韩昭侯的大臣。韩国,是从晋国分离出的国家。晋国旧的法律没有停止,而韩国新的法律又产生了;前任君主的命令还没有收回,后任君主的命令又颁布了。申不害不专一法律,不统一命令,那么坏事就多。所以如果利益在于旧的法律和以前的命令,那就照着做;利益在于新的法律和后颁布的命令,那就照着做。如果利益在于新旧法令相反、前后命令相矛盾的地方,那么申不害就算多次让韩昭侯使用统治方法,奸臣仍然有欺骗奸诈的言辞。所以依托着兵力强大的韩国,过了十七年也没有成就霸主的事业,虽然君主在上用统治方法,法律却不能尽力于整治官员。公孙鞅治理秦国,设置举报和连坐的法律来求得实情,将百姓编为什、伍,使他们有罪就会牵连受罚,奖赏丰厚而诚信,惩罚严重而坚决。因此百姓用力劳作,即使辛苦也不休息,对战临敌,即使危险也不退却。所以国家富有、兵力强盛。可是没办法来知道奸臣,那么他们的富强,不过用来资助大臣而已。等到秦孝公和商鞅死去,秦惠王即位,秦国的法律还没有被毁坏,而张仪依靠秦国对付韩国、魏国。秦惠王死去,秦武王即位,甘茂依靠秦国对付周国。秦武王死去,秦昭襄王即位,穰侯越过韩国和魏国向东进攻齐国,历时五年秦国也没有增加一尺一寸的土地,却成就了自己陶邑的封地。应侯攻打韩国八年,成就了自己汝南的封地。从此以后,那些利用秦国的人,都是应侯、穰侯一类的人。所以如果战争胜利,大臣的地位就尊贵;增大了土地,私人的封地就树立起来,这是因为君主没有统治方法识破奸臣。商鞅即使多次整饬法律,大臣反而利用它作为资本。所以以秦国强大的资本,几十年也没有成就帝王的功业,是因为法律不能尽力于整顿官吏,君主在上没有统治方法带来的忧患。"

问者曰:"主用申子之术、而官行商君之法,可乎?"对曰:"申子未尽于法也①。申子言'治不逾官,虽知弗言'。治不逾官,谓之守职也可;知而弗言,是不谓②过也。人主以一国目视,故视莫明焉;以一国耳听,故听莫聪焉。今知而弗言,则人主尚安假借矣?商君之法曰:'斩一首者爵一级,欲为官者为五十石之官;斩二首者爵二级,欲为官者为百石之官。'官爵之迁与斩首之功相称也。今有法曰:'斩首者令为医、匠。'则屋不成而病不已。夫匠者,手巧也;而医者,齐③药也。而以斩首之功为之,则不当其能。今治官者,智能也;今斩首者,勇力之所加也。以勇力之所加而治智能之官,是以斩首之功为医匠也。故曰:二子之于法术,皆未尽善也。"

[注释]

①申子未尽于法也:当作"申子未尽于术,商子未尽于法也"。②谓:告发。③齐:通"剂",调配。

[译文]

有人问:"君主用申不害的治术,官吏实行商鞅的法治,可以吗?"回答说:"申不害的治术还不完善,商鞅对于法治也还不完善。申不害说:'处理事务不能超过官职的权力,超过官职权力的,即使知道也不说。'处理事务不超越官职,还可以说是遵守官员的职责;即使知道的也不说,就是不告发过失。君主依靠全国人的眼睛来看,所以视力没有比他更好的;依靠全国人的耳朵来听,所以听力没有比他更灵敏的。现在知道有坏事却不说,那么君主依靠什么呢?商鞅的法律说:'杀死一个敌人赏爵位一级,想当官的任命为俸禄五十石的官;杀死两个敌人的赏爵位两级,想当官的任命为俸禄一百石的官。'官爵的升迁和杀敌的功劳相称。现在有法律说:'杀死敌人的让他们做医生和工匠。'那么屋子就建不成,病也治不好了。工匠的手很巧，医生是配药的人。可是现在却让杀敌有功的人来做，那就是不能适应他们的能力。现在担任官职的人，应该是智力出众的人；现在杀敌的人，应该是使用勇力的人。让使用勇力的人来担任靠智力胜任的官职，这就是让杀敌有功的人做医生和工匠。所以说：这两个人对于法律和治术，还不够完善。"

说疑第四十四

凡治之大者，非谓其赏罚之当也。赏无功之人，罚不辜之民，非所谓明也。赏有功，罚有罪，而不失其人，方^①在于人者也，非能生功止过者也。是故禁奸之法，太上禁其心，其次禁其言，其次禁其事。今世皆曰"尊主安国者，必以仁义智能"，而不知卑主危国者之必以仁义智能也。故有道之主，远仁义，去智能，服之以法。是以誉广而名威，民治而国安，知用民之法也。凡术也者，主之所以执也；法也者，官之所以师也。然使郎中日闻道于郎^②门之外，以至于境内日见法，又非其难者也。

[注释]

①方：仅仅。②郎：通"廊"。

[译文]

大凡治理国家时重要的事，不是指它的赏罚得当。奖赏没有功劳的人，处罚没有过错的人，不能说是明察。奖赏有功劳的人，处罚有罪的人，而没有错误地实行赏罚，这仅仅是对于一个人的赏罚罢了，并不能建立功业、避免过失。所以禁止奸邪的方法，最上等的是禁止奸邪的心，其次是禁止奸邪的言论，再次是禁止奸邪的事情。现在的人都说："使君主尊贵、国家安定，一定要依靠仁义智能。"却不知道使君主地位卑微、国家危亡的，一定也是仁义智能。

所以掌握了治国方法的君主，远离仁义，抛弃智能，用法律来控制人民。因此君主就赢得了广泛的赞誉和威武的名声，人民乐业而国家安定，这就是懂得了使用人民的方法。大凡统治术，是君主所掌握的；法律是官员所遵循的。而让郎中每天把法律宣扬到宫殿的廊门以外，以至于国内每天都能了解法令，又不是难以做到的事。

昔者有扈氏有失度，欢兜氏有孤男，三苗有成驹，桀有侯侈，纣有崇侯虎，晋有优施，此六人者，亡国之臣也。言是如非，言非如是，内险以贼，其外小谨，以征其善；称道往古，使良事沮；善禅①其主，以集精微，乱之以其所好：此夫郎中左右之类者也。往世之主，有得人而身安国存者，有得人而身危国亡者。得人之名一也，而利害相千万也。故人主左右不可不慎也。为人主者，诚明于臣之所言，则别贤不肖如黑白矣。

[注释]

①禅：通"擅"。

[译文]

过去有扈氏有失度，欢兜氏有孤男，三苗有成驹，桀手下有侯侈，纣手下有崇侯虎，晋国有优施，这六个人，都是导致亡国的臣子。他们把对的说成错的，又把错的说成对的，内心险恶狠毒，外表小心谨慎，以证明自己的善良；称道远古的事情，使好事被破坏；善于掌握君主，收集君主隐蔽的想法，用君主喜欢的东西来扰乱他；这就是郎中和左右近侍之类的人。过去的君主，有的得到了臣子就自身平安、国家保全，有的得到了臣子就自身危险、国家灭亡。得到臣子，从名声上来说是一样的，而利害关系却相差千万倍。所以君主选用身边的人不能不谨慎。做君主的，如果真的能明察臣下的言论，那么区分贤能和不贤能，就好像区分黑白一样容易了。

若夫许由、续牙、晋伯阳、秦颠颉、卫侨如、狐不稽、重明、董不识、卞随、务光、伯夷、叔齐，此十二人者，皆上见利不喜，下临难不恐；或与之天下而不取，有萃辱之名，则不乐食谷之利。夫见利不喜，上虽厚赏，无以劝之；临难不恐，上虽严刑，无以威之：此之谓不令之民也。此十二人者，或伏死于窟穴，或槁死于草木，或饥饿于山谷，或沉溺于水泉。有民如此，先古圣王皆不能臣，当今之世，将安用之？

[译文]

像许由、续牙、晋伯阳、秦颠颉、卫侨如、狐不稽、重明、董不识、卞随、务光、伯夷、叔齐，这十二个人，都是在上见到利益也不喜欢，在下遭到危难也不恐慌；有的是把天下送给他也不要，有劳累屈辱的名声，不喜欢俸禄的利益。见到利益也不喜欢，君主即使有丰厚的奖赏，也不能拿来勉励他们；遭到危难也不恐慌，君主即使用严酷的刑罚，也不能用来威吓他们：这就是不能命令的人。这十二个人，有的隐居死在山洞里，有的憔悴枯槁死在树林里，有的饿死在山谷里，有的淹死在水里。有这样的人民，即使是远古圣明的帝王也不能使他们臣服，当今的时代，又怎么能使用他们呢？

若夫关龙逄、王子比干、随季梁、陈泄冶、楚申胥、吴子胥，此六人者，皆疾争强谏以胜其君。言听事行，则如师徒之势；一言而不听，一事而不行，则陵其主以语，待之以其身，虽死家破，要领不属①，手足异处，不难为也。如此臣者，先古圣王皆不能忍也，当今之时，将安用之？

[注释]

①要（yāo）领不属（zhǔ）：要，通"腰"。领，脖颈。属，连接。

[译文]

像关龙逄、王子比干、随国的季梁、陈国的泄冶、楚国的申胥、吴国的伍子胥,这六个人,都是激烈争辩强硬进谏,来胜过自己的君主。他们的言论被听从,事情被施行,那他们和君主就像师徒的形势一样;如果有一句话不被听从,一件事没有施行,他们就用语言欺凌君主,豁出身体等待君主的杀戮,即使家破人亡,腰和头颈被斩为两段,手脚都被斩断,也不难做到。像这样的臣子,即使是远古圣明的帝王也不能忍受,当今的时代,又怎么能使用他们呢?

若夫齐田恒、宋子罕、鲁季孙意如、晋[①]侨如、卫子南劲、郑太宰欣、楚白公、周单荼、燕子之,此九人者之为其臣也,皆朋党比周以事其君,隐正道而行私曲,上逼君,下乱治,援外以挠内,亲下以谋上,不难为也。如此臣者,唯圣王智主能禁之,若夫昏乱之君,能见之乎?

[注释]

①晋:衍文。

[译文]

像齐国的田恒、宋国的子罕、鲁国的季孙意如、叔孙侨如、卫国的子南劲、郑国的太宰欣、楚国的白公、周国的单荼、燕国的子之,这九个人做臣子,都勾结党羽来侍奉君主,埋没了正确的治国方法而施行私人的歪门邪道,对上逼迫君主,对下扰乱国政,引国外的力量来使国内屈服,亲近下属来图谋君主,这是不难做到的。像这样的臣子,只有圣明的帝王和聪明的君主才能禁止他们,像那些昏乱的君主,能看到这些吗?

若夫后稷、皋陶、伊尹、周公旦、太公望、管仲、隰朋、百里奚、蹇叔、舅犯[①]、赵衰、范蠡、大夫种、逢同、华登,此十五人者为其臣也,皆夙兴夜寐,卑身贱体,竦[②]心白意,明刑辟、治官职以事其君，进善言、通道法而不敢矜其善，有成功立事而不敢伐其劳，不难破家以便国，杀身以安主；以其主为高天泰山之尊，而以其身为壑谷鬴洧③之卑；主有明名广誉于国，而身不难受壑谷鬴洧之卑。如此臣者，虽当昏乱之主尚可致功，况于显明之主乎？此谓霸王之佐也。

[注释]

①舅犯：晋文公的舅舅狐偃，字子犯，故称舅犯。②竦：使……恭敬。③鬴洧：鬴，通"滏"，即滏水。洧，即洧水。

[译文]

像后稷、皋陶、伊尹、周公旦、太公望、管仲、隰朋、百里奚、蹇叔、狐偃、赵衰、范蠡、大夫文种、逢同、华登，这十五个人做臣子，都早起晚睡，使自己的身体卑微低贱，心地坦白恭敬，申明刑法、治理官职来侍奉君主，进献好的意见、精通治国方法而不敢自己夸耀自己的优点，成就功绩、成立事业却不敢夸耀自己的功劳，就是破败家庭来为国家谋利、牺牲身体来使君主安定也不觉得为难；他们把君主当做高天和泰山那样尊贵，而把自己的身体当做山谷、河流那样低下；君主在国内享有圣明的名望和广泛的赞誉，他们自身即使像山谷、河流一样低下也不觉得为难。像这样的大臣，即使是遇到昏乱的君主也可以建立功业，何况遇到明主呢？这就是成就霸主事业的辅佐之臣了。

若夫周滑之、郑王孙申、陈公孙宁、仪行父、荆芋尹申亥、随少师、越种干、吴王孙雒、晋阳成泄、齐竖刁、易牙，此十二①人者之为其臣也，皆思小利而忘法义，进则掩蔽贤良以阴暗其主，退则挠乱百官而为祸难；皆辅其君、共②其欲，苟得一说③于主，虽破国杀众不难为也。有臣如此，虽当圣王尚恐夺之，而况昏乱之君，其能无失乎？有臣如此者，皆身死国亡，为天下笑。故周威公身杀，国分为二；郑子阳身杀，国分为三；陈灵公身死于夏征舒氏；荆灵王死于乾溪之上；随亡于荆；吴并于越；智伯灭于晋阳之下；桓公身死七日不收。故曰：谄谀之臣，唯圣王知之，而乱主近之，故至身死国亡。

[注释]

①十二：上文只十一人，故此处应为"十一"。②共：通"供"。③说：通"悦"。

[译文]

像周国的滑之、郑国的王孙申、陈国的公孙宁、仪行父、楚国的芋尹申亥、随国的少师、越国的种干、吴国的王孙雒、晋国的阳成泄、齐国的竖刁、易牙，这十一个人做臣子，都是想着小利而忘记了法律和道义，被进用就埋没贤良来蒙蔽君主，被罢黜就迷惑百官来制造祸患灾难；他们都辅佐君主、满足君主的欲望，如果能被君主喜欢，即使是败坏国家、杀死民众也不难做到。有这样的臣子，即使是遇到圣明的帝王也恐怕被夺去君位，何况昏乱的君主，能没有失误吗？有了这样的臣子，都会导致君主身死、国家灭亡，被天下人取笑。所以周威公被杀，国家分为两部分；郑国的子阳被杀，国家分为三部分；陈灵公被夏征舒杀死；楚灵王死在乾溪边上；随国被楚国消灭；吴国被越国吞并；智伯在晋阳城下被消灭；齐桓公死了七天也没有收殓。所以说：谄媚阿谀的臣子，只有圣明的帝王才能识别他们，而昏乱的君主亲近他们，所以导致自身死去、国家灭亡。

圣王明君则不然，内举不避亲，外举不避仇。是在焉从而举之，非在焉从而罚之。是以贤良遂进而奸邪并退，故一举而能服诸侯。其在记曰："尧有丹朱，而舜有商均，启有五观，商有太甲，武王有管、蔡。"五王之所诛者，皆父兄子弟之亲也，而所杀亡其身残破其家者，何也？以其害国伤民败法类也。观其所举，或在山林薮泽岩穴之间，或在囹圄缧绁缠索之中，或在割烹刍牧饭牛之事。然明主不羞其卑贱也，以其能为可以明法，便国利民，从而举之，身安名尊。

[译文]

圣明的帝王就不是这样，他们提拔自己人做官不回避亲人，提拔外人做官不回避仇人。谁正确就提拔他，谁不正确就处罚他。所以贤良的人被提拔而奸邪的人都被罢黜，所以一有举动就能折服诸侯。在史书上的记载说："尧流放丹朱，而舜抛弃商均，启流放了五观，商朝流放了太甲，周武王诛杀管叔、蔡叔。"这五个帝王所处罚的，都是父子兄弟这样的亲人，而杀死他们、破坏他们的家庭，这是为什么呢？是因为他们是危害国家、伤害人民、败坏法律的那一类人。观察那些帝王所推举的人，有的在山林、沼泽、山洞之间隐居，有的在监狱和绳索的关押捆绑中，有的在做屠宰、烹调、放牧的杂活。可是圣明的君主并不嫌弃他们的卑贱，认为他们有能力，可以申明法度，给国家和人民带来利益，于是推举他们，使得君主身体安逸，名声尊显。

乱主则不然，不知其臣之意行，而任之以国。故小之名卑地削，大之国亡身死，不明于用臣也。无数以度其臣者，必以其众人之口断之。众之所誉，从而悦之；众之所非，从而憎之。故为人臣者破家残㾨①，内构党与，外接巷族以为誉，从阴约结以相固也，虚相与爵禄以相劝也。曰："与我者将利之，不与我者将害之。"众贪其利，劫其威。"彼诚喜，则能利己；忌怒，则能害己。"众归而民留之，以誉盈于国，发闻于主。主不能理其情，因以为贤。彼又使谲诈之士，外假为诸侯之宠使，假之以舆马，信之以瑞节，镇之以辞令，资之以币帛，使诸侯②淫说其主，微挟私而公议。所为使者，异国之主也；所为谈者，左右之人也。主说③其言而辩其辞，以此人者天下之贤士也。内外之于左右，其讽④一而语同。大者不难卑身尊⑤位以下之，小者高爵重禄以利之。夫奸人之爵禄重而党与弥众，又有奸邪之意，则奸臣愈反而说之。曰："古之所谓圣君明王者，非长幼弱也及以次序也。以其构党与，聚巷族，逼上弑君而求其利也。"彼曰："何知其然也？"因曰："舜逼尧，禹逼舜，汤放桀，武王伐纣，此四王者，人臣弑其君者也，而天下誉之。察四王之情，贪得人之意也；度其行，暴乱之兵也。然四王自广措也，而天下称大焉；自显名也，而天下称明焉。则威足以临天下，利足以盖世，天下从之。"又曰："以今时之所闻，田成子取齐，司城子罕取宋，太宰欣取郑，单氏取周，易牙⑥之取卫，韩、魏、赵三子分晋，此六人，臣之弑其君者也。"奸臣闻此，蹴然⑦举耳以为是也。故内构党与，外摅⑧巷族，观时发事，一举而取国家。且夫内以党与劫弑其君，外以诸侯之权矫易其国，隐正道，持私曲，上禁君，下挠治者，不可胜数也。是何也？则不明于择臣也。记曰："周宣王以来，亡国数十，其臣弑其君而取国者众矣。"然则难之从内起，与从外作者相半也。能一尽其民力，破国杀身者，尚皆贤主也。若夫转法易位，全众传国，最其病也。

[注释]

①睟（suì）：财物。②侯：衍文。③说：通"悦"。④讽：暗示。⑤尊：通"撙"，压制。⑥易牙：据上文，应为"子南劲"。⑦蹴然：急忙的样子。⑧摅（shū）：安排。

[译文]

昏乱的君主就不是这样，不了解大臣的思想品行，就把国家大事委托给他们。所以小的后果是君主名声卑下、土地削减，大的后果是国家灭亡，君主身死，这是因为使用臣下不能明察的缘故。没有方法衡量臣下的君主，一定会根据大家的评价来判断。大家所赞誉的，就跟着喜欢他；大家所非议的，就跟着憎恶他。所以做臣子的，花尽家里的财物，对内结交党羽，对外结交邻里乡党来赢得赞誉，暗中约定勾结来巩固自己的位置，用爵位俸禄许愿来勉励他们。说："追随我的就给他利益，不追随我的就惩罚他。"民众贪图他的利益，迫于他的威势，说："他真的喜欢，就能给我利益，如果生气，就能危害我。"众人都归附他，人民都留在他身边，让赞誉声充满了全国，传到君主耳中。君主不能查明实情，于是认为他贤能。他又让诡谲欺诈的人，在外充作诸侯宠爱的使者，借给他车马，用符节来取信于人，用外交辞令来显示尊贵，用钱币布帛来资助他，让他用虚浮的言辞游说君主，暗中怀着私心却装作为公众议论。他们的出使，是为了别国的君主；他们的谈论，是为了君主身边的侍从。君主喜欢他的言论，认为他的言辞有道理，认为这个人是天下的贤能之人。国家内外对于君主身边的这个人，不但暗示的意见一致，语言也相同。大的，君主就降低身份来屈就他；小的，君主就用高官厚禄来利诱他。那奸人的爵位高、俸禄丰厚而党羽更多，又有奸邪的念头，那么奸臣就更要造反了，有人游说他们说："古代所谓圣明的君主，并不是按照长幼的顺序，而是因为他们勾结党羽、聚集邻里乡党，逼迫残杀君主来求得利益。"那人说："怎么知道是这样的呢？"那些游说的人就说："舜逼迫尧，禹逼迫舜，汤流放了桀，周武王讨伐商纣王。这四个帝王，都是臣下谋杀了君主，而天下人却赞誉他们。考察这四个帝王的情况，都有图谋别人的野心；衡量他们的行为，是暴乱的战争。然而这四个帝王，作了扩大自己的举措，而天下人都称赞他们伟大；自己炫耀自己的名声，而天下人称赞他们圣明。那么他们的威势足以统治天下，利益足以压制世人，天下人就顺从他们。"又说："以今天所听到的事情来说，田成子夺取齐国，司城子罕夺取宋国，太宰欣夺取郑国，单茶夺取周国，子南劲夺取卫国，韩、赵、魏三家瓜分了晋国，这六个人，都是臣下谋杀了君主。"奸臣听到这些，急忙竖起耳朵，认为他们说得对。所以对内结交党羽，对外安排乡邻，观察时机发动事变，一行动就夺取了国家。况且对内结交党羽劫杀君主，对外利用诸侯的权力改变国家政权，埋没正确的治国方法，实行私人的歪门邪道，对上禁制君主，对下扰乱法治的人，数不胜数。这是为什么呢？是因为在选择臣下时不能明察。史书记载说："从周宣王到现在，灭亡的国家有几十个，由臣下谋杀君主而夺取国家的很多。"那么这些灾难，从内部兴起的和从外部发起的各占一半。能够竭尽民力的制止内乱，最后还是国破身死的君主，尚且都算是贤能的君主。像那些转变了法律、改换了君主位置，即使保全了民众却将国家传给别人的君主，这是缺点最大的君主了。

为人主者，诚明于臣之所言，则虽毕①弋驰骋，撞钟舞女，国犹且存也。不明臣之所言，虽节俭勤劳，布衣恶食，国犹自亡也。赵之先君敬侯，不修德行，而好纵欲，适身体之所安，耳目之所乐。冬日毕弋，夏浮淫②，为长夜，数日不废御觞，不能饮者以筒灌其口，进退不肃、应对不恭者斩于前。故居处饮食如此其不节也，制刑杀戮如此其无度也，然敬侯享国数十年，兵不顿于敌国，地不亏于四邻，内无君臣③百官之乱，外无诸侯邻国之患，明于所以任臣也。燕君子哙，邵公奭之后也，地方数千里，持戟数十万，不安子女之乐，不听钟石之声，内不湮④污池台榭，外不毕弋田猎，又亲操耒耨以修畎亩。子哙之苦身以忧民如此其甚也，虽古之所谓圣王明君者，其勤身而忧世不甚于此矣。然而子哙身死国亡，夺于子之，而天下笑之，此其何故也？不明乎所以任臣也。

[注释]

①毕：用来捕鸟的网罗。②浮淫：浮游。③君臣：应为"群臣"。④湮：修治。

[译文]

做君主的，如果真能明察臣下的言论，那么即使网罗驰骋射猎，欣赏音乐舞蹈，国家也能保存。不能明察臣下的言论，即使是节俭勤劳，穿布衣服、吃粗劣的饭食，国家也会灭亡。赵国的前代君主敬侯，不修德行，喜好放纵自己的欲望，追求身体的安逸和耳目的快乐。冬天网罗射猎，夏天划船取乐，整个晚上饮酒取乐，连续几天不停喝酒，不能喝酒的人就用竹筒灌，进退不严肃、对答不恭敬的人马上就当面杀死。他的行为和饮食这样不加节制，使用刑法杀戮这样没有法度，可是赵敬侯享有国家几十年，兵力不被敌国挫败，土地不被四周的邻国占据，国内没有群臣作乱，国外没有诸侯侵略，就是因为任用臣下能够明察。燕国国君子哙，是邵公奭的后代，拥有土地方圆几千里，拿着戟的士兵有几十万，不沉溺于美女的欢乐，不听音乐，对内不修治池塘和台阁水榭，对外不网罗射猎，又亲自拿着农具来修整农田。子哙自身吃苦来为人民忧心，竟然到了如此地步，即使是古代所谓圣明的帝王君主，他们自身勤勉而忧劳时事也不过如此了。然而子哙身死、国家灭亡，被子之夺取，而被天下人取笑，这是什么缘故呢？就是对于任用臣子的方法不明白啊！

故曰：人臣有五奸，而主不知也。为人臣者，有侈用财货赂以取誉者，有务庆赏赐予以移众者，有务朋党徇①智尊士以擅逞者，有务解免赦罪狱以事威者，有务奉下直曲、怪言、伟服、瑰称、以眩民耳目者。此五者明君之所疑也，而圣主之所禁也。去此五者，则噪诈之人不敢北面谈立，文言多、实行寡、而不当法者不敢诬情以谈说。是以群臣居则修身,动则任力,非上之令,不敢擅作疾言诬事,此圣王之所以牧臣下也。彼圣主明君,不徇②疑物以窥其臣也。见疑物而无反③者,天下鲜矣。

[注释]

①徇:顺从。②适:从。③反:责求。

[译文]

所以说:臣子有五种奸邪的行为,君主是不知道的。做臣子的,有人奢侈地使用财物贿赂来求取赞誉,有人致力于赏赐来拉拢人心,有人致力于结党礼敬贤士来专权放肆,有人致力于免除劳役赦免罪犯来树立威势,有人致力于迎逢下民颠倒曲直、说奇怪的言论、穿奇伟的衣服、用漂亮的称号来使民众的耳目迷惑。这五种行为,是圣明的君主所疑虑的,是神圣的君主所禁止的。去掉这五种行为,那么鼓噪欺诈的人就不敢面北在朝廷上站立言谈,文饰的言辞多、实际的行动少、而不切合于法律的人不敢歪曲事实来谈论。因此群臣居处的时候就修养自身品德,行动的时候就使用全力,没有君主的命令,就不敢擅自行动、激烈地发言、歪曲事实,这就是圣明的帝王来治理臣下的方法。那些圣明的帝王君主,不从所疑虑的行为来窥视群臣。见到了有疑虑的行为却不去责求的,天下间是少有的。

故曰:孽①有拟②适③之子,配有拟妻之妾,廷有拟相之臣,臣有拟主之宠,此四者国之所危也。故曰:内宠并后,外宠贰④政,枝子⑤配适,大臣拟主,乱之道也。故《周记》曰:"无尊妾而卑妻,无孽适子而尊小枝,无尊嬖⑥臣而匹上卿,无尊大臣以拟其主也。"四拟者破,则上无意、下无怪也。四拟不破,则陨身灭国矣。

[注释]

①孽:庶子。②拟:匹敌,比拟。③适:通"嫡"。④贰:匹敌。⑤枝

子：庶子。⑥嬖：宠幸。

[译文]

所以说：庶子中有了和嫡子相匹敌的，配偶中有了和妻子相匹敌的，朝廷上有了和相国地位匹敌的，大臣中有了和君主匹敌的，这四种情况是国家危亡的原因。所以说：内官的宠妃和皇后地位相当，外面的宠臣和执政的人地位相当，庶子和嫡子地位相当，大臣和君主地位相当，这是产生混乱的缘由。所以《周记》上说："不要使妾尊贵而使妻子卑下，不要把嫡子当庶子看而推尊庶子，不要推尊宠臣而让他们和上卿匹敌，不要推尊大臣来使他们匹敌于君主。"四种相匹敌的情况被打破了，那么君主就不会有怨恨、臣下也不会有异常的事了。四种相匹敌的情况不被打破，那么就会身死国破。

诡使第四十五

圣人之所以为治道者三：一曰利，二曰威，三曰名。夫利者所以得民也，威者所以行令也，名者上下之所同道也。非此三者，虽有不急矣。今利非无有也而民不化，上威非不存也而下不听从，官非无法也而治不当名。三者非不存也，而世一治一乱者何也？夫上之所贵与其所以为治相反也。

[译文]

圣人用来治国的方法有三项：一是利益，二是威势，三是名分。那利益是用来取得民心的，威势是用来推行法令的，名分是君臣共同遵循的。除了这三项，即使还有别的，也不是紧迫的了。现在不是没有利益，而人民不被感化；君主不是没有威势，臣下却不听从；官员不是没有法律，可是治理国家却名实不符。这三项不是不存在，可是社会却有时安定有时混乱，这是为什么呢？是因为君主所重视的和他用来治理国家的原则相反。

夫立名号所以为尊也，今有贱名轻实者，世谓之高。设爵位所以为贱贵基也，而简上不求见者，世谓之贤。威利所以行令也，而无利轻威者，世谓之重。法令所以为治也，而不从法令为私善者，世谓之忠。官爵所以劝民也，而好名义不进仕者，世谓之烈士。刑罚所以擅威也，而轻法不避刑戮死亡之罪者，世谓之勇夫。民之急名也甚，其求利也如此，则士之饥饿乏绝者，焉得无岩居苦身以争名于天下哉？故世之所以不治者，非下之罪，上失其道也。常贵其所以乱，而贱其所以治，是故下之所欲，常与上之所以为治相诡也。今下而听其上，上之所急也。而敦悫纯信，用心怯言，则谓之窭①。守法固，听令审，则谓之愚。敬上畏罪，则谓之怯。言时节②，行中适③，则谓之不肖。无二心私学，听吏从教者，则谓之陋。难致谓之正。难予谓之廉。难禁谓之齐。有令不听从谓之勇。无利于上谓之愿。少欲宽惠行德谓之仁。重厚自尊谓之长者。私学成群谓之师徒。闲静安居谓之有思。损仁逐利谓之疾。险躁佻反覆谓之智。先为人而后自为，类名号，言泛爱天下，谓之圣。言大本称而不可用，行而乖于世者，谓之大人。贱爵禄，不挠上者，谓之杰。下渐行如此，入则乱民，出则不便也。上宜禁其欲，灭其迹而不止也，又从而尊之，是教下乱上以为治也。

[注释]

①窭：粗浅鄙陋。②时节：时，善于；节，节制。③适：正。

[译文]

设立名号，是为了让人知道尊贵，现在有人鄙视名位、轻视实利的，世人却认为他们高洁。设置爵位是为了作为区分贵贱的，而有人怠慢君主，不求被君主认识，世人却认为他们贤能。威势和利益是用来推行法令的，而有人无视利益轻视威势，世人却认为他们稳重。法令是用来治理国家的，而有人不遵从法令私人做好事，世人却认为他们忠诚。官位爵禄是用来勉励民众的，而喜好名声道义不求做官，世人却认为他们是有气节的人。刑罚是用来掌握威势的，而有人轻视法律不怕杀戮死亡的罪过，世人却认为他们是勇敢的人。人民急于追求名声的情况已经很严重了，追求利益已到了如此地步，那么士人中遭受饥饿，走投无路的，怎么能不在山洞里隐居、让自己吃苦来在天下争得好名声呢？所以社会不安定，不是民众的责任，是君主失去了治国的方法。常常重视会导致混乱的，却轻视能使国家安定的，因此民众的追求，常常和君主用来治理国家的措施相违背。现在使臣下听从君主，是君主急于追求的。而敦厚诚实纯良守信，办事用心说话谨慎，就会被称为"鄙陋"。严格地遵守法律，谨慎地听从命令，就会被称为"愚昧"。尊敬君主，畏惧犯罪，就会被称为"胆怯"。善于节制语言，行为合于正道，就会被称为"没有能力"。不和君主离心去从事学术，听从官吏遵从教化，就会被称为"没有见识"。难以被君主征召，叫做"正直"。难以给他赏赐，叫做"廉洁"。难以被禁止，叫做"平等"。有命令也不听从，叫做"勇敢"。不向君主求利益，叫做"厚道"。减少欲望，广泛地施舍恩惠，施行恩德，叫做"仁慈"。稳重敦厚自尊，叫做"长者"。私人讲学的成群，叫做"师徒"。清闲平静在家安居，叫做"有思想"。损害仁义来追逐利益，叫做"敏捷"。阴险急躁，轻佻反复，叫做"聪明"。先为别人考虑，再为自己考虑，将各种名号看得差不多，主张广泛地爱天下人，叫做"圣人"。宣扬大的治国根本，被称赞但是不能实用，行为和世道相背，叫做"大人"。轻视爵位俸禄，不屈服于君主，叫做"杰出"。臣下沉浸这种风气到了如此地步，在国内就会扰乱民众，到国外就会对国家不利。君主应该禁止他们的欲望，消灭这些迹象，即使如此还不能制止，反而顺从他们，重视这些行为，这就是教导臣下扰乱君主，来进行统治啊。

凡所治者刑罚也，今有私行义者尊。社稷之所以立者安静也，而噪险谗谀者任。四封之内所以听从者信与德也，而陂知[①]倾覆者使。令之所以行，威之所以立者恭俭听上，而岩居非世者显。仓廪之所以实者耕农之本务也，而綦组[②]、锦绣、刻画为末作者富。名之所以成，城池之所以广者，战士也；今死士之孤饥饿乞于道，而优笑酒徒之属乘车衣丝。赏禄所以尽民力易下死也，今战胜攻取之士劳而赏不沾，而卜筮、视手理、狐虫为顺辞③于前者日赐。上握度量所以擅生杀之柄也，今守度奉量之士欲以忠婴④上而不得见，巧言利辞行奸轨以幸偷世者数御。据法直言，名刑相当，循绳墨，诛奸人所以为上治也，而愈疏远；诡施⑤顺意从欲以危世者近习。悉租税，专民力所以备难充仓府也，而士卒之逃事状匿，附托有威之门以避徭赋，而上不得者万数。夫陈善田利宅，所以战士卒也。而断头裂腹播骨乎平原野者，无宅容身，身死田夺；而女妹有色，大臣左右无功者，择宅而受，择田而食。赏利一从上出，所以擅制下也；而战介之士不得职，而闲居之士尊显。上以此为教，名安得无卑，位安得无危？夫卑名危位者，必下之不从法令，有二心无⑥私学，反逆世者也；而不禁其行，不破其群，以散其党，又从而尊之，用事者过矣。上世之所以立廉耻者，所以属⑦下也；今士大夫不羞污泥丑辱而宦，女妹私义之门不待次而宦。赏赐之所以为重也，而战斗有功之士贫贱，而便辟优徒超级。名号诚信，所以通威也，而主掩障。近习女谒并行，百官主爵迁人，用事者过矣。大臣官人与下先谋比周，虽不法行，威利在下，则主卑而大臣重矣。

[注释]

①陂知：陂，不正；知，通"智"。②綦组：有花纹的丝带。③狐虫为顺辞：虫，通"蛊"，《周易》中的卦名，《左传·僖公十五年》载卜徒父算卦遇到《蛊》卦，于是顺对方心意编造卦辞说"获其雄狐"。④婴：通"撄"，扰动。⑤施：通"迤"，歪斜不正。⑥无：应为"务"，致力于。⑦属：应为"厉"之误。厉，通"励"，激励。

[译文]

大凡国家能治理好的，是因为刑罚，现在有人私下实行仁义却得到尊重。社稷能确立，是因为安定平静，而急躁奸险谄媚阿谀的人却被任用。国内之所以会听从君主，是因为诚信和道德，而奸邪巧诈倾轧别人的人却被任用。命令可以推行，威势可以确立，是因为谦恭节俭听从君主，而住在山洞里非议社会的人却能显要。仓库之所以充实，是耕种的人辛勤劳作，而作编织、作刺绣、雕绘这类不重要的工作却能致富。成就功名，扩大城池，是因为战士的战斗，而现在为国家死去的人的遗孤饥饿地在路边乞讨，供君主取乐的优伶和酒鬼却乘着车，穿着丝衣。奖赏和俸禄，是用来竭尽人民的力量换取他们卖命的，现在战胜、攻下城池的人却得不到赏赐，而占卜、看手相、用《蛊》卦来顺从君主心意的人却每天得到赏赐。君主掌握法度，是掌握了生杀的权柄，现在遵守法度的人想要用逆耳忠言劝谏君主却不被接见，那些花言巧语，做坏事侥幸投机的人却多次被任用。依据法律直言，名义和实际相当，遵循法律处罚奸臣，为君主治国，却越来越疏远；谄媚奸邪，顺从君主意愿和欲望来危害社会，却被亲近宠爱。尽量收集租税，集中人民力量，是用来防备灾难充实仓库的；而士兵中逃避耕战而藏匿，依附于有威势的权臣门下来躲避徭役赋税，使得君主不能使用他们的，有数万人。陈设良好的田地和住宅，是用来激励士卒的。可是砍断头颅，剖开胸腹，把骨头抛在原野上的人，却没有住宅安身，死后田地被侵占；而女儿或妹妹有姿色，即使没有功劳的左右大臣，也可以选择良好的住宅，挑选良田来取食。奖赏和利益一律从君主手中发出，这是用来控制下属的；而战斗的甲士不能得到职位，安闲地居住在家里的人却尊贵显要。君主用这样的方法治国，名声怎么能不低下，地位怎么能不危险？使君主名声低下、地位危险，一定是臣下不遵从法律禁令，对君主怀有二心从事私人学说，反对现在的社会；而君主不禁止他们的行为，不破坏他们的群体来拆散他们的党羽，反而听从他们，重视他们，这就是执政者的过失了。古代之所以要设立廉耻的观念，就是用来激励臣下；现在士大夫不以靠卑污丑恶的行为谋取官职为耻，把女儿和妹妹嫁给君主的人就不依官阶次第来升官。赏赐是用来使人尊重的，而战斗有功劳的人却很贫贱，因阿谀奉承被君主宠幸的人和优伶却被越级提拔。名义和诚信是用来使君主威势通达的，而君主被蒙蔽。亲近的人和为人说情的宫女都可以弄权，百官都可以确立功爵，升迁官吏，这就是执政者的过失了。大臣任免下属，先和下属谋划结党，即使不合于法律也要执行，这样威势和利益就在臣下了，那么君主就地位卑微而大臣就掌握重权了。

夫立法令者以废私也，法令行而私道废矣。私者所以乱法也。而士有二心私学，岩居窞①处，托伏深虑，大者非世，细者惑下；上不禁，又从而尊之以名，化之以实，是无功而显，无劳而富也。如此，则士之有二心私学者，焉得无深虑、勉知诈、与诽谤法令以求索，与世相反者也。凡乱上反世者，常士有二心私学者也。故《本言》曰："所以治者法也，所以乱者私也。法立，则莫得为私矣。"故曰：道私者乱，道法者治。上无其道，则智者有私词，贤者有私意。上有私惠，下有私欲，圣智成群，造言作辞，以非法措于上。上不禁塞，又从而尊之，是教下不听上、不从法也。是以贤者显名而居，奸人赖赏而富。贤者显名而居，奸人赖赏而富，是以上不胜下也。

[注释]

①窞（dàn）：深坑。

[译文]

设立法律禁令，是为了废除私利，法令被实行了，谋私利的方法就被废除了。私利这东西，就是扰乱法令的。而士人和君主离心致力于私人学说，居住在山洞里和深坑里，托附权贵或隐居苦思冥想，大的非议世道，小的迷惑人心；君主不加以禁止，又顺从他们并用好的名声尊崇他们，用实际利益改变他们的处境，就是使他们没有功劳就可以尊显，不用劳动就可以致富。这样一来，那些和君主离心而致力于私人学说的士人，怎么能不苦思冥想、尽力于智慧巧诈、以及诽谤法律禁令来求取利益，和社会相违背。凡是扰乱君主，和社会相违背的人，常常是士人中和君主离心并致力于私人学术的人。所以《本言》说："用来治理国家的是法律，可以扰乱国家的是私利。法律树立了，就没有人去谋私利了。"所以说：通过私利治国就会混乱，通过法律治国就会安定。君主不掌握治国方法，那么聪明的人就会有谋私利的言辞，贤能的人也会有谋私利的心意。君主有私人的恩惠，臣下有私人的欲望，圣人和智者成群结伙，编造言辞，用非法的手段对付君主。君主不加以禁止，又听从并尊重他们，这是教导臣下不听从君主、不遵从法律。因此贤能的人名声显要而安居，奸邪的人依赖赏赐而致富。贤能的人名声显要而安居，奸邪的人依赖赏赐而致富，因此君主不能制伏臣下。

六反第四十六

　　畏死远难，降北之民也，而世尊之曰贵生之士；学道立方①，离法之民也，而世尊之曰文学之士；游居厚养，牟食之民也，而世尊之曰有能之士；语曲牟知②，伪诈之民也，而世尊之曰辩智之士；行剑攻杀，暴憿③之民也，而世尊之曰磏④勇之士；活贼匿奸，当死之民也，而世尊之曰任誉之士。此六民者，世之所誉也。赴险殉⑤诚，死节之民，而世少之曰失计之民也；寡闻从令，全法之民也，而世少之曰朴陋之民也；力作而食，生利之民也，而世少之曰寡能之民也；嘉厚纯粹，整谷⑥之民也，而世少之曰愚戆之民也；重命畏事，尊上之民也，而世少之曰怯慑之民也；挫贼遏奸，明上之民也，而世少之曰谄谗之民也。此六民者，世之所毁也。奸伪无益之民六，而世誉之如彼；耕战有益之民六，而世毁之如此。此之谓六反。布衣循私利而誉之，世主听虚声而礼之；礼之所在，利必加焉。百姓循私害而訾之，世主壅于俗而贱之；贱之所在，害必加焉。故名赏在乎私恶当罪之民，而毁害在乎公善宜赏之士，索国之富强，不可得也。

[注释]

①方：道。②牟知：牟，多。知，通"智"。③憿：同"侥"，侥幸。④磏：有棱角。⑤殉：通"徇"。⑥谷：通"悫"，诚实。

[译文]

畏惧死亡远避危难，是战场上投降或逃跑的人，而世人却尊称他们为珍惜生命的人；学习古代治国方法，树立自己的学说，是背离了法度的人，而世人却尊称他们为研究文献学术的人；到处游说、获得丰厚的奉养，是侵夺别人食物的人，而世人却尊称他们为有才能的人；言辞善于狡辩，多机巧，是虚伪欺诈的人，而世人却尊称他们为善辩聪明的人；用利剑杀人，是残暴冒险的人，而世人却尊称他们为刚正勇敢的人；救活贼人、藏匿奸人，是应当处死的，而世人却尊称他们为有美誉的人。这六种人，是世人所赞誉的。为国家奔赴险地，竭诚为君主办事，是为大节而死的人，而世人却贬低他们为失于算计的人；少听议论，遵从法令，是保全法令的人，而世人却贬低他们为浅薄固陋的人；尽力耕作来求得食物，是创造财富的人，而世人却贬低他们为无能的人；善良厚道、单纯质朴，是正直诚实的人，而世人却贬低他们为愚昧无知的人；重视命令、谨慎地处理公事，是尊重君主的人，而世人却贬低他们为胆小怕事的人；挫败贼人、遏制奸党，是使君主明察的人，而世人却贬低他们为谄媚、谗毁的人。这六种人，是世人所诋毁的。奸诈虚伪、对国家没有好处的人有六种，而世人却这样赞誉他们；从事耕作战争、有利于国家的人有六种，而世人却这样诋毁他们。这就是六种反常情况。普通人考虑到个人私利而赞誉，当世的君主听到了虚名声就礼遇；君主所礼遇的，必然会有利益。百姓因为对私人有危害就诋毁，当世的君主被世俗蒙蔽就轻视；君主所轻视的，必然会有危害降临。所以名誉和奖赏加在那些为私利作恶、应该受到惩罚的人身上，而诋毁和危害加在那些处事公平善良、应该受到奖赏的人身上，想要求得国家的富强，是不可能的。

古者有谚曰："为政犹沐也，虽有弃发，必为之。"爱弃发之费，而忘长发之利，不知权者也。夫弹①痤者痛，饮药者苦，为苦惫②之故，不弹痤、饮药，则身不活、病不已矣。

[注释]

①弹：用石针来治病。②惫：应为"痛"。

[译文]

古代有谚语说："处理政事像沐浴一样，即使有脱落的头发，也一定要洗。"爱惜脱落的头发的耗费，就忘记了洗头使头发生长的利益，这是不知道权衡利弊的人。用针刺痤疮很疼痛，吃药的味道很苦，如果为了药的苦味和针刺的疼痛，就不刺痤疮、不吃药，那么命就不能救活，病就治不好了。

今上下之接，无子父之泽，而欲以行义禁下，则交必有郄①矣。且父母之于子也，产男则相贺，产女则杀之。此俱出父母之怀衽②，然男子受贺，女子杀之者，虑其后便，计之长利也。故父母之于子也，犹用计算之心以相待也，而况无父子之泽乎！

[注释]

①郄：通"隙"。②衽：衣襟。

[译文]

现在君臣的交往，没有父子般的恩泽，却想要用施行仁义来禁制臣下，那么交往必然会有裂痕。况且父母对待儿子，生了男孩就互相庆贺，生了女孩就杀死。子女都是父母所生，可是男孩却接受庆贺，女孩就被杀，这是因为考虑到以后的便利，计算了长久的利益啊。所以父母对待子女，尚且用算计的心态，更何况君臣之间没有父子的恩泽呢！

今学者之说人主也，皆去求利之心，出相爱之道，是求人主之过于父母之亲也，此不熟于论恩诈而诬也，故明主不受也。圣人之治也，审于法禁，法禁明著则官法①；必于赏罚，赏罚不阿则民用官。官治则国富，国富则兵强，而霸王之业成矣。霸王者，人主之大利也。人主挟大利以听治，故其任官者当能，其赏罚无私。使士民明焉尽力致死，则功伐可立而爵禄可致，爵禄致而富贵之业成矣。富贵者，人臣之大利也。人臣挟大利以从事，故其行危至死，其力尽而不望。此谓君不仁，臣不忠，则不可以②霸王矣。

[注释]

①法：依下文应作"治"。②不可以：应为"可以"。

[译文]

现在学者游说君主，都让他们去掉追求利益的心，而遵循互相敬爱的原则，这是要求君主的爱超过父母的爱，这是不精于谈论施恩的虚妄之谈，所以圣明的君主不会接受。圣人治理国家，明确制定法律禁令，法律禁令明白官员就依法办事；坚定地实行赏罚，赏罚不偏私，人民就能被官吏使用。官员依法办事，国家就富足，国家富足就能兵力强盛，霸王的事业就成就了。霸王的事业，是君主最大的利益。君主怀着这样大的利益来治理国家，所以他任用官职都要有相应的才能，奖赏和处罚不怀私心。让人民明白，竭尽全力拼命，那么功劳可以树立而爵位俸禄可以得到，得到爵位俸禄，那么富贵的功业成就。富贵是臣子最大的利益。臣子怀着这样大的利益来做事，所以做危险的事直到死去也不畏惧，竭尽了全力也不会怨恨。这就是说，如果君主不讲仁爱，臣子不讲忠心，就能称霸王了。

夫奸必知则备，必诛则止；不知则肆，不诛则行。夫陈轻货于幽隐，虽曾、史可疑也；悬百金于市，虽大盗不取也。不知，则曾、史可疑于幽隐；必知，则大盗不取悬金于市。故明主之治国也，众其守而重其罪，使民以法禁而不以廉止。母之爱子也倍父，父令之行于子者十母；吏之于民无爱，令之行于民也万父。母积爱而令穷，吏用威严而民听从，严爱之策亦可决矣。且父母之所以求于子也，动作则欲其安利也，行身则欲其远罪也；君上之于民也，有难则用其死，安平则尽其力。亲以厚爱关①子于安利而不听，君以无爱利求民之死力而令行。明主知之，故不养恩爱之心而增威严之势。故母厚爱处，子多败，推爱也；父薄爱教笞，子多善，用严也。

[注释]

①关：措置。

[译文]

奸邪一定会被发现，他们就会戒备，一定会被惩罚，他们就会停止；不能被发现，就会放肆，不能被处罚，就会去实行。把不值钱的财物放在幽暗隐蔽的地方，即使是曾参、史鱼这样正直的人也是可以怀疑的；把一百金悬在闹市，即使是大盗也不敢去拿。不能被发现，即使是曾参和史鱼在幽暗隐蔽的地方也值得怀疑；一定能发现，即使是大盗也不敢在闹市拿悬挂的金子。所以圣明的君主治理国家，增加守卫的人，加重处罚，让人民因为法律而被禁止，而不是因为正直才不做坏事。母亲对儿子的爱比父亲多一倍，可是父亲的命令被儿子执行的，比母亲多十倍；官吏对人民没有恩爱，命令被人民执行的，比父亲多一万倍。母亲积聚了母爱，而命令却不被执行；官吏使用威严，人民就听从。采用威严或慈爱就可以决断了。况且父母对子女所企求的，一举一动就希望他们安全有利，立身处事就希望他们远离罪责；君主对于人民，有困难就让他们卖命，平安的时候就竭尽他们的能力。亲人用深厚的爱把子女置于安全有利，而子女却不听从；君主没有慈爱和利益，却去求人民竭尽死力，而命令却能推行。圣明的君主知道这个道理，所以不培养恩爱的心，而增加威严的权势。所以母亲用厚爱对待子女，子女大不成器，这是因为实行了仁爱；父亲的爱微薄，用鞭打的方法教育子女，子女大多优秀，这是因为使用了威严。

今家人之治产也，相忍以饥寒，相强以劳苦，虽犯军旅之难，饥馑之患，温衣美食者，必是家也；相怜以衣食，相惠以佚乐，天饥岁荒，嫁妻卖子者，必是家也。故法之为道，前苦而长利；仁之为道，偷乐而后穷。圣人权其轻重，出其大利，故用法之相忍，而弃仁人之相怜也。学者之言，皆曰"轻刑"，此乱亡之术也。凡赏罚之必者，劝禁也。赏厚，则所欲之得也疾；罚重，则所惠[①]之禁也急。夫欲利者必恶害，害者，利之反也。反于所欲，焉得无恶？欲治者必恶乱，乱者，治之反也。是故欲治甚者，其赏必厚矣；其恶乱甚者，其罚必重矣。今取于轻刑者，其恶乱不甚也，其欲治又不甚也。此非特无术也，又乃无行。是故决贤不肖愚知[②]之美，在赏罚之轻重。且夫重刑者，非为罪人也。明主之法，揆[③]也。治贼，非治所揆也；治所揆也者，是治死人也。刑盗，非治所刑也；治所刑也者，是治胥靡[④]也。故曰：重一奸之罪而止境内之邪，此所以为治也。重罚者，盗贼也；而悼惧者，良民也。欲治者奚疑于重刑？若夫厚赏者，非独赏功也，又劝一国。受赏者甘利，未赏者慕业，是报一人之功而劝境内之众也。欲治者何疑于厚赏？今不知治者，皆曰："重刑伤民，轻刑可以止奸，何必于重哉？"此不察于治者也！夫以重止者，未必以轻止也；以轻止者，必以重止矣。是以上设重刑者而奸尽止，奸尽止则此奚伤于民也？所谓重刑者，奸之所利者细，而上之所加焉者大也；民不以小利蒙大罪，故奸必止者也。所谓轻刑者，奸之所利者大，上之所加焉者小也。民慕其利而傲其罪，故奸不止也。故先圣有谚曰："不蹶⁵于山，而蹶于垤⁶。"山者大，故人顺⁷之；垤微小，故人易之也。今轻刑罚，民必易之。犯而不诛，是驱国而弃之也；犯而诛之，是为民设陷也。是故轻罪者，民之垤也。是以轻罪之为民道也，非乱国也则设民陷也，此则可谓伤民矣！

[注释]

①惠：有学者认为应是"欲"。②知：通"智"。③揆：衡量。④胥靡：囚犯。⑤蹶：跌倒。⑥垤（dié）：小土堆。⑦顺：通"慎"。

[译文]

现在家庭治理家产，用饥寒来让家人忍耐，用劳苦来互相督促，即使是有战争的危难，饥荒的祸患，能够有温暖的衣服和美好的食物的，一定是这样的人家；如果用衣食怜爱家人，用淫逸欢乐来互相加惠，遇到灾荒年，嫁出妻子、卖掉儿子的，一定是这样的人家。所以法律之道，先受苦而有长远的利益；仁义之道，暂时安乐而后遭遇困境。圣人权衡轻重，从大的利益出发，所以使用法律让人忍耐，而放弃仁爱的互相怜爱。学者的言论，都说"减轻刑罚"，这是导致混乱灭亡的方法。大凡坚持奖赏和处罚，是为了勉励人民、禁止奸邪。奖赏丰厚了，那么想要的东西得到的就快；处罚加重了，那么想禁止的东西禁止的就快。想要利益的一定厌恶祸害，祸害，是和利益相反的。和想要的东西相反，怎么能不厌恶呢？想要国家安定一定厌恶混乱，混乱，是和治国相反的。因此非常希望安定的，奖赏一定要丰厚；非常厌恶混乱的，处罚一定要加重。现在听取了减轻刑罚的意见，是因为厌恶混乱还不过分，而希望安定也不强烈。这不仅仅是不懂得治国方法，也是没有德行。因此决断贤能与不贤能、愚昧与聪明的差别，在于赏罚的轻重。况且加重刑罚，不是为了惩罚人。圣明的君主的法律，是一种衡量标准。惩治奸贼，不是要惩治法律所衡量的具体的人；只惩治法律所衡量到的具体的人，就是惩治死人了。处罚盗贼，不是惩治被施加刑罚的具体的人；只惩治被施加刑罚的具体的人，就是惩治囚犯了。所以说：加重了一个奸人的处罚，而禁止了国内的奸邪行为，这才是用来治国的方法。被重罚的，是盗贼；而感到恐惧的，是善良的人民。想要使国家安定的人，对于加重刑罚又有什么可疑虑的呢？像那丰厚的奖赏，不单单是为了奖赏功劳，又是为了勉励全国的人民。受到奖赏的人乐于得到利益，没有奖赏的人向往建立功业，这是回报了一个人的功劳，而勉励全国的民众。想要使国家安定的人，对于丰厚的奖赏又有什么可疑虑的呢？现在不懂得治国的人都说："加重刑罚会伤害人民，减轻刑罚可以禁止奸邪，何必要加重刑罚呢？"这是对于治国不能明察啊！用重刑可以禁止的事，不一定能用轻的刑罚禁止；用轻的刑罚可以禁止的，一定可以用重刑禁止。所以君主设立重刑，而奸邪就全部被禁止；奸邪全部被禁止，这对人民有什么伤害呢？所谓的重刑，是奸人得到的利益小，而君主所施加的刑罚大；人民不会为了小的利益甘愿被施加大的刑罚，所以奸人一定可以被禁止。所谓轻的刑罚，是奸人所得到的利益大，而君主所施加的刑罚小。人民向往得到利益，而轻视小的罪名，所以奸人不能被禁止。所以古代圣人有谚语说："不会被高山绊倒，却会被小土堆绊倒。"山很高大，所以人都顺从它；土堆很微小，所以人们都轻视它。现在减轻了刑罚，人民一定会轻视它。触犯法律而不被惩罚，是驱使着国家的民众犯罪却抛弃了他们；触犯法律就加以惩罚，是为人民设立了陷阱。所以轻的刑罚，是人民的小土堆。因此用轻的刑罚来治理人民，不是使国家陷入混乱，就是为民众设立了陷阱，这才可以说是伤害了人民呢！

今学者皆道书策之颂语，不察当世之实事，曰："上不爱民，赋敛常重，则用不足，而下恐①上，故天下大乱。"此以为足其财用以加爱焉，虽轻刑罚可以治也。此言不然矣。凡人之取重赏罚，固已足之后也。虽财用足而厚爱之，然而轻刑，犹之乱也。夫当家之爱子，财货足用；财货足用则轻用，轻用则侈泰。亲爱之则不忍，不忍则骄恣；侈泰则家贫，骄恣则行暴。此虽财用足而爱厚，轻利②之患也。凡人之生也，财用足则隳③于用力，上治懦则肆于为非。财用足而力作者，神农也；上治懦而行修者，曾、史也。夫民之不及神农、曾、史亦已明矣。老聃有言曰："知足不辱，知止不殆。"夫以殆辱之故而不求于足之外者，老聃也；今以为足民而可以治，是以民为皆如老聃也。故桀贵在天子而不足于尊，富有四海之内而不足于宝。君人者虽足民，不能足使为君，天子而桀未必为天子为足也，则虽足民，何可以为治也？故明主之治国也，适其时事以致财物，论其税赋以均贫富，厚其爵禄以尽贤能，重其刑罚以禁奸邪，使民以力得富，以事致贵，以过受罪，以功致赏而不念慈惠之赐，此帝王之政也。

[注释]

①恐：应为"怨"。②利：应为"刑"。③隳：通"惰"。

[译文]

现在的学者都称道书册典籍中颂扬功绩的话，而不明察当世的实际情况，说："君主不爱人民，赋税聚敛常常很重，那么人民的财物费用就不够，而臣下怨恨君主，所以天下大乱。"这是认为使人民财物费用充足，来对人民施加仁爱，即使是轻的刑罚也可以使国家安定。这话就不对了。大凡君主采取加重的赏罚，本来就是在使人民富足之后了。即使财物费用充足，然后厚爱人民，然而使用轻的刑罚，仍然会导致混乱。当家的人喜爱儿子，就让他财物够用；财物够用，就轻易地使用，轻易地使用，就奢侈过度。亲爱儿子，就不会狠心对待他；不会狠心，就会骄傲放纵；奢侈过度，就会使家庭贫困；骄傲放纵，就会行为残暴。即使财物费用充足而慈爱深厚，使用轻的刑罚也会导致祸患。大凡人的本性，财物费用充足就会懒得用力，君主懦弱就肆意为非作歹。财物费用充足还要努力耕作的，是神农；君主的统治懦弱而行为美好的，是曾参和史鱼。人民不如神农、曾参和史鱼，这是很明白的了。老子曾说过："知道满足就不会有耻辱，知道停止就不会有危险。"因为危险和耻辱的缘故，只要足够用就不再额外寻求利益的人，是老子；现在认为使人民财物充足就可以使国家安定，是把人民都看作老子那样的人。所以桀贵为天子，却不满足于自己的尊贵；富有到拥有全国，却不满足于自己的宝物。做君主的，即使让人民财物充足，也不能让他们满足于君主，而桀还不一定以天子为满足，那么即使让人民财物充足，怎么能用来治理国家呢？所以圣明的君主治理国家，顺应时机和事理来取得财物，讨论赋税来平均贫富，增加爵位和俸禄来使贤能的人尽力，加重刑罚来禁止奸邪，让人民因为出力而获得财富，因为做事而得到尊贵，因为过失而受到处罚，因为功劳而受到奖赏，而不念念不忘于慈爱恩惠的赏赐，这就是帝王的政治措施。

人皆寐，则盲者不知；皆嘿①，则喑者不知。觉而使之视，问而使之对，则喑盲者穷矣。不听其言也，则无术者不知；不任其身也，则不肖者不知。听其言而求其当，任其身而责其功，则无术不肖者穷矣。夫欲得力士而听其自言，虽庸人与乌获②不可别也；授之以鼎俎③，则罢④健效矣。故官职者，能士之鼎俎也；任之以事，而愚智分矣。故无术者得于不用，不肖者得于不任。言不用而自文以为辩，身不任而自饰以为高。世主眩其辩、滥⑤其高而尊贵之，是不须视而定明也，不待对而定辩也，喑盲者不得矣。明主听其言必责其用，观其行必求其功，然则虚旧之学不谈，矜诬之行不饰矣。

[注释]

①嘿：沉默。②乌获：古代大力士。③俎：有学者认为是衍文。④罢：通"疲"。⑤滥：贪图。

[译文]

人都在睡觉，盲人就不会被发现；都沉默，哑巴就不会被发现。睡醒之后让他们看，提问题让他们回答，那么哑巴和盲人就没有办法了。不听他们的言论，那么没有术的人不会被发现；不任用他们，那么没有才能的人不会被发现。听取他们的言论而责求和事实相符，任用他们来责求他们的功效，那么无术无能的人就没办法了。想要得到大力士，而听他们自己介绍，即使是普通人和乌获这样的大力士也不能区分；给他们大鼎让他们试举，那么弱小和强健就很明白了。所以官职就是有能力的人的鼎，把事情委托给他们，那么愚昧和聪明就能区分了。所以无术的人因为不经试用而得志，无能的人因为不经任事而得志，言语不被采用就自我修饰以为善辩，自身不被任用就自我吹嘘来抬高自己，当世的君主迷惑于他的善辩、贪求他的才高而尊重他们，这是不让他们看就断定他们视力好，不听他们回答就断定他们善辩，就不能发现哑巴和盲人了。圣明的君主听取臣下言论一定要责求实用，看他的行为一定要责求他的功效，这样一来空虚陈旧的学说就不被人谈论，自我夸耀弄虚作假的行为就不能被掩饰了。

八说第四十七

为故人行私谓之不弃，以公财分施谓之仁人，轻禄重身谓之君子，枉法曲亲谓之有行，弃官宠①交谓之有侠，离世遁上谓之高傲，交争逆令谓之刚材，行惠取众谓之得民。不弃者吏有奸也，仁人者公财损也，君子者民难使也，有行者法制毁也，有侠者官职旷也，高傲者民不事也，刚材者令不行也，得民者君上孤也。此八者匹夫之私誉，人主之大败也。反此八者，匹夫之私毁，人主之公利也。人主不察社稷之利害，而用匹夫之私誉，索国之无危乱，不可得矣。

[注释]

①宠：尊重。

[译文]

为老朋友办私事，被称为不抛弃朋友；把公家的财物分发施舍，被称为仁慈；轻视俸禄重视自身，被称为君子；歪曲法律包庇亲人，被称为有德行；放弃官职重视与人结交，被称为有侠气；远离世俗躲避君主，被称为高傲；互相争斗违反法令，被称为刚强；施行惠爱收买民众，被称为得民心。有了不抛弃朋友的人，官吏就会有奸邪的行为；有了仁慈的人，就会使公家的财物受到损失；有了君子，人民就难以驱使了；有了有德行的人，法制就毁坏了；有了有侠气的人，官职就空缺了；有了高傲的人，人民就不会为君主做事了；有了刚强的人，法令就不能推行了；有了得民心的人，君主就孤立了。这八种人，都是对普通人私人品行的赞誉，却是对君主的极大损害。反对这八种人，是对普通人私人品行的破坏，却是合于君主的国家利益的。君主不能明察国家的利害形势，却对普通人的私人品行赞誉，想要追求国家不陷入危险和混乱，是不可能的。

任人以事，存亡治乱之机也。无术以任人，无所任而不败。人君之所任，非辩智则修洁也。任人者，使有势也。智士者未必信也，为多其智，因惑其信也。以智士之计，处乘势之资而为其私急，则君必欺焉。为智者之不可信也，故任修士者，使断事也。修士者未必智，为洁其身，因惑其智。以愚人之所惛①，处治事之官而为其所然，则事必乱矣。故无术以用人，任智则君欺，任修则君事乱，此无术之患也。明君之道，贱德义贵②，下必坐③上，决诚以参，听无门户，故智者不得诈欺。计功而行赏，程④能而授事，察端而观失，有过者罪，有能者得，故愚者不任事。智者不敢欺，愚者不得断，则事无失矣。

[注释]

①惛：昏昧。②贱德义贵：应为"贱得议贵"。③坐：连坐的刑法。④程：衡量。

[译文]

把事情交托给人，是国家生存灭亡、安定混乱的关键。没有方法来任用人，不管任用什么人都会使事情失败。君主所任用的人，不是善辩聪明的就是品德优秀廉洁的。任用人，是要让他有权势。聪明的人不一定诚实，因为喜爱他太聪明，于是错误地认为他们可信。这种人凭借聪明人的计谋，凭借掌握权势的资本来做自己私人的事，那么君主必然被欺骗。因为聪明人不可信，所以任用品德优秀廉洁的人，让他们来决断事务。品德优秀的人不一定聪明，因为他自身廉洁，所以错误地认为他们聪明。这种人凭借愚蠢的人的昏昧，处在治理事务的官位上来做自己认为对的事，那么事情就会混乱。所以没有方法来任用人，任用聪明人君主就会被欺骗，任用品德优秀的人君主的事情就会被扰乱，这就是没有用人方法的祸患。圣明君主的用人方法，是低贱的人敢于议论高贵的人，下级会因不举报上级而与上级同罪，用检验的方法来考察事情的真相，听取臣下建议不是专听一人，所以聪明人就不能使诈欺骗了。计算功劳来施行奖赏，衡量能力来授予官职，观察事情的起因来考察过失，有错误的就判罪，有才能的就奖赏，所以愚蠢的人不能担当官职。聪明的人不敢欺骗君主，愚蠢的人不能决断事务，那么事情就不会有失误了。

察士然后能知之，不可以为令，夫民不尽察。贤者然后能行之，不可以为法，夫民不尽贤。杨朱、墨翟，天下之所察也，干世乱而卒不决，虽察而不可以为官职之令。鲍焦、华角，天下之所贤也，鲍焦木枯，华角赴河，虽贤不可以为耕战之士。故人主之所察，智士尽其辩焉；人主之所尊，能士尽其行焉。今世主察无用之辩，尊远功之行，索国之富强，不可得也。博习辩智如孔、墨，孔、墨不耕耨，则国何得焉？修孝寡欲如曾、史，曾、史不战攻，则国何利焉？匹夫有私便，人主有公利。不作而养足，不仕而名显，此私便也。息文学而明法度，塞私便而一功劳，此公利也。错①法以道②民也，而又贵文学，则民之所师法也疑③；赏功以劝民也，而又尊行修，则民之产利也惰。夫贵文学以疑法，尊行修以贰功，索国之富强，不可得也。

[**注释**]

①错：通"措"，放置。②道：通"导"，引导。③疑：通"拟"，敌对，

匹敌。

[译文]

明察的人才能懂得的东西,不能作为法令,人民不都是明察的。贤能的人才能做到的,不能作为法律,人民不都是贤能的。杨朱和墨翟,是天下闻名的明察,身处乱世却最终不能解决,即使明察,也不能拿他们的学说作为官府的法令。鲍焦和华角,是天下闻名的贤能,鲍焦抱着树木而死,华角投河而死,即使他们贤能,也不能成为耕种战斗的人。所以君主所明察的,聪明人就尽力施展辩术;君主所尊崇的,贤能的人就尽力去施行。现在当世的君主喜欢没有实际功用的辩论,尊崇远离实际功效的行为,想要求国家的富强,是不可能的。孔丘和墨翟如此博学而善辩机智,可是孔丘和墨翟不耕种,那么国家能得到什么呢?曾参和史鱼如此讲究孝道、清心寡欲,可是曾参和史鱼不从事于战斗,那么国家能得到什么呢?普通人有私人的利益,君主有国家的利益。不劳作就奉养充足,不做官就声名显要,这就是私人利益。止息文学宣明法度,断绝私人利益,专门依靠功劳来实行赏罚,这就是国家利益。设置法律是为了引导人民,却又崇尚文学,那么人民所遵循的法律就有了相对立的东西。奖赏功劳是为了勉励人民,却又尊崇良好的行为,那么人民对于生产获利就懈怠了。崇尚文学来和法律相对,尊崇良好的行为而不按功行赏,想要求得国家富强,是不可能的。

搢笏干戚,不适①有方铁铦②;登降周旋,不逮日中奏③百;狸首射侯④,不当强弩趋⑤发;干⑥城距⑦冲,不若堙穴伏橐⑧。古人亟于德,中世逐于智,当今争于力。古者寡事而备简,朴陋而不尽,故有珧铫⑨而推车者。古者人寡而相亲,物多而轻利易让,故有揖让而传天下者。然则行揖让,高慈惠,而道仁厚,皆推政也。处多事之时,用寡事之器,非智者之备也;当大争之世而循揖让之轨,非圣人之治也。故智者不乘推车,圣人不行推政也。

[注释]

①适:通"敌"。②有方铁铦:有方,应为"酋矛",两丈长的长矛。铦,古代一种类似于标枪的兵器。③奏:通"走",奔跑。④狸首射侯:古代射箭的礼仪。⑤趣:通"促",急促。⑥干:通"捍",保卫。⑦距:通"拒"。⑧堙穴伏橐:堙,通"湮",水淹没。穴,打洞。伏,埋伏。橐,通"橐",风箱,此处指用火攻。⑨珧(yáo)铫(yáo):珧,蚌壳。铫,锄头。

[译文]

古代腰带上插着笏板手里拿着盾牌斧头跳舞来教化敌人,不敌现在用长矛短枪征服敌人;古代使用登堂降阶和客人周旋的礼节,比不上现在一天奔跑百里的勇力;古代遵守狸首射侯的礼仪来射箭,比不上现在用强劲的弓弩急速发射;古代捍卫城池抵御冲车,不如现在用水淹、打洞、埋伏、火攻来攻城。古人急于追求道德,中古的人追逐智慧,现在的人依靠力量争强。古代事情少,装备也简单,器物简朴拙陋而不精致,所以有蚌壳做的锄头和用人推的车。古代人少而互相亲近,财物多而轻视利益,轻易地辞让,所以有拱手谦让就把天下传给别人的人。这样说来,奉行拱手谦让,推崇仁慈惠爱,称道仁义亲厚,都是古代推车一样简朴的政治手段。现在处在事情繁多的时代,却使用古代事情少的时候使用的器物,这不是聪明人做的事;在面对大纷争的时代里,却遵循拱手谦让的礼仪,这不是圣明君主的统治方法。所以聪明的人不乘坐古代的推车,圣明的君主不实行古代的推政。

法所以制事,事所以名功也。法有立而有难,权其难而事成则立之;事成而有害,权其害而功多则为之。无难之法,无害之功,天下无有也。是以拔千丈之都,败十万之众,死伤者军之乘①，甲兵折挫，士卒死伤，而贺战胜得地者，出其小害计其大利也。夫沐者有弃发，除②者伤血肉；为人见其难，因释其业，是无术之事③也。先圣有言曰："规有摩④，而水有波，我欲更之，无奈之何！"此通权之言也。是以说有必立而旷于实者，言有辞拙而急于用者。故圣人不求无害之言，而务无易之事。人之不事衡石者，非贞廉而远利也。石不能为人多少，衡不能为人轻重，求索不能得，故人不事也。明主之国，官不敢枉法，吏不敢为私，货赂不行，是境内之事尽如衡石也。此其臣有奸者必知，知者必诛。是以有道之主，不求清洁之吏，而务必知之术也。

[注释]

①乘：应为"垂"，一半。②除：病愈。③事：应为"患"。④摩：通"磨"，磨损。

[译文]

法律是用来规定事情的，事情是用来命名功绩的。如果法律设立起来会有困难，就衡量它的困难，如果事情能成功就设立它；如果事情能办成却有危害，权衡功劳多于危害就去做。没有困难的法律，没有危害的功劳，天下是没有的。所以攻下方圆千丈的城市，打败十万人的军队，死伤的人数是全军的一半，铠甲和兵器被折断损坏，士兵有死有伤，却还要祝贺战争胜利得到土地，是因为忽视它的小危害，而考虑大的利益。洗头的人会掉头发，病愈的人也会伤损血肉；因为见到了它的危害，于是放弃了要做的事，这是不懂得方法的错误。先辈圣人曾说："圆规会磨损，水面有波纹，我想要变更它们，却不知怎么做。"这是通达了权术的言论啊！因此言论有一定成立却没有实际效果的，言辞有语言笨拙却切合于实用的。所以圣人不追求没有危害的言论，只是致力于不能改变的事物。人们不在秤和石等量器上打主意，不是因为正直廉洁，不求利益，而是因为石不会为人而改变多少，秤不能为人而改变轻重，向它们要求是不能得到利益的，所以人们就不会在它们上面打主意了。圣明君主的国家，官员不敢歪曲法律，属吏不敢做私人的事，行贿的事不能实行，这样一来，国内的事就都像秤和石一样公正了。这样臣子中有奸邪的就一定能知道，知道就一定要惩罚。因此掌握了治国方法的君主，不去寻求清正廉洁的官吏，而是致力于一定能明察的方法。

慈母之于弱子也，爱不可为前。然而弱子有僻行，使之随师；有恶病，使之事医。不随师则陷于刑，不事医则疑①于死。慈母虽爱，无益于振刑救死。则存子者非爱也。子母之性，爱也；臣主之权，筴②也。母不能以爱存家，君安能以爱持国？明主者，通于富强则可以得欲矣。故谨于听治，富强之法也。明其法禁，察其谋计。法明则内无变乱之患，计得则外无死虏之祸。故存国者，非仁义也。仁者，慈惠而轻财者也；暴者，心毅而易诛者也。慈惠则不忍，轻财则好与。心毅则憎心见③于下，易诛则妄杀加于人。不忍则罚多宥赦，好与则赏多无功。憎心见则下怨其上，妄诛则民将背叛。故仁人在位，下肆而轻犯禁法，偷幸而望于上；暴人在位，则法令妄而臣主乖，民怨而乱心生。故曰：仁暴者，皆亡国者也。

[注释]

①疑：通"拟"，近。②筴：算计，计谋。③见：通"现"。

[译文]

慈母对于弱小的儿子，没有什么爱可以超过它了。可是小孩子有了邪恶的行为，还是要让他随着老师学习；有了重病，还是要让他去求医。不跟随老师就陷入刑狱，不求医就接近死亡。慈母即使再慈爱，对于把孩子从刑罚中拯救出来或从死亡里救治活却没有任何好处。那么保存孩子的就不是慈爱了。母子之间的本性是慈爱，君臣间的权术是计谋。母亲不能用爱来保全家庭，君主怎么能用爱来治理国家呢？圣明的君主，通晓了使国家富强的方法就可以实现欲望了。所以谨慎地治理政事，是使国家富强的方法。申明法律禁令，明察谋划计策。法律申明了国内就不会有事变和混乱的祸患，计策得当了对外就不会有死亡和俘虏的灾祸。所以用来保存国家的，不是仁义。仁爱是指仁慈惠爱而轻视财物，暴戾是指心地狠毒而轻意处罚。仁慈惠爱就不够狠心，轻视财物就喜好施舍。心地狠毒，憎恨的心就会显露给臣下；轻易处罚，随意地杀戮就会施加给人民。不够狠心，处罚就多被宽恕；喜好施舍，赏赐就会给予没有功劳的人。憎恨的心显露给臣下，臣下就会怨恨君主；随意杀戮，人民就会背叛君主。所以仁慈的君主在位，臣下就放纵，轻易地违反禁令和法律，怀有侥幸心理而期望君主的赏赐；暴戾的君主在位，就会导致法令虚妄而君臣相离，人民怨恨而作乱的心思产生。所以说：仁慈的君主和暴戾的君主，都是会导致亡国的人。

不能具美食而①劝饿人饭，不为能活饿者也；不能辟草生粟而劝贷施赏赐，不能为②富民者也。今学者之言也，不务本作而好末事，知道虚圣以说民，此劝饭之说。劝饭之说，明主不受也。

[注释]

①而：却。②能为：应为"为能"。

[译文]

不能准备好美味的食物而只是劝饥饿的人吃饭，不算是能救活饥民的人；不能除草生产粮食而只是劝人施舍赏赐，不算是能使人民富有的人。现在学者的言论，不致力于根本的事业，却喜好不重要的事业，知道说一些虚幻不实的圣贤的事来说服人民，这也是和劝人吃饭的话一样空虚。劝饥民吃饭这样的空话，圣明的君主是不会接受的。

书约而弟子辩①，法省而民讼简。是以圣人之书必著论，明主之法必详事。尽思虑，揣得失，智者之所难也；无思无虑，挈②前言而责后功，愚者之所易也。明主虑愚者之所易，以③责智者之所难，故智虑力劳不用而国治也。

[注释]

①辩：通"辨"。②挈（qiè）：执。③以：应为"不"。

[译文]

书写的简约，学生就容易辨论，法律简单，人民就会诉讼而简慢法律。因此圣人的书一定观点鲜明，圣明君主的法律一定详尽于事理。竭尽思虑，揣测得失，这是聪明人也觉得为难的事；不假思索，拿以前的言论来责求后来的功绩，这是愚蠢的人也觉得简单的事。圣明的君主应该考虑愚蠢的人觉得容易的事，不能责求聪明人觉得为难的事。所以智慧思虑、力量劳苦都不必使用，国家就能治理好了。

酸甘咸淡，不以口断而决于宰尹，则厨人轻君而重于宰尹矣。上下清浊，不以耳断而决于乐正，则瞽工轻君而重于乐正矣。治国是非，不以术断而决于宠人，则臣下轻君而重于宠人矣。人主不亲观听，而制断在下，托食于国者也。

[译文]

酸甜咸淡的味道，不亲自品尝判断却让宰尹来决断，那么厨师就轻视君主却重视宰尹了。高低清浊的声音，不亲自耳听判断却让乐正来决断，那么盲人乐师就轻视君主却重视乐正了。治理国家的是非，不亲自用权术判断却让宠爱的人判断，那么臣下就轻视君主却重视君主宠爱的人了。君主不亲自观察情况、听取意见，却把控制判断的权力放在臣下那里，就是寄居求食在国内的人。

使人不衣不食而不饥不寒，又不恶死，则无事上之意。意欲不宰于君，则不可使也。

[译文]

如果人不穿衣服也不吃饭，却不饿也不冷，又不怕死，就没有侍奉君主的观念了。观念和欲望不被君主主宰，君主就不能驱使他们。

今生杀之柄在大臣，而主令得行者，未尝有也。虎豹必不用其爪牙而与鼷鼠同威，万金之家、必不用其富厚而与监门同资。有土之君，说①人不能利，恶人不能害，索人欲畏重己，不可得也。

[注释]

①说：通"悦"。

[译文]

现在生杀大权在大臣手里，而君主的命令得以施行的，是从来没有的。虎豹不使用自己的爪牙，他们的威力就和小老鼠一样了；拥有万金的家庭不使用自己丰厚的财产，他们的资财就和守门人一样了。拥有土地的君主，喜欢人却不能让他获利，厌恶人却不能让他受到危害，还想要别人畏惧重视自己，一定不能实现。

人臣肆意陈欲曰侠，人主肆意陈欲曰乱；人臣轻上曰骄，人主轻下曰暴。行理同实，下以受誉，上以得非①，人臣大得，人主大亡。

[注释]

①非：通"诽"。

[译文]

臣下任意表现自己的欲望叫做"侠",君主任意表现自己的欲望叫做"乱";臣下轻视君主叫做"骄",君主轻视臣下叫做"暴"。两种行为的道理从实质上是相同的,臣下因此受到赞誉,君主因此受到批评。臣下得到了很大好处,君主却受到了很大损失。

明主之国,有贵臣无重臣。贵臣者,爵尊而官大也;重臣者,言听而力多者也。明主之国,迁官袭级,官爵受①功,故有贵臣;言不度②行,而有伪必诛,故无重臣也。

[注释]

①受:通"授"。②度:合于标准和法则。

[译文]

圣明君主的国家,有尊贵的臣子却没有掌握重权的臣子。尊贵的臣子,爵位高而官职大;掌握重权的臣子,言论能被君主听从而势力大。圣明君主的国家里,升迁官员沿着级别进行,官爵授给有功劳的人,所以有尊贵的臣子;言论不合于行为,做虚假事的人一定惩罚,所以没有掌握重权的臣子。

八经第四十八

一、凡治天下，必因人情。人情者，有好恶，故赏罚可用。赏罚可用则禁令可立而治道具矣。君执柄以处势，故令行禁止。柄者，杀生之制也；势者，胜众之资也。废置无度则权渎，赏罚下共则威分。是以明主不怀爱而听，不留说①而计。故听言不参则权分乎奸，智力不用则君穷乎臣。故明主之行制也天，其用人也鬼。天则不非，鬼则不困。势行教严逆而不违，毁誉一行而不议。故赏贤罚暴，举善之至者也；赏暴罚贤，举恶之至者也。是谓赏同罚异。赏莫如厚，使民利之；誉莫如美，使民荣之；诛莫如重，使民畏之；毁莫如恶，使民耻之。然后一行其法，禁诛于私。家不害功罪，赏罚必知之，知②之道尽矣。

因情③

[注释]

①说：通"悦"。②知：通"治"。③因情：这一段的题目。古代书写时将段落和章节的标题放在后面。此处翻译时遵从现代书写习惯，移至本段开头。下同。

[译文]

第一，凭借人情

大凡治理天下，必须凭借人情。人情有喜好和厌恶，所以奖赏和惩罚可以使用。奖赏和惩罚可以使用,禁令就可以树立,治国的方法就完备了。君主执掌权柄而拥有威势,所以下达了命令人民就行动,公布了禁令人民就停止。权柄是控制人生死的制度,威势是战胜众人的资本。罢黜和任用没有标准,权力就被亵渎;奖赏和惩罚与臣下共同掌握,威势就被分散。所以圣明的君主不带着爱去听取意见,不保留着喜悦来谋划事情。所以听别人的言论而不互相参验,权力就会被奸臣分享;不使用智慧和力量,君主就会被臣子弄得窘迫。所以圣明的君主行使职权像上天一样公正,任用臣下就像鬼神一样莫测。像上天一样公正就不会遭到非议,像鬼神一样莫测就不会陷入困境。威势被运用、教育又严厉,即使违背民心人民也不违背命令;谗毁和赞誉依法进行,人民就不会非议。所以奖赏贤士、惩罚暴徒,这是推行善举的极致;奖赏暴徒、惩罚贤士,这是推举恶行的极致。这就叫奖赏和自己相同的人、惩罚和自己不同的人。奖赏不如丰厚一些,让人民从中获利;赞誉不如美好一些,让人民以此为荣;惩罚不如重一些,让人民畏惧它;贬斥不如丑恶一些,让人民觉得羞耻。然后专一地推行法律,禁止和惩罚谋私利的臣子。私家不能妨碍奖励和处罚,奖赏和处罚必须要让君主知道,治理国家的道理就完备了。

二、力不敌众,智不尽物。与其用一人,不如用一国。故智力敌而群物胜,揣中则私劳,不中则在过。下君尽己之能,中君尽人之力,上君尽人之智。是以事至而结智,一听而公会。听不一则后悖于前,后悖于前则愚智不分;不公会则犹豫而不断,不断则事留。自取一,则毋堕壑之累。故使之讽,讽定而怒。是以言陈之日,必有筴籍,结智者事发而验,结能者功见而谋成败。成败有征,赏罚随之。事成则君收其功,规败则臣任其罪。君人者合符犹不亲,而况于力乎?事智犹不亲,而况于悬乎?故非①

用人也不取同，同则君怒。使人相用则君神，君神则下尽。下尽下②，则臣上不因君，而主道毕矣。

主道

[注释]

①非：应为"为"。②下尽下：后一"下"应为衍文。

[译文]

第二，君主的统治方法

君主的力量敌不过众人，智慧不能完全了解所有事物。与其用一个人的智慧和力量，不如使用一国人的智慧和力量。所以智慧力量能相匹敌的，人数多的就会取胜。君主即使猜测到了事物，自己也会劳累，猜不中的就会有过失。下等君主竭尽自己的能力，中等君主充分利用别人的力量，上等君主能充分利用别人的智慧。因此事情发生就聚集所有人的智慧，一一听取意见然后公开讨论。听取意见如果不是一一听取，后面的就会和前面的相违背；后面的和前面的相违背，就会分不清愚昧还是贤能；不公开讨论就会犹豫不能决断，不能决断事情就会办不成。自主地选择一种做法，就不会有坠入深渊的危险。所以先让他们进谏，进谏结束再威严地责求。因此言论陈述出来的时候，一定要有记载。集中所有人的智慧，事情发生再加以检验；集中所有人能力，等功效显现出来再考察臣下的成败。成败有了验证，奖赏和处罚就跟随进行。事情成功，君主就收取功劳；谋划失败，臣子就承担罪责。君主对于核对信符这样的大事，也不亲自进行，更何况费力的事呢？就是用智慧能解决的事也不亲自去想，何况是费心苦思冥想呢？所以用人不能取那些意见相同的人，意见相同，君主就应严励指责。使人们互相利用，君主就神妙莫测了，君主神妙莫测，臣下就会尽力。臣下尽力，就不会向上来利用君主，君主的统治方法就完备了。

三、知臣主之异利者王，以为同者劫，与共事者杀。故明主审公私之分，审利害之地，奸乃无所乘。乱之所生六也：主母，后姬，子姓，弟兄，大臣，显贤。任吏责臣，主母不放。礼施异等，后姬不疑①。分势不贰②，庶适③不争。权籍不失，兄弟不侵。下不一门，大臣不拥。禁赏必行，显贤不乱。臣有二因，谓外内也。外曰畏，内曰爱。所畏之求得，所爱之言听，此乱臣之所因也。外国之置诸吏者，结④诛亲昵重帑，则外不籍⑤矣。爵禄循功，请者俱罪，则内不因矣。外不籍，内不因，则奸宄塞矣。官袭节而进，以至大任，智也。其位至而任大者，以三节持之，曰质、曰镇、曰固。亲戚妻子，质也。爵禄厚而必，镇也。参伍贵帑⑥，固也。贤者止于质，贪饕化于镇，奸邪穷于固。忍不制，则下上；小不除，则大诛；而名实当，则径之。生害事，死伤名，则行饮食；不然，而与其仇。此谓除阴奸也。医⑦曰诡，诡曰易。易⑧功而赏，见罪而罚，而诡乃止。是非不泄，说谏不通，而易乃不用。父兄贤良播出曰游祸，其患邻敌多资。僇辱之人近习曰狎贼，其患发忿疑辱之心生。藏怒持罪而不发曰增乱，其患徼幸妄举之人起。大臣两重、提衡而不踦⑨曰卷祸，其患家隆劫杀之难作。脱易不自神曰弹威，其患贼夫酖⑩毒之乱起。此五患者，人主之不知，则有劫杀之事。废置之事，生于内则治，生于外则乱。是以明主以功论之内，而以利资之外，故其国治而敌乱。即乱之道，臣憎则起外若眩，臣爱则起内若药。

起乱

[**注释**]

①疑：通"拟"。②贰：匹敌。③适：通"嫡"。④结：通"诘"。⑤籍：通"藉"，凭借。⑥贵帑：应为"责怒"。⑦医：通"翳"。⑧易：应为"见"。⑨踦（qǐ）：倾侧。⑩酖（zhèn）：用鸩的羽毛泡成的毒酒。

[译文]

第三，产生混乱

知道臣下和君主利益不同就能称王于天下，认为他们利益相同的就会被臣下劫持，和臣下共同执政的就会被臣下杀害。所以圣明的君主明辨公和私的分别，利和害的形势，奸臣就无所凭借了。混乱的产生有六种情况：太后、妻妾、子孙、兄弟、大臣、有名的贤士。任用官吏、督责臣下都依法进行，不允许太后干涉；对不同等级施行不同礼节，妻妾就不会界限混淆；不把权势分为相匹敌的几份，庶子和嫡子就不能争夺；权势和王位不丢失，弟兄就不能侵害；臣下不同出于一门，君主就不会被大臣们蒙蔽；禁令和奖赏必定能实行，有名的贤士就不会作乱。臣下有两方面可以凭借的，就是国外和国内。国外的诸侯是君主所畏惧的，国内的侍从是君主所喜爱的。所畏惧的，要求就能实现；所喜爱的，他的话就会被听从。这就是乱臣所凭借的。对于外国建议任用的官吏，应尽力追查惩罚那些和奸臣关系亲密、收受大量财物的人，那么对外就没有凭借了。赏赐爵禄都遵循功劳，把请托关系的人判罪，他们对内就没有凭借了。对外没有依靠，对内没有凭借，那么奸邪作乱的行为就被堵塞了。官员沿级别来提拔，直到担当重任，这就是明智。地位很高责任很大的人，用三种方法来控制他们：一是抵押，二是安抚，三是固定。妻子儿女以及亲戚，就是抵押。爵禄丰厚而且一定实现，就是安抚。多方验证监督责求，就是固定。贤能的人因为抵押而停止作乱，贪婪的人被安抚而被感化，奸邪因为固定而困窘。不够狠心不能对臣下加以控制，君主就会地位低下；小的奸邪不被惩处，就会导致大的惩罚；名义和实际相当就直接去做。让他活着会妨害行事，杀死他又伤损名声，就用饮食来毒死他；否则就交给他的仇敌。这就是所谓的除去暗地的奸臣。蒙蔽君主就是欺诈，欺诈就会更改君主的意见。见到功劳才能赏赐，见到罪恶才能处罚，欺诈就能停止了。君主不把对是非的看法泄漏出去，也不把臣下进谏的话泄漏出去，就不会使自己的意见被下属改变。使父亲、兄弟和贤良的人逃奔在外，叫做"游祸"，它的危害在于使邻国增加力量。和受过刑辱的人亲近，叫做"狎贼"，它的危害在于使他们心中的侮辱愤怒产生。隐藏愤怒、掌握罪行而不发作出来，叫做"增乱"，它的危害在于怀有侥幸心理、轻举妄动的人会起来作乱。同时重用两个大臣、相互制衡没有倾斜的，叫做"卷祸"，它的危害在于私家兴盛、劫杀君主的危难会发生。粗疏轻率不让自己保持神妙莫测，叫做"弹威"，它的危害在于皇后害死君主、姬妾毒杀君主的祸乱兴起。这五种祸患，君主如果不知道，就会有劫杀君主的事情发生。废黜任用官吏，由国君做主就安定，由诸侯做主就会混乱。因此圣明君主在国内按照功劳论定臣子，在国外用利益资助别国的臣子，所以他的国家安定而敌国混乱。导致混乱的方法，臣下被憎恶就在外制造祸患，使君主好象眩晕一样无法支持；臣下被宠爱就在内部作乱，就好象用药毒杀君主。

四、参伍之道：行参以谋多，揆伍以责失。行参必拆，揆伍必怒①。不拆则渎上，不怒则相和。拆之征足以知多寡，怒之前不及其众。观听之势，其征在比周而赏异也；诛毋谒而罪同。言会众端，必揆之以地，谋之以天，验之以物，参之以人。四征者符，乃可以观矣。参言以知其诚，易视以改其泽，执见以得非常，一用以务近习，重言以惧远使，举往以悉其前，即迩以知其内，疏置以知其外，握明以问所暗，诡使以绝黩泄②，倒言以尝所疑，论反以得阴奸，设谏以纲独为，举错③以观奸动，明说以诱避过，卑适以观直谄，宣闻以通未见，作斗以散朋党，深一以警众心，泄异以易其虑。似类则合其参，陈过则明其固，知罪辟④罪以止威，阴使时循⑤以省衷，渐更以离通比。下约以侵其上，相室约其廷臣，廷臣约其官属，兵士约其军吏，遣使约其行介，县令约其辟⑥吏，郎中约其左右，后姬约其宫媛，此之谓条达之道。言通事泄则术不行。

立道

[注释]

①怒：责。②嗼泄：通"谟蝶"，侮慢。③错：通"措"。④辟：刑。⑤循：通"巡"。⑥辟：通"僻"，偏。

[译文]

第四，建立参伍之道

　　检验考察的方法：多方面检验来谋求更多利益，多方面考察来追究过失。利用多方面情况时，一定要仔细分析；考察多方面状况时，一定要追查责任。不仔细分析，臣子就会轻慢君主；不追查责任，臣子就会勾结在一起。分析得到的验证，足以知道臣子功劳的多少；追查责任前，不要泄漏消息给手下人。观察听取的方法，发现结为党羽的人，就奖赏和他们不同的人；惩罚不告发罪行的人，罪名与犯罪者相同。对于臣子的言论，要汇合个方面考虑，一定要依据地利来度量它，依据天时来谋划它，用具体事物来检验它，依据人之常情来考察它。四个方面都符合，就可以以了解是非了。用事实检验言论来知道他们是否忠诚，改变观察角度来了解不同表现，拿已经知道的情况来得知他的反常。专职专任以使近臣努力于政务，多次嘱托使出使远方的使者感到畏惧，列举臣下以往的事来了解他们的从前，靠近臣下以了解他们的内情，安置臣下到疏远之地来了解他们的外在表现，拿已经知道的情况来询问还不知道的情况，用诡诈的命令来杜绝臣下的怠慢不敬，说反话来试探所怀疑的事，谈论事物相反的方面来查出隐蔽的奸臣，设置谏官来约束大臣的独断专行，提拔任用大臣来观察奸臣的动向，明白地宣传法律来引导臣下避免过失，谦卑地对待臣下来观察他们是正直还是谄媚，宣布已经知道的事来了解还不知道的事，使臣下互相争斗来拆散他们的党羽，深入了解一件事物来使众人心中警惧，泄漏一些不同意见来改变臣下的计划。类似的事就合起来加以考察，陈列臣下的过失指明他们的根本毛病，知道臣下的罪恶就坚决处罚他们来制止他们的威势，暗中派出使者时时巡查来了解他们的内心，逐步更换官吏来分离串通的党羽。和下级约定让他们敢于侵犯上级，对于相国，约定他手下的大臣；对于大臣，约定他属下的官吏；对于带兵的人，约定他军队里的官吏；对于派出的使者，约定他随行的人员；对于县令，约定他身边的副手；对于郎中，约定他身边的侍从；对于后宫的姬妾，约定她的宫女；这就是通达的方法。言语透漏、事情泄密，那么治术就不能实行。

五、明主，其务在周密。是以喜见①则德偿，怒见则威分。故明主之言隔塞而不通，周密而不见。故以一得十者下道也，以十得一者上道也。明主兼行上下，故奸无所失。伍、官、连②、县而邻，谒过赏，失过诛。上之于下，下之于上，亦然。是故上下贵贱相畏以法，相海以和③。民之性，有生之实，有生之名。为君者有贤知④之名，有赏罚之实。名实俱至，故福善必闻矣。

参言⑤

[注释]

①见：通"现"。②伍、官、连：伍，古代地方组织，以五家为一伍。官，应为"闾"，即"里"，五十家为一里。连，二百家为一连。③和：应为"利"。④知：通"智"。⑤参言：应为第六节的题目。本节题目已佚。

[译文]

第五

圣明的君主，应该致力于做事周密。因此喜欢表现出来，臣下就会借君主的恩德取得报偿；愤怒表现出来，臣下就会分去君主的威势。所以圣明君主的言论隔绝阻塞而不能被人知道,周密地隐藏而不被别人看到。所以靠一个人就想知道十个人的事,这是对下的方法;靠十个人来知道一个人的事,这是对上的方法。圣明的君主同时使用对上、对下两种方法,于是奸邪的事就不会被遗漏。伍、里、连、县各级组织相邻,告发有过失的人就奖赏,放过有过失的人就处罚。上级对于下级,下级对于上级,也是这样。因此上级和下级、尊贵和低贱,因法而互相畏惧,因利而互相劝导。人的本性,既要实际利益,又要好的名声。做君主的,既有贤能的名声,又有实行赏罚的实权。名声和实际都有了,于是福泽和善行必将闻名于世。

六、听不参则无以责下,言不督乎用则邪说当上。言之为物也以多信;不然之物,十人云疑,百人然乎,千人不可解也。呐者言之疑,辩者言之信。奸之食①上也,取资乎众,籍②信乎辩,而以类饰其私。人主不餍③忿而待合参,其势资下也。有道之主,听言,督其用,课其功,功课而赏罚生焉,故无用之辩不留朝。任事者知④不足以治职,则放官收⑤。说大而夸则穷端,故奸得而怒。无故而不当为诬,诬而罪,臣言必有报,说必责用也,故朋党之言不上闻。凡听之道,人臣忠论以闻奸,博论以内⑥一,人主不智则奸得资。明主之道,已喜则求其所纳,已怒则察其所构;论于已变之后,以得毁誉公私之征。众谏以效智故⑦,使君自取一以避罪。故众之谏也,败、君之取也。无副言于上以设将然,今符言于后以知谩诚语。明主之道,臣不得两谏,必任其一语;不得擅行,必合其参。故奸无道进矣。

听法⑧

[注释]

①食:通"蚀"。②籍:通"藉",资助。③餍:饱,引申为非常。

④知:通"智"。⑤收:应为"收玺",收回官印。⑥内:通"纳"。⑦故:机巧。⑧听法:应为第七节题目,上文第五节"参言"应为本节题目。

[译文]

第六,检验臣下的言论

听取臣下的言论不加以验证,就不能责求臣下了,对于臣下的言论不用实际功用来监督,那么就会有邪说来蒙蔽君主。言论这东西,依靠多说取得别人的信任;不确定的东西,十个人说还会怀疑,一百个人说就认为也许真实,一千个人说就会让人坚信。木讷人的言论让人怀疑,善辩人的言论让人相信。奸臣侵蚀君主,凭借人多,靠善辩取得信任,而用同类的事来掩饰他的私人目的。君主不愤怒指责,而一定要用事实来参验,权势就会为臣下借用。掌握了统治术的君主,听取臣下的言论,督责它的使用,考察了功效,赏罚就可以产生了,所以没有用的辩论不会留在朝廷上。任职的官吏智慧不足以管理好职事,就罢免官职收回官印。言论夸大就追究根源,所以奸邪就能被责求。没有原因,事实和言论却不同就是欺骗,欺骗就要被治罪,臣子的言论一定要复查,言论一定要责求实用,所以朋党的话就不敢上传给君主。大凡听取意见的方法:对臣下的忠言,就用来了解奸谋;对于广博的议论,要选择一个来接纳;君主不明智,奸臣就有了凭借。圣明君主的方法,自己喜欢的,就寻求它被自己接纳的原因;自己生气的,就查看他的具体情况;在事情变化以后再讨论,就能得到谗毁和赞誉、为公和为私的验证。众人进谏来体现自己的智慧技巧,让君主自己选择一个来逃避自己的罪责。所以众人进谏之后即使事情失败,也是君主自己的选择。不要让臣下在对上进谏时用模棱两可的辅助词来假设将来,将来在事情发生后可以检验是欺骗还是诚信。圣明君主的方法:臣下不能用两种不同的说法来劝谏君主,一定要保证其中的一种;不能任意作为,一定要合于检验的结果。于是奸臣就没有办法被提拔任用了。

七、官之重也，毋法也；法之息也，上暗也。上暗无度则官擅为，官擅为故奉重；无前①则征多，征多故富。官之富重也，乱功②之所生也。明主之道，取于任③，贤于官，赏于功。言程④，主喜俱必利；不当，主怒俱必害。则人不私父兄而进其仇雠。势足以行法，奉足以给事，而私无所生，故民劳苦而轻官。任事也毋重，使其宠必在爵；处官者毋私，使其利必在禄。故民尊爵而重禄。爵禄所以赏也，民重所以赏也则国治。刑之烦也，名之缪⑤也，赏誉不当则民疑。民之重名与其重赏也均。赏者有诽焉，不足以劝；罚者有誉焉，不足以禁。明主之道，赏必出乎公利，名必在乎为上。赏誉同轨，非诛俱行，然则民无荣于赏之内⑥。有重罚者必有恶名，故民畏。罚，所以禁也；民畏所以禁，则国治矣。

类柄⑦

[注释]

①前：通"翦"，剪除。②功：应为"政"。③任：能力。④程：法度。⑤缪：通"谬"。⑥民无荣于赏之内：似此句上下有脱文，所以意思不完整。⑦类柄：应为第八节题目，第六节"听法"应为本节题目。

[译文]

第七，遵循法度

官员的权势重，是因为没有法度；法度的止息，是因为君主的昏昧。君主昏昧不守法度，官员就擅自作为了，官员擅自作为，所以奉养就丰厚；如果不加剪除就会使赋税增多，赋税增多就富有。官员富有、权势重，就是混乱的政治产生的原因。圣明君主采用的方法：选用有能力的人，尊重能治理官职的人，奖赏有功劳的人。所引荐的人合于法度，君主高兴，所言与被荐的都有利益；所引荐的人不合于法度，君主发怒，所言与被荐的都受惩罚。于是臣下就不会偏向父辈和兄弟，而会推荐自己的仇敌。威势足以推行法度，俸禄足以办理事务，私人的目的不会产生，所以人民劳苦而不以官府的赋税重。担任职务的权势不能过重，让他们的恩宠一定表现在爵位上；处在官位上的人不让有私利，让他们的利益一定在于俸禄。所以人民尊重爵位重视俸禄。爵位和俸禄是用来赏赐的，人民重视赏赐，国家就能安定。所施的刑法烦乱，名声有错误，奖赏赞誉不恰当人民就有疑虑。人民重视名声和他们重视奖赏是相同的。被奖赏的人又被批评，就不足以勉励；被处罚的人又被赞誉，就不足以禁止。圣明君主的方法，奖赏一定是出于公众的利益，有名声一定是因为为君主出力。奖赏和赞誉一同实行，非议和处罚一同实行，那么人民不会在没有奖赏的时候得到赞誉。有严重的处罚，就一定有丑恶的名声，所以人民感到畏惧。刑罚是用来禁止奸邪的，人民畏惧用来禁止奸邪的刑罚，国家就可以安定了。

八、行义示则主威分，慈仁听则法制毁。民以制畏上，而上以势卑下，故下肆很①触而荣于轻君之俗，则主威分。民以法难犯上，而上以法挠慈仁，故下明爱施而务赇纹②之政，是以法令隳③。尊私行以贰④主威，行赇纹以疑⑤法，听之则乱治，不听则谤主，故君轻乎位而法乱乎官，此之谓无常之国。明主之道，臣不得以行义成荣，不得以家利为功。功名所生，必出于官法；法之所外，虽有难行，不以显焉，故民无以私名。设法度以齐民，信赏罚以尽民能，明诽誉以劝沮。名号、赏罚、法令三隅⑥，故大臣有行则尊君，百姓有功则利上，此之谓有道之国也。

[注释]

①很：通"狠"。②赇纹：应为"赇纳"，贿赂。③隳：毁坏。④贰：匹敌。⑤疑：通"拟"，敌对。⑥隅：通"偶"，相合。

[译文]

第八,类似于君主的权柄

德行和道义显示出来,君主的威势就被分散;仁慈的说法被听信,法制就被毁坏。人民因为法制而畏惧君主,而君主却用权势来谦卑地对待下级,所以下级轻率地严重触犯法度,而把轻视君主的风气作为光荣,那么君主的威势就被分散了。人民因为法度难以侵犯君主,而君主却用慈爱仁义扰乱了法度,所以臣下就会宣明仁爱施舍,而实施行贿索贿的政治,因此法令就被毁坏了。推尊私人的行为来和君主的威势对抗,实施行贿索贿来和法律对抗,听任他们就会扰乱治理,不听任他们就会诽谤君主,所以君主在位却被人轻视,而法度被官员扰乱,这就是没有法度的国家。圣明君主采用的方法,臣下不能靠实行仁义来成就自己的荣耀,不能靠为私家谋利作为自己的功劳。功业和名声的产生,一定是出于国家的法律;法律之外的事,即使有难得的品行,也不应该表彰。所以人民没有因为私利而出名的。设置法度就是要使人民统一,信守奖赏和惩罚来竭尽人民的能力,宣明贬斥和赞誉来禁止和勉励。名号、赏罚、法令三者相结合,所以大臣有德行就尊敬君主,百姓有功劳就有利于君主,这就是所谓的有法度的国家。

五蠹① 第四十九

上古之世，人民少而禽兽众，人民不胜禽兽虫蛇。有圣人作，构木为巢以避群害，而民悦之，使王天下，号曰有巢氏。民食果蓏蚌蛤②，腥臊恶臭而伤害腹胃，民多疾病。有圣人作，钻燧③取火以化腥臊，而民说之，使王天下，号之曰燧人氏。中古之世，天下大水，而鲧、禹决渎④。近古之世，桀、纣暴乱，而汤、武征伐。今有构木钻燧于夏后氏之世者，必为鲧、禹笑矣。有决渎于殷、周之世者，必为汤、武笑矣。然则今有美尧、舜、汤、武、禹之道于当今之世者，必为新圣笑矣。是以圣人不期修⑤古，不法常可⑥，论世之事，因为之备。宋人有耕田者，田中有株，兔走触株，折颈而死，因释其耒⑦而守株，冀复得兔，兔不可复得，而身为宋国笑。今欲以先王之政，治当世之民，皆守株之类也。

[注释]

①蠹（dù）：蛀虫。此处比喻五种对国家有害的人。②果蓏（luǒ）蚌（bàng）蛤：蓏，草本植物的果实。蚌，同"蚌"。③燧：钻木取火用的木头。④渎（dú）：大河。⑤修：治、习。⑥常可：永久适用的规则。⑦耒（lěi）：古代耕地用的工具。

[译文]

上古的时候，人民很少而禽兽很多，人民忍受不了禽兽虫蛇的侵扰。于是有圣人出现,用树木筑巢来抵抗禽兽的危害,于是人民都很高兴,让他来统治天下,称他为有巢氏。人民吃生的果实和蚌蛤,腥臊难闻伤害肠胃,人民多生疾病。于是有圣人出现,钻木取火来去掉食物的腥臊难闻,人民很高兴,让他来统治天下,称他为燧人氏。中古的时候,天下发洪水,于是鲧和禹疏通河道。近古的时候,桀、纣暴虐,于是汤、武讨伐他们。如果有人在夏朝还用树木筑巢、钻木取火,必然要被鲧、禹取笑。如果有人在殷、周时代还要疏导河道,必然要被汤、武取笑。那么,如果有人在当今的时代还要赞美尧、舜、汤、武、禹的治理方法,必然要被新的圣人取笑。因此圣人不要求效法远古,不师法永久不变的规则,而是讨论当时的社会情况,从而制定出相应的措施。宋国有个耕田的人,他的田里有个树桩,一只兔子奔跑的时候撞上,断了脖子死去,于是就放下农具守在树桩旁边,希望再等到一只兔子,兔子不可能再得到,他自己却被宋国人所取笑。现在人想要以先王的统治方法来治理人民的,和这个守株待兔的农夫是一类。

古者丈夫①不耕,草木之实足食也;妇人不织,禽兽之皮足衣也。不事力而养足,人民少而财有余,故民不争。是以厚赏不行,重罚不用,而民自治。今人有五子不为多,子又有五子,大父②未死而有二十五孙。是以人民众而货财寡,事力劳而供养薄,故民争,虽倍赏累罚而不免于乱。

[注释]

①丈夫:男人。②大父:祖父。

[译文]

古代男人不耕地,草木的果实足够吃;妇女也不纺织,禽兽的皮毛足够穿。不用花费力气就有足够的东西用,人民少而财物有剩余,所以人民不会争夺。因此不需要丰厚的奖赏,也不用严酷的刑罚，人民自然安定。现在人有五个儿子也不算多，每个儿子又各有五个儿子，祖父还没有去世就有了二十五个孙子。因此人民多而财物少，费力劳作可是供养微薄，所以人民才会争夺，即使是加倍的奖赏和刑罚也不能避免社会的混乱。

尧之王天下也，茅茨①不翦，采椽②不斫，粝粢③之食，藜藿④之羹，冬日麑裘，夏日葛衣：虽监门⑤之服养不亏于此矣。禹之王天下也，身执耒臿⑥，以为民先，股无胈，胫不生毛，虽臣虏之劳不苦于此矣。以是言之，夫古之让天子者，是去监门之养而离臣虏之劳也，故传天下而不足多也。今之县令，一日身死，子孙累世絜驾⑦，故人重之。是以人之于让也，轻辞古之天子，难去今之县令者，薄厚之实异也。夫山居而谷汲者，膢腊⑧而相遗以水；泽居苦水者，买庸而决窦⑨。故饥岁之春，幼弟不饷；穰岁之秋，疏客必食。非疏骨肉，爱过客也，多少之实异也。是以古之易财，非仁也，财多也；今之争夺，非鄙也，财寡也。轻辞天子，非高也，势薄也；争土橐⑩，非下也，权重也。故圣人议多少、论薄厚为之政。故罚薄不为慈，诛严不为戾，称俗而行也。故事因于世，而备适于事。

[注释]

①茅茨：以茅草覆盖的屋顶。②采椽：采，栎树；椽，房檐上承瓦的木条。③粝粢：粝，粗米；粢，稻饼。④藜藿：藜，一种可以吃的草；藿，豆叶。⑤监门：守门的人。⑥耒臿：耒，耕地的工具；臿，筑墙的工具。⑦絜驾：乘车。⑧膢（lóu）腊：膢是二月，腊是腊月，此处指祭祀神灵的节日。⑨窦：水沟。⑩土橐：土，当作"士"，通"仕"。橐，通"托"，指请托于权贵。

[译文]

尧统治天下的时候，茅草的屋顶不加修剪，栎木的椽子也不加雕饰，吃粗粮，喝野菜汤，冬天穿着麂皮做的衣服，夏天穿着粗布衣服：即使是看门人吃的穿的，也不会比这个还差了。禹统治天下的时候，手执农具，亲自带领人民干活；大腿上没有了肌肉，小腿上的汗毛都磨光了：即使是奴隶的辛劳，也不会比这样更辛苦了。由此看来，古代让出天子地位的人，是摆脱了监门的供养和奴隶的辛劳，所以让出了天下也不值得赞扬。现在的县令，一旦死去，子孙几代都有车子乘坐，所以人们都很看重。因此人们对于辞让，轻易地辞去了古代的天子之位，却难以舍弃现在的县令，利益的多少真是大不一样。那些住在山上而到山谷里提水的人，祭祀神灵时，相互以水作为馈赠；而住在低洼地区的人，苦于水患，还要雇人来疏决水道。所以荒年的春天，年幼的弟弟也没有饭吃；丰收的秋天，即使是远客也要招待。这并不是疏远自己的骨肉，喜爱远方的过客，是因为收成的多少不同。因此古人轻视财物，并不是因为仁慈，而是财物很多；现在人争夺财物，并不是贪婪，而是财物太少。轻易地辞去天子，不是高尚，而是权势太微薄；重视向权贵请托，并不是低下，而是权势很重。所以圣人应该根据财富多少和权势的轻重来施政。所以刑罚轻不能算是仁慈，处罚重也不能算是暴戾，适应民风而行事罢了。所以要做的事应取决于时世，而应对的方法也要适应于具体的事。

古者文王处丰、镐之间，地方百里，行仁义而怀①西戎，遂王天下。徐偃王处汉东，地方五百里，行仁义，割地而朝者三十有六国；荆文王恐其害己也，举兵伐徐，遂灭之。故文王行仁义而王天下，偃王行仁义而丧其国，是仁义用于古不用于今也。故曰：世异则事异。当舜之时，有苗②不服，禹将伐之，舜曰："不可。上③德不厚而行武，非道也。"乃修教三年，执干戚④舞，有苗乃服。共工之战，铁铦⑤短者及乎敌，铠甲不坚者伤乎体。

是干戚用于古不用于今也。故曰：事异则备变。上古竞于道德，中世逐于智谋，当今争于气力。齐将攻鲁，鲁使子贡⑥说之，齐人曰："子言非不辩也，吾所欲者土地也，非斯言所谓也。"遂举兵伐鲁，去门十里以为界。故偃王仁义而徐亡，子贡辩智而鲁削。以是言之，夫仁义辩智非所以持国也。去偃王之仁，息子贡之智，循徐、鲁之力使敌万乘⑦，则齐、荆之欲不得行于二国矣。

[注释]

①怀：使归附，使臣服。②有苗：古代南方少数民族。③上：通"尚"，崇尚。④干戚：干，盾；戚，斧。⑤铦（xiān）：类似于标枪的武器。⑥子贡：孔子的弟子。⑦万乘：一万辆兵车。此处指大国。

[译文]

古时候周文王处于丰、镐之间，方圆不过百里，因为推行仁义，使得西方少数民族来归附，于是统治了天下。徐偃王住在汉水以东，方圆有五百里，施行仁义，向他献出土地来朝见的有三十六个国家。楚文王怕他危害到自己，起兵攻打徐国，灭掉了它。所以周文王施行仁义而统治天下，徐偃王施行仁义却招致亡国，这说明仁义只适用于古代而不适用于现在。所以说：时世改变，事情就不一样。在舜统治天下的时候，有苗不愿臣服，禹准备去征伐它，舜说："不行。崇尚道德还做得不够就施行武力，这不是道。"于是用了三年时间修治教化，手持盾牌大斧跳舞，有苗就归顺了。共工作战时，兵器短的被敌人刺到，铠甲不坚固的伤到自己的身体，这说明持盾牌大斧跳舞，靠道德教化只适用于古代，而不适用于今天。所以说：情况变了，应对的措施也要变。上古时在道德上争胜，中世时在智谋上角逐，当今在力量上竞争。齐国将要进攻鲁国，鲁国派子贡去游说。齐国人说："你的话不是没有道理，可是我想要的是土地，不是你所讲的道理。"于是就起兵攻打鲁国，直到离鲁国都门十里的地方划定了边界。所以说偃王施行仁义而徐国灭亡了，子贡机智善辩而鲁国的国土削减了。由此看来，施行仁义和机智善辩，都不是用来治理国家的方法。舍弃偃王的仁义，去除子贡的机智，凭借徐国、鲁国自己的力量来抵抗敌人的军队，那么齐、楚两国的企图就不可能在徐、鲁两国得逞了。

夫古今异俗，新故异备。如欲以宽缓之政、治急世之民，犹无辔策而御駻马，此不知①之患也。今儒、墨皆称先王兼爱天下，则视民如父母。何以明其然也？曰："司寇②行刑，君为之不举乐；闻死刑之报，君为流涕。"此所举先王也。夫以君臣为如父子则必治，推是言之，是无乱父子也。人之情性，莫先于父母，皆见爱而未必治也，虽厚爱矣，奚③遽④不乱？今先王之爱民，不过父母之爱子，子未必不乱也，则民奚遽治哉？且夫以法行刑，而君为之流涕，此以效⑤仁，非以为治也。夫垂泣不欲刑者，仁也；然而不可不刑者，法也。先王胜其法，不听其泣，则仁之不可以为治亦明矣。

[注释]

①知：通"智"，明智。②司寇：掌管刑狱的官员。③奚：何。④遽(jù)：就。⑤效：表示。

[译文]

古今社会风俗不同，新旧的措施也不一样。如果想用宽厚和缓的政策来治理急剧变化时代中的人民，就好像没有笼头和马鞭，却想驯服烈马一样，这都是不明智带来的祸患。如今儒家和墨家都称赞先王兼爱天下，对待人民就像父母对待自己的子女。如何来证明真是这样呢？他们说："司寇行刑的时候，君主为之停止奏乐；听到执行死刑的报告，君主为之流泪。"这就是他们所举的先王。如果认为君臣能像父子一样就必然能治理，由此相推就可以说，天下没有不和睦的父子。人的本性，没有比父母更深的了，表现出对子女的疼爱，家庭也未必和睦，即使是加倍宠爱，怎么就能不乱呢？现在先王爱他的人民，不会超过父母爱自己的儿子，儿子既然会忤逆不孝，那么人民怎么就一定会治理得好呢？况且依照法律来行刑，而国君为之流泪，这是在显示仁爱，并不是治理国家的方法。国君哭泣不愿行刑，这是仁爱；可是不能不行刑，这是法律。先王遵守法律，却不听凭自己的感情，那么仁义不能用来治理国家也是显而易见的了。

且民者固服于势，寡能怀于义。仲尼，天下圣人也，修行明道，以游海内，海内说①其仁、美其义而为服役者七十人。盖贵仁者寡，能义者难也。故以天下之大，而为服役者七十人，而仁义者一人。鲁哀公，下主也，南面君②国，境内之民莫敢不臣。民者固服于势，势诚易以服人，故仲尼反为臣而哀公顾③为君。仲尼非怀其义，服其势也。故以义，则仲尼不服于哀公；乘势，则哀公臣仲尼。今学者之说人主也，不乘必胜之势而务行仁义，则可以王。是求人主之必及仲尼，而以世之凡民皆如列徒④，此必不得之数⑤也。

[注释]

①说：通"悦"。②君：统治。③顾：反而。④列徒：孔子的门徒。⑤数：道理。

[译文]

况且人民本来就屈服于权势，很少能被仁义感化。孔子是天下的圣人，他修养德行，宣明大道，周游列国；天下喜欢他的仁义、赞美他的学说而为他奔走效劳的有七十个人。因为看重仁义的人少，而能实行仁义的人很难得。所以天下这么大，为他奔走效劳的也只有七十个，而能躬行仁义的只有孔子一个人而已。鲁哀公是个才能低下的君主，他面南而坐统治国家，境内的人民没有敢不臣服的。人民本来就屈服于权势，权势确实容易制伏人民，所以孔子这样的圣人反而做了臣子，而鲁哀公这样才能低下的人反而成了君主。孔子不是感化于鲁哀公的仁义，而是屈服于他的权势。所以就仁义而言，孔子是不屈服于鲁哀公的；依靠权势，那么鲁哀公可以使孔子臣服。现在的读书人游说君主，不凭借必胜的权势，而是一定要实行仁义，才能统治天下；这是要求君主一定要比得上孔子，而要求天下的百姓都像孔子的门徒，这是一定行不通的。

今有不才之子，父母怒之弗为改，乡人谯①之弗为动，师长教之弗为变。夫以父母之爱，乡人之行，师长之智，三美加焉，而终不动，其胫毛不改。州部之吏，操官兵，推公法，而求索奸人，然后恐惧，变其节，易其行矣。故父母之爱不足以教子，必待州部之严刑者，民固骄于爱、听于威矣。故十仞②之城，楼季③弗能逾者，峭也；千仞之山，跛牂④易牧者，夷也。故明王峭其法而严其刑也。布帛寻常⑤，庸人不释；铄金百溢⑥，盗跖不掇。不必害，则不释寻常；必害手，则不掇百溢。故明主必其诛也。是以赏莫如厚而信，使民利之；罚莫如重而必，使民畏之；法莫如一而固，使民知之。故主施赏不迁⑦，行诛无赦。誉辅其赏，毁随其罚，则贤不肖俱尽其力矣。

[注释]

①谯（qiào）：同"诮"，责备。②仞：长度单位，七尺为一仞。③楼季：魏文侯的弟弟，善于跳跃。④牂（zāng）：母羊。⑤寻常：长度单位，八尺为一寻，十六尺为一常。⑥溢：同"镒"，重量单位，二十四两为一镒。⑦迁：变化。

[译文]

如今有不成材的孩子，父母对他发怒，他也不悔改；乡里斥责他，他也不为所动；师长教育他，他也不改变。父母的慈爱、乡里的品行、师长的智慧这三种美德加在一起，他却始终不为所动，连一丝一毫也不改变；州里的官吏，拿着公家的兵器，推行法令，捉拿罪犯，然后才感到恐惧，改变自己行为。所以父母的慈爱不足以教育孩子，一定要依靠官吏执行严酷的刑罚，这是因为人民本来就因爱而骄纵，因威而听从。所以十仞的城墙，楼季也不能越过，这是因为它陡峭；千仞的山峰，跛腿的母羊也能轻易地放牧，这是因为它平缓。所以圣明的君主制定严格的法律和严酷的刑罚。十多尺的布帛，平常的人也会爱不释手；熔化的百镒黄金，盗跖也不敢拿。不一定会受到伤害，就连十几尺的布帛也不肯放弃；一定会伤害到手，就是百镒黄金也不敢拿。所以圣明君主一定要坚决执行处罚。因此奖赏莫如丰厚而守信，使人民觉得有利；惩罚莫如严重而坚决，使人民觉得害怕；法律莫如统一而固定，使人民了解它。所以君主施行奖赏不能改变，施行惩罚也不能随意赦免。用赞誉来辅助奖赏，让恶名来伴随惩罚，那么贤能的人和没才能的人都能尽力了。

今则不然，以其有功也，爵之，而卑其士官也；以其耕作也，赏之，而少其家业也；以其不收也，外①之，而高其轻世也；以其犯禁也，罪之，而多其有勇也。毁誉赏罚之所加者，相与悖缪②也，故法禁坏而民愈乱。今兄弟被侵必攻者，廉也；知友被辱随仇者，贞也。廉贞之行成，而君上之法犯矣。人主尊贞廉之行，而忘犯禁之罪，故民程③于勇，而吏不能胜也。不事力而衣食，则谓之能；不战功而尊，则谓之贤。贤能之行成，而兵弱而地荒矣。人主说④贤能之行，而忘兵弱地荒之祸，则私行立而公利灭矣。

[注释]

①外：疏远。②缪：同"谬"，错误。③程，同"逞"。④说：同"悦"，喜爱。

[译文]

现在不是这样，因为有功劳就授爵位，却轻视他做官；因为耕作就奖赏他，却是轻视他的家业；因为他不被国君录用而疏远他，却推崇他淡泊名利；因为他违犯禁令而惩罚他，却赞美他的勇力。责备与赞扬、奖赏和惩罚施加的时候，是相互矛盾的，所以法律禁令被破坏而人民更加混乱。现在兄弟被人侵犯，必然要还击，这就是"廉"；朋友被人侮辱，随即就报仇，这就是"贞"。廉和贞的品行树立起来，君主的法令就被侵犯了。君主尊崇贞廉的品行，却忘记了违反禁令的罪名，所以人民显示自己的勇猛，官吏也不能管理他们。不从事劳动就能获得衣食，就叫做"能"；不作战立功就能获得尊崇的地位，就叫做"贤"。贤能的品行树立起来，于是军队就削弱、田地就荒芜了。君主喜爱贤能的品行，却忘记了军队削弱和田地荒芜的祸患，那么谋私利的品行树立而公众的利益就被磨灭。

儒以文乱法，侠以武犯禁，而人主兼礼之，此所以乱也。夫离①法者罪，而诸先生以文学取；犯禁者诛，而群侠以私剑养。故法之所非，君之所取；吏之所诛，上之所养也。法、趣②、上、下，四相反也，而无所定，虽有十黄帝，不能治也。故行仁义者非所誉，誉之则害功③；工文学者非所用，用之则乱法。楚之有直躬，其父窃羊，而谒④之吏，令尹曰："杀之！"以为直于君而曲于父，报而罪之。以是观之，夫君之直臣，父之暴子也。鲁人从君战，三战三北⑤，仲尼问其故，对曰："吾有老父，身死莫之养也。"仲尼以为孝，举而上之。以是观之，夫父之孝子，君之背臣也。故令尹诛而楚奸不上闻，仲尼赏而鲁民易降北。上下之利若是其异也，而人主兼举匹夫之行，而求致社稷之福，必不几矣。

[注释]

①离：同"罹"。②趣：同"取"，即"君之所取"。③功：耕田和打仗。④谒：告。⑤北：败走。

[译文]

儒家利用文学扰乱法纪，游侠使用武力违犯禁令，而君主却都加以礼待，这就是国家混乱的根源。犯法的本该判罪，而那些儒生却靠着文学得到任用；犯禁的本该处罚，而那些游侠却靠着充当刺客而被豢养。所以，法令反对的，成了君主重用的；官吏处罚的，成了君主豢养的。法令反对和君主重用，官吏处罚和君主豢养，四者互相矛盾，而没有确定的标准，即使有十个黄帝，也不能治好天下。所以对实行仁义的人不应当加以称赞，如果称赞了，就会妨害耕战的功业；对于从事文学的人不应当加以任用，如果任用了，就会破坏法治。楚国有个叫直躬的人，他的父亲偷了人家的羊，他便到令尹那儿告发，令尹说："杀掉他！"认为他对君主虽然正直却对父亲不孝，结果判了死罪。由此看来，君主的忠臣成了父亲的逆子。鲁国有个人跟随君主去打仗，三次作战三次逃跑。孔子询问原因，他说："家中有老父，我死后没人养活。"孔子认为这是孝行，便推举他做官。由此看来，父亲的孝子恰恰是君主的叛臣。所以令尹杀了直躬，楚国的坏人坏事就没有人向上告发；孔子奖赏逃兵，鲁国人作战就要轻易地投降逃跑。君臣之间的利害得失是如此不同，而君主赞成谋求私利的行为，想求得国家的福泽，一定不能达到。

古者苍颉①之作书也，自环者谓之私，背私谓之公。公私之相背也，乃苍颉固已知之矣。今以为同利者，不察之患也。然则为匹夫计者，莫如修仁义而习文学。仁义修则见信，见信则受事②；文学习则为明师，为明师则显荣。此匹夫之美也。然则无功而受事，无爵而显荣，为有政如此，则国必乱，主必危矣。故不相容之事，不两立也。斩敌者受赏，而高慈惠之行；拔城者受爵禄，而信廉爱③之说；坚甲厉兵以备难，而美荐绅④之饰；富国以农，距⑤敌恃卒，而贵文学之士；废敬上畏法之民，而养游侠私剑之属。举行如此，治强不可得也。国平养儒侠，难至用介士⑥，所利非所用，所用非所利。是故服事者简其业，而游学者日众，是世之所以乱也。

[注释]

①苍颉（jié）：黄帝的史官，相传他创造了文字。②受事：做官。③廉爱：即兼爱。④荐绅：荐，同"搢"，插。绅，大带。搢绅，即插笏于衣带，为儒者的装扮。⑤距：同"拒"，抗拒。⑥介士：甲士。

[译文]

古时候，苍颉创造文字，把围着自己绕圈子的叫做"私"，与"私"相背的叫做"公"。公和私相反的道理，是苍颉就已经知道的。现在还有人认为公私利益相同，这是不明察的错误。那么为个人打算的话，没有什么比修行仁义、学习学术更好的了。修行仁义就会得到君主信任，得到君主信任就可以做官；学习学术就可以成为高明的老师，成了高明的老师就会显荣；对个人来说，这是最美的事了。然而没有功劳的就能做官，没有爵位就能显荣，有了这样的政治，国家就一定要混乱，君主一定会危险。所以，互不相容的事情，是不能并存的。杀敌有功的人受赏，却又崇尚仁爱慈惠的行为；攻下城池的人授予爵禄，却又信奉兼爱的学说；采用坚固的铠甲、锋利的兵器来防备战乱，却又提倡儒者的服饰；国家富足靠农民，抵抗敌人靠士兵，却又看重从事文学的儒生；不用那些尊君守法的人，而去收养游侠刺客之类。所作所为如此，想使国家强盛是不可能的。国家太平收养儒生和游侠，危难来临使用战士，给予利益的人并不是所要用的人，而所要用的人又得不到任何好处。因此耕战之人荒废了自己的事业，而游侠和儒生却日益增多，这就是社会混乱的原因。

且世之所谓贤者，贞信之行也；所谓智者，微妙之言也。微妙之言，上智之所难知也。今为众人法，而以上智之所难知，则民无从识之矣。故糟糠不饱者不务①粱肉，短褐②不完者不待文绣。夫治世之事，急者不得，则缓者非所务也。今所治之政，民间之事，夫妇所明知者不用，而慕上智之论，则其于治反矣。故微妙之言，非民务也。若夫贤贞信之行者，必将贵不欺之士；不欺之士者，亦无不欺之术也。布衣相与交，无富厚以相利，无威势以相惧也，故求不欺之士。今人主处制人之势，有一国之厚，重赏严诛，得操其柄，以修明术之所烛③，虽有田常④、子罕⑤之臣，不敢欺也，奚待于不欺之士？今贞信之士不盈于十，而境内之官以百数；必任贞信之士，则人不足官。人不足官，则治者寡而乱者众矣。故明主之道，一法⑥而不求智，固术⑦而不慕信。故法不败，而群官无奸诈矣。今人主之于言也，说⑧其辩而不求其当焉；其用于行也，美其声而不责其功焉。是以天下之众，其谈言者务为辩而不周⑨于用。故举先王言仁义者盈廷，而政不免于乱；行身者竞于为高而不合于功。故智士退处岩穴，归禄不受，而兵不免于弱，政不免于乱。此其故何也？民之所誉，上之所礼，乱国之术也。

[注释]

①务：追求。②褐：粗布衣。③烛：照，明察。④田常：齐国的陈恒，杀齐简公而立平公，专擅国政。⑤子罕：宋国大臣，曾劫持宋君。⑥一法：专一于法制。⑦固术：固守于驭下之术。⑧说：同"悦"，喜爱。⑨周：合。

[译文]

况且世人所说的贤，是指忠贞诚信的行为；所说的智，是指深奥玄妙的言辞。深奥玄妙的言辞，最聪明的人也难以理解。现在为民众制定法律，却采用那些最聪明的人也难以理解的，那么民众就没有办法明白。所以，糟糠都吃不饱的人，是不会追求精美饭菜的；粗布短衣都穿不上的人，是不会期望华丽衣衫的。治理社会事务，如果紧急的还没有办好，那么可从缓的就不必忙着去办。现在用来治理国家的措施，凡属民间的事，普通人都明白的道理不加采用，却去追求智慧高的人的言论，这和治道是相反的。所以那些深奥玄妙的言辞，不是人民所需要的。至于推崇忠贞信义的品行，必将尊重那些诚实不欺的人。而尊重诚实不欺的人，也没有使人不行欺诈的办法。平民之间彼此交往，没有丰厚的财富可以互相利用，没有强大的权势可以互相威胁，所以才要寻求诚实不欺的人。如今君主处于统治地位，拥有整个国家的财富，重赏严罚，掌握大权，来修治权术所能洞察的一切，即使有田常、子罕一类的臣子，也不敢欺骗他，何必寻找那些诚实不欺的人呢？现在忠贞信义之士不满十个，而国家需要的官吏却数以百计；如果一定要任用忠贞信义之士，那么人数就不能满足官制的需要。人数不能满足官制的需要，那么能够把政事治理好的官就少，而会把政事搞乱的官就多了。所以明君的治国方法，在于专一于法制，而不寻求有智慧的人；固守驾驭臣下的权术，而不欣赏忠信的人；所以法治就不会遭到破坏，而官吏们也不会有奸诈的行为了。现在君主对于臣下的言论，喜欢巧言善辩而不要求正确；对于臣下的行事，欣赏他的名声而不要求做出成效。因此天下的人说起话来总是力求巧言善辩，却根本不切合实用。所以称颂先王、高谈仁义的人充满朝廷，而政局仍不免于混乱；立身处世的人竞相标榜清高，却不切合耕战的功业。所以聪明人隐居山林，归还俸禄而不接受，而兵力不免于削弱，兵力不免于削弱，政局不免于混乱。这究竟是怎么造成的呢？民众所称赞的，君主所礼遇的，都是些使国家混乱的做法。

今境内之民皆言治，藏商、管之法者家有之，而国愈贫，言耕者众，执耒者寡也；境内皆言兵，藏孙、吴之书者家有之，而兵愈弱，言战者多，被甲者少也。故明主用其力，不听其言；赏其功，必禁无用。故民尽死力以从其上。夫耕之用力也劳，而民为之者，曰："可得以富也。"战之为事也危，而民为之者，曰："可得以贵也。"今修文学、习言谈，则无耕之劳而有富之实，无战之危而有贵之尊，则人孰不为也？是以百人事智，而一人用力。事智者众则法败，用力者寡则国贫。此世之所以乱也。故明主之国，无书简之文，以法为教；无先王之语，以吏为师；无私剑之捍①，以斩首为勇。是境内之民，其言谈者必轨于法，动作②者归之于功③，为勇者尽之于军。是故无事则国富，有事则兵强，此之谓王资④。既畜⑤王资而承敌国之衅，超五帝，侔⑥三王者，必此法也。

[注释]

①捍：同"悍"。②动作：劳作。③功：农耕。④王资：王业的资本。⑤畜：同"蓄"。⑥侔：等齐。

[译文]

现在全国的民众都在谈论如何治国，每家每户都藏有商鞅和管仲的法典，国家却越来越穷，原因就在于空谈耕作的人太多，而真正拿起农具种地的人太少；全国的民众都在谈论如何打仗，每家每户都藏有孙子和吴起的兵书，国家的兵力却越来越弱，原因就在于空谈打仗的人太多，而真正穿起铠甲上阵的人太少。所以明君只使用民众的力量，不听信高谈阔论；奖赏人们的功劳，坚决禁止那些无用的言行；所以民众就会拼命为君主出力。耕种花费力气是很辛苦的，而民众却愿意去干，说："这样可以致富。"打仗是很危险的事情，而民众却愿意去干，说："这样可以显贵。"如今只要修习文章学术，学习言谈辩论，不需要辛苦的耕作就可以获得富足的实惠，不需要危险的征战便可以得到尊贵的官爵，那么谁不愿意这样干呢？因此一百个人从事于智力活动，却只有一个人付出气力去劳动。从事于智力活动的人多了，法治就要遭到破坏；付出气力劳动的人少了，国家就会变得贫穷。这就是社会所以混乱的原因。所以在明君的国家里，没有学术的文献典籍，而用法律为指导；没有先王的言论，而以官吏为老师；没有游侠刺客的凶悍，而只以杀敌立功为勇敢。全国民众的一切言论都必须遵循法令，耕作的人回归于农耕，勇猛的人都投入到军队中。因此太平时期国家就富足，战争时期兵力就强盛，这就是成就王业的资本。既蓄积了成就王业的资本，又善于利用敌国的弱点，建立超过五帝、赶上三王的功业，一定是这种方法。

今则不然。士民纵恣于内，言谈者为势于外，外内称①恶，以待强敌，不亦殆乎？故群臣之言外事者，非有分于纵衡之党，则有仇雠之忠②，而借力于国也。纵者，合众弱以攻一强也；而衡者，事一强以攻众弱也。皆非所以持国也。今人臣之言衡者皆曰："不事大，则遇敌受祸矣。"事大未必有实③，则举图而委④，效⑤玺而请兵矣。献图则地削，效玺则名卑，地削则国削，名卑则政乱矣。事大为衡，未见其利也，而亡地乱政矣。人臣之言纵者，皆曰："不救小而伐大，则失天下，失天下则国危，国危而主卑。"救小未必有实，则起兵而敌大矣。救小未必能存，而敌大未必不有疏，有疏则为强国制矣。出兵则军败，退守则城拔。救小为纵，未见其利，而亡地败军矣。

[注释]
①称：行。②忠：通"衷"，心。③有实：有实际的效果。④委：交付。⑤效：呈献。

[译文]
现在却不是这样。儒士、游民在国内恣意妄为，善言者借助外

势来壮大自己的实力,内外一起作恶,这样来对付强敌,不是太危险了吗?所以那些谈论外交问题的大臣,不是属于合纵或连衡中的一派,就是怀有私仇,想要借助外国来报仇。所谓合纵,就是联合众多弱小国家去攻打一个强大国家;所谓连衡,就是依附于一个强国去攻打其他弱国。这都不是治理国家的办法。现在那些主张连衡的臣子都说:"不依附大国,一遇强敌就要有灾祸了。"侍奉大国不一定有什么实际效果,先献出本国地图,呈上玺印来请求军事援助。献出地图,本国的疆域就缩小了;呈上玺印,君主的声望就降低了;疆域缩小,国家的实力就削弱了;声望降低,政治上就混乱了。依附大国实行连衡,还看不到什么好处,却已丧失了国土,搞乱了政治。那些主张合纵的臣子都说:"不救援小国去进攻大国,就失了各国的信任;失去了各国的信任,国家就面临危险;国家面临危险,君主地位就降低了。"援救小国不一定有实际效果,就要起兵去和大国为敌。援救小国未必能使它保存下来,而进攻大国未必没有失误,一有失误,就要被大国制伏。出兵就要吃败仗,退守就会城破。援救小国实行合纵,还看不到什么好处,已经丢失了土地,军队被打败。

是故事强则以外权士官于内,救小则以内重求利于外。国利未立,封土厚禄至矣;主上虽卑,人臣尊矣;国地虽削,私家富矣。事成则以权长重,事败则以富退处。人主之听说于其臣,事未成则爵禄已尊矣,事败而弗诛;则游说之士,孰不为用矰缴①之说而徼幸其后?故破国亡主,以听言谈者之浮说。此其故何也?是人君不明乎公私之利,不察当否之言,而诛罚不必其后也。皆曰:"外事,大可以王,小可以安。"夫王者,能攻人者也;而安,则不可攻也。强,则能攻人者也;治,则不可攻也。治强不可责于外,内政之有也。今不行法术于内,而事智于外,则不至于治强矣。

[注释]

①矰（zēng）缴（zhuó）：尾部带有生丝绳的箭，此处比喻猎取功名的手段。

[译文]

因此，侍奉强国，那些搞连衡的人就凭借外国势力在国内获取高官；援救小国，那些搞合纵的人就凭借国内势力从国外得到好处。国家利益没有得到，臣子倒先把封地和厚禄都弄到手了；君主地位降低了，臣下的地位却抬高了；国家土地削减了，私家却富有了。事情成功，就会倚仗权势长期受到重用；事情失败，就会倚仗财富引退回家。君主听信臣下的游说，事情还没成功，他们的爵位俸禄就已经很尊崇了；事情失败却不处罚，那些游说之士谁不愿意用猎取功名的手段谋求侥幸的成功？所以国破君亡，都是因为听信了纵横家虚浮的言辞。这是什么缘故呢？这是因为君主分不清公私利益，不考察言论是否正确，事败之后也没有坚决地实行处罚。纵横家们都说："进行外交活动，大的可以统一天下，小的也可以保证安全。"所谓统一天下，是能够打败别国；所谓保证安全，是指本国不受侵犯。兵强就能打败别国，安定就不可能被人侵犯。强盛和安定不能指望外事，应注意内政。现在不在国内推行法术，却要在外交上动脑筋，那么就不能达到安定富强。

鄙谚曰："长袖善舞，多钱善贾。"此言多资之易为工①也。故治强易为谋，弱乱难为计。故用于秦者，十变而谋希②失；用于燕者，一变而计希得。非用于秦者必智，用于燕者必愚也，盖治乱之资异也。故周去秦为纵，期年③而举；卫离魏为衡，半岁而亡。是周灭于纵，卫亡于衡也。使周、卫缓其纵衡之计，而严其境内之治，明其法禁，必其赏罚，尽其地力以多其积，致其民死以坚其城守。天下得其地则其利少，攻其国则其伤大。万乘之国莫敢自顿④于坚城之下，而使强敌裁其弊也。此必不亡之术也。舍必不亡之术而道必灭之事，治国者之过也。智困于内而政乱于外⑤，则亡不可振也。

[注释]

①工：通"功"，功效。②希：通"稀"，少。③期（jī）年：一周年。④顿：通"屯"，驻扎。⑤智困于内而政乱于外：应为"智困于外而政乱于内"。

[译文]

民间谚语说："长袖善舞，多钱善贾。"这是说资本越多越容易取得功效。所以国家安定强盛，谋事就容易成功；国家衰弱混乱，计策就难以实现。所以用于秦国的计谋，即使改变十次也很少失败；用于燕国的计谋，即使改变一次也很难成功。这并不是秦国使用的计谋一定高明，在燕国使用的计谋一定愚蠢，而是因为这两个国家的政治状况不同。所以西周背弃秦国参与合纵，只一年工夫就被攻破了；卫国背离魏国参与连衡，仅半年工夫就灭亡了。这就是说西周灭于合纵，卫国亡于连衡。如果西周和卫国暂缓合纵连横的计谋，而将国内政治严加整顿，明定法律禁令，信守赏罚制度，努力开发土地来增加国家积蓄，使民众拼死来坚守城池。别的国家夺得他们的土地，好处也不多；进攻这个国家，伤亡又很大。即使是拥有万辆兵车的大国也不敢屯兵于坚城之下，从而使他的强敌利用他的疲困而攻击他。这是保证本国必然不会灭亡的办法。丢掉这种必然不会亡国的办法，却去做势必会招致亡国的事情，这是治理国家的人的过错。外交陷于困境，内政陷于混乱，那么国家的灭亡就无法挽救了。

民之故计，皆就安利如①辟②危穷。今为之攻战，进则死于敌，退则死于诛，则危矣；弃私家之事，而必③汗马之劳，家困而上弗论，则穷矣。穷、危之所在也，民安得勿避？故事私门而完解舍④，解舍完则远战，远战则安。行货赂而袭⑤当涂者则求得，求得则私安，私安则利之所在，安得勿就？是以公民少而私人众矣。

[注释]

①如：而。②辟：通"避"。③必：通"毕"，尽。④解舍：解，通"廨"。廨舍，即房舍。⑤袭：私下走门路。

[译文]

人们的习惯想法，都是追求安逸和私利而避开危险和困窘。现在让他们去打仗，前进会被敌人杀死，后退要受军法处置，就处于危险之中；放弃个人的家业，承受作战的劳苦，家里有困难而君主不加过问，就处于困窘之中。困窘和危险交加，民众怎能不逃避？所以他们投靠贵族卿大夫为他们修缮房舍，以求免除兵役，免除兵役就可以远离战争，远离战争也就可以得到安全。用钱财私下贿赂当权者就可以满足个人欲望，欲望一旦满足就得到了实际利益，实际的利益明摆在那里，民众怎能不去追求呢？因此为公出力的人就少，而依附私门的人就多。

夫明王治国之政，使其商工游食之民少而名卑，以趣①本务而外②末作。今世近习③之请行，则官爵可买；官爵可买，则商工不卑也矣。奸财货贾得用于市，则商人不少矣。聚敛倍农，而致尊过耕战之士，则耿介之士寡而高价之民多矣。是故乱国之俗：其学者则称先王之道以籍④仁义，盛容服而饰辩说，以疑当世之法而贰人主之心。其言谈者，为设诈称，借于外力，以成其私，而遗⑤社稷之利。其带剑者，聚徒属，立节操以显其名，而犯五官⑥之禁。其患御⑦者，积于私门，尽货赂而用重人之谒，退汗马之劳。其商工之民，修苦窳之器⑧，聚沸靡之财，蓄积待时而侔⑨农夫之利。此五者，邦之蠹也。人主不除此五蠹之民，不养耿介之士，则海内虽有破亡之国、削灭之朝，亦勿怪矣。

[注释]

①趣：通"趋"。②外：疏远。③近习：国君左右亲近的人。④籍：通"藉"，依托。⑤遗：遗忘，忽略。⑥五官：指司徒、司马、司空、司士、司寇。⑦患御：逃避兵役的人。⑧苦窳（yǔ）之器：粗恶的器物。⑨侔，通"牟"，加倍。

[译文]

明君治理国家的政策，要使工商业者和游手好闲的人尽量减少而且名位卑下，以促使人民趋向根本的农业，而疏远工商业等不重要的行业。现在社会上向君主亲近的侍臣行贿托情的风气很流行，这样官爵就可以用钱买到；官爵可以用钱买到，工商业者的地位就不会低贱了。投机取巧非法获利可以在市场上通行，那么商人就不会少了。他们搜刮到的财富超过了农民收入的几倍，他们获得的尊贵地位也远远超过从事耕战的人，那么刚正不阿的人就越来越少，而经营商业的人就越来越多。因此，造成国家混乱的风气是：那些著书立说的人，称引先王之道来宣扬仁义道德；讲究仪容服饰而修饰言辞，用以扰乱当今的法令，从而动摇君主的决心。那些纵横家们，弄虚作假，招摇撞骗，借助于国外势力来达到私人目的，而忽视了国家利益。那些游侠刺客，聚集党徒，标榜气节以图显身扬名，而触犯国家禁令。那些逃避兵役的人，聚集于贵族卿大夫的门第，肆意行贿而借助于重臣的请托，逃避从军作战的劳苦。那些工商业者，制造粗劣的器具，积累奢侈的资财，囤积物品等待时机出售，所得利益比农民多几倍。这五种人，都是国家的蛀虫。君主如果不除掉这五种像蛀虫一样的人，不培养刚直不阿的人，那么，天下即使出现破败覆亡的国家、地削国灭的朝廷，也不足为怪了。

显学第五十

世之显学，儒、墨也。儒之所至，孔丘也。墨之所至，墨翟也。自孔子之死也，有子张之儒，有子思之儒，有颜氏之儒，有孟氏之儒，有漆雕氏之儒，有仲良氏之儒，有孙氏之儒，有乐正氏之儒。自墨子之死也，有相里氏之墨，有相夫氏之墨，有邓陵氏之墨。故孔、墨之后，儒分为八，墨离为三，取舍相反不同，而皆自谓真孔、墨，孔、墨不可复生，将谁使定世之学乎？孔子、墨子俱道尧、舜，而取舍不同，皆自谓真尧、舜，尧、舜不复生，将谁使定儒、墨之诚乎？殷、周七百余岁，虞、夏二千余岁，而不能定儒、墨之真，今乃欲审尧、舜之道于三千岁之前，意者其不可必乎！无参验而必之者，愚也；弗能必而据之者，诬也。故明据先王，必定尧、舜者，非愚则诬也。愚诬之学，杂反之行，明主弗受也。

[译文]

世上显赫的学派，是儒家和墨家。儒家的最高人物是孔丘。墨家的最高人物是墨翟。自从孔子死后，有子张的儒家流派，有子思的儒家流派，有颜氏的儒家流派，有孟氏的儒家流派，有漆雕氏的儒家流派，有仲良氏的儒家流派，有孙氏的儒家流派，有乐正氏的儒家流派。自从墨子死后，有相里氏的墨家流派，有相夫氏的墨家流派，有邓陵氏的墨家流派。所以孔子和墨子的传人，儒家分为八个流派，墨家分为三个流派，他们的取舍是相反的不同的，可都说自己是真正的孔子和墨子的传人，孔子和墨子不能复生，让谁来确定当世的学说的真伪呢？孔子和墨子都称道尧、舜，可他们的取舍不同，却都说自己是真正的尧、舜的传人，尧、舜不能复生，让谁来确定儒家和墨家哪个是尧、舜的真传呢？商、周至今有七百多年，虞、夏至今有两千多年，不能确定儒家和墨家的真伪，现在却想要判断三千年前的尧、舜的治国之道，想来是不能确定的吧？没有对事实加以验证就确定事情，就是愚昧；还没有把事情确定下来就以它为依据的，就是欺骗。所以公开依据先王的治国方法，一定要肯定尧、舜的人，不是愚昧就是在骗人。愚昧欺骗的学说，杂乱相反的行为，圣明的君主是不会接受的。

墨者之葬也，冬日冬服，夏日夏服，桐棺三寸，服丧三月，世主以为俭而礼之。儒者破家而葬，服丧三年，大毁①扶杖，世主以为孝而礼之。夫是墨子之俭，将非孔子之侈也；是孔子之孝，将非墨子之戾②也。今孝戾、侈俭俱在儒、墨，而上兼礼之。漆雕之议，不色挠③，不目逃。行曲则违于臧获，行直则怒于诸侯，世主以为廉而礼之。宋荣子之议，设④不斗争，取不随仇，不羞囹圄，见侮不辱，世主以为宽而礼之。夫是漆雕之廉，将非宋荣之恕也；是宋荣之宽，将非漆雕之暴也。今宽廉、恕暴俱在二子，人主兼而礼之。自愚诬之学、杂反之辞争，而人主俱听之，故海内之士，言无定术，行无常议⑤。夫冰炭不同器而久，寒暑不兼时而至，杂反之学不两立而治。今兼听杂学缪⑥行同异之辞，安得无乱乎？听行如此，其于治人又必然矣。

[注释]

①毁：因过度悲伤而形体憔悴。②戾：违背人情，此处指不孝。③挠：

屈服。④设：设言，陈述观点，倡导。⑤议：主张。⑥缪：通"谬"，错误。

[译文]

墨家的葬礼，死在冬天就穿冬天的衣服，死在夏天就穿夏天的衣服，用桐木做的棺材只有三寸厚，穿丧服的时间只有三个月，当世的君主认为这是节俭，于是加以礼遇。儒家倾家荡产办丧事，穿丧服的时间是三年，悲伤到身体憔悴，要拄着拐杖来行走，当世的君主认为这是孝心，于是加以礼遇。那么肯定墨子的俭朴，将会否定孔子的奢侈；肯定孔子的孝心，将会否定墨子的不孝。现在孝和不孝、奢侈和俭朴都在儒家和墨家的学说里，而君主同时加以礼遇。漆雕氏的学说主张，神色不能表现出屈服，目光不能逃避别人；如果做错了事，就是对低下的奴隶也要退让，如果做得对，即使是对诸侯也敢于斥责。当世的君主认为这是刚正而加以礼遇。宋荣子的学说，倡导不和别人争斗，倡导不报仇，不以坐牢为羞耻，被欺侮也不觉得耻辱。当世的君主认为这是宽容而加以礼遇。那么肯定漆雕的刚正，就会否定宋荣子的宽容；肯定宋荣子的宽容，就会否定漆雕氏的凶暴。现在宽容和刚正、宽恕和凶暴都在这两个人的学说里，君主却同时加以礼遇。自从愚昧欺骗的学说、杂乱相反的行为互相争论以来，君主都听信了，所以国内的学者，言论没有确定的学说，行为没有固定的准则。冰和炭不能长久地处在同一个器皿里，寒和暑不能同时到来，杂乱相反的学说不能同时成立来治理国家。现在同时听取杂乱的学说、错误的行为、各种不同的言辞，怎么能没有混乱呢？君主听取意见和行事像这样，那么治理百姓也一定是这样了。

今世之学士语治者多曰："与贫穷地以实无资。"今夫与人相若也，无丰年旁入之利而独以完给①者，非力则俭也。与人相若也，无饥馑疾疚②祸罪之殃独以贫穷者，非侈则堕③也。侈而堕者贫,而力而俭者富。今上征敛于富人以布施于贫家,是夺力俭而与侈堕也。而欲索民之疾作而节用,不可得也。

[注释]

①完给(jǐ):完,保全。给,丰足。②疢:久病。③堕:通"惰"。

[译文]

当今世上的学者谈到治国,都说:"给贫穷的人分土地,来充实没有财物的人。"现在和别人条件相似的人,没有遇到丰收,也没有其他的收入,却只有他能完全自给自足,不是因为出力就是因为节俭。和别人条件相似的人,没有遇到灾荒年,也没有久病和灾祸、刑罚的祸害,却只有他贫穷,不是因为奢侈就是因为懒惰。奢侈、懒惰就会贫穷,而出力、节俭就能致富。现在君主从富人那里征收赋税,来施舍给贫穷的人,是掠夺了出力、俭朴的人来补给奢侈、懒惰的人。这样还想要求得人民努力耕作而节俭生活,是办不到的。

今有人于此,义①不入危城,不处军旅,不以天下大利易其胫一毛,世主必从而礼之,贵其智而高其行,以为轻物重生之士也。夫上所以陈良田大宅,设爵禄,所以易民死命也。今上尊贵轻物重生之士,而索民之出死而重殉上事,不可得也。藏书策,习谈论,聚徒役,服文学而议说,世主必从而礼之,曰:"敬贤士,先王之道也。"夫吏之所税,耕者也;而上之所养,学士也。耕者则重税,学士则多赏,而索民之疾作而少言谈,不可得也。立节参②民,执操不侵,怨言过于耳必随之以剑,世主必从而礼之,以为自好之士。夫斩首之劳不赏,而家斗之勇尊显,而索民之疾战距③敌而无私斗,不可得也。国平则养儒侠,难至则用介士④,所养者非所用,所用者非所养,此所以乱也。且夫人主于听学也,若是其言,宜布之官而用其身;若非其言,宜去其身而息其端。今以为是也而弗布于官,以为非也而不息其端,是而不用，非而不息，乱亡之道也。

[注释]

①义：以……为合宜。②参：聚集。③距：通"拒"。④介士：甲士。

[译文]

现在有人在这里，主张不进入危险的城市，不到军队当兵，不会为天下人的大利交换小腿上的一根汗毛，当世的君主听从并加以礼遇，重视他的智慧，推崇他的行为，认为他是个轻视财物重视生命的人。君主之所以拿出良田和大房子，设置爵位俸禄，是用来换取人民为他卖命的。现在君主推崇轻视财物重视生命的人，却想要人民轻视死亡，重视为君主的事业卖命，这是办不到的。收藏书籍，学习辩论，聚集门徒，钻研文学典籍来辩论，当世的君主听从并礼遇他们，说："敬重贤能的人，是先王的治国方法。"官吏收税的对象，是耕种的人；而君主所豢养的，是学者。耕种的人就要交沉重的赋税，学者就能得到很多奖赏，想要人民努力耕作而少辩论，这是办不到的。树立节操聚集党徒，坚持操守，不被侵犯，听到怨言就一定要拔剑追杀，当世的君主听从而礼遇他们，认为他们是洁身自好的人。杀敌的功劳不去奖赏，为了私怨争斗的勇力却被推崇，却想要人民尽力战斗抗拒敌人，而不要私下争斗，是办不到的。国家安定就豢养儒士和侠客，有灾难到来就任用士兵，所豢养的不是要使用的，所使用的又不加以供养，这就是混乱的原因。况且君主在听取别人学说的时候，如果认为他的言论正确，应该通过官府宣布而任用他，如果认为他的言论不正确，应该罢黜他而禁止他的学说露头。现在认为正确的却不通过官府宣布，认为不正确的却不禁止他的主张露头。认为正确却不任用，认为不正确却不禁止，这是导致混乱和灭亡的方法啊！

澹台子羽，君子之容也，仲尼几①而取之，与处久而行不称其貌。宰予之辞，雅而文也，仲尼几而取之，与处而智不充其辩。故孔子曰："以容取人乎，失之子羽；以言取人乎，失之宰予。"故以仲尼之智而有失实之声。今之新辩滥乎宰予，而世主之听眩乎仲尼。为悦其言，因任其身，则焉得无失乎？是以魏任孟卯之辩而有华下之患，赵任马服之辩而有长平之祸。此二者，任辩之失也。夫视锻锡而察青黄，区冶不能以必剑；水击鹄雁，陆断驹马，则臧获不疑钝利。发齿吻形容，伯乐不能以必马；授车就驾而观其末涂②，则臧获不疑驽良。观容服，听辞言，仲尼不能以必士；试之官职，课其功伐③，则庸人不疑于愚智。故明主之吏，宰相必起于州部，猛将必发于卒伍。夫有功者必赏，则爵禄厚而愈劝；迁官袭级，则官职大而愈治。夫爵禄大而官职治，王之道也。

[注释]

①几：接近，相似。②涂：通"途"。③功伐：功劳。

[译文]

澹台子羽，有君子的容貌，孔子认为他象君子就收他为弟子，相处久了才发现他的行为和他的容貌不相配。宰予的言辞，高雅而有文采，孔子认为他象君子就收他为弟子，相处久了才发现他的智力与口才不相配。所以孔子说："以容貌来取人，在子羽身上犯了错误；以言辞来取人，在宰予身上犯了错误。"所以以孔子的智慧却也有和事实不符的失误。现在新兴的辩论，比宰予的言辞还要多，而当世君主听取意见比孔子更迷惑。因为喜欢他的言论，就任用他本人，那怎么能没有失误呢？因此魏国任用善辩的孟卯，于是有华阳城下的战败，赵国任用马服君善辩的赵括，于是有长平之战的失败。这两件事，是任用了善辩之人的失误。观察锻剑时加锡的多少和火色的青黄，欧冶子这样的铸剑名家也不能断定剑的好坏；在水上击杀天鹅和大雁，在陆地上斩杀马匹，那么臧获也不会怀疑剑是钝还是利。掰开马嘴看牙齿，观察马的外形，伯乐也不能断定马的好坏；让它驾着车行驶，观察它能否到达的终点，那么臧获也不会怀疑马是驽钝还是驯良。观察容貌和服饰，听取言辞，孔子也不能断定人的好坏；用官职来试验，用功劳来考察，那么平庸的人也不会怀疑愚昧还是聪明。所以圣明君主的官吏，宰相必定从基层提拔起来，猛将必定从士兵中出现。有功劳的人一定奖赏，那么爵禄越丰厚，就越能勉励他们；提拔官吏沿级别进行，那么官职越大就越能治理好。爵禄丰厚而官职治理得好，是称王于天下的方法。

磐石千里，不可谓富；象人①百万，不可谓强。石非不大，数非不众也，而不可谓富强者，磐不生粟，象人不可使距②敌也。今商官技艺之士亦不垦而食，是地不垦，与磐石一贯也。儒侠毋军劳，显而荣者，则民不使，与象人同事也。夫祸知磐石象人，而不知祸商官儒侠为不垦之地、不使之民，不知事类者也。

[注释]
①象人：木偶、陶俑，古代的殉葬品。②距：通"拒"。
[译文]
有千里大的石头，也不能说是富有；有百万个象人，也不能算是强大。石头不是不大，象人数量不是不多，却不能说是强大，是因为石头不能生长粮食，象人不能用来抵御敌人。现在商人、手工业者不开垦土地而有饭吃，这样不开垦土，和石头不生长粮食是一样的。儒士、侠客没有军功，却显贵荣耀，那么人民就不会被君主驱使，这和象人作用是一样的。谈到祸患，只知道磐石和象人，却不知道商人、儒士、侠客也是不开垦的土地、不能被使用的人民，这是不知道同类的事情。

故敌国之君王，虽说①吾义，吾弗入贡而臣；关内之侯，虽非吾行，吾必使执禽②而朝。是故力多则人朝，力寡则朝于人，故明君务力。夫严家无悍虏，而慈母有败子，吾以此知威势之可以禁暴，而德厚之不足以止乱也。

[注释]

①说：通"悦"。②执禽：臣下拿着禽类礼物朝见尊长。

[译文]

所以敌国的君主，即使喜欢我的仁义，我也不会向他进贡做他的臣子；关内的诸侯，即使非议我的品行，我一定要让他们拿着礼物来朝见。因此力量强大就让人来朝见，力量小就朝见别人，所以圣明的君主致力于增强国力。严厉的家里没有凶悍的仆人，过于慈爱的母亲就会有败家的儿子，我由此知道威力权势可以用来禁止暴行，而丰厚的德行不足以禁止混乱。

夫圣人之治国，不恃人之为吾善也，而用其不得为非也。恃人之为吾善也，境内不什数；用人不得为非，一国可使齐。为治者用众而舍寡，故不务德而务法。夫必恃自直之箭，百世无矢；恃自圜①之木，千世无轮矣。自直之箭、自圜之木，百世无有一，然而世皆乘车射禽者何也？隐栝②之道用也。虽有不恃隐栝而有自直之箭、自圜之木，良工弗贵也。何则？乘者非一人，射者非一发也。不恃赏罚而恃自善之民，明主弗贵也。何则？国法不可失，而所治非一人也。故有术之君，不随适然之善，而行必然之道。

[注释]

①圜：通"圆"。②隐栝：竹木的整形工具。

[译文]

圣人治理国家，不依赖于别人为我做好事，而要他们不能做坏事。依赖别人为我做好事，国内也找不到十个这样的人；让人不敢做坏事，一个国家也可以整齐一致。治理国家的人要使用大家都能做到的方法，而舍弃只有少数人能做到的方法，所以不致力于德治而致力于法治。一定要靠自己长直的木头来做箭，就是百世也不会有箭，一定要自己长圆的木头来做车轮，就是千世也不会有车轮。自己直的箭、自己圆的木头，一百世也没有一个，然而世上的人都乘着车射鸟，这是为什么呢？是因为使用了隐栝整形。即使有不依赖隐栝整形，就自己直的箭、自己圆的木头，好的工匠也不会珍惜它。那是为什么呢？因为乘车的不止一个人，射箭的也不止发射一次。不依赖赏罚而依赖自身行善的人民，君主不会重视他。这是为什么呢？国法不能被丢弃，所治理的也不是一个人。所以懂得治国方法的君主，不追随偶然的善行，而实行一定能施行的治道。

今或谓人曰："使子必智而寿"，则世必以为狂①。夫智，性也；寿，命也。性命者，非所学于人也，而以人之所不能为说人，此世之所以谓之为狂也。谓之不能，然则是谕②也。夫谕，性也。以仁义教人，是以智与寿说也，有度之主弗受也。故善毛啬、西施之美，无益吾面；用脂泽粉黛，则倍其初。言先王之仁义，无益于治；明吾法度、必吾赏罚者，亦国之脂泽粉黛也。故明主急其助而缓其颂，故不道仁义。

[注释]

①狂：通"诳"，欺骗。②谕：明白。

[译文]

现在有人对别人说："我能让你一定既聪明又长寿。"那么世人一定会说他是欺骗。智慧，是人的天性；寿数，是人的命运。天性和命运，不是能向别人学的，而用人做不到的事情来游说别人，这就是世人说他是欺骗的原因。说这是不可能的事，那么这就是明白了。明白了，就是懂得了天性。用仁义来教导别人，就是用智慧和寿命来游说别人，懂得法度的君主是不会接受的。所以称赞毛嫱、西施的美貌，对我的面容没有好处；使用胭脂粉黛，就会比原来倍加美丽。谈论先王的仁义，对治理国家没有好处；申明法度、坚决实行赏罚，也是国家的胭脂粉黛。所以圣明的君主急需要对国家有帮助的东西，而延缓对先王的称颂，所以不称道仁义。

今巫祝之祝人曰："使若千秋万岁。"千秋万岁之声聒耳，而一日之寿无征于人，此人所以简巫祝也。今世儒者之说人主，不善今之所以为治，而语已治之功；不审官法之事，不察奸邪之情，而皆道上古之传，誉先王之成功。儒者饰辞曰："听吾言，则可以霸王。"此说者之巫祝，有度之主不受也。故明主举实事，去无用；不道仁义者故①，不听学者之言。

[注释]

①故：事情。

[译文]

现在巫祝为别人祝祷说："让你千年万年长生不死。"千年万年长生不死的声音在耳边嘈杂不停，可是为人延长一天寿命的效果也没有，这就是人们轻视巫祝的原因。现在的儒者游说君主，不称赞现在可以用来治国的方法，却去说古代已经治理好的功业；不审查官府法令方面的事，不明察奸邪的真情，却都称道上古的传说，赞誉先王的功业。儒者花言巧语说："听我的话，就可以称王称霸。"这是游说人中的巫祝，懂得治国方法的君主是不会接受的。所以圣明的君主推举实际的事情，去除没有用的东西；不称道仁义的事，不听学者的言论。

今不知治者必曰："得民之心。"欲得民之心而可以为治，则是伊尹、管仲无所用也，将听民而已矣。民智之不可用，犹婴儿之心也。夫婴儿不剔首则腹痛，不揊①痤则寖②益。剔首、揊痤必一人抱之，慈母治之，然犹啼呼不止，婴儿子不知犯其所小苦致其所大利也。今上急耕田垦草以厚民产也，而以上为酷；修刑重罚以为禁邪也，而以上为严；征赋钱粟以实仓库，且以救饥馑备军旅也，而以上为贪；境内必知介，而无私解，并力疾斗所以禽虏也，而以上为暴。此四者所以治安也，而民不知悦也。夫求圣通之士者，为民知之不足师用。昔禹决江浚河而民聚瓦石，子产开亩树桑郑人谤訾。禹利天下，子产存郑，皆以受谤，夫民智之不足用亦明矣。故举士而求贤智，为政而期适民，皆乱之端，未可与为治也。

[注释]

①揊：破开。②寖：渐渐地。

[译文]

现在不懂得治理的人一定会说："要得到民心。"想要得到民心就可以治理好国家，那么伊尹、管仲这样的人就没有用了，只要顺从民意就可以了。人民的智慧是不能使用的，就好像婴儿的心理一样。婴儿如果不用针刺头顶，就会肚子疼，不割开痤疮，就会越来越重。针刺头顶、割开痤疮一定要有一个人抱着他，让慈母来处理，可仍然啼哭不止，婴儿不知道受一点小的痛苦可以得到大的好处。现在君主急于耕田、开垦草地来增加人民的财产，而他们却认为君主残酷；修订刑法加重惩罚，是为了禁止奸邪，他们却认为君主严厉；征收赋税钱粮来充实仓库，是用来救助饥荒、装备军队，他们却认为君主贪婪；国内的人都知道军事，而不去私下请求免除兵役，一齐努力拼命战斗来俘虏敌人，他们却认为君主残暴。这四种措施是为了使国家安定，而人民不知道高兴。君主寻求通达圣明的人，是因为民众的智慧不足以效法采用。过去禹疏浚江河，民众却扔瓦片和石头；子产开垦荒地、种植桑树，郑国人却诽谤怨恨他。禹为天下谋利,子产保存郑国,都因此受到诽谤,那民众的智慧不足以使用也是很明白的了。所以选拔人才而寻求贤能聪明的人,治理国家而希望适应民意,这都是混乱的开端,不能用来治理国家。

忠孝第五十一

天下皆以孝悌①忠顺之道为是也，而莫知察孝悌忠顺之道而审行之，是以天下乱。皆以尧、舜之道为是而法之，是以有弑君，有曲②于父。尧、舜、汤、武，或反君臣之义，乱后世之教者也。尧为人君而君其臣，舜为人臣而臣其君，汤、武为人臣而弑其主、刑其尸，而天下誉之，此天下所以至今不治者也。夫所谓明君者，能畜其臣者也；所谓贤臣者，能明法辟③、治官职以戴其君者也。今尧自以为明而不能以畜舜，舜自以为贤而不能以戴尧，汤、武自以为义而弑其君长，此明君且常与，而贤臣且常取也。故至今为人子者有取其父之家，为人臣者有取其君之国者矣。父而让子，君而让臣，此非所以定位一教之道也。臣之所闻曰："臣事君，子事父，妻事夫，三者顺则天下治，三者逆则天下乱。"此天下之常道也，明王贤臣而弗易也。则人主虽不肖，臣不敢侵也。今夫上④贤任智无常，逆道也，而天下常以为治。是故田氏夺吕氏于齐，戴氏夺子氏于宋，此皆贤且智也，岂愚且不肖乎？是废常、上贤则乱，舍法、任智则危。故曰："上法而不上贤。"

[注释]

①悌：敬爱兄长。②曲：不正，此处指不孝。③辟（bì）：法律。④上：

通"尚"。

[译文]

天下人都认为孝顺父母、敬爱兄长、忠于君主、顺从丈夫的行为是对的，却没有人知道去考察它们的具体内容而谨慎地实行它，因此天下才会混乱。都认为尧、舜的行为是正确的而效法他们，因此有杀死君主的事，也有背逆父亲的事。尧、舜、商汤、周武这样的君主，有的也违反君臣间的道义，扰乱了后代的教化。尧作为君主，却把君位让给臣子；舜作为臣子，却把君主当做臣子；商汤和周武做臣子却杀害了自己的君主，对君主的尸体施加刑法。而天下人却赞誉他们，这就是天下到现在也没有治理好的原因。那所谓的圣明君主，是能蓄养臣下的人；所谓的贤能臣子，是能够申明法律、治理官职来拥戴君主的人。现在尧自以为圣明，却不能蓄养舜；舜自以为贤能，却不能拥戴尧；商汤和周武自以为有道义，而谋杀了自己的君主。这就是圣明君主常把权力给予臣下，而贤能臣子常夺取君主权力的情形。所以到现在做儿子的有夺取父亲家业的，做臣子的有夺取君主国家的。父亲把家业让给儿子，君主把国家让给臣子，这不是用来确定名位统一教化的方法啊！我所听说的是："臣下侍奉君主，儿子侍奉父亲，妻子侍奉丈夫，三种关系顺适了，天下就能治理好，三种关系不顺适，天下就会混乱。"这是天下固定不变的法则，圣明君主和贤能臣子不会改变它。那么即使君主没有才能，臣子也不敢侵犯。现在崇尚贤能、任用智慧，不遵循常理，这是违背了法则的，而天下人常常以此为治国方法。因此田氏在齐国夺取了吕氏的权力，戴氏在宋国夺取了子氏的权力，这都是贤能而且聪明的人，难道是愚昧而且没有才能的人吗？这说明废弃常理、崇尚贤能，国家就会混乱，舍弃法律、任用智慧，君主就会危险。所以说：要崇尚法律而不要崇尚贤能。

记曰:"舜见瞽瞍,其容造①焉。"孔子曰:"当是时也,危哉!天下岌岌!有道者,父固不得而子,君固不得而臣也。"臣曰:孔子本未知孝悌忠顺之道也。然则有道者,进不为臣主,退不为父子耶?父之所以欲有贤子者,家贫则富之,父苦则乐之;君之所以欲有贤臣者,国乱则治之,主卑则尊之。今有贤子而不为父,则父之处家也苦;有贤臣而不为君,则君之处位也危。然则父有贤子,君有贤臣,适足以为害耳,岂得利焉哉?所谓忠臣不危其君,孝子不非其亲。今舜以贤取君之国,而汤、武以义放弑其君,此皆以贤而危主者也,而天下贤之。古之烈士,进不臣君,退不为家,是进则非其君,退则非其亲者也。且夫进不臣君,退不为家,乱世绝嗣之道也。是故贤尧、舜、汤、武而是烈士,天下之乱术也。瞽瞍为舜父而舜放之,象为舜弟而杀之。放父杀弟,不可谓仁;妻帝二女而取天下,不可谓义。仁义无有,不可谓明。《诗》云:"普天之下,莫非王土,率②土之滨,莫非王臣。"信若《诗》之言也,是舜出则臣其君,入则臣其父,妾其母,妻其主女也。故烈士内不为家,乱世绝嗣;而外矫③于君,朽骨烂肉,施于土地,流于川谷,不避蹈水火。使天下从而效之,是天下遍死而愿夭也。此皆释世而不治是也。世之所为④烈士者,虽⑤众独行,取异于人,为:恬淡之学而理恍惚之言。臣以为:恬淡,无用之教也;恍惚,无法之言也。言出于无法,教出于无用者,天下谓之察。臣以为:人生必事君养亲,事君养亲不可以恬淡;之⑥人必以言论忠信法术,言论忠信法术不可以恍惚。恍惚之言,恬淡之学,天下之惑术也。孝子之事父也,非竞取父之家也;忠臣之事君也,非竞取君之国也。夫为人子而常誉他人之亲曰:"某子之亲,夜寝早起,强力生财以养子孙臣妾。"是诽谤其亲者也。为人臣常誉先王之德厚而愿之,是诽谤其君者也。非其亲者知谓之不孝，而非其君者天下此贤之，此所以乱也。故人臣毋称尧、舜之贤，毋誉汤、武之伐，毋言烈士之高，尽力守法，专心于事主者为忠臣。

[注释]

①造：局促不安的样子。②率：循。③矫：违背。④为：通"谓"。⑤虽：应为"离"。⑥之：应为"治"。

[译文]

书上记载说："舜见到瞽叟，表情局促不安。"孔子说："在那个时候，天下岌岌可危啊！像舜这样有道德的人，父亲本来就不能把他当儿子来看，君主本来就不能把他当臣子来看。"我认为：孔子本来就不知道孝顺父母、敬爱兄长、忠于君主、顺从丈夫的道理。这样说来，有道德的人，在上就不能有君臣关系，在下就不能有父子关系了吗？父亲之所以想要有贤能的儿子，家庭贫困就可以富起来，父亲痛苦就可以靠他们快乐；君主之所以想要有贤能的臣子，国家混乱就可以治理，地位低下就可以尊贵。现在有贤能的儿子而不帮助父亲，那么父亲住在家里也很痛苦；有贤能的臣子而不帮助君主，那么君主在君位上也很危险。那么父亲有贤能的儿子、君主有贤能的臣子，恰恰能够为他们带来祸害罢了，怎么能得到利益呢？所谓的忠臣，不危害自己的君主；所谓的孝子，不非议自己的父母。现在舜依靠贤能取得了君主的国家，而商汤、周武依靠道义流放、杀害了自己的君主。这都是依靠自己的贤能来危害君主的人啊，而天下人都认为他们贤能。古代所谓的烈士，在朝廷不臣服于君主，在家里不为家庭出力；在上非议君主，在下非议父母。在朝廷不臣服于君主，在家里不为家庭出力，这是扰乱社会、断绝后代的方法。所以认为尧、舜、商汤、周武贤能而肯定烈士，这是扰乱天下的方法。瞽叟是舜的父亲，而舜却流放了他；象是舜的弟弟，而舜却杀死了他。流放父亲，杀死弟弟，不可以说是仁；娶了帝王的两个女儿做妻子，却夺取了天下，不可以说是义。没有仁义，不可以说是圣明的君主。《诗经》上说："遍及天下，没有土地不属于君王；沿着土地到海滨，没有人不是君王的臣子。"如果《诗经》的言语是可信的，那么舜在外把君主当做臣子，在内把父亲当做臣子，把母亲当做奴婢，把君主的女儿当做妻子。所以烈士对内不为家庭出力，扰乱社会、断绝后代；对外违背君主，不怕自己骨头腐朽、肌肉腐烂而抛撒在土地，漂流在河流峡谷，不怕赴汤蹈火。如果天下的人都仿效他们，那么天下到处都是死人，而且都愿意早早去死。这都是抛弃了社会而不愿去治理社会的人啊！现在社会上所说的烈士，脱离众人独来独往，所取的见解与众不同，提倡恬静淡泊的学说，研究隐约模糊的言论。我认为恬静淡泊，是没有用处的教化；隐约模糊，是没有法度的言论。言论而没有法度，教化而没有实用，天下人却认为这是明察。我认为人活着一定要侍奉君主、赡养双亲，侍奉君主、赡养双亲就不能恬静淡泊；治理民众一定要依靠忠实于法度的言论，忠实于法度的言论就不能隐约模糊。隐约模糊的言论，恬静淡泊的学说，是天下迷惑人的方法。孝子侍奉父亲，不是争夺父亲的家产；忠臣侍奉君主，不是争夺君主的国家。做儿子的常常赞誉别人的双亲说："某人的双亲，晚睡早起，努力创造财富，来养育子孙和奴婢姬妾。"就是诽谤双亲的儿子。做臣子的常常赞誉先王的恩德丰厚而仰慕他们，就是诽谤君主的臣子。诽谤双亲的人，人们知道说他们不孝；而诽谤君主的人，天下人却认为他们贤能，这就是社会混乱的原因。所以臣子不要称赞尧、舜的贤能，不要赞誉商汤、周武的征伐，不要宣扬烈士的崇高，竭尽全力守护法律，专心侍奉君主的人才是忠臣。

古者黔首悗密①蠢愚，故可以虚名取也。今民儇诇②智慧，欲自用，不听上，上必且劝之以赏然后可进，又且畏之以罚然后不敢退。而世皆曰："许由让天下，赏不足以劝；盗跖犯刑赴难，罚不足以禁。"臣曰：未有天下而无以天下为者，许由是也；已有天下而无以天下为者，尧、舜是也；毁廉求财，犯刑趋利，忘身之死者，盗跖是也。此二者，殆物也。治国用民之道也，不以此二者为量。治也者，治常者也；道也者，道常者也。殆物妙言，治之害也。天下太上之士，不可以赏劝也；天下太下之士，不可以刑禁也。然为太上士不设赏，为太下士不设刑，则治国用民之道失矣。故世人多不言国法而言从横③。诸侯言从者曰："从成必霸"，而言横者曰"横成必王"，山东之言从横未尝一日而止也，然而功名不成，霸王不立者，虚言非所以成治也。王者，独行谓之王，是以三王不务离合而正，五霸不待从横而察，治内以裁外而已矣。

[注释]

①僶（mèn）密：通"黾勉"，努力勤奋。②儇（xuān）诇（xiòng）：暗中刺探，引申为奸诈。③从横：通"纵横"，即合纵连横。六个国家联合对抗秦国，称为合纵；秦国和其中一个国家联合，对其他国家各个击破，称为连横。

[译文]

古代的人民，勤勉愚笨，所以可以用虚假的名声来骗取他们。现在的人民聪明奸诈有智慧，想要为自己着想，不听从君主，君主一定要用赏赐来勉励他们，然后他们才会前进，又要用处罚使他们畏惧，然后他们才不敢后退。而世人都说："许由辞让天下，说明奖赏不足以勉励人；盗跖触犯刑法不避危难，说明处罚不足以禁止人。"我认为：没有天下，而不把天下当回事的，是许由；已经拥有了天下，而不把天下当回事的，是尧、舜；破坏廉洁去求得财物，触犯刑法去争取利益，忘了自身去赴死的，是盗跖。许由和盗跖这两种人，是很危险的。治理国家使用人民的方法，不能用这两种人为衡量标准。治理国家，是治理普通的民众；治国的方法，也是通常的方法。危险的事物和奥妙的言辞，是治理国家的危害。天下最上等的人，不能用奖赏来勉励他们；天下最下等的人，不能用刑法来禁止他们。可是如果为了最上等的人就不设立奖赏，为了最下等的人就不设立刑法，那治理国家使用人民的方法就被丢掉了。所以世上的人大多不谈论国家法律而谈论合纵连横的方法。诸侯中说到合纵的就说"合纵成功一定能称霸"，说到连横的就说"连横成功一定能称王"，崤山以东的国家谈论合纵连横，一天也没有停止过，可是功业名声没有成就，称王称霸的事业也没有建立，这是因为虚妄的言辞不能用来治理好国家。所谓的称王，独立自主地做事才叫王，所以三王不致力于外交而能匡正天下，五霸不依靠合纵连横就能明察天下，不过是先治理好内部，再以此来裁断外部的事而已。

心度第五十四

圣人之治民,度于本,不从其欲,期于利民而已。故其与之刑,非所以恶民,爱之本也。刑胜而民静,赏繁而奸生。故治民者,刑胜、治之首也,赏繁、乱之本也。夫民之性,喜其乱而不亲其法。故明主之治国也,明赏则民劝功;严刑,则民亲法。劝功则公事不犯,亲法则奸无所萌。故治民者,禁奸于未萌;而用兵者,服战于民心。禁先其本者治,兵战其心者胜。圣人之治民也,先治者强,先战者胜。夫国事务先而一民心,专举公而私不从,赏告而奸不生,明法而治不烦。能用四者强,不能用四者弱。夫国之所以强者,政也;主之所以尊者,权也。故明君有权有政,乱君亦有权有政,积①而不同,其所以立异也。故明君操权而上重,一政而国治。故法者,王之本也;刑者,爱之自②也。

[注释]

①积:通"绩"。②自:起始。

[译文]

圣人治理人民,考虑人民的根本,不能顺从他们的欲望,期望有利于人民而已。所以他们设置了刑罚,并不是厌恶人民,而是爱民的根本。刑罚占了优势,人民就安宁了;奖赏繁多,奸邪就产生了。所以治理人民，刑罚占优势是安定的首要因素，奖赏繁多是混乱的根本。人民的本性，喜欢混乱而不亲近刑法。所以圣明君主治理国家，宣明奖赏，人民就受到鼓励去立功；严厉刑罚，人民就依从法律。鼓励立功，公事就不会被侵扰；顺从法律，奸邪就无法萌生。所以治理国家的，要在奸邪萌生前加以禁止；用兵打仗的，要让人民思想上适应战争。禁令先于本性就能治理好，用兵打仗，心理适应战争的就会取胜。圣人治理人民，在奸邪萌生前先治理的就强大，让人民心理先适应战争的就胜利。国家大事一定要抢先而统一民心；专门推崇公家利益而不顺从私利；奖赏告发的人，于是奸邪不能滋生；申明法度，于是治理就不会烦乱。能用这四种方法的，国家就强大；不能用这四种方法的，国家就弱小。国家之所以强大，是因为政策；君主之所以尊贵，是因为权力。所以圣明君主有权力也有政策，昏乱的君主也有权力也有政策，功绩不同，是因为他们确立的原则不同。所以圣明的君主掌握权力而君主地位尊崇，统一政策而国家安定。所以法律，是称王天下的根本；刑罚，是爱护民众的开始。

夫民之性，恶劳而乐佚①。佚则荒，荒则不治，不治则乱，而赏刑不行于天下者必塞。故欲举大功而难致而力者，大功不可几②而举也；欲治其法而难变其故者，民乱，不可几而治也。故治民无常，唯治为法。法与时转则治，治与世宜则有功。故民朴，而禁之以名则治；世知③，维之以刑则从。时移而治不易者乱，能治众④而禁不变者削。故圣人之治民也，法与时移而禁与能变。

[注释]

①佚：通"逸"。②几：通"冀"，希望。③知：通"智"。④能治众：应为"能众"，能人众多。

[译文]

人民的本性，厌恶劳苦而喜欢安逸。安逸就会荒疏事业，事业荒疏就不能治理好；不能治理好，国家就混乱了；而奖赏刑罚不能在天下实行的，君主一定会被蒙蔽。所以想要建立大的功业却难以取得人民力量的，建立大的功业就没希望了；想要搞好法制却难以改变旧的制度的，人民就会混乱，治理好国家就没希望了。所以治理人民没有常规，只要能治理好的就是合适的法度。法度随时代变化就能治理好，治理方法和社会情况相适应就能有功绩。所以人民朴素，用名声来禁止他们就能治理好；社会风气智巧奸诈，用刑罚来约束他们，他们就会服从。时代发展了，治理方法却不改变的，国家就会混乱；能人众多而禁令不改变的，国家就会削弱。所以圣人治理人民，法律随着时间变化，而禁令随着智能改变。

能越力于地者富，能起力于敌者强，强不塞者王。故王道在所开①，在所塞。塞其奸者必王，故王术不恃外之不乱也，恃其不可乱也。恃外不乱而治立者削，恃其不可乱而行法者兴。故贤君之治国也，适于不乱之术。贵爵则上重，故赏功爵任而邪无所关②。好力者其爵贵，爵贵则上尊，上尊则必王。国不事力而恃私学者，其爵贱，爵贱则上卑，上卑者必削。故立国用民之道也，能闭外塞私而上③自恃者，王可致也。

[注释]

①开：开发民力。②关：措置。③上：通"尚"，崇尚。

[译文]

能在土地耕种上发挥人民力量的，国家就富有；能在对敌作战中发动人民力量的，国家就强大；强大而不被阻塞的就能称王于天下。所以称王于天下的方法在于开发民力，也在于阻塞奸邪。阻塞了奸邪的人一定能称王，所以称王的方法不能依靠外部没有人作乱，是要依靠自身不能够被扰乱。依靠外部没有人作乱来确立治国方法的，国家就削弱；依靠自身不能被扰乱来实行法制的，国家就兴盛。所以贤能的君主治理国家，使用不能被扰乱的方法。重视爵位，君主就被尊重；所以奖赏有功劳的人、赐爵给有能力的人。而奸邪的人就没有地方立足了。崇尚使用民力的国家，它的爵位就尊贵；爵位尊贵，君主就被尊重。君主被尊重就一定能称王。国家不致力于开发民力，而依赖私家学者，它的爵位就卑贱；爵位卑贱，君主就地位卑下；君主地位卑下的，国家就一定被削弱。所以立国用民的方法，能杜绝外患、阻塞奸邪而崇尚依靠自己的，称王天下是可以得到的。

图书在版编目(CIP)数据

韩非子/李维新等注译.—郑州:中州古籍出版社,2008.4
(2017.5 重印)
(国学经典)
ISBN 978-7-5348-2589-7

Ⅰ.韩… Ⅱ.①李… Ⅲ.①韩非子—译文②韩非子—注释③法家 Ⅳ.B226.5

中国版本图书馆 CIP 数据核字(2008)第 027670 号

出版社:中州古籍出版社
(地址:郑州市经五路66号 邮政编码:450002)
发行单位:新华书店
承印单位:郑州市毛庄印刷厂
开本:640mm×960mm　1/16　　**印张:**32
字数:405 千字　　　　　　　　**印数:**20 001—25 000 册
版次:2008 年 4 月第 1 版　　　**印次:**2017 年 5 月第 6 次印刷

定价:46.00 元
本书如有印装质量问题,由承印厂负责调换。